21 世纪全国高等院校财经管理系列实用规划教材

会计规范专题(第 2 版)

主　编　谢万健　邹　香　时　钰

北京大学出版社
PEKING UNIVERSITY PRESS

内容简介

本书是为了学习和研究会计规范的理论与实务问题编写的，编写过程中侧重阐述各种会计规范产生和发展的原因、变迁路径以及蕴涵的理论问题。

本书介绍的会计规范内容比较宽泛，除了论述会计法、会计制度、会计准则和会计职业道德等规范外，还将注册会计师职业规范、内部控制规范及资本市场会计信息披露规范等纳入其中。全书共分 8 章，每一章的开头提出了教学目标和要求，章末进行了小结，且安排了思考题与案例题以帮助读者理解本章知识。

本书适用于高等学校会计类专业的学生，也可供相关从业人员参考使用。

图书在版编目(CIP)数据

会计规范专题/谢万健，邹香，时钰主编. —2 版. —北京：北京大学出版社，2014.3

(21 世纪全国高等院校财经管理系列实用规划教材)

ISBN 978-7-301-23797-7

Ⅰ. ①会… Ⅱ. ①谢…②邹…③时… Ⅲ. ①会计制度—中国—高等学校—教材 Ⅳ. ①F233.2

中国版本图书馆 CIP 数据核字(2014)第 015825 号

书　　名：会计规范专题(第 2 版)
著作责任者：谢万健　邹　香　时　钰　主编
策 划 编 辑：王显超
责 任 编 辑：翟　源
标 准 书 号：ISBN 978-7-301-23797-7/C・0980
出 版 发 行：北京大学出版社
地　　址：北京市海淀区成府路 205 号　100871
网　　址：http://www.pup.cn　新浪官方微博：@北京大学出版社
电 子 信 箱：pup_6@163.com
电　　话：邮购部 62752015　发行部 62750672　编辑部 62750667　出版部 62754962
印 刷 者：北京京华虎彩印刷有限公司
经 销 者：新华书店
787 毫米×1092 毫米　16 开本　21.75 印张　503 千字
2009 年 10 月第 1 版　2014 年 3 月第 2 版　2017 年 1 月第 2 次印刷
定　　价：42.00 元

丛书序

我国越来越多的高等院校设置了经济管理类学科专业，这是一个包括经济学、管理科学与工程、工商管理、公共管理、农业经济管理、图书档案学6个二级学科门类和22个专业的庞大学科体系。2006年教育部的数据表明，在全国普通高校中，经济类专业布点1518个，管理类专业布点4328个。其中除少量院校设置的经济管理专业偏重理论教学外，绝大部分属于应用型专业。经济管理类应用型专业主要着眼于培养社会主义国民经济发展所需要的德智体全面发展的高素质专门人才，要求既具有比较扎实的理论功底和良好的发展后劲，又具有较强的职业技能，并且又要求具有较好的创新精神和实践能力。

在当前开拓新型工业化道路，推进全面小康社会建设的新时期，进一步加强经济管理人才的培养，注重经济理论的系统化学习，特别是现代财经管理理论的学习，提高学生的专业理论素质和应用实践能力，培养出一大批高水平、高素质的经济管理人才，越来越成为提升我国经济竞争力、保证国民经济持续健康发展的重要前提。这就要求高等财经教育要更加注重依据国内外社会经济条件的变化，适时变革和调整教育目标和教学内容；要求经济管理学科专业更加注重应用、注重实践、注重规范、注重国际交流；要求经济管理学科专业与其他学科专业相互交融与协调发展；要求高等财经教育培养的人才具有更加丰富的社会知识和较强的人文素质及创新精神。要完成上述任务，各所高等院校需要进行深入的教学改革和创新，特别是要搞好有较高质量的教材的编写和创新工作。

出版社的领导和编辑通过对国内大学经济管理学科教材实际情况的调研，在与众多专家学者讨论的基础上，决定编写和出版一套面向经济管理学科专业的应用型系列教材，这是一项有利于促进高校教学改革发展的重要措施。

本系列教材是按照高等学校经济类和管理类学科本科专业规范、培养方案，以及课程教学大纲的要求，合理定位，由长期在教学第一线从事教学工作的教师编写，立足于21世纪经济管理类学科发展的需要，深入分析经济管理类专业本科学生现状及存在的问题，探索经济管理类专业本科学生综合素质培养的途径，以科学性、先进性、系统性和实用性为目标，其编写的特色主要体现在以下几个方面：

（1）关注经济管理学科发展的大背景，拓宽理论基础和专业知识，着眼于增强教学内容与实际的联系和应用性，突出创造能力和创新意识。

（2）体系完整、严密。系列涵盖经济类、管理类相关专业以及与经管相关的部分法律类课程，并把握相关课程之间的关系，整个系列丛书形成一套完整、严密的知识结构体系。

（3）内容新颖。借鉴国外最新的教材，融会当前有关经济管理学科的最新理论和实践经验，用最新知识充实教材内容。

（4）合作交流的成果。本系列教材是由全国上百所高校教师共同编写而成，在相互进行学术交流、经验借鉴、取长补短、集思广益的基础上，形成编写大纲。最终融合了各地特点，具有较强的适应性。

（5）案例教学。教材具备大量案例研究分析内容，让学生在学习过程中理论联系实际，特别列举了我国经济管理工作中的大量实际案例，这可大大增强学生的实际操作能力。

（6）注重能力培养。力求做到不断强化自我学习能力、思维能力、创造性解决问题的能力以及不断自我更新知识的能力，促进学生向着富有鲜明个性的方向发展。

作为高要求，财经管理类教材应在基本理论上做到以马克思主义为指导，结合我国财经工作的新实践，充分汲取中华民族优秀文化和西方科学管理思想，形成具有中国特色的创新教材。这一目标不可能一蹴而就，需要作者通过长期艰苦的学术劳动和不断地进行教材内容的更新才能达成。我希望这一系列教材的编写，将是我国拥有较高质量的高校财经管理学科应用型教材建设工程的新尝试和新起点。

我要感谢参加本系列教材编写和审稿的各位老师所付出的大量卓有成效的辛勤劳动。由于编写时间紧、相互协调难度大等原因，本系列教材肯定还存在一些不足和错漏。我相信，在各位老师的关心和帮助下，本系列教材一定能不断地改进和完善，并在我国大学经济管理类学科专业的教学改革和课程体系建设中起到应有的促进作用。

刘诗白

2007年8月

刘诗白　现任西南财经大学名誉校长、教授，博士生导师，四川省社会科学联合会主席，《经济学家》杂志主编，全国高等财经院校资本论研究会会长，学术团体“新知研究院”院长。

第2版前言

《会计规范专题》出版以后，受到国内许多同行和专家的抬爱，一些学校将本书作为教材和教学参考书，在此致以诚挚的谢意！

随着社会主义市场经济发展和经济环境的变化，我国会计规范与国际规范趋同步伐加快，我国出台并修订了许多规章制度。为了让读者朋友与时俱进地了解我国会计规范改革的现状，更好地利用本书，编者在保持原书结构和风格的基础上，进行了较大幅度的修订。书中涉及的相关法律法规和制度截止到2013年12月。

主要修订内容如下：

第1章重新选编了引例，增加了有关重要概念的注解。

第2章修改了新中国会计立法进程的内容，增加了“内部控制指引”的相关表述。

第3章重写了我国会计制度的历史沿革，充实了具体内容。增加了《小企业会计准则》和其他领域会计核算制度的改革情况，按照新发布的《会计从业资格管理办法》《会计人员继续教育规定》《企业会计信息化工作规范》和《企业成本核算制度》等重写、修订了相关内容。修改了《企业会计制度》和《事业单位会计制度》的表述，删除了《企业会计制度》与《小企业会计制度》的比较。

第4章增加了我国发布《中国企业会计准则与国际财务报告准则趋同路线图》和《小企业会计准则》的相关内容，增加了国际会计准则理事会(IASB)和美国财务会计准则委员会(FASB)制定联合概念框架的项目及第一阶段的成果，适时补充了中国和欧盟会计准则等效的最新成果。

第5章根据2010年修订后的《中国注册会计师执业准则》和《中国注册会计师职业道德守则》重写了相关内容。

第6章根据的3个“内部控制指引”，重写了相关内容。删除了“主要业务环节内部控制”一节，充实了专栏，更加便于对章节的理解，调整了练习的案例。

第7章作了必要的文字调整。

第8章添加了2009年以后证监会发布和修订的《公开发行证券的公司信息披露内容与格式准则》和《公开发行证券的公司信息披露编报规则》，增加了创业板上市公司年度报告的说明，相应修改了有关表格。

本版的修订和各章责任人是：谢万健负责第1～4章，邹香负责第5、6章，时钰负责第7、8章。

感谢对本书的初版以及修订给予大力支持的北京大学出版社领导和翟源老师及其同仁。由于编者水平、阅历和能力有限，书中还会存在一些不足之处，尤其是在此类教科书并不多见的情况下编撰本书是否是我们的一厢情愿，在教科书中展示不同观点，回顾历史发展进程是否合适等，恳请读者不吝赐教。电子邮箱：xiewanjian@163.com。

主　编

2014年1月

目　录

第1章　会计规范概述......1
1.1　会计规范的含义......3
1.1.1　“规范”和“会计规范”的含义......3
1.1.2　会计规范的动因......6
1.2　会计规范的作用和特征......10
1.2.1　会计规范的作用......10
1.2.2　会计规范的特征......11
1.2.3　会计规范与会计实践的内在联系......12
1.3　会计规范体系及其分类......13
1.3.1　会计规范体系......13
1.3.2　会计规范的分类......14
1.3.3　各类会计规范间的相互关系......15
1.4　本书的体系结构......17
习题......18
第2章　会计法律规范......20
2.1　会计法律规范概述......22
2.1.1　会计法律规范的含义......22
2.1.2　会计法律关系......22
2.1.3　会计法律规范的构成和作用......24
2.1.4　会计法规实施的影响因素......29
2.2　中国会计法律规范的历史演进......31
2.2.1　古代会计立法......31
2.2.2　近代会计立法......32
2.2.3　新中国会计立法......33
2.3　中国现行会计类法律......35
2.3.1　会计法律......35
2.3.2　会计行政法规......52
习题......55
第3章　会计制度规范......58
3.1　会计制度的含义和分类......60
3.1.1　会计制度的含义......60
3.1.2　会计制度的分类......60
3.2　我国会计制度的发展历史......61
3.2.1　我国会计制度的历史变革......61
3.2.2　我国企业会计核算制度的发展趋势......68
3.3　会计机构和会计人员管理制度......69
3.3.1　《代理记账管理办法》......69
3.3.2　《会计从业资格管理办法》......71
3.3.3　《会计专业职务试行条例》和《会计专业技术资格考试办法》......73
3.3.4　《会计人员继续教育规定》......76
3.4　会计工作管理制度......79
3.4.1　《会计基础工作规范》......79
3.4.2　《会计电算化工作规范》......81
3.4.3　《企业会计信息化工作规范》......84
3.4.4　《会计档案管理办法》......89
3.5　会计核算制度......96
3.5.1　《企业会计制度2001》......96
3.5.2　《企业产品成本核算制度》......98
3.5.3　《行政单位会计制度》......100
3.5.4　《事业单位会计制度》......102
3.5.5　《民间非营利组织会计制度》......104
习题......108
第4章　会计准则规范......109
4.1　会计准则概述......111
4.1.1　会计准则的含义......111
4.1.2　会计准则的产生和发展......113

4.1.3 会计准则的性质 118
4.1.4 高质量会计准则的特征 121
4.1.5 会计准则的结构 122
4.2 会计准则的制定与实施 124
4.2.1 会计准则的制定模式 125
4.2.2 会计准则的制定导向 127
4.2.3 会计准则的实施 132
4.3 中国会计准则的研究和制定 135
4.3.1 对西方会计准则的引进 135
4.3.2 中国会计准则的初步形成 136
4.3.3 选择国际财务报告准则作为趋同参照的必然性 143
4.3.4 中国企业会计准则体系 145
4.4 财务会计概念框架(基本会计准则) 150
4.4.1 财务会计概念框架与基本会计准则 150
4.4.2 财务会计概念框架的产生和发展 151
4.4.3 财务会计概念框架的内容(不含 SFAC No.8) 153
4.4.4 财务会计概念框架的作用 154
4.4.5 中国基本会计准则 156
4.5 会计准则等效 163
4.5.1 会计准则等效的含义 163
4.5.2 中国会计准则国际等效进展 163
习题 167

第5章 注册会计师职业规范 171

5.1 注册会计师及其职业规范概述 173
5.1.1 注册会计师及其资格确认 173
5.1.2 注册会计师职业规范的意义和特征 176
5.1.3 注册会计师职业规范的演变 178
5.1.4 中国注册会计师职业规范体系的内容 183
5.2 中国注册会计师执业准则 184
5.2.1 中国注册会计师执业准则的构成和特点 184
5.2.2 中国注册会计师鉴证业务准则 186
5.2.3 中国注册会计师其他鉴证业务准则 197
5.2.4 中国注册会计师相关服务准则 197
5.2.5 会计师事务所质量控制准则 198
5.2.6 中国注册会计师执业准则指南 200
5.3 注册会计师职业道德准则 202
5.3.1 注册会计师职业道德的含义和职业道德规范的沿革 202
5.3.2 《中国注册会计师职业道德守则》的主要内容 204
习题 213

第6章 内部控制规范 216

6.1 内部控制及其规范的演变 218
6.1.1 内部控制及其规范在国外的发展 218
6.1.2 内部控制及其规范在中国的发展 223
6.1.3 中国企业内部控制规范 226
6.2 内部控制的功能和作用 228
6.2.1 内部控制的功能 228
6.2.2 内部控制的主要作用 232
6.3 企业内部控制基本规范 233
6.3.1 《企业内部控制基本规范》概况 233
6.3.2 内部控制的意义 234
6.3.3 内部控制的目标 235
6.3.4 建立和实施内部控制的原则 236
6.3.5 内部控制要素 237
6.4 企业内部控制指引 242
6.4.1 《企业内部控制应用指引》 242

6.4.2 《企业内部控制评价指引》 248
6.4.3 《内部控制审计指引》 262
习题 267

第7章　会计职业道德规范 271

7.1 道德、职业道德和会计职业道德 273
7.1.1 道德和职业道德 273
7.1.2 会计职业道德 276
7.2 会计职业道德的内容 278
7.2.1 爱岗敬业 279
7.2.2 诚实守信 280
7.2.3 廉洁自律 281
7.2.4 客观公正 283
7.2.5 坚持准则 284
7.2.6 提高技能 286
7.2.7 参与管理 287
7.2.8 强化服务 287
7.3 会计职业道德培养和教育 288
7.3.1 会计职业道德教育的意义 288
7.3.2 会计职业道德教育的内容 289
7.3.3 会计职业道德教育的途径 290
7.3.4 会计职业道德修养 292
习题 293

第8章　资本市场信息披露规范 295

8.1 信息披露与资本市场 297
8.1.1 信息、信息披露与资本市场 297
8.1.2 资本市场信息披露的意义 298
8.2 资本市场会计信息披露 300
8.2.1 资本市场会计信息披露的历史发展 300
8.2.2 我国资本市场信息披露结构 306
8.3 资本市场会计信息披露理论分析 306
8.3.1 有效市场假说 306
8.3.2 信息不对称理论 309
8.3.3 博弈论 310
8.3.4 证券市场会计信息自愿披露理论 313
8.4 证券市场信息披露规范 316
8.4.1 我国证券市场现行信息披露规范体系 316
8.4.2 证券市场会计信息披露规范 318
习题 326

参考文献 331

第1章

会计规范概述

教学目标

掌握会计规范的含义，了解会计规范的产生和发展历程；认识会计规范的作用，理解会计规范的基本特征；掌握和熟悉我国现行会计规范体系及其分类。

教学要求

知识要点	能力要求	相关知识
会计规范的含义	(1) 掌握会计规范的含义，理解不同的专家、学者对会计规范的不同认识 (2) 理解会计规范的动因以及历史上的一些重要事件对会计规范产生和发展的影响	(1) 规范与会计规范的含义 (2) 会计规范产生的内外部动因
会计规范的作用和特征	(1) 认识会计规范对提供高质量会计信息的作用 (2) 理解会计规范的基本特征	(1) 会计规范的作用 (2) 会计规范的特征
会计规范体系及分类	(1) 掌握我国现行会计规范的体系和主要内容 (2) 熟悉从不同角度对会计规范所作的分类	(1) 会计规范体系及其构成 (2) 会计规范按照形成和来源的分类 (3) 会计规范按照内容的分类 (4) 会计规范按照制约方式的分类 (5) 各类会计规范之间的关系

引　例

财政部公布 2012 年会计信息质量检查结果①

日前，财政部发布三项会计信息质量检查公告。其中，有两项公告分别对 28 家金融类企业以及 144 家非金融企业和证券会计师事务所的检查结果进行逐户公告。

公告显示，2011 年财政部组织驻各地财政监察专员办事处对金融企业、非金融企业和证券资格会计师事务所进行会计信息质量检查，23 户非金融企业被处以罚款，107 名责任人被追究责任。

同时，各地财政厅局组织对 23396 户企事业单位和 1398 家会计师事务所进行会计信息质量检查，发现违规问题金额 552.29 亿元，查补税款 9.11 亿元。违规单位被处以罚款 3875.52 万元，193 名直接责任人员被处以罚款、吊销会计从业资格证书等行政处罚，62 户企业被移送其他部门处理。

内控、会计核算等 5 类会计违规问题突出

财政部监督检查局相关负责人说，从财政部组织各地专员办对日化、房地产、煤炭、石化、电力等行业企业以及境外上市公司的会计信息质量检查来看，被查单位恶意造假问题逐渐减少，会计信息质量逐年提高，内部控制体系逐步完善。

但检查中同时也发现，仍有部分企业执行《会计法》和相关准则规范不到位，在内部控制、会计核算、缴纳税款等方面存在不同程度的问题。

在对上市公司的检查中发现，部分公司存在没有有效执行会计准则、财务管理不规范、信息披露不充分等问题。如广西南方食品集团股份有限公司以出纳名义公款私存累计 3562 万元；海马汽车集团股份有限公司以试生产为由推迟确认固定资产，少计提折旧 1722 万元。

在对房地产企业的检查中发现，部分企业收入成本核算不实、偷漏税款、违规融资等问题比较突出。

如银川建发集团股份有限公司以评估方式虚增投资性房地产及所有者权益 6.7 亿元，少计收入 10.3 亿元、少计成本 6.8 亿元，自关联方无偿取得建设资金 3.2 亿元未披露，编制虚假财务报告骗取银行贷款 1.2 亿元；上海建工集团股份有限公司对达到清算条件的开发项目、支付土地收购议价补偿款等有关事项少缴各类税款共计 4.55 亿元；上海中鹰置业有限公司 2009 年部分已售房产少计销售收入 2.09 亿元，2010 年该公司为申请银行贷款，将上述少计收入重新计入 2009 年度报表。

在对外资企业的检查中发现，部分企业存在通过关联方交易调节利润、违规避税、逃避外汇管理等问题。如南京尼玛克铸铝有限公司通过国内公司以应付货款名义将境外母公司提供的无息借款 2045 万元转给该公司。

在对国有及国有控股企业的检查中发现，部分企业存在粉饰财务报表、财务管理不规范等问题。如中电投江西电力有限公司存在土地、商铺、三产公司等账外资产共计 1.05 亿元；中电投宁夏青铜峡能源铝业集团有限公司将合同约定用于经营周转的 21.87 亿元贷款用于电厂在建工程项目。

上述负责人同时透露，各地专员办检查时还发现，部分单位内部控制不够健全，存在随意调节利润、以假发票报账、私设“小金库”、侵占国有资产等违规问题。青岛市住房保障中心在保障性住房建设项目的成本核算中，对原始凭证审核不严，以虚假发票入账 2115 万元。

另外，部分金融类企业也存在未严格执行财务规则和新会计准则，收支核算不实等问题。

综合治理会计信息失真问题

将会计监督检查与促进被查单位加强内部控制和制度建设相结合，这是财政部开展会计信息质量检查坚持的原则之一。

① 罗晶晶. 财政部公布 2.5 万家单位会计信息质量检查结果[N]. 中国会计报，2012-12-28.

检查结束后，检查人员会通过管理建议书、检查通报会等多种形式责令被查单位认真整改，调整会计账务，补缴相关税款，填补管理漏洞，提高管理水平。还将针对加强管理、完善制度、推动改革提出了大量建设性的意见和建议，并从行业管理、人才培养、部门协同等多个方面，对会计信息失真问题进行了综合治理。

与此同时，上述负责人强调，财政部还坚持将会计信息监管与维护国家主权和保障国家经济信息安全相结合，积极稳妥地应对国际跨境会计监管的要求，为我国企业和会计师事务所“走出去”战略的实施提供了保障。

值得关注的，还有财政部每年还都会将会计监督工作重点与国家经济工作大局相结合，将会计信息质量检查和会计师事务所执业质量检查相结合，将会计监督检查与从源头上治理腐败、维护社会公平正义的需要相结合。

在坚持这些原则下，财政部选择关系国计民生的重点领域和行业不断加大监督检查力度，同时形成覆盖全面、立体交叉、三位一体的会计监督体系，并通过会计监督检查发现和移送处理涉嫌贪污挪用、行贿受贿、侵占国有资产等违法行为，在一定程度上遏制了腐败等违法行为的发生。

思考：

(1) 财政部每年都要进行的会计信息质量检查有什么作用？

(2) 如何评价我国会计信息质量总体态势？

(3) 怎样才能根治会计信息失真现象？

会计作为一个人为的经济信息系统，在对经济信息进行确认、计量、记录和报告的过程中，其行为和主体必须要受相关标准和规则的制约，这对今天具体的经济组织和会计人员来说是“不言而喻”的。但事实上，财政部每年进行的会计信息质量检查的结果都表明，我国会计信息不实、质量不高的问题始终存在，上述案例的现象比较普遍。究其原因，有的是不了解标准和规则，有的是误读，但更多的是不按照标准和规则处理经济业务或故意舞弊。当然，会计信息失真并非是我国所特有的现象，一些经济比较发达的国家(如美国、英国等)在近些年均发生过重大的会计信息失真甚至舞弊案件，在世界范围内引起了对会计规范问题的重视。

1.1　会计规范的含义

1.1.1　“规范”和“会计规范”的含义

1. “规范”的含义

“规范”一词，是由“规”和“范”两个字组合而成，“规”指法度、规则，通常代表某种特定的社会秩序、等级结构和行为的范围；“范”指约束、限制和界限，它常指引导人们行为的一种具有约束意义的标准。按照《现代汉语词典》的解释，规范是“约定俗成或明文规定的标准”[①]，具体地说，规范是“一个社会群体诸成员共有的行为准则和标准。它是调节整个社会构成单位、社会集团或个人活动的手段。规范通过法律及其他法令、风俗习惯、社会要求固定下来，这就是政治的、法律的、道德的以及其他诸如此类的规范，它

① 中国社会科学院语言研究所词典编辑室．现代汉语词典(2002 年增补本)[M]．北京：商务印书馆，2002：474.

是由社会建立起来并由社会加以改变的”[①]。规范的意义在于调节人们的行为，以达到和谐的目的；调整人们的关系而不至于发生冲突，从而使社会保持健康有序。只有具备了科学、健全的规范机制，人类社会才能稳定、繁荣、向前发展。否则，社会就会陷入混乱和无序。

这里讨论的规范，按照西方制度经济学的观点，就是指制度。随着西方制度经济学在我国的传播，我们看到了从多个角度探讨制度(即规范)内涵的观点。

专栏 1-1

制度经济学对“制度”的定义

制度经济学鼻祖康芒斯认为，制度是“集体行动控制个体行动”[②]，其中，最重要的是法律制度；新制度经济学创始人诺斯认为，“制度是一系列被制定出来的规则、守法程序和行为的道德、伦理规范，它旨在约束主体福利或效用最大化利益的个人行为”[③]，舒尔茨认为，“制度是一种行为规则，这些规则涉及社会、政治及经济行为”[④]；日本学者青木昌彦认为，“制度是关于博弈如何进行的共有信念的一个自我维系的系统”，制度“以一种自我实施的方式制约着参与人的策略互动，并反过来又被他们在连续变化的环境下的实际决策不断再生产出来”[⑤]；我国学者林毅夫也认为制度是一种“行为规则”，他指出“制度可以定义为社会中个人所遵循的行为规则。制度可以被设计成人类对付不确定性和增加个人效用的手段”[⑥]。以上各种定义分别代表了制度经济学的各种观点，尽管表述不同，但基本的含义是一致的，即制度是约束人们行为的准则，它对我们分析“规范”具有一定的指导意义。

制度之所以能在协调个人行动上发挥着关键的作用，实际上在于其是一个博弈均衡的结果[⑦]，它是由寻找在某种程度上优化人们社会行为组织结构的活动引致的，它的存在和创新取决于“这个社会的各个利益集团之间的权力结构和社会偏好结构”[⑧]。

2. “会计规范”的含义

会计规范存在的主要目的是向内外部信息使用者提供有助于他们进行各类决策所需的信息[⑨]，作为一门带着强烈的应用性特征的社会科学，人们可以从各种不同的角度去理解和认识会计，同样也可以从不同的角度去理解和认识会计规范。我国学者对会计规范的认识主要有以下一些有代表性的观点。

---

① 张海鹏．当代社会科学大辞典[M]．南京：南京大学出版社，1995：221.

② [美]康芒斯．制度经济学(上册)[M]．北京：商务印书馆，1962：87.

③ [美]诺斯．经济史中的结构与变迁[M]．上海：上海三联书店；上海人民出版社，1994：225-226.

④ [美]T.W.舒尔茨．制度与人的经济价值的不断提高[M]．上海：上海三联书店；上海人民出版社，1994：253.

⑤ [日]青木昌彦．周黎安译．比较制度分析[M]．上海：上海远东出版社，2001：28.

⑥ 林毅夫．关于制度变迁的经济学理论：诱致性变迁与强制性变迁[M]．上海：上海三联书店；上海人民出版社，1994：373.

⑦ [德]柯武刚，史漫飞．韩朝华译．制度经济学[M]．北京：商务印书馆，2000：7.

⑧ 张宜霞．会计制度的框架与有效性评价——基于制度经济学和系统论的视角[J]．财经问题研究，2004，(10)：56-60.

⑨ 会计信息仅仅是使用者决策所需的信息中处于微观领域能够以货币量化的那一部分，远不是使用者决策所需的全部信息。

杨纪琬、娄尔行、葛家澍等教授指出：“会计规范是一个广义的术语，它包括所有对会计的记录、确认、计量和报告具有制约、限制和引导作用的法律、法规、原则、准则、制度等”①。吴水澎教授也指出，所谓“会计规范，是指协调、统一会计处理过程中对不同处理方法作出合理选择的假设、原则、制度等的总和，它是会计行为的标准”②。这两个定义表述上有一点区别，但实际上都是从会计规范有哪些基本功能的角度下定义的。

陈亚民博士认为，“会计规范是在会计领域内起作用的一种社会意识形态，具有公认性、统一性、客观性、广泛适用和反复适用性；作为一种标准，它帮助会计人员解决如何工作的问题，为评价会计工作提供客观依据；作为一种机制，它是保障和促进会计活动达到预期目的的一种制约力量”③。该定义揭示了会计规范产生的内外部原因和包含的基本内容。

李端生教授等认为，“会计规范是由特定组织机构制定或会计实践中形成的，对会计活动中的各种行为起着指导和制约作用，促进会计行为朝着科学化、秩序化、有效化、目标化方向发展的路标，是会计及相关人员实施会计行为，管理和监督人员评判会计行为的准绳。它包括会计法律、会计行政法规和会计职业道德。”④这个定义揭示了会计规范的产生、作用和内容。

汤云为教授认为：“会计规范是指所有能对会计实务起约束作用的原则、准则、法规、条例和道德的总和，是应对会计实践活动的需要而发展起来而又用于指导和约束会计行为的准绳，它是连接会计理论目标与会计实务的桥梁和纽带”⑤。这个定义不仅指出了会计规范的形式和功能，而且揭示了会计规范的目的和作用。

王开田教授指出，“会计规范是会计在漫长的社会实践中，依据其自身的特点，为满足和实现会计目标的内部需要以及为满足会计外部的要求(会计系统之外的要求，例如投资者、债权人、社会公众、政府有关机构等的要求)而逐步建立起来的，使会计程序和方法标准化和模式化的一系列会计法规、法律、职业道德、准则、制度、条例的总和”。他认为，会计学科的发展有其内部性要求，我们看会计规范，不能仅仅盯着外部的需要，还应该考虑内部矛盾发展的需要，因此，会计规范应该建立在会计科学内外部发展需要的基础上。⑥

张宜霞博士认为，在发达的市场经济条件下，“会计不仅仅是一个生产信息问题，更是一个信息传递、信息接收的问题”，因此，会计制度(即会计规范)是“一种系统的规范会计信息生产和传递过程的规则体系”。⑦这个定义从会计规范作用的过程出发，将在到达信息使用者之前对会计信息起制约作用的规则都看做是会计规范，它克服了列举式定义容易遗漏的缺陷，表述干练，笔者赞同这种观点。

---

① 杨纪琬，娄尔行，葛家澍．会计原理[M]．4 版．北京：中国财政经济出版社，1998：267.

② 吴水澎．会计学原理[M]．沈阳：辽宁人民出版社，1994：307.

③ 陈亚民．会计规范论[M]．北京：中国财政经济出版社，1991：21.

④ 李端生．会计理论研究[M]．北京：中国财政经济出版社，2007：171-172.

⑤ 汤云为，钱逢胜．会计理论[M]．上海：上海财经大学出版社，1997：47.

⑥ 王开田．会计规范理论结构[M]．北京：中国财政经济出版社，2001：3.

⑦ 张宜霞．会计制度的框架与有效性评价——基于制度经济学和系统论的视角[J]．财经问题研究，2004，(10)：56-60.

1.1.2 会计规范的动因

制度经济学家在分析制度的起源时，认为制度产生的一种可能性是“靠人类的长期经验而形成的”，并且认为，多数这种制度的特有内容有一条稳定的变迁路径，它们被称为“内在制度”；而另一种可能性是因设计产生，它们是以政府、司法系统或者类似的权威机构制定在法规和条例之中，其变迁是刚性的，它们被称为“外在制度”[①]。会计规范作为社会经济制度的组成部分同样如此。在会计发展的早期，会计规范主要是会计人员在长期的会计实践中逐步自发形成的一些习惯、惯例和规则，这些自发形成的会计规范是初级的、非条理化的，但它蕴涵着会计人员的智慧，有些至今仍然在运用。后来由于科学技术的发展，导致了企业规模的扩大，企业资本结构复杂化，出资者与经营者相分离，为了解决两权分离带来的问题，维护利益相关者的权益，有意识制定的会计规范出现了[②]。

1. *从会计内部发展需要分析*

从内部要求看，史前会计行为是“原始会计与原始数学有机结合的产物”，是“以单线条反复使用为特征的简单刻记与以直观绘图记事为特征表达经济事项的方法”[③]，会计并非是一门专门的学问，它仅仅是生产的“附带”部分，它与统计、业务技术核算融合在一起，简单的计量、记录和叙述就能够达到目的，不需要独特的技术方法和手段。随着私人占有财产制度的出现与国家的产生，会计与国家财政关系密切，原始的计量记录行为发生了演变，“出现了一些具有计算数码意义的符号”，以财产实物收支分配为主要内容的官方会计逐渐形成，并占据主要地位，会计职位出现，单式簿记方法形成，“四柱结算”方法在早期得到应用。[④]现代会计作为一门科学，必然需要对其程序、方法体系进行严密的规范，使之成为系统、规律、有序的知识体系，以便人们在处理经济业务时反复使用。例如，对于记录方法，要求采用复式记账方法，并规定其记账符号为“借”和“贷”[⑤]，记账规则为“有借必有贷，借贷必相等”；要求按照会计核算的性质和内容设置各类账户，在账户结构上，

① 内在制度也可以称为非正式制度，其变迁属于“诱致性变迁”；外在制度的变迁属于“强制性变迁”。参见[德]柯武刚，史漫飞．韩朝华译．制度经济学——社会秩序与公共政策[M]．北京：商务印书馆，2000：36.

② 王开田．会计规范理论结构[M]．北京：中国财政经济出版社，2001：4-38.

③ 郭道扬．郭道扬文集[M]．北京：经济科学出版社，2009：355.

④ 会计史研究的主流观点认为，“四柱清册”出现在唐宋时期。但是，考古资料证明，“四柱法”在我国周朝就已经出现。所以有学者指出“我国四柱结算在实际工作中的应用，不会迟于公元前七世纪”(参见：李孝林等．比较会计史学[M]．北京：中国财政经济出版社，2007：147)。近年来，会计史学界开始关注这个问题。

⑤“借”和“贷”分别是借贷记账法的两个记账符号，“借”表示账户的左方，“贷”表示账户的右方，二者已经失去其本义，这是今天我们都已经熟知的。借贷记账法在英语中的记账符号分别是“debit”和“credit”，二者意思不同，用来表示账户的不同方向没有异议。但是，用“借”和“贷”这两个意思基本相同的汉字，来分别表示账户的不同方向，长期以来让中国人匪夷所思，初学者总是无法理解。作为记账符号，“借”、“贷”引入中国至今才一百年历史，1905 年，蔡锡勇、蔡璋父子出版《连环帐谱》首次将该方法从日本引入中国，把日文中记账符号的“借”翻译为“该收”，“贷”翻译为“存付”。1907 年，留学日本的学者谢霖和孟森编著《银行簿记学》，再次将该方法引入中国，在表达记账符号时，难以找到合适的中文把在日文中意思完全不同的“借”、“贷”表达清楚，不得已直接从日语中套用过来，造成了今天“晦涩难懂”的“囧境”。尽管有不少研究者试图用“来去”、“上下”、“黑白”、“权责”、“左右”取代它，甚至有全国人大代表为此提提案。笔者认为，“借”、“贷”这两个字作为记账符号在中国已经存在百年之久，在业内基本形成共识，没有必要改用其他的文字。

规定所有账户的左边为借方，右边为贷方，借贷方登记的经济内容根据账户的性质不同而异；资产、费用和成本的增加，应记入资产类账户的借方，减少则记入其贷方；而收入、负债和所有者权益等的增加，应记入相应的收入、负债或所有者权益类账户的贷方，减少则记入各该类账户的借方。在一定时期内计量单位必须稳定和统一。对于账户体系，要求根据核算需要分别设置反映总括情况的总账和反映详细情况的明细账等，并规定为了便于核对，总账与其所属的明细账应当平行登记。在报表体系上，经过几百年的发展，形成今天的规定所有企业要编制和对外报送资产负债表、利润表以及现金流量表等。20 世纪 70 年代起，西方发达国家企业还另设企业社会责任报表，反映其社会责任完成状况，例如就业规模、收入水平、环境治理、企业合作以及道德责任等，每张报表的格式和内容都有明确的规定。①正是因为有了这些规定，会计信息才可以要求达到“相关”和“如实反映”的质量，会计才能成为一门科学。

在会计处理程序上，现代会计也有了规范。当经济业务发生后，如何通过会计人员的业务过程，最后编制出反映企业在一定时期经济全貌的财务会计报告，需要经过确认、计量、记录和报告 4 个程序或步骤。

(1) 会计确认是依据一定的标准，确认某经济业务事项，应记入会计账簿，并列入会计报告的过程。正确进行会计确认，首先要有客观科学的确认标准。会计确认的基本标准是指以会计信息质量特征和会计核算基本要求为基础所形成的会计确认的原则性标准，主要包括：符合定义性、经济利益很可能流入流出企业和可计量性。

(2) 会计计量是指在会计核算过程中，对各项财产物资都须以某种尺度为标准来确定它的量。会计计量主要应考虑计量尺度和计量属性两个方面。计量尺度是指计量所依据的单位，会计计量应当以货币计量为主，实物计量和时间计量只能作为货币计量的补充。计量属性是指会计计量对象(会计要素)的某一方面特性或外在表现形式，它是区分不同计量模式的主要标准。各国企业会计规范均有规定，我国《企业会计准则——基本准则》规定会计的计量属性包括历史成本、重置成本、可变现净值、现值和公允价值。

(3) 会计记录是指各项经济业务经过确认、计量后，采用一定方法在账户中加以记录的过程，会计记录要运用一系列专门方法。通过会计记录，可以对价值运动进行详细而具体的描述与量化，也可以对经济业务数据进行初步的加工、分类与汇总。它是生成会计信息必不可少的步骤。

(4) 会计报告是指以账簿记录为依据，采用表格和文字的形式，将会计数据提供给信息使用者的手段。广义的会计报告包括基本的会计报表(会计报告的核心)、会计报表附注、附表和其他财务报告。技术规范使会计繁而不乱，井然有序，成为世界通用的“商业语言”。

总之，会计自身的存在与发展需要规范，没有规范也就无所谓会计。会计的发展史，就是会计的规范史。

---

① 我国《公司法》第五条规定公司应“承担社会责任”。根据党的十七大精神，国务院国有资产监督管理委员会于 2007 年 12 月 29 日发布了《关于中央企业履行社会责任的指导意见》，正式要求我国企业建立社会责任报告制度。2008 年 5 月 13 日，上海证券交易所发布《关于加强上市公司社会责任承担工作的通知》，首次提出公司要重视“每股社会贡献值”的指标。据报道，2008 年上海证券交易所上市公司中，已经有 290 家披露了包括“可持续发展报告”和“企业公民报告”在内的社会责任报告。2009 年 8 月，上海证券交易所发布了上证社会责任指数。

会计规范是会计内部发展的需要，还表现在会计是一个财务信息系统①，其功能就是提供财务信息。上述技术规范，确定了会计信息在会计系统内部的流程和加工方法，这种规范使信息的生产具有了合理性和科学性，也具有了法律依据，在某种程度上能保证会计信息的质量。但会计信息加工完成后，需要规范其传递程序与方法，例如，企业的年度财务会计报告经过注册会计师审计、出具审计报告以后，要经单位负责人签字盖章，并按规定的时间、途径，传递给会计信息的使用者。

2. 从会计发展的外部需要分析

会计行为不仅仅是会计系统本身的事，也是一个复杂的社会问题，其行为后果涉及众多相关方面的利益，因此，会计规范也具有外部性。

(1) 会计规范是现代企业制度下产权保护的必然要求，是公司治理的基础。现代企业制度的特征是股权结构分散和所有权与经营权分离，股权结构分散导致公司存在大量的不直接参与甚至不能影响公司决策的社会公众持股者，两权分离使得出资者和经营者成为公司治理结构的两个不同的权利主体。明确的产权界定和有效保护是市场经济存在的基本原则，会计在委托人和代理人之间充当中介人的角色，如果不对其加以规范，在利己动机的驱使下，往往会倾向某一方，而失去中介人的公平本质，从而给另一方造成伤害。因此只有对会计加以严格的规范，才能保证其行为的公正，以维护各方权益，从而保证公司治理积极效果的实现。

(2) 会计规范是有效缓解委托人与代理人之间利益冲突的力量。在两权分离的条件下，委托人与代理人在基本利益一致的前提下，往往又有着不同的表现，因此他们追求的目标并不完全一致。委托人投资的根本目的是为了获得利润，而代理人所追求的目标并不仅仅是利润，还包括其他方面，如发挥管理才能的机会、享受豪华的办公设施、不受限制的职务消费等。因此，代理人可能利用其直接控制的会计，胁迫其采取有利于自己而不利于委托人的会计程序与方法，生产出有利于自己的会计数字，以粉饰业绩或获得其他满足②。如果会计任其操纵，也就丧失了其存在的价值，因而必须对会计行为加以规范。

(3) 会计的发展史表明，对会计行为进行规范是一种历史的必然。从会计的发展史看，会计产生不久，社会就对其提出了规范的要求。例如，我国春秋时期的《周礼》、战国时期的《法经》、古巴比伦的《汉谟拉比法典》等无不对会计提出了一定的规范要求，即对会计应该怎样做，或不应该做什么作了明确的规定。之后，我国的官厅会计、西方的庄园会计等，都有一系列的法典、规章和制度加以系统的规范，以维护统治阶级的利益。尤其是 20 世纪以后，资本主义工业有了较大的发展，股份公司成为最主要的经济组织形式，对会计规范提出了更高的要求，各国纷纷以法律的形式规范会计。例如，英国的《公司法》③，法国的《商法》、美国的《证券法》及《证券交易法》，我国的《会计法》及《公司法》等。

---

① [美]西德尼·戴维森. 现代会计手册(第一分册)[M]. 北京：中国财政经济出版社，1985：1；葛家澍，唐予华. 关于会计定义的探讨[J]. 会计研究，1983，(5)：51-54.

② 研究表明，在委托代理关系下，由于信息不对称，经理人容易产生偷懒、操纵盈余等行为，导致企业会计政策选择偏向。

③ 英国的《公司法》最早产生于 1844 年。

因而会计的发展史从某种意义上说就是对会计及其行为进行不断规范和完善的历史。

在会计的发展史中，也曾有过不规范或淡化、弱化规范而导致投资者发生巨大损失的事例，最典型的就是英国 1720 年发生的南海公司泡沫案和 1929—1933 年美国爆发的波及世界的经济危机以及 2001 年的美国安然事件等。

专栏 1-2

南海公司破产案[①]

南海公司创建于 1710 年，以发展南大西洋贸易为经营宗旨。初期，未淘到什么“金”。1713 年，公司时来运转，与西班牙缔结了乌特莱克条约，取得了从非洲贩卖黑奴到西班牙殖民地——美洲大陆的垄断特权。以此为“牌”，公司发起人及经营者大肆鼓吹公司的发展前景，从而引发了一场投机狂潮，数以万计的人抢购公司股票。1720 年年初，公司董事们散布谣言，说公司定会实现巨额利润，年终将支付高达 60%的股利作为献给股东的“圣诞礼物”。此谣言的发布更大地刺激了人们的投机神经，公司股票价格因此扶摇直上。在 1720 年的 4 月至 7 月间，该公司股票价格由 120 英镑涨到 1050 英镑。不久，一些客户和投资者发现一切都是骗局。于是，公司股价急剧下跌，在当年 8 月 25 日至 9 月 29 日短短一个月的时间里，股价从 900 英镑猛跌到 175 英镑。[②]最后，公司被迫宣告破产。这就是商业史和审计史上著名的“南海泡沫事件”。

南海公司的破产，导致成千上万的投资者和债权人遭受损失，连伟大的物理学家、天文学家牛顿也亏损 2 万英镑[③]。愤怒的人们强烈要求议会调查事件真相，严惩欺诈祸首。针对这一要求，英国议会于 1720 年 9 月底组成了一个由 13 人参加的特别委员会，开始对南海公司破产事件进行秘密调查。结果发现，该公司的会计记录严重失实，而且在证券市场上存在欺诈行为。可见，不规范的会计行为是南海泡沫案的主要原因之一。英国政府虽已认识到这一点，但当时未能对症下药，而是矫枉过正，制定了《泡沫公司取缔法》以限制成立公司的方式来解决包括会计规范问题在内的诸多问题。直至 19 世纪上半叶，随着政府允许公司广为建立以及 1844 年《公司法》的颁布，英国政府终于在会计规范方面迈出了积极、可取的一步，真正去正视并着手解决在两权分离的条件下企业会计的规范问题，以确保会计信息的真实与公允。

200 多年后，美国步英国南海公司的后尘，1929 年爆发了波及世界的经济危机。1929 年 10 月 24 日，美国股票市场大跌。几周之内，纽约交易所的所有股票下跌 50%，损失约 260 亿美元，大体相当于美国在第一次世界大战中支出的费用。当时刚刚走马上任的罗斯福总统在就职演说中说：“价格降到了想不到的程度。税收增加了，我们的支付能力降低了。一切政府机关都面临着收入急剧减少的局面。通商、贸易流通中的交换手段被冻结，制造

① 余玉苗，李国运，吴联生．以史为镜——注册会计师职业发展史[M]．北京：中国经济出版社，1997：7.

② [英]罗纳德·拉尔夫·费尔摩里．虞政平译．现代公司法之历史渊源[M]．北京：法律出版社，2007：32.

③ 牛顿对南海公司事件非常困惑，他慨叹：“我可以计算天体运行的轨道，却无法计算人性的疯狂”。周翀．从牛顿被套说开去——兼谈 500 点上的财富观[N]．上海：上海证券报，2007-8-29.

业倒闭的残骸到处都是。农民们找不到产品销售市场。成千上万的多年储蓄瞬间消失殆尽，更为严重的是，多数失业市民面临着惨不忍睹的生死问题。同样，许多市民虽然正在劳动，然而报酬太少……”这场危机，除了有深刻的社会背景之外，与会计信息失真也有关系。在美国，当时缺乏与市场经济相匹配的会计规范，加上监管的松弛，使得会计报表成为企业管理层粉饰财务状况和经营成果的手段，会计政策被随意选择和变更，会计信息严重失真，从而导致投资和信贷决策的失误，最终损失惨重。可以说在这场灾难性事件中，会计因其不规范的行为负有不可推卸的责任。美国会计学家查特菲尔德对此评价道：“松散的会计实务是 1929 年市场崩溃和萧条的原因之一。[①]”吸取会计缺乏规范的惨痛教训，美国在 1933 年和 1934 年分别制定并颁布了《证券法》和《证券交易法》，从法律上提出了规范会计的要求。

2001 年以安然事件为起点的美国华尔街一系列假账丑闻，暴露了世界会计规范中存在的问题，引起了广泛的思考。特别是安然事件后，美国国会和政府、会计职业界对完善会计规范更加重视，美国国会通过了《萨班斯——奥克斯利法案》(《SOX 法案》)，对 1933 年《证券法》和 1934 年的《证券交易法》几乎逐条提出了修正意见，并且建议对美国会计准则的导向问题进行研究，美国总统小布什也专门作了讲话。美国证券交易委员会(SEC)和美国财务会计准则委员会(FASB)也先后针对会计规范问题提交了一些重要的报告。

2007 年，美国由次贷危机为导火索再次爆发波及全球的经济危机，尽管危机的原因可能与会计规范没有太大的关系[②]，但是敏感的银行家、商人还是游说政府对会计准则制定机构施加压力，迫使会计标准向有利于他们的方向修正。这从另一个角度说明了会计规范对经济发展和利益相关者的重要性。

中国在十一届三中全会以后，随着改革开放政策的实施，会计法律法规和制度得以逐渐恢复，1985 年颁布了新中国第一部《会计法》。20 世纪 80 年代以后，中国加快了融入国际经济市场的步伐，对会计规范进行改革，先后多次改革会计核算制度，制定会计准则，于 2006 年成功发布了可以独立实施的会计准则体系，使中国会计规范逐步实现了与国际财务报告准则的协调趋同。

1.2 会计规范的作用和特征

1.2.1 会计规范的作用

会计规范的作用是指会计规范在一定环境和条件下产生的对会计行为及其结果的影响或变化的功能，即对会计行为的制约、约束、指导功能。作为一种约束力量，会计规范的作用主要有以下几点。

1. 为设计合理有效的会计行为模式提供理论依据

会计工作的目标是提供有助于做出经济决策和认定受托责任的相关信息，而会计信息的生成和提供必须符合行为规范的要求才会具有相关性及可靠性。会计规范可以为合理有

① [美]迈克尔·查特菲尔德．会计思想史[M]．文硕，董晓柏，译．北京：中国商业出版社，1989：199.

② 银行家和商人等将危机的原因主要归罪于 FASB 的第 157 号会计准则《公允价值计量》的颁布实施。

效的会计运行奠定良好的理论基础。它通过引导会计行为人的职业活动，使其提供的会计信息达到相关、可靠、及时等要求。

2. 为会计人员处理会计事务提供参照和遵守的标准

会计规范是一种职业标准，无论是外在的还是内在的，会计规范无不告诉会计人员在职业活动中应怎样做，不应怎样做，以及一旦违反了规范的要求将会受到怎样的处罚等，它确定了会计人员职业行为的边界，约束和引导会计人员合法、合规和合理地处理会计事务。

3. 为评价和监督会计工作确定客观标准

会计人员对具体会计事务的处理方式及处理结果是否符合人们的需要，符合的程度如何，是对还是错，都必须以具有公正性与客观性的行为规范作为标准。这种标准既要满足会计人员自我评价的需要，同时还要满足社会评价的需要，应是自我评价与社会评价的统一。作为一种制度安排，会计规范确定了会计行为的标准，明确了相关人员的权利义务关系，也为特定主体监督会计工作提供了客观依据。

4. 为引导和约束会计行为创造良好机制

约束机制的力量可以是来自人类理性思维的特定规律，也可以是来自外界权威的强制力，还可以是由外在约束力转化为内在的行为准则而起作用。不管怎样，必须有一定的约束力，才能使规范真正发挥约束作用。当外在的规范约束由于会计规范的不完备性等其他原因而可能导致不良后果时(尤其当这种不良后果可以预见时)，会计人员可以通过内在的自控机制来进行自我评价、自我约束和自我引导，从而达到一种更高的境界。

5. 为会计理论研究提供重要的媒介作用

一般认为，会计理论体系是由基础性会计理论、行为性会计理论和规范性会计理论 3 个部分组成的。其中，基础性会计理论由相互关联、前后一贯、逻辑一致的假设及概念体系构成，用来指导和评价会计理论的概念框架；行为性会计理论由一系列会计方法构成，解决的是实现会计行为目标、实现会计功能、发挥会计作用的手段和措施；规范性会计理论居于两者之间，发挥着连接理论和实践的桥梁与纽带作用，将理论与实践、主观与客观联系起来，前承理论，后启实践，其基本功能就是使会计活动标准化、会计理论科学化，会计实践理论化。可以认为，如果没有会计规范的推动作用，若干会计概念可能还十分零乱，远没有现在这样的浑然一体。

6. 可以在一定程度上减少代理人的道德风险

由于委托人与代理人之间存在着目标差异，代理人因拥有更大的信息优势而具有操纵会计行为的外部条件。对会计行为进行规范可以起到保护委托人权益，抑制代理人道德风险的作用。

1.2.2　会计规范的特征

1. 公认性

会计规范作为评价、监督会计活动的基本标准，应该得到社会大多数人的认可。不管这种认可是自发的还是强制的，也不管这种规范是成文的还是惯例性的，不管是业界还是外界，通过这种标准让人明白怎样做是符合规范的，怎样做是不符合规范的。没有公认的基础，也就谈不上规范了。

2. 约束性

会计规范是一种标准，其约束意义在于适用惩罚手段和精神手段，在不同的规范中，对会计人员的作为、不作为及如何作为均有所规定。有的是一种强制约束，对于会计人员可能发生的违反规范的行为将通过规范列示的惩罚手段，告诉会计人员如何才能避免受惩罚，当这种惩罚无法避免时，会计人员也能够心悦诚服；有的约束是一种非强制性的，没有明确的违反规范的后果，但会计人员如果不符合规范的要求，则也会导致业界和社会的负面评判甚至谴责。

3. 适用性

会计规范的适用性是指，会计规范适用的对象不应是具体和特定的事项，而是与会计活动过程和结果相关的所有方面。

4. 预测性

会计规范的预测性是指，当事人借助会计规范，可以事先估计出违反规范可能导致的后果，这种后果包括如果不制定会计规范而对社会可能产生的影响，对会计主体的生产经营和理财活动可能产生的影响，以及对自己的福利和发展前途可能产生的影响等。

5. 发展性

会计工作作为一种具有社会意义的活动，需要有统一的规范来加以制约，虽然在不同地点和不同时间，这种统一性的程度可能有所差异。但统一性并不意味着一成不变，随着社会政治、经济、文化环境及会计理论与会计实践的发展，会计规范也会发生变化，以不断提高其规范力和约束力。

1.2.3 会计规范与会计实践的内在联系

会计规范与会计实践的内在联系主要表现为以下两点。

(1) 会计规范与会计实践相互依存，它们互为对方提供支持和理解，有助于纠正对方的缺陷使对方变得完整。

(2) 会计规范与会计实践又相互制约，会计规范来自于会计实践，是对会计实践活动普遍经验和基本原理的总结，是对会计实践活动规律科学认识的体现，并随着客观经济环境的变迁、会计理论与实践的发展而不断发展和修正；会计规范又高于会计实践，对会计实践活动起着约束和指导作用，以会计规范为依据来分析和评价会计技术和方法，可以防止在会计实践中发生偏差。

1.3　会计规范体系及其分类

1.3.1　会计规范体系

一般来说，一个国家对会计规范体系的选择与该国的经济环境密切相关。从法律渊源的角度看，我国会计规范体系主要由以下几个方面构成。

1. 会计法律规范

会计法律规范是由国家最高权力机关——全国人民代表大会及其常委会经过一定的立法程序制定的指导会计工作的法律。会计法律规范是会计规范体系中最具有约束力的组成部分，是调整经济活动中会计关系的法律规范的总称，是社会法律制度在会计方面的具体体现，是调节和控制会计行为的外在制约因素。世界各国均以不同的法律方式对会计进行规范，有的国家直接制定会计法，如中国、加拿大、西班牙等；有的国家采用间接的形式，如美国、英国、法国、日本等，在《公司法》、《商法》和《税法》中制定相关法律条文规范会计行为。用法律形式规范会计行为对会计人员具有极大的威慑力。历史经验证明，为了保证会计信息质量，必须采用法律的形式对会计进行严格的规范。我国目前与会计有关的法律主要是《会计法》、《注册会计师法》及其他在条文中涉及会计方面问题的法律，如《公司法》、《证券法》等。

2. 会计行政规范

会计行政规范是由国家最高行政管理机关——国务院制定并颁布实施的或者由国务院有关部门拟定并经国务院批准发布的规范，其制定依据是《会计法》。我国与会计有关的行政法规主要是国务院颁布的各种条例，如《企业财务会计报告条例》、《总会计师条例》等。

3. 会计部门规章

在我国，会计部门规章是指财政部或者国务院其他部委制定的有关会计方面的各种规范性文件。在会计规范体系中，这一层次的规范数量庞大，涉及面最广，是国家会计规范体系的主体部分，主要包括会计制度、内部控制规范和各种问题解答等。

《会计法》指出，会计制度是指政府财政部门制定的会计方面所有规范的总称，包括机关、企事业单位会计核算制度(含会计准则)、会计人员管理制度和会计工作管理制度等。但狭义的会计制度仅指会计核算制度(含会计准则)。

4. 地方政府和行业主管部门会计规章

地方政府和行业主管部门会计规章是指各省、自治区、直辖市的权力机关和政府或行业主管部门在与国家会计法律和会计行政法规不相抵触的前提下，根据本地区、本行业的需要而制定并发布的各种规范性文件，如我国湖南、湖北、安徽、山东以及福建等省就分别制定了《〈会计法〉实施办法》。此外，主管上市公司业务的证监会也制定并发布实施了一些规范上市公司(会计)信息披露行为的规范等。

除了上述各个层次的会计规范以外，在会计信息的生产和传输过程中，会计职业道德规范也是影响其质量的一个重要方面。会计职业道德规范是从事会计工作的人员应该遵守的具有本职业特征的道德准则和行为规范的总称，是对会计人员的一种主观心理素质的要求，它控制和掌握着会计行为的方向和合理化程度。会计职业道德规范是一类比较特殊的会计规范，它采用道德的形式对会计人员进行理性规范，促使会计人员确立正确的人生观、价值观和会计观，使其行为符合社会习俗和惯例，如公正、客观、真实、忠诚、勇敢等。会计职业道德规范是对会计人员的一种隐性规范，它可以不通过正式文件的形式表现出来，不强制会计人员遵守，但能铸造会计人员的情操和坚持原则、实事求是的品质。它的强制性较弱，但约束范围却极为广泛。①

1.3.2 会计规范的分类②

1. 按会计规范的形成和来源方式分类

会计规范按照形成和来源方式分，包括会计人员在实践中自发形成和人们有意识制定两类。

自发形成的会计规范，通常与一些具体的会计方法有关，如关于记账符号、记账方法、账簿之间的关系等，在会计发展的初级阶段，自发形成的惯例一直占主要地位。会计活动中的各种方法之所以能够成为惯例、规则，是因为它包含有合理的内核，并经过了实践的检验。会计是一种具体的、技术性较强的社会活动，只有经过长期的实践才能够形成有效的规范。如卢卡·帕乔利(Luca Pacioli)在总结了 13～15 世纪意大利地中海沿岸流行的清查盘点方法和账务处理方法的基础上，归纳出复式记账若干合理的规则、原则，并很快风行全世界。由于它来自于实践，有强大的生命力，因而一直沿用至今。

人们有意识制定的会计规范，主要是指由一些制定主体所制定的会计规范，如会计法规、会计准则、会计核算制度、注册会计师执业准则、企业内部控制规范等。一般而言，利用会计规范制约会计活动，是会计已经处于成熟阶段的表现。

2. 按会计规范的内容分类

会计规范按照内容的不同，可以分为以下 4 类。

1) 对会计人员素质要求的规范

会计人员的素质包括业务能力和道德品质两个方面，其衡量手段可以有考试、业绩评价、工作考核、履历审核和学历鉴定等。为了使这些工作规范化，现代社会创立了一系列资格审定的程序和方法，如会计从业资格考试、会计专业技术资格考试、高级会计师考评结合办法、注册会计师职业道德准则等都属于这类规范。

2) 对会计组织机构的规范

会计组织机构可以分为宏观组织机构和微观组织机构两大部分，前者的任务包括对微观会计的管理以及为宏观管理提供经济数据；后者又可分为营利组织会计机构和非营利组织会计机构两类。对会计组织机构的规范包括：会计机构、会计岗位的设置，以及相应的任务、要求，为完成一定任务的权限、范围、授权程序、任免事宜等。

---

① 按照国际惯例，注册会计师职业道德规范是正式制定发布的。

② 张白玲．会计基本理论[M]．北京：中国财政经济出版社，1988：156-159．

3) 关于会计方法、手段和程序的规范

会计方法包括会计核算方法、会计分析方法和会计检查方法等，会计的手段主要指凭证、账簿、会计报告、注册会计师的审计报告等。这类规范通常表现为两种形式：一是硬性的规定，会计从业人员必须遵守执行，另一种是有多种方法可供选择，会计人员按照规范要求进行会计职业判断。

4) 与会计监督和控制相关的其他规范

这类规范如国家的证券法、公司法、内部控制规范、各种税法、财政财务法规、相关经济法、上市公司会计信息披露规范等。这类规范具有双重性，既是当事人的行为准则，又是会计人员的标准，它们都是非常重要的会计规范。

3. 按会计规范的制约方式分类

由于规范实施的约束来自理性思维、伦理道德和外界强制力3种力量，因此，会计规范可以分为3种类型。

1) 强制性规范

这类规范是借助于外力强制推行的，所以又被称为他律性规范。在我国这类规范有两种：一种是借助于国家机器来强制推行的会计法律、法规及其他有关规定；另一种是借助于单位、组织的行政力量来强制贯彻推行的法规、制度等。这类规范有高度清晰明确的标准，以界定合法与不合法，有有效的监督或评价体系；有严格的惩罚机制，以制止那些违法违规行为的发生。

2) 内生性规范

这类规范是指由外在的要求转化为会计人员的内在意识目标，通过会计人员自律来起作用的规范，又称自律性规范。这类规范的特点是具有内在逻辑的合理性，会计人员能理解为什么要如此做，且在工作中能够自觉做到。

3) 他律与自律结合的规范

这类规范既有他律因素作用，又受到某种自律因素的影响，如职业道德规范等。由于这类规范标准的宽容度较大，所以其规范化程度要低于前两类。

此外，还有按照规范的制定主体的权威性的大小，将会计规范分为法律、行政法规、部门规章、地方政府法规、单位内部管理制度等。

1.3.3　各类会计规范间的相互关系

各类会计规范之间既相互联系，也存在区别。

1. 各类会计规范间的区别

(1) 规范实施的力量支持不同。会计法规的力量支持或直接来自国家机器的最高权威(表现为某种法律，如由全国人大通过的《会计法》、《证券法》)，或来自政府有关部门的行政力量(表现为各项法规、条例，如财政部颁发的《会计基础工作规范》、国务院发布的《总会计师条例》)。会计制度的规范力来自“重大权威的支持”，而这种支持往往来自于政府或政府本身即充任会计制度的制定者，例如我国的会计制度由财政部制定，它完全是政府法规的一部分，再如美国的证券交易委员会(SEC)明确表态充当准则制定机构——美国财务会计准则委员会(FASB)的“后台”。会计职业道德规范的力量支持在早期单纯依赖于会计人员内在的伦理道德观、价值信念等自觉力量，随着职业团体的成熟壮大，制定了一些成文的职业守则，也借助外在社会舆论评价和行律行规的惩戒等手段来达到约束目的。

(2) 作用方式和强制程度不同。会计法规由于以国家力量作为实施后盾，其遵循与否受制于外在的约束力，不以个体的意志为转移，作用方式上更偏重于他律，具有最高的强制力。会计制度直接或间接地以国家力量作为后盾，同时，它又属于理性会计规范，是对实践中已证明是行之有效的会计行为进行归纳推理和对基本理论进行演绎推理而形成的，在作用方式上自律与他律基本持衡，强制力次之。会计职业道德规范主要通过“执业能力和道德”评价来形成约束，既有自律成分，如凭借个人良心、道德上的自觉自省，也有一定的他律成分，如通过社会舆论的谴责、行业内的纪律处分等手段，在作用方式上以自律为主(包括个人自律与行业自律)，强制力较弱。

(3) 价值取向不同。会计法规的价值取向标准主要是“合法与否”，由于法律实际是统治阶级意志的根本体现，因此“合法”标准的背后实际上是要求遵从一国的社会政治经济秩序，符合一国的根本利益。会计制度的价值取向标准主要是“合理与否”，为了使会计信息真实、公允，它必须遵循正确的会计理论来决定如何进行会计处理。会计道德规范的价值取向则主要是“合情与否”，它是由特定阶段下的社会习俗、文化传统结合会计职业本身的内涵、理念所共同决定的。

(4) 涉及的内容不同。会计法规一般均涉及权利和义务两方面的内容，而会计制度、道德规范一般仅要求尽义务，极少涉及权利内容。

(5) 制度安排的形式不同。会计法规、会计制度一般均为正式的制度安排，即通过特定的组织、团体有意识创造、制定的一系列规则，均以成文的方式表现为特定的文本；会计职业道德规范除其核心部分已固化为共同的职业守则，并经由职业团体拟定、颁布、形成文字从而成为正式制度之外，其余的仍以伦理、道德、意识形态等非正式制度的形式存在。

2. 各类会计规范间的联系

(1) 由于会计法规、会计制度的制定和实施成本较高，且会计行为具有复杂多变性，不可能通过法律的形式将方方面面都规范到，而会计职业道德较大一部分的约束力是存在于人们的观念和意识中，具有更大的广泛性。同时意识形态作为非正式约束可以构成某一正式制度安排的“先验”模式，有助于节约正式制度的实施费用。例如，所有的会计从业人员都树立了“正直、诚实”的执业理念，认识到维护职业信誉的重要性，则势必将大大减少《会计法》等有关法律规范关于“会计信息造假”的打击和监督成本。

(2) 由于观念和意识固有的不稳定性或不确定性，“当人们的经验与意识形态不一致时，便试图发展一套更适合于经验的合理解释，即新的意识形态来节约认识世界和处理相互关系的费用”，尤其在社会转型期，当旧的伦理价值观受到社会现实的强烈冲击时，人们容易弃之不用而采取相机行为，例如我国在市场经济条件下发生注册会计师事务所受短期利益诱惑不顾行规行矩竞相进行恶性竞争，会计人员贪污、挪用公款等现象时有发生，此时道德规范的约束在许多情况下将因为缺乏行为人的内在回应或因“不合时宜”显得苍白无力。会计法规、会计制度则因其确立往往涉及一个社会的公共选择过程，是经过反复博弈后才建立起来的，是在任何条件下都可以强制实行的(除非废止)，具有明确、肯定的特点，可以弥补道德规范的模糊和不稳定。尤其我国当前处于体制改革的变迁时期，受市场经济大潮影响，旧的“礼义廉耻”观被打破，新的价值体系正在重塑之中，人们的价值观念呈现多元化和不稳定性，对于会计领域内舞弊、造假等种种不良行为，除了提倡重塑职业道德之外，及时修正法律，完善会计制度和其他相关规范，通过法律、制度和其他规范的“刚性”来加以打击和惩治，将更有成效。

1.4 本书的体系结构

本书是为了读者学习和研究会计规范的理论与实务问题而编写的，它不是一本单纯阐述各项会计规范的具体内容、完成讲解会计规范任务的书，而是试图阐述各种会计规范的产生和发展的原因、变迁路径以及蕴涵的理论问题。具体的规范只在必要时加以介绍，以帮助读者学习和把握各种会计规范。

目前类似的书并不多，在会计规范的选择上大都仅涉及会计法、会计准则、会计制度和会计职业道德等，有的书只论述企业会计准则的问题。本书介绍的会计规范内容比较宽泛，除了论述会计法、会计准则、会计制度和会计职业道德等规范外，还将注册会计师职业规范、内部控制规范以及资本市场会计信息披露规范也纳入其中，共安排了 8 章内容，如图 1.1 所示。

会计规范专题
- 会计规范概述
- 会计法律规范
- 会计制度规范
- 会计准则规范
- 注册会计师职业规范
- 内部控制规范
- 会计职业道德规范
- 资本市场会计信息披露规范

图 1.1 本书的结构体系

第 1 章“会计规范概述”，主要阐述会计规范的含义、动因，会计规范的作用、特征以及分类等，使人们对会计规范的基本概念和内容有一个大致的了解，从而有利于对后续章节内容的学习和掌握。

第 2 章“会计法律规范”，主要阐述会计法律规范的含义、构成和作用，对我国会计法律规范的演进历史进行了概括说明，简要介绍了我国现行会计法律和会计行政法规，侧重阐述了 1999 年修订的《会计法》的主要内容。

第 3 章“会计制度规范”，主要阐述了会计制度的含义和分类，回顾了我国会计制度的发展历程，重点介绍了我国现行的会计机构和会计人员管理制度、会计工作管理制度和会计核算制度的主要内容。

第4章"会计准则规范"，主要阐述了会计准则的含义、作用和特征，对会计准则的产生和发展以及会计准则的制定作了全面的分析，回顾了中国研究制定会计准则的历程。本章重点论述了财务会计概念框架的理论，介绍了我国会计准则建设的主要成果和国际影响。

第5章"注册会计师职业规范"，主要阐述了注册会计师职业规范的含义和特征，展示了注册会计师职业规范的演进历程；介绍了我国现行注册会计师执业规范和注册会计师职业道德守则的主要内容。

第6章"内部控制规范"，主要阐述了内部控制及其规范的产生和发展，介绍了我国现行的企业内部控制基本规范和应用指引的主要内容。

第7章"会计职业道德规范"，主要阐述了会计职业道德规范的含义、作用和基本内容，探讨了进行会计职业道德的培养和教育的方法和途径。

第8章"资本市场会计信息披露规范"，主要阐述了资本市场会计信息披露的意义、历史发展过程，从理论上探讨了资本市场会计信息披露的必要性，介绍了我国现行资本市场会计信息披露的主要规范。

除第1章外，其余7章综合起来就构成了本书所要论述会计规范的完整体系。

本章小结

会计作为一个人为的经济信息系统，在对经济信息进行确认、计量、记录和报告的过程中，其具体程序和操作者，必须受会计规范的制约。所谓会计规范，是"一种系统的规范会计信息生产和传递过程的规则体系"。

在会计发展的早期，会计规范主要是会计人员在长期的会计实践中逐步自发形成的一些习惯、惯例和规则，后来由于科学技术的发展，导致了企业规模的扩大，企业资本结构复杂化，出资者与经营者相分离，为了解决两权分离带来的问题，维护利益相关者的权益，有意识制定的会计规范出现了。

会计规范作为一种约束力量，可以为设计合理有效的会计行为模式提供理论依据，为会计人员处理会计事务提供了所应参照和遵守的标准，为评价和监督会计工作确定了客观标准，为引导和约束会计行为创造了良好机制，为会计理论研究提供了重要的媒介作用，会计规范可以在一定程度上减少代理人的道德风险。

会计规范具有公认性、约束性、适用性、预测性和发展性等特征。

从法律渊源的角度看，我国会计规范体系主要由会计法律规范、会计行政规范、会计部门规章以及地方政府和行业主管部门会计规章构成。

习　题

一、思考题

1. 什么是会计规范？它有哪些作用？
2. 简述会计规范产生的内外动因。
3. 从法律渊源的角度看，我国会计规范由哪几个部分构成？
4. 简述各类会计规范之间的关系。

二、案例题

2006 年 2 月 15 日，我国财政部发布了与国际财务报告准则相趋同的会计准则体系和注册会计师执业准则体系，使得我国会计规范队伍得到了空前的扩大，在我国会计规范史上书写了浓墨重彩的一页。尽管新中国成立以来我国一直在进行会计规范建设，但在新中国企业资本市场建立之前，我国的会计规范建设的步伐相对较慢，影响相对较弱。1990 年，我国沪深两个证券交易所相继成立，我国会计规范建设的步伐开始加快，影响也日渐增强。

表 1-1 的统计数字按照“年份”和“颁布单位”，揭示了从 1990—2005 年我国会计规范建设的成就[①]。

表 1-1 我国会计规范统计

按年份		按颁布单位	
年 份	会计规范数量	颁布单位	会计规范数量
1990	9	全国人民代表大会	4
1991	8	国务院	5
1992	13	财政部	371
1993	27	中国人民银行	11
1994	32	国家审计署	14
1995	38	证券监督管理委员会	43
1996	76	国有资产管理委员会	7
1997	29	国家税务总局	9
1998	47	注册会计师协会	73
1999	43	内部审计协会	27
2000	48	其他	16
2001	58		
2002	46		
2003	53		
2004	35		
2005	18		
合计	580	合计	580

问题：

从以上表格的数据中，可以看出从 1990 年以来我国会计规范建设的基本情况，请你结合我国社会主义市场经济建设的现实环境加以分析。

① 杨世忠．企业会计信息质量及其评鉴模式与方法研究[M]．上海：立信会计出版社，2008：148-149.

第2章

会计法律规范

教学目标

了解会计法律规范的含义和构成，了解中国会计法律规范的历史演进过程，熟悉现行《会计法》的主要内容。

教学要求

知识要点	能力要求	相关知识
会计法律规范概述	(1) 了解会计法律规范的含义和构成 (2) 理解会计法律关系的含义、构成与作用 (3) 认识影响会计法规实施的各种因素	(1) 会计法律规范的含义 (2) 会计法律关系 (3) 会计法律构成和作用
中国会计法律规范的历史演进	(1) 了解中国会计法律规范的历史演进过程 (2) 理解两大法系会计法律制度的基本特点	(1) 中国会计法律规范的历史演进过程 (2) 两大法系会计法律制度比较
中国现行会计类法律	(1) 熟悉现行《会计法》的主要内容 (2) 了解《公司法》、《证券法》及其他法律对会计事项所作的规定 (3) 了解《企业财务会计报告条例》和《总会计师条例》的主要内容	(1) 现行《会计法》的主要内容 (2) 《公司法》、《证券法》及其他法律对会计事项所作的规定 (3) 《企业财务会计报告条例》的主要内容 (4) 《总会计师条例》的主要内容

引 例

袁虹违反《中华人民共和国会计法》被判刑

绵阳南郊机场财务负责人袁虹故意隐匿账务资料，涉及金额超过457万元，被判处有期徒刑2年，缓刑2年，并处罚金4万元。

2002年4月，审计署驻成都特派办派出审计组对绵阳南郊机场工程建设项目进行审计时发现，南郊机场建设管理局在机场建设中，将向施工单位收取的投标资料费和在有关银行、信用社存放定期存款获得的高额利息以及税务机关付给的代征税金手续费等大量收入未计入单位财务，而是存放在账外。而当时身为南郊机场财务处主要负责人的袁虹却将会计资料隐匿。在经过审计组大量内查外调并再三催促下，袁虹又多次编造虚假的会计账簿提供给审计人员。袁虹的上述行为严重阻碍了审计工作的正常进行。尽管审计人员向她本人以及绵阳机场管理局的主要负责人做了大量工作，袁虹仍然我行我素，其行为已经严重触犯了《中华人民共和国会计法》第四十三条“伪造、变造会计凭证、会计账簿，编制虚假财务会计报告，构成犯罪的，依法追究刑事责任”；第四十四条“隐匿或者故意销毁依法应当保存的会计凭证、会计账簿、财务会计报告，构成犯罪的，依法追究刑事责任”等法律法规的相关条款。

审计组根据《中华人民共和国会计法》和全国人大常委会法制工作委员会《关于对“隐匿、销毁会计凭证、会计账簿、财务会计报告构成犯罪的主体范围”问题的答复意见》，于2002年8月将袁虹案移送四川省公安厅依法处理。2003年3月，该案经绵阳市公安局经侦支队侦查终结，袁虹被依法移送检察机关审查起诉。2004年4月，经绵阳市涪城区人民法院公开审理，判决袁虹犯隐匿会计凭证罪。袁虹不服上诉，绵阳市中级人民法院维持原判。

思考：

《会计法》在社会主义市场经济建设中有什么重要作用？

违反《会计法》需要负明确的法律责任，这是在1999年年底修订的《会计法》中第一次出现的，但真正为此而被判刑的，袁虹是我国第一人。引例中并没有介绍一审和二审的确切依据，当时的《中国审计报》却报道了缘由。“今年4月，绵阳市涪城区人民法院对袁某隐匿伪造会计凭证案进行公开审理，并依照《中华人民共和国刑法》第一百六十二条和七十二条之规定，判处袁某有期徒刑2年，缓刑2年，并处以罚金4万元。袁某不服提出上诉，绵阳市中级人民法院在二审中认为，袁某身为单位财务负责人，直接设置并管理‘小金库’账，在国家审计机关的审计过程中，故意隐匿本单位的‘小金库’账务资料，编造虚假会计资料，情节严重，已经触犯了国家刑律，构成了隐匿会计凭证罪。遂驳回上诉，维持了原判。”这个案例告诉人们，《会计法》不像某些人认为的是摆设，违反了必然要付出代价。《中国审计报》还报道说，“在陪同记者采访中，我们(国家审计署人员)深深感到，长期以来，会计领域弄虚作假这一顽症，一直没有得到有效治理，过去仅靠行政处罚效果不够明显。全国人大常委会的司法解释为治理这一顽症提供了有效的法律武器。袁虹案件虽然很小，案情也不复杂，但是绵阳市司法机关及时运用法律武器审判了袁虹一案，在全国开了先河，对会计领域乃至整个经济领域，必将起到良好的警示作用，对法律和司法机关维护正常的社会主义市场经济秩序提供了有效保障。”所以，学法、知法、懂法、遵法，在社会主义市场经济建设中有着重要的意义。

2.1 会计法律规范概述

2.1.1 会计法律规范的含义

法的本质是“由国家制定或认可、体现掌握国家政权阶级的意志，由国家强制力保证实施的行为准则”。

关于会计法律规范，我国会计理论界尚未形成权威的、令人满意的定义，有的学者将其界定为：“是有关会计方面的一切规范性的文件总称，是会计工作法律规范的表现形式，具有法律规范的一般约束力。”另有学者认为：“从广义上讲，是指各种会计法律、法令、条例、规则、章程等法律文件的总称。从狭义上讲，在我国仅指国务院和财政部制定的各种会计工作行政法规。”

本书认为，会计法律规范是由国家立法机构或国家行政机关依法规定的，体现国家利益和根本意志，强迫会计行为主体必须实施的行为规则，其终极目标就是调整会计法律关系。

2.1.2 会计法律关系

1. 会计法律关系的含义

法律关系是指法律规范在调整人们行为的过程中形成的权利和义务的关系。在法律关系中，由于其反映的物质社会关系不同，从而形成不同的法律关系。例如，以调整行政管理关系而形成的法律关系，称为行政法律关系；以调整刑事犯罪与惩罚关系而形成的法律关系，称为刑事法律关系；以调整经济管理与协调关系而形成的法律关系，称为经济法律关系。会计法律关系是经济法律关系的重要组成部分，是指会计主体在按照会计法律规范进行会计核算和财务管理时所形成的权利与义务的关系。会计法律关系是由会计法规确认和调整的，由会计行为所产生的社会联系，这种联系是受国家强制力保证的。

2. 会计法律关系的构成[①]

会计法律关系是法律关系中的一部分，因而其构成要素与法律关系的构成要素是一致的，即由主体、客体和内容三要素构成。

1) 会计法律关系的主体

会计法律关系的主体是指参与会计法律关系，享有权利与承担义务的当事人，包括法人、公民及其他不具备法人资格的经济组织或团体。根据会计法规的调整对象和有关规定，会计法规主要适用于两类人：一是直接从事会计事务的单位和个人，包括国家机关、社会团体、公司、企业、事业单位及其他组织；二是会计主管机关和其他有关机关，包括县级以上财政部门和审计、税务、金融监管、证券监管、保险监管等部门。可见，会计法律关系主体的资格是由会计法规规定的，它的存在是形成会计法律关系的先决条件。

① 王辉，程思．会计规范[M]．2版．大连：东北财经大学出版社，2008：4-6.

2) 会计法律关系的内容

会计法律关系的内容是指在会计法律关系中，会计法律关系主体享有的经济权利和承担的经济义务。这是会计法律关系的核心，直接体现了会计法律关系主体的利益和要求，因而没有经济权利和经济义务的会计法律关系是不存在的。

会计法律关系主体的权利是受到法律保护的，是指会计法律关系主体在会计核算和会计监督中依法享有的自己(或要求他人)对一定行为为或不为的资格。

根据权利与义务对称的原则，会计法律关系主体除了享有经济权利外，还应承担相应的经济义务。所谓会计法律关系主体的义务是指会计法律主体为了满足特定的权利主体的权利，在会计法规规定的范围内必须实施或不实施某种行为。这是相对于权利而存在的，是会计法规对主体的限制和约束。

权利与义务是相互依存的。没有权利，就不会有相应的义务；会计法律关系主体不能只享有权利而不尽义务，亦不能只尽义务而不享有权利；一方的权利依赖于另一方的义务来实现，另一方的义务也是为了满足一方的权利实现而应实施的行为。

3) 会计法律关系的客体

会计法律关系的客体是指会计法律关系主体的权利和义务共同指向的对象。客体是会计法律关系构成的基本要素。没有了客体，主体也就没有了依据，会计法律关系也就无法形成。根据在具体的会计法律关系中主体所享有的权利和所承担的义务不同，会计法律关系的客体也可分为物、行为和智力成果。其中，物，亦称有体物，是指可以为人们所控制和支配，具有一定经济价值并以物质形态表现出来的物体。作为会计法律关系客体的物是指能够在会计法律关系中充当权利和义务对象的具有一定经济价值，且能以货币计量的物品，如货币、存货、固定资产等都可以构成会计法律关系的客体。行为是指能够发生法律效力的人们的意志行为，即根据当事人的个人意愿形成的一种有意识的活动，它是在社会生活中引起法律关系产生、变更和消灭的最经常的事实。行为作为会计法律关系的客体，具有较强的普遍性。在会计核算和会计监督中，审核和填制会计凭证、登记账簿、编制会计报表、建立和运行内部控制、制止和揭露违法犯罪事件等都是会计行为。智力成果是指人们创造的能够带来经济价值的脑力劳动成果。随着社会进步和科学技术的发展，智力成果成为社会财富的重要组成部分，其成为法律关系的客体是一种必然。在众多的智力成果中有相当一部分进入会计领域，成为会计核算与监督的对象，如商标权、专利权、计算机软件等，所以智力成果亦为会计法律关系的客体。

3. 会计法律关系的作用

会计法律关系作为一种具体的法律关系，具有国家意志和专业特性的统一性、主体的广泛性、权利和义务的不可转让性，以及会计行为是会计法律关系最重要的客体等特点。会计法律关系在调整经济关系中表现为以下几个方面的作用。

(1) 可以调整各方面的经济关系。例如，在筹资和投资业务中，通过对筹资与投资的循环处理，调整了信贷双方、投资双方的权利义务关系；在赊销业务中，通过对往来款项的处理，调整了债权人、债务人的权利义务关系；在涉税业务中，通过对税款申纳义务处理，调整了征纳双方的权利义务关系等。

(2) 可以协调社会各经济主体的利益，促进社会经济秩序的有序和整个社会经济的发展。

(3) 可以保障会计人员行使监督职能的权利与义务。

(4) 通过对跨国公司财务会计进行必要的规定和限制，可以维护国家民族的利益。

在会计领域，并非可以通过会计关系的调整来解决所有的规范问题，也不可能要求会计法律规范会计工作的全部过程，因为会计法律规范只提供合法与否的判断标准，它不可能用来直接帮助会计人员说明企业应通过什么途径去提高经济效益，至多只能说明企业会计工作必须在符合法律规范和道德规范的前提下达到自己追求经济效益的目标。理想的会计法律规范作为经济法规的有机组成部分，应有助于维护正常的经济秩序，促使企业平等竞争，保障国家行使宏观管理职能所需的经济信息，从而使得微观经济效益与宏观经济效益基本协调。

2.1.3 会计法律规范的构成和作用

1. 会计法律规范的构成

世界上每个国家的会计都或多或少受法律的影响，而受影响程度的大小，则取决于该国法律属大陆法系还是普通法系。在以成文法为基础的大陆法系国家中，如法国、德国等的法律体系一般较系统、完整，在有关的《商法》、《税法》及《公司法》的条文中对会计的处理做出了具体的规定；而美国是以判例法为基础的普通法系国家，其法律的严谨性、系统性不如大陆法系的国家，涉及会计方面的判例不多。可见，会计法律规范有不同的构成方式。就世界范围看，各国的会计立法形式差别很大，但基本上可以划分为两类。

1) 专属型

一些大陆法系国家多采用这种方式。根据专门立法调整范围的不同又有以下 3 种类型。

(1) 会计法对所有会计行为包括会计方法、会计工作组织进行全面规范。例如，法国和苏联以及我国的会计立法都属于这一类型。法国早在 1947 年就颁布了《会计总方案》，它适用于各类会计主体，规定了全国统一的账户名称、核算方法、成本计算规则、会计报表格式和会计术语解释等内容，是会计专门立法较早的国家之一。

(2) 会计法仅规范企业会计行为而不适用于事业单位和政府机关。例如，瑞典 1976 年颁布的《会计法》就属于这一类型，它只对企业类的会计主体进行了规范。

(3) 仅对会计主体的一部分会计业务进行规范。例如，荷兰 1970 年颁布的《企业年度报表法》，仅对企业会计的财务会计报表编制做出了详细的规定。该法后来又编入《荷兰民法》第二册中。此类法律规范是专门调整和约束会计行为的，具有专用性。

专属型会计法律规范具有针对性强、直接、易被人关注等优点，但有时也存在与其他相关法规重复甚至矛盾的现象，会导致约束对象困惑、协调困难和执行成本较高等后果。

专栏 2-1

大陆法系会计法律制度体系的特点①

(1) 会计法律制度体系的主体结构是由根本法宪法与民法、商法形成的，民法与商法分别侧重于不同的方面贯彻宪法中“权利法案”的精神，并具体体现维护与保障财产权、债权与财产继承权之重要内容。从而围绕对产权的维护与保障最终既从整个市场与资本市场的方面，也从公司的方面形成了会计法律制度的系统控制。

(2) 大陆法系的历史渊源的影响不仅在于由于罗马法的成文理性的作用而使它确定了以成文法为立法的主要形式，而且在于罗马法在对经济中的核心问题财产权、债权与财产继承权的保障目标的确定方面及其规范制约方面，既重视最基本的法理与对这些法理的科学解释，又注重法律所依据的证据与这些证据所具有的证据力。这种精神与对经济中核心问题的立法宗旨直接影响到大陆法系中的契约法的发展，具体讲则影响到它在立法中对会计、审计与财务方面证据的高度重视，它通过把会计制度与审计制度的内容在商法、公司法、破产法中系统确定下来的这一关键性作法，创造了“法典式会计制度”与“法典式审计制度”的崭新格局，从而在世界上独树一帜。

(3) 大陆法系的会计思想独特。法国与德国首先把会计凭证、会计账面记录与财务报表看做是法律的证据，强调它们作为法律证据的相关性、正确性与可靠性，其中尤其是注重财务报表所披露的信息是否符合宪法与《民法典》、《商法典》的规定，是否符合促进市场经济发展的要求。强调会计信息对决策的相关性与有用性则将其看做是第二位的。

(4) 税法与税制对于大陆法系的会计具有十分深刻的影响，这种影响既涉及会计的基本原则，又具体地涉及会计确认、计量与记录的基本方法，其所规定的目标在于必须坚持会计收益与纳税收益的一致性，这一点对于国家所有权的保障是确定无疑的，并且这一点对于法国注重发展公有经济与对于德国在第二次世界大战后所提出的建立“社会市场经济”也是十分必要的。

(5) 大陆法系国家把解决法律在维护产权制度建立的统一性与一致性问题，放在统一会计制度这个基点之上，它的基本经验还告诉我们，统一的市场经济、统一对市场经济的管理，必须建立在统一的会计法律制度基础之上。从大陆法系会计法律制度体系形成与发展方面考察，一方面在商法与公司法制定中已充分考虑到统一会计制度的建设问题，并将其上升到作为这些法律中的最重要内容与最基本内容的高度，以此树立起它的权威性，而另一方面类似法国“统一会计方案”的建立又反过来充分考虑到它与宪法、民商法、公司法、破产法中的规定的一致性，并通过设计基础性的统一会计制度，最终实现整个会计法律制度的统一性与一致性。这也是大陆法系的一个重要特点。

(6) 无论从经济全球化角度与以法国、德国为首的大陆法系国家加入区域化经济集团欧共体的角度考察，还是从适应现代市场经济建设与发展要求出发，法国与德国都已考虑到与欧共体各成员国及与英美法系国家，以及与其他国家的会计的国际协调问题。由此，在世界上两大法系之间，以及在所有进行市场经济建设的国家之间，已在现代会计法律制度建设方面出现相互融通与相互借鉴的发展趋势，两大法系国家在这方面都已有一定表现。

---

① 郭道扬．论两大法系的会计法律制度体系[J]．会计研究，2002，(8)：3-9.

2) 非专属型

此类法律规范不是专门为调整会计关系而制定的，但都包含着上述内容。非专属型会计法规可进一步分为 3 种。

(1) 《公司法》主导型的会计立法模式。《公司法》是商法的核心，它是规范公司的组织机构和经营行为的法律规范。公司行为中的会计行为也作为《公司法》的重要调整对象，其目的在于通过规范会计行为，协调所有者与经营者的利益关系。例如，英国 1844 年颁布的《公司法》是世界上第一部公司法，也是世界近代史上对企业会计行为进行规范的第一部会计法律。其中的会计规定集中于公司账簿的设置与使用、会计报表的编制、财务信息的披露以及公司负责人对披露信息真实性所承担的法律责任。该《公司法》还规定了股东聘请会计人士审查公司会计记录、账簿、报表的制度，这一制度也被认为是近代会计法与审计法兴起的共同标志。《公司法》主导型的会计立法模式在《公司法》中形成了会计行为基本原则的基础，会计核算的具体规范，则由会计职业团体自行拟定。

(2) 《证券法》主导型的会计立法模式。这种会计立法模式与《公司法》主导型的会计立法模式类似，但其规范企业会计行为不是侧重维护股东的合法权益，而是侧重维护证券市场的秩序，保护潜在股东的合法权益。对会计行为的规范，重点在公司财务信息的披露，保证财务报表的真实性，至于财务会计信息披露以外的会计行为的规范，则授权于会计职业团体(如会计师协会)制定，但政府对会计职业团体制定的规则仍保留最后的否决权。证券市场发达的国家一般多采取这种模式，如美国。美国为了规范《证券法》尚未规范的会计行为，还成立了以会计人士为主体，具有独立法律地位的美国财务会计准则委员会，承担制定会计准则的大部分任务。

(3) 《税法》主导型的会计立法模式。这种会计立法模式，要求企业的会计行为完全按照《税法》的规定进行，因此，《税法》就成为调整会计关系、规范会计行为的主要法律依据。德国是这种立法模式的代表。《税法》主导型的会计立法模式源于税务会计模式。税务会计模式不允许财务会计与税务会计差异的存在，财务会计被认为是面向税务的会计，税务当局是法定的会计信息使用者，《税法》对会计提出了明确的要求，会计准则与《税法》的要求一致，企业对会计事项的处理严格按照《税法》的规定进行。事实上，税务机关代表的是国家的利益，在税款的征缴上，与企业的经济利益是对立的。会计行为完全服从《税法》，其立法的出发点，旨在最大限度地保障国家税收的实现，维护国家的利益。就企业而言，企业的“收入”、“利润”与税法上的“收入”、“应税所得”并不一致。在实践中，许多国家在会计处理上采取了税务会计与财务会计既互相联系又互相区别的政策，使之各行其道，财务会计只是在计算税款时按照税法进行必要的调整，而不对财务会计的账表进行变动。

专栏 2-2

英美法系会计法律制度体系的特点①

(1) 会计法律制度的主体结构是由宪法与公司法、破产法形成的，其中直接体现宪法中的“权利法案”精神的是财产法、契约法、侵权行为法及与财产继承权相关的家庭法，因而，从维护产权、债权与

① 郭道扬．论两大法系的会计法律制度[J]．会计研究，2002(8).

财产继承权的方位来考察这些法律的实质性作用，应当讲它们也是与这个体系中的主体结构密切相关的部分，起着与大陆法系《民法典》相同的作用。

(2) 基于英格兰普通法这一历史渊源，在进入近代社会后，英国把会计法律制度方面的基本内容集中体现在《公司法》之中，而又从公司破产清算的方位把与《公司法》相应的会计法制，尤其是审计法制体现在《破产法》之中，从而从会计规范与审计规范方面具体体现对产权、债权与财产继承权的维护与保障。与大陆法系国家相比，一方面英国《公司法》在英国整个法律制度体系中的地位不如大陆法系《商法典》或《商事公司法》那样重要，另一方面英国有关会计、审计方面的规范在《公司法》中的地位也不如大陆法系中的会计、审计规范在《商法典》中那样重要，加之它在详尽程度及其系统性方面的表现也不如《商法典》中那样充分，故英国的会计、审计规制与大陆法系的“法典式会计制度”及“法典式审计制度”在客观上还存在相当大的差别。由于美国联邦体制方面的原因，它的《公司法》的建立既受到英国的影响而又不同于英国，它既缺乏英国《公司法》的统一性，而它的《公司法》中的会计规范又缺乏英国《公司法》中的会计规范的那种切实性与系统性，并且这种情形最终影响到它的会计法制在一个相当长的时期处于分散的多样性状态，在会计准则创新之前不仅在统一会计制度方面与英国乃至大陆法系国家存在很大差别，而且它的会计制度的权威性也远远不如大陆法系的“法典式会计制度”。这便是20世纪30年代以后，促使美国及英国等普通法系国家走上会计法律制度体系改革创新之路的极其重要的一个原因。

(3) 英美法系在会计准则与审计准则建立、执行及其发展方面的改革创新成就具有世界性意义和世界性的影响，其中美国在这方面处于开创性地位。它的主要历史贡献在于：①极其深刻地改革了英美法系会计法律制度的基础结构，系统而具有针对性地规范了现代公司发展所充分依赖的资本市场中的会计、审计行为，在现代市场经济发展中形成了会计与审计规范对所有者与经营者合法经济权益的维护与保障机制；②它促成了国际会计准则委员会与审计准则委员会的建立，推动了国际会计准则、审计准则的研究、制定和发展，为经济全球化发展趋势下进行会计的国际协调创造了一个具有先决性意义的条件，进而为最终实现会计国际化创造了条件，它最终也将会促使民族性的会计、审计制度及区域性的会计、审计制度发展成为国际性的会计、审计制度；③普通法系中的代表国家——美国与英国在建立会计、审计中的概念框架方面取得了一定成就，初步实现了会计准则、审计准则的理论性指导与务实性执行及操作的一致性，由此既提高会计、审计准则的权威性，又卓有成效地推动了现代会计，审计理论的发展，正是由于这些理论的发展又十分显著地提高了会计与审计在现代经济社会中的地位与作用。所以，从一定意义上讲，一部现代会计准则和审计准则演进史便是一部现代会计理论、审计理论的发展史。

(4) 英美法系会计准则建立所体现出来的会计法律制度创新，在会计法律制度体系中增设了一个新的层次，形成新的统驭关系，并进一步提高了会计法律制度体系的科学性。会计准则之所以在这个体系中较之一般性会计制度高一个层次，对于一般性会计制度具有统驭性作用，其关键原因在于它对于会计实务或事项处理的规定性不仅体现在必须这样做的方面，并且更为重要的是还同时体现在让执行者明白为什么必须这样做的方面。正因如此，会计准则具有它区别于一般性会计制度的特性，即技术性处理与理论性指导的一致性，在会计法律制度体系中发挥承上制下作用的统一性，在对各个会计问题处理之间通过逻辑关系的建立所体现出来的科学性及系统性，根据会计环境变化适时进行修订以使其始终保持它的针对性与先进性，以及它作为会计法律制度体系中的基础性层次在执行中所具有的法定性等。

(5) 英美法系国家在会计法律制度建立中也十分注意处理国家权益与公司权益之间的关系。从国家权益方面讲，它的税法是通过国家审计部门监督执行来保障国家财政收入实现的，如英美两国的国家审计都坚持一切收入归纳税人所有，而一切支出又必须通过纳税人批准这一审计原则，并通过它们所建立的审计法制，既从组织上，又从严格执行方面来体现这一原则，达到这一目的。

(6) 在英美法系国家会计法律制度建立过程中，在解决统一会计制度的问题方面，既取得了宝贵的历史经验，也有着深刻的历史教训。美国在《公司法》制定与施行过程中所出现的不统一问题，带来了在公司会计法律制度确定方面的不统一问题，最终在维护与保障公司所有者权益方面造成了严重的失误，其教训极其深刻。

2. 会计法律规范的作用

会计法律规范作为一种以法律的形式对会计行为进行强制的规范，除了具有会计规范所具有的一般作用外，还具有以下一些特殊的作用。

1) 会计法律规范以法律的形式对会计行为进行规范

在会计的法律中明确告知，哪些会计行为以及会计处理才是合法的、正确的，明确确立了会计合法性标准，为会计人员开展会计行为指明了方向、提供了指南。例如，我国《会计法》中第二章会计核算、第三章公司、企业会计核算的特别规定，都明确给予法律界定。告知了会计如何进行会计核算，会计人就能有法可依，拥有判别是非的标准，就拥有坚持原则的依据和可靠的后盾。

2) 对企业管理当局和会计人的威慑作用

会计法律是严肃的，具有强制性和刚性，对任何违法行为都将给予严厉的制裁。因此会计法律不仅对会计人具有威慑力，对企业管理当局同样具有威慑力。这主要是因为会计法规明确规定了会计人和企业管理当局的法律责任，指出了违反会计法律的规定将受到的法律制裁。例如，我国《会计法》第六章法律责任，明确规定了 8 条违法的法律责任，并且给出量刑标准，这犹如一把宝剑时刻悬挂在会计人和企业管理当局的头上，使他们时刻保持法律观念，自觉遵守法律规定。会计法律规范从心理上对会计人及企业管理当局进行打击和威慑，在一定程度上能提高会计信息质量。例如，美国在 20 世纪 30 年代颁布《证券法》和《证券交易法》等许多对会计规范的条例，有力地维护了会计经济秩序。它一直规范着会计行为，并指导着会计准则的制定与修订，成为美国会计法律规范的基石，同时也为世界各国提供了会计法律规范的蓝本。

3) 会计法律规范的保证作用

会计法律规范不仅威慑会计人，还起到了对会计人的保护作用。会计信息失真，在一定程度上并非会计人内心所为。如果健全了会计法律规范，并且有法必依、执法必严、违法必究，会计人就有了法律的保护，就可理直气壮、名正言顺地按照会计规律和职业要求开展会计行为，就能敢于同违法现象作斗争，就能使会计人既能立得住、也能顶得住。这样就能净化会计市场，促进会计事业的蓬勃发展。

4) 会计法律规范的激励作用

会计立法的宗旨，就是要保证会计信息质量。如《会计法》第一条“为了规范会计行为，保证会计资料真实、完整、加强经济管理和财务管理、维护社会主义市场经济秩序制定本法”。法律规范不仅提倡会计人员如实反映，打击违法行为，保护会计信息使用者的权益不受侵害，同时，它更具有激励和倡导作用，激励会计人坚持原则、客观公正，发挥会计人的第三者作用，如实提供描述企业财务情况。第六条“对认真执行本法，忠于职守，坚持原则，做出显著成绩的会计人员，给予精神的或者物质的奖励”。

2.1.4　会计法规实施的影响因素

法律法规实施是指法律和法规在社会生活中被人们实际施行。法律法规是一种行为规范，在实施之前只是一些文本上的文字，处在应然状态。实施法律法规，就是使其从文本上的文字变为行动，使它从抽象的行为模式变成人们的具体行为，从应然状态转为实然状态。实施法律法规是实现立法者的立法目的、发挥法律作用的前提，也是实现法律法规价值的必由之路。所以制定出合适的法律法规，并严格实施，被古希腊思想家亚里士多德认为是法治的重要条件。

会计法规实施是指会计法律法规在会计和司法等相关活动中被施行。为了保证法律法规的严肃性，真正体现社会法治的有法可依、有法必依、执法必严、违法必究的基本要求，必须认真实施会计法律法规。但由于受各种因素的影响，会计法律法规往往不能得到很好的实施，违法现象严重，且得不到惩处。影响会计法规实施的因素主要有以下 4 个①。

1. 个人方面的因素

个人方面的因素，即行为受法律调整和负有执法、司法职责的个人的法律意识和法律观念水平及其理想、道德、文化、纪律等综合素质水平。由于司法界对会计、审计知识、程序方法、思维方式以及固有的局限性的认识存在很大的不足，而会计专业人士对法律的认识也存在偏颇之处，尤其是对如何运用法律手段保护合法权益方面存在不足，在会计法律领域中，反映最突出的问题是司法人员(可以推广到整个法律界甚至社会公众)与会计人员(对企业财务会计信息负有责任的管理者以及注册会计师)对法律标准认同的差异。对于会计从业者来说，包括司法人员在内的法律界的律师、法学工作者乃至社会公众是会计、审计的“外行”②。他们对会计事项、行为是否合乎法定的标准，如果违法其性质与程度的判定，采用的是“结果标准”。这种标准是“外行”思维直接感性的必然结果。另一方面，会计专业人员强调的是会计、审计的过程，对会计行为合法性的判定标准采用“程序标准”。这种分歧势必给司法实践带来相当大的困难。

2. 体制方面的因素

体制方面的因素是指有关法律执行、适用与监督机关的组织、结构是否健全、合理、有效。由于会计、审计工作的高度专业性，造成对会计违法、犯罪的判定的职责仅由司法部门承担还缺乏必要的权威性、合理性、专业性，同时司法部门也会因为承受超过其合理限度的压力而可能降低司法质量。在这点上，会计与医疗有着相似性。对医疗法律案件的裁定离不开“医疗事故鉴定委员会”这样权威性的认定机构。相应地，在会计法律案件的司法过程中，会计违法鉴定权威机构也是不可或缺的。但是，在中国类似机构的地位和作用表现得还不够突出。另外，当前在中国的会计法律事务管理活动中，政出多门、多头管理的现象可能是体制方面的最大问题。现实中，财政部门、证券监管部门、审计部门均在各自业务范围内对虚假财务报告进行调查、认定、处罚，如何协调各部门之间的执法依据有待进一步研究和探讨。

---

① 陈珉．会计法律规范的经济分析[M]．上海：上海财经大学出版社，2004：130-135.

② 在 21 世纪，法务会计或者司法会计显得尤为重要。

3. 环境方面的因素

环境方面的因素，包括有关法律实施的经济环境、政治环境、文化环境和自然环境。例如，在中国尽管1985年《会计法》就得以颁布实施，然而该法颁布后的十几年中从未有过因工作失误而有会计人员承担刑事法律责任的案例①。中国从传统的计划经济向社会主义市场经济的转轨过程，是说明环境因素对会计法律实施影响的典型例证之一，有学者对此作了如下总结②。

会计目标多元化。首先，当经济体制从计划经济向市场经济转轨的过程中，会计经管责任由明确的委托人向不明确的委托人发展；其次，由于委托人拥有一定范围的资源处置权，且其利益与经营相联系，使得委托人与受托人有了相对平等的权利与义务。这既给了受托人自主处理会计信息的机遇，也增强了委托人对会计信息的解释需求，给会计信息的理解冲突埋下了伏笔。

在市场经济条件下，会计信息的经济后果性比以往更为突出：作为市场经济发展的结果和以市场发育为代表的证券市场的诞生和发展，使得委托人和受托人关系变得极为不确定。双方关系是否建立与解除，在很大程度上要依赖于会计信息所反映的内容。

市场经济培育了经济主体的平等性，提高了他们在对会计信息理解冲突时依法自卫的勇气和能力。在市场经济条件下，法律成为调节个人与社会、秩序与自由、权威与服从三大矛盾的准则。当对会计信息的理解发生冲突时，双方不再依据行政权力与级别，而更多的是依据原先制定的“游戏规则”——法律条文来处理有关的争议。

据此，对于像中国这样一个处于转轨过程中的市场经济国家，环境的改变——市场经济日趋成熟时，就是会计信息法律问题日趋增多时，也是会计法律规范日趋成熟发展的过程。

4. 法律本身的因素

法律本身的因素，包括法律内容的因素和法律形式方面的因素。从法律内容看，一方面，是指法律是否在本质上反映社会大多数人的根本利益和共同意志，符合社会文明的发展趋势；另一方面，是指法律规定的权利义务是否合理，法律内容是否符合社会实际发展水平。从法律形式看，主要是指立法质量，其中特别要求法律部门之间、法律渊源之间、法律制度之间以及实体法与程序法之间协调一致、相互配合，形成统一、有序、和谐的整体。

法律本身的因素影响到法律的实施，主要与制定(成文)法有关。像中国这样具有成文法法律渊源的国家，因法律自身因素从而困扰法律实施的现象较为突出，具体到会计法律领域中，主要表现为：①法律责任规定不完整，最突出的问题是关于会计民事责任的规范太过于原则以至于几乎成为空白；②法律责任的承担在各相关会计法律规范的代表性的规范性法律文件(证券法、会计法、注册会计师法、公司法等)中不一致；③法律惩罚的力度无法适应社会共同意志的需要，突出表现为惩罚过轻，违法成本过小，没有达到法律应有的对违法犯罪行为的震慑力。

① 事实上，1985年的《会计法》缺乏具有可操作性的条款，这是《会计法》被束之高阁的最主要的原因。

② 李若山．我国会计问题的若干法律思考[J]．会计研究，1999，(6)：17-26.

2.2　中国会计法律规范的历史演进

作为世界文明古国之一的中国，有文字记载的会计行为已有几千年的历史。构成会计工作重要内容之一的会计立法工作，在我国从奴隶社会至今的漫长历史进程中，不同时期的统治阶级集团都从当时社会经济发展的需要出发，做出了不同程度的规定。而真正将会计法规作为一项专门法律颁布则是在 20 世纪。

2.2.1　古代会计立法

据史料记载，远在西周时期，我国就有了会计立法的雏形。周朝中央政府设立了会计主管官员——“司会”，它是会计的最高长官，其主要职责是利用账册、数字、公文、户籍、地图等文件中的副本，考核各级官吏的工作，并检查、听取他们的会计报告。

战国时期，由魏文侯任用李悝和西门豹所编纂的《法经》，史称为我国最早的成文法典，其中就有许多与会计有关的条款，最重要的是它在我国历史上首次就会计账簿及安全受法律保护的问题做出了明文规定。首先是关于会计簿书与凭证规定，《盗书·盗制书》一节规定：“诸盗制书者徒二年，官文书仗一百，重害文书加一等，纸券又加一等。”会计账簿与凭证均属于财计控制重要凭据，盗取这类凭据的处理相当严重；其次是关于会计报告数据申报不实的惩处规定，如《贼法·对制上书不以实》中规定：“诸对制及奏事、上书，诈不以实者，徒二年”，即上报的会计信息失真，要判处 2 年徒刑；最后是关于会计簿书方面的责任追究，《杂法·官物亡失簿书》中规定：“诸主守官物而亡簿书，致数有乖错者，计所错数，以主守不觉盗论。”即丢失了会计簿书，也要承担法律责任。此外，在《账法》、《杂法》等条文中，还对会计凭证、会计印鉴、仓储保管及度量衡等技术方面也规定有具体条款。《法经》对秦统一中国以后的法律制定有较大的影响，而且还成为汉、唐、宋等朝代立法建制的蓝本①。

在秦代，法律中涉及会计方面的规定更加具体。如在《效律》中严格规定了会计人员必须廉洁奉公、账实相符、分类反映、记载准确、计算无误等要求。同时还对会计交接、财物损耗等问题作了具体规定。《效律》在财计规范上的创新主要体现在具体而严格的分环节控制上，其中国库会计方面规范的严格、细致程度已在一定程度上体现出后来西欧所创立的“法典式会计制度”的某些特征。秦律对会计人员犯罪看得很重，一般会计人员犯罪，不仅要加重制裁，而且还实行了连坐制。“计有劾，司马令史坐之。”即会计人员犯罪，其上司也要受到同样的制裁。秦律是中国财计法制史上辉煌的一页，对后世产生了深远的影响②。

在汉朝，对于会计账簿的设置与分类、会计簿籍的登记方法、会计计量单位与盈利的计算、会计凭证、会计报告、财物的保管与盘点等方面均作了规定，初步形成了一套较完备的制度。如在《上计律》中具体规定了“上计簿”的报出程序与时间，严令对上报不及时或者不实者治罪。

---

① 郭道扬．会计史研究(第二卷)[M]．北京：中国财政经济出版社，2004：102-103．

② 郭道扬．会计史研究(第二卷)[M]．北京：中国财政经济出版社，2004：108．

唐宋时代史称中国封建经济发展的鼎盛时期，在会计方法的发展上，产生了奠定当今账户结算余额原理的“四柱清册结算法”[①]，在会计机构的设立上又设立了专司审计的机构——比部。在会计立法方面亦更趋完善，不仅规定对违反会计制度的人给予较严厉的处罚，而且限定凡属经济报告上隐漏重复，收支不实者均从严治罪，甚至在有关条文中还规定了会计报告的格式及书法誊写要求。唐律在重要规定中都包括了后世财政法和会计法的内容，在一定程度上也具有“法典式财计制度”的意义。[②]

元、明、清时期，在当时的一些重要法典中，对会计制度均有相应的规定，并较之前朝更加具体与完善。

2.2.2 近代会计立法

清朝末年，受西方发达国家经济立法的影响，清政府制定了一系列具有“大陆法系”模式的《民法》、《商法》和《破产法》，特别是在《商法》和《破产法》中，明确规定了公司相关治理机构的设置，会计、审计的地位和公司会计年度结算等问题，为民国公司立法奠定了基础[③]。

辛亥革命后，由于对外政治与经济交往范围的扩大，西方会计理论与实务大量传入中国，推动了我国会计工作法制化的进程。1912 年年初，南京临时政府财政部制定了《会计法草案》，共 8 章 36 条，在内容上已经明确体现出向西方政府会计立法靠拢的做法，尽管由于临时政府执政期短，它未能够在实施中发挥作用，但它却开创了中国会计立法的先河，对后世会计立法产生了直接影响。

1914 年 3 月，北洋政府公布了《会计条例》，同年 10 月正式以《会计法》(史称“民三会计法”)发布，它共 9 章 37 条。后来，又陆续颁布了一些专业会计法规，但后因袁世凯倒台，北洋军政府内部分裂，全国发生军阀混战事件，致使其未起到应有的作用。1935 年 8 月，国民党政府也颁布了一部含 10 章 127 条的《会计法》，其内容比较详尽，“依次为通则、会计报告、会计科目、会计簿籍、会计凭证、会计人员、会计事务程序、会计报告程序、会计交待及附则”，它“把抽象性质与具体的处理程序、处理技术相一致地体现出来”，对“会计制度建设逐步走向科学化、系统化的道路起着促进作用”[④]。

在(注册)会计师立法上，1918 年 9 月，北洋政府农商部颁布了我国历史上第一个会计师法规《会计师暂行章程》，1927 年国民政府重新颁布了《会计师注册章程》，1929 年国民政府立法院又制定发布了《会计师条例》。加上 1945 年颁布的《会计师法》，对于当时规范会计工作起了重要作用。

---

① 我国有学者根据大量的史料提出“四柱结算法”在秦汉早已经存在，甚至推测在周朝就有利用“四柱”进行财物核算和检查的可能。李孝林，罗勇，孔庆林．比较会计学史[M]．北京：中国财政经济出版社，2007：148-151.

② 郭道扬．会计史研究(第二卷)[M]．北京：中国财政经济出版社，2004：113.

③ 郭道扬．会计史研究(第二卷)[M]．北京：中国财政经济出版社，2004：362-363.

④ 郭道扬．会计史研究(第二卷)[M]．北京：中国财政经济出版社，2004：375-376.

2.2.3　新中国会计立法

1. 制定并两次修订《会计法》

1) 新中国第一部《会计法》出台

新中国成立之后的 30 年内，我国会计规范建设以制定统一会计制度为主，没有制定会计法。1978 年，党的十一届三中全会确立了“对外开放，对内搞活”的经济建设总方针，全党工作重心转移到经济建设中来，经济立法成为改革开放以后首先需要面临的重要问题。1979 年 8 月，财政部会计制度司形成了会计法起草大纲，并起草了第一稿《中华人民共和国会计法(供讨论草稿)》，1980 年 8 月，全国人大代表在五届人大第三次会议上提议制定一部比原有会计规章法令更有约束力、更加规范的会计法，1980 年 10 月全国第三次会计工作会议上讨论了《会计法(草案)》的第一稿。1981 年 6 月，财政部成立会计法起草小组，同年 12 月，财政部在五届人大第四次会议上正式提出我国将草拟会计法。此后，经过各方面的努力，在国务院和全国人大及其常委会的支持下，首部《中华人民共和国会计法》在 1985 年 1 月 21 日提交第六届全国人大常委会第九次会议审议获得通过，于 1985 年 5 月 1 日起正式实施。《中华人民共和国会计法》是我国会计方面的最高法律，是会计法规的“母法”，它的颁布实施是我国会计规范建设史上的一个里程碑，标志着我国会计走上法制化、规范化和系统化的道路，但这部《会计法》也较多地打上了计划经济的烙印。

2) 第一次修订《会计法》

1986 年 12 月，国务院发布《关于深化企业改革，增强企业活力的若干规定》以后，企业实行多种形式的经营责任制，股份制试点工作也全面开展，多种经济成分共存。上海和深圳两个证券交易所成立标志着我国证券市场初步形成。1988 年 4 月，七届全国人大一次会议通过的《宪法》修正案肯定了私营经济的地位，促进了非公有制经济迅速发展。1993 年 3 月，八届全国人大一次会议通过的《宪法》修正案，确立了我国的社会主义市场经济地位。原来《会计法》第二条所规定的适用范围已经不适应形势发展的需要，再加上在承包经营和股份制改革的过程中，出现了企业实际控制人操纵会计信息、随意调节会计利润、篡改会计信息的行为，导致会计信息失真，1985 年《会计法》的有关内容确有必要进行调整了，因此，1993 年 12 月 29 日，八届全国人大五次会议作出了《关于修改〈中华人民共和国会计法〉的决定》。由于当时社会主义市场经济体制尚在建立之初，财务会计改革刚刚启动，在会计法的一些基本问题上尚未达成共识，第一次修订《会计法》采取了“小改”的思路。[①]修改后的《会计法》，实施范围扩大了，在一定程度上为我国转换企业经营机制、加快企业股份制改造的步伐和会计与国际惯例接轨改革提供了必要的法律保证。

3) 第二次修订《会计法》

20 世纪 90 年代后期，我国经济体制改革向纵深发展。1997 年 9 月，党的十五大报告提出公有制实现形式可以而且应当多样化，非公有制经济是我国社会主义市场经济的重要组成部分，允许和鼓励资本、技术等生产要素参与收益分配。非公有经济的地位和合法权益的保护问题在 1999 年 3 月 15 日九届全国人大二次会议通过的《宪法》修正案中再次得

① 刘燕．会计法[M]．2 版．北京：北京大学出版社，2009：60.

到明确。越来越多的企业在沪深交易所上市，甚至到中国香港、境外资本市场上市筹集资金。1999年，我国股票市场市值达到33000亿元，占GDP的比重达到40%以上。这一方面加快了企业股份制改革的进程，另一方面越来越多的资本市场投资者、债权人更加关注会计信息的质量。可恰恰在这一段时间，我国资本市场却发生了多起财务舞弊案件，虚假的会计信息直接损害了广大投资者的利益①。财政部“应急”出台了一些《具体会计准则》，并对其中的《非货币性交易》和《债务重组》进行了及时修订，取消了“公允价值”计量属性，但效果有限，迫切需要从法律层面来遏制违法违规行为，以保护公众投资者的利益。因此，1999年10月31日，九届全国人大第十二次会议再次修订了《会计法》，于2000年7月1日起施行。修订后的《会计法》强化了单位负责人对会计工作质量承担的责任，提出了新的会计监督体系，会计行为的法律责任更加细化，使其具体条款的规定更加适合经济发展尤其是非公有经济的发展对会计改革的要求，也使得《会计法》能得到有效实施。

2. 制定《注册会计师法》

对外开放政策向国外投资者敞开了国门，外资企业、合资企业日渐增多，新的产权主体和利益主体要求监督、维护自己的合法权益。1980年12月，财政部颁发了《关于成立会计顾问处的暂行规定》，“会计顾问处”就是后来的“会计师事务所”，它主要由注册会计师组成，开展会计公证、咨询等业务。该暂行规定正式确立了注册会计师的合法性，从此，注册会计师重新登上中国的会计“舞台”。1981年初，上海等地都相继成立了会计师事务所②。为进一步规范注册会计师事业，1986年7月，国务院发布《注册会计师条例》，对注册会计师的性质、考试与注册以及会计师事务所等加以规范。1988年11月，中国注册会计师协会(CICPA)成立。该协会接受财政部的领导，负责全国的注册会计师行业管理，它的成立标志着我国注册会计师行业步入有序管理的阶段。注册会计师事业的发展为中国会计制度变迁提供了有力的支撑。

以注册会计师为立法主体的《注册会计师法》于1993年正式发布，从1994年1月1日起施行。《注册会计师法》的实施为提高注册会计师的综合素质和执业质量、整顿注册会计师行业的竞争秩序、加速会计师事务所的独立运作，发挥了积极的作用。

此外，改革开放以来，我国还先后制定发布实施了其他与会计相关的法律，如各类《企业法》、《企业破产法》、《公司法》、《证券法》和《税法》等。《刑法》也在1997年修订时第一次提出了9条与会计相关的法律条款。

3. 会计法制建设的启示

通过上述对我国《会计法》和其他相关法律的形成与演进过程的简要分析，可以得到以下5点启示。

(1) 在社会经济发展中，会计工作历来都得到不同时期统治集团的高度重视。它从某一个侧面反映了经济发展与会计信息的依存关系及对会计工作的客观要求，同时，也验证

① 琼民源、红光实业、东方锅炉等事(案)件在当时影响最大。

② 在《关于成立会计顾问处的暂行规定》颁布以前，1980年9月1日，经甘肃省政府财贸办公室批准，隶属甘肃省会计学会的兰州会计事务公司正式营业，其既从事会计师事务所的查账和咨询业务，又承担会计学会教育、培训和人员代招聘等工作。参见：会计研究，1981(1)。

了“经济越发展，会计越重要”的正确论断。

(2) 会计工作步入法制化、规范化的轨道，不仅是会计工作自身的客观需要，而且是优化会计工作环境，使会计信息具有真实、准确、及时、有效等基本质量特征的重要保证。

(3) 会计法规体系的建立与完善程度、法制模式的形成，必须与一定时期的社会经济发展水平相联系，如果脱离了当时经济发展状况及政治、文化、社会、科技等会计环境因素来谈会计法制建设问题，只能是不切实际的空谈①。

(4) 我国当前要建立社会主义市场经济运行机制，会计工作要同国际通行的惯例相协调趋同，就必须充分借鉴国际上已有的先进经验，结合我国的实际情况，加快会计法规体系的建设，形成具有中国特色的会计法规体系并逐步组织实施，以调节和指导新的历史条件下的会计行为。

(5) 会计法律制度的建立和发展过程，既是一个在处理错综复杂经济关系中不断完善自我的过程，也是一个寻求各项法律制度建设之间协同或配合一致的过程，它在对会计关联关系的正确处理中不断提高，以达到科学性、系统性、权威性和有效性的有机结合。

2.3 中国现行会计类法律

2.3.1 会计法律

在我国会计领域中，属于法律层次的专属规范主要指《会计法》、《注册会计师法》。其中《会计法》是会计规范体系中权威性最高、最具法律效力的规范，是制定其他各层次会计规范的依据，是会计工作的基本大法。《注册会计师法》是为加强对注册会计师的管理，规范会计师事务所及注册会计师行为而制定的会计法律。

1. 《会计法》

现行的《会计法》从2000年7月1日起施行，它共分7章52条，主要内容如下。

1) 总则

总则从第一至八条，规定了我国会计法的立法宗旨、适用范围、依法设账的基本要求、单位负责人的会计责任和会计工作管理体制等内容。

(1) 《会计法》的立法宗旨。《会计法》第一条规定，“为了规范会计行为，保证会计资料真实、完整，加强经济管理和财务管理，提高经济效益，维护社会主义市场经济秩序，制定本法。”《会计法》作为规范会计行为的一个部门法，首先必须体现该法应解决的中心问题和应达到的目的。会计行为的实质是为经济管理和决策提供会计信息，会计信息的表现形式是会计资料，要保证经济管理决策的正确性，必须首先保证决策依据——会计信息

① 我国的法制模式从历史的角度看属于“大陆法系”，因此，在法律层次上，中国的会计立法基本上都遵循大陆法系的特征。但在制度(狭义的，包括会计核算制度和会计准则)层面的建设上，却表现出“大陆法系”和“英美法系”的结合，会计核算制度仍然具有“大陆法系”的特征，而会计准则却明显具有“英美法系”的特征。这是我国会计法律法规建设中的一种独特表现，是在我国会计制度建设中，借鉴西方会计惯例，对两大法系会计制度的优点兼收并蓄的表现。

的真实性。这是与我国发展社会主义市场经济的新形势相适应的，具有很强的针对性和现实意义。

规范会计行为。会计行为是指与会计信息生产、加工和传递过程高度相关的专业性行为。我国会计工作近年来虽然有很大进步，但存在的问题仍然很多，诸如数字不实、基础薄弱、家底不清、管理混乱、违反财经纪律的事层出不穷，损失浪费严重等。这些问题的出现，与会计行为不规范有很大的关系。规范会计行为就是把会计工作纳入法制轨道，使会计机构、会计人员及其单位负责人都能依法办事，保证国家财政制度和各项财经纪律都能得到贯彻执行。

保证会计资料真实、完整。确保会计资料真实、完整，是对会计工作的基本要求。当前，一些单位在会计资料方面管理混乱的问题比较严重，如弄虚作假、残缺不全，甚至随意涂改销毁账册，从而导致会计信息不实。为改变这种状况，《会计法》规定，各单位必须依法设置会计账簿，并保证其真实、完整。

加强经济管理、提高经济效益、维护社会主义市场经济秩序。会计作为以提供决策所需信息为主的经济信息系统，同时也是一项经济管理活动，要以国家财政制度和财务制度作为反映和监督的依据。严格执行国家财政财务制度，使社会主义市场经济秩序受到保护。同时，会计根据各项生产经营业务的记录，从不同角度系统地记录、计算、报告、分析企业经营活动，使企业经营管理水平不断提高，经济效益越来越好。

(2) 《会计法》的适用范围。《会计法》的适用范围，也就是《会计法》的效力范围，即在什么空间、对什么对象和在什么时间内具有法律效力。《会计法》第二条规定："国家机关、社会团体、公司、企业、事业单位和其他组织(以下统称单位)必须依照本法办理会计事务。"这就是说除个人以外的所有组织或单位，都必须依照《会计法》的各项规定办理会计事务，对应当办理会计手续、进行会计核算的经济业务和事项，会计机构和会计人员都应当依法填制和审核会计凭证，设置、登记、核对会计账簿，并且要按期及时编制和提供财务会计报告。

各级财政部门以及审计、税务、人民银行、证券监管和保险监管等部门，除应办理自身会计事务成为会计法的主体外，还应行使对有关会计事务的管理、监督职能而成为会计法的主体。关于个体工商户，原则上也应该属于《会计法》的适用主体范围，但考虑到其规模小、人数少、管理比较松散等特殊性，很难都做到依法建账和进行会计核算。因此，《会计法》第五十一条规定："个体工商户会计管理的具体办法，由国务院财政部门根据本法的原则另行规定。"

将"公司"在《会计法》的适用范围中单列出来，是从我国实际情况出发所做出的适应性调整。公司作为企业的一种组织形式，应当包括在适用范围的"企业"中。但在我国，既有企业这种一般组织形式的立法，也有关于有限责任公司、股份有限公司的立法，相互交叉，要求不一，特别是对公司制企业的会计规则、信息披露以及违规处罚等方面不同于一般企业，包括刑法在内的一些法律将"公司"作为特定主体与"企业"并列，《会计法》也借鉴了这一做法，以充分体现"公司"与"企业"在会计方面的不同法律要求。

虽然《会计法》没有明确规定其地域适用范围，但它显然适用于中华人民共和国领域内。在中华人民共和国境内所有的国家机关、社会团体、公司、企业、事业单位和其他组织，包括外商独资企业和外国企业在中国境内设立的办事机构，都必须依照本法的规定办理会计事务。

(3) 单位负责人的会计责任。《会计法》第四条规定：“单位负责人对本单位的会计工作和会计资料的真实性、完整性负责。”这条规定不仅是约束单位负责人的具体法律规范，而且是贯穿于整个《会计法》的重要原则。单位负责人，是指单位的法定代表人或者法律、行政法规规定的代表单位行使职权的主要负责人，依照法律以及法人组织章程的规定，代表法人行使职权的负责人是法人的法定代表人，如国有企业的厂长(经理)、公司制企业的董事长、国家机关的最高行政官员等。按照法律、行政法规代表单位行使职权的负责人是指代表非法人单位行使职权的负责人，如代表合伙企业执行合伙企业事务的合伙人、独资企业的投资人、合伙型联合企业的负责人以及不具备中国法人资格的中外合作经营企业和外商投资企业的负责人等。

明确规定单位负责人的会计责任，这是 1999 年修订的《会计法》的重大突破之一。第四条连同第二十一条、第二十八条和第四十六条均规定单位负责人为本单位会计行为的责任主体，对单位会计工作负责。会计是一个技术性和专业性很强的业务性工作，单位负责人不一定非常精通会计，《会计法》之所以做出如此规定，主要可以从以下几个方面分析。①

① 从法理角度看，单位负责人既然作为本单位的法定代表人或主要负责人，应当对本单位包括会计工作在内的所有经营管理工作和各项经营管理活动负责，并承担相应的法律责任。我国《公司法》规定，公司法定代表人或主要负责人拥有管理公司所有重要经济事项和对外代表公司处理业务的权利，根据权利与义务对等的原则，公司法定代表人或主要负责人同时也应承担相应的义务，对其所做出的决策和决议负责。而公司所做出的决策和决议绝大部分都与会计直接或间接相关，因此要求其不仅对本单位的会计工作而且对本单位会计资料的真实性和完整性负责，并承担相应的法律责任，是适当的，也是必要的。

② 从我国看，早在秦代就有“计有劾，司马令史坐之”，将会计责任与上司联系在一起的律条。现在根据《企业法》的相关规定，单位负责人有权任命、聘用或者解聘会计机构负责人(会计主管人员)，两者之间是行政领导与被领导、聘任与被聘任的关系。会计机构负责人是在单位负责人的领导下开展工作的，也是单位负责人的参谋与助手。如果本单位的会计工作出现作假和违规行为，不仅相关会计人员有责任，由此产生的法律责任还应由单位负责人承担。在实际工作中，各单位的财务会计报告，最终须由单位负责人签名、盖章后，方可成为合法的文件对外提供。因此，单位负责人的法律责任是不能回避的，不能认为会计工作专业技术性强，是会计机构和会计人员的事情就不管不问，更不能认为在财务报告上签名、盖章只是一种手续，而对其内容可以不负责任。

③ 从国际上看，单位负责人对本单位的会计工作和会计资料的真实性、完整性负责，并承担相应的法律责任，国际上已有先例。日本《有限公司法》规定：“董事代表公司”(第二十五条)，“董事须于每个决算期制作下列文件及其附属明细书，资产负债表、损益计算书、营业报告书、关于利润分配或亏损处理的议案”(第四十三条)，“董事履行其职务有恶意或重大过失时，该董事对第三人亦连带承担损害赔偿责任”(第三十条)，“董事就第四十三条所列文件应记载的重要事项进行虚伪记载或者进行虚伪登记或公告时，亦同前项(即董

① 叶陈刚，等．企业伦理与会计职业道德[M]．大连：东北财经大学出版社，2008：234-235.

事亦应对第三人连带承担损害赔偿责任)”。德国《有限责任公司法》第三十五条规定：“管理董事在法院内外均代表公司”。第四十一条规定：“管理董事有义务使公司依照规定进行会计工作，在每一营业年度最初三个月内，管理董事提出上一营业年度的资产负债表与损益计算书。”该法第八十二条专门对公司负责人提供虚假报告所应承担的法律责任做出了规定，如果公司负责人对外提供虚假报告或者在公开的通告中对公司资产状况作不真实的陈述或隐瞒事实真相，则会被处三年以下有期徒刑或罚金。

因此，我国在 1999 年修订的《会计法》中借鉴了这一做法，明确了单位负责人作为单位会计行为的责任主体。

需要指出的是，修订的《会计法》规定单位负责人对本单位的财务会计资料的真实性和完整性负责，并不意味着会计人员作假或者违规可以不负责任，如果会计人员有意作假或出现违规行为，除追究单位负责人的法律责任外，负直接责任的会计人员同样要受到法律制裁。

(4) 会计工作的管理体制。我国的会计工作管理体制是划分管理会计工作的职责权限关系的制度。它包括会计工作管理组织形式、管理权限划分、管理机构设置等内容。

《会计法》第七条规定：“国务院财政部门主管全国的会计工作，县级以上地方各级人民政府财政部门管理本行政区域内的会计工作。”这就确定了我国是实行由财政部门主管，并实行统一领导、分级管理的会计工作管理体制，这需要从两个层次上进行，国务院财政部门主管全国的会计工作，地方财政部门管理本行政区域内的会计工作。

《会计法》第八条规定：“国家实行统一的会计制度。国家统一的会计制度由国务院财政部门根据本法制定并公布。”“国务院有关部门可以依照本法和国家统一的会计制度制定对会计核算和会计监督有特殊要求的行业实施国家统一的会计制度的具体办法或者补充规定，报国务院财政部门审核批准。”“中国人民解放军总后勤部可以依照本法和国家统一的会计制度制定军队实施国家统一的会计制度的具体办法，报国务院财政部门备案。”这是对国家统一的会计制度制定权限的规定。

2) 会计核算的规定

《会计法》从第九至二十三条，规定了会计核算的内容、基本要求、方法和程序以及建立会计档案制度等问题。

(1) 会计核算的内容。会计核算是会计工作的基本职能之一。会计核算的内容是指办理会计手续、进行会计核算的经济业务事项。根据《会计法》第十条的规定，下列经济业务事项，应当办理会计手续，进行会计核算。

① 款项和有价证券的收付。款项是指货币资金，包括现金、银行存款以及其他视同现金和银行存款使用的货币资金，如外埠存款、银行汇票存款、银行本票存款、在途货币资金、信用证存款、信函押金和各种备用金等。有价证券是指具有一定财产权利或者支配权利的票证，如股票、国债、其他债券等。由于款项和有价证券的收付直接影响到单位资金的增减变化，因此必须及时进行核算。

② 财物的收发、增减和使用。财物即财产物资，主要是指各项存货和固定资产。这些财产物资大都是单位的重要生产设备、生产资料。它们的价值较大，所占资产总额的比重非常大。因此，对它们的收发、领用、增减和使用情况都必须进行会计核算。全面反映单位财物的收入、发生、结存和使用情况。

③ 债权债务的发生和核算。债权是指一个单位收取款项的权利，包括各种应收和预付的款项及投资等。债务则是一个单位需要以其货币资金等资产或者劳务清偿义务，包括各种借款、应付和预收款项以及应交款项、应付债券等。债权、债务是单位日常经营和业务中经常发生的，因而其发生和结算是会计核算的一项重要内容。

④ 资本、基金的增减。资本专指企业单位所有者权益中的投入资本。基金主要是指机关、事业单位中具有某些特定用途的资金。资本、基金的增减都会引起单位资金的变化，会计必须及时进行核算。

⑤ 收入、支出、费用、成本的计算。收入是指公司、企业在生产经营和业务活动中由于销售商品或提供劳务等所发生的经济利益的总流入。支出主要是指单位实际上发生的各项开支或损失。费用是指因生产经营和业务管理所发生的各项支出。成本是指企业生产经营商品和提供劳务等发生的各项直接支出。收入、支出、费用、成本是互相联系、密不可分的，取得收入总要发生一定的成本和费用。因此，必须对其按照一定的标准进行会计核算。

⑥ 财务成果的计算和处理。财务成果主要是指企业单位在一定时期内通过从事生产经营活动而在财务上获得的成果，具体表现为盈利或亏损。由于财务成果的计算和处理涉及各有关方面的利益，因此在会计上必须严格依规定进行核算。

⑦ 需要办理会计手续，进行会计核算的其他经济业务事项。

(2) 会计核算的基本要求。会计核算的基本要求，是指各单位进行会计核算应遵循的基本规范。《会计法》对会计核算的基本要求主要体现在以下 3 个方面。

① 对会计核算依据的基本要求。各单位必须以实际发生的经济业务事项为依据进行会计核算、填制会计凭证、登记会计账簿、编制财务会计报告。任何单位不得以虚假的经济业务事项或者资料进行会计核算。

② 对会计资料的基本要求。会计凭证、会计账簿、财务会计报告和其他会计资料，必须符合国家统一的会计制度的规定。任何单位和个人不得伪造、变造会计凭证、会计账簿及其他会计资料，不得提供虚假的财务会计报告。

③ 对会计电算化的基本要求。使用电子计算机进行会计核算的，其软件及其生成的会计凭证、会计账簿、财务会计报告和其他会计资料，也必须符合国家统一的会计制度的规定。

(3) 会计年度。会计年度是指在会计工作中，为总结国家机关、公司、企业、事业单位等组织的财务收支和业务成果所确定的以年为单位的起讫期间。世界各国或者一个国家不同的历史时期，会计年度的规定往往存在不一致的现象，有的采用“历年制”，即从公历 1 月 1 日起至 12 月 31 日止；有的采用“跨年制”，即从本年度某月份起到下年度某月份止，跨两个年度。如我国在国民政府初期，曾经规定每年 3 月 1 日至次年 2 月末为一个会计年度，1936 年才改为日历年度。我国《会计法》规定，会计年度自公历 1 月 1 日起至 12 月 31 日止，采用“历年制”，使会计年度与国民经济计划年度、财政年度保持一致，有利于国民经济宏观管理。

(4) 记账本位币。记账本位币，是指日常登记账簿和编制财务会计报告用以计量的货币，也即单位进行会计核算业务所使用的货币。我国《会计法》第十二条规定，会计核算原则上应以人民币为记账本位币。但考虑我国对外开放、外商投资日益增多的现实情况，

《会计法》同时还规定，业务收支以人民币以外的货币为主的单位，可以选定其中一种货币作为记账本位币，但是编报的财务会计报告应当折算为人民币。

(5) 会计核算的方法、程序。会计核算的方法是指对会计要素进行连续、系统、全面的记录、计算、反映和监督所应用的方法。会计核算的程序，是指从会计凭证的整理、填制、传递，到登记账簿、编制财务会计报告的一系列工作过程。对会计核算的方法和程序，《会计法》作了5个方面的规定：一是总体要求，二是编制和审核会计凭证，三是登记会计账簿，四是要建立健全财产清查制度，五是要正确编制财务会计报告。我国先后发布的《会计基础工作规范》、《事业单位会计制度》、《行政单位会计制度》、《企业财务会计报告条例》和系列《企业会计制度》均对以上内容作了详细的规范。

(6) 会计档案的管理。会计档案是指会计凭证、会计账簿和财务会计报告以及其他会计资料等会计核算的专业材料，是记录和反映单位经济业务的重要资料和证据。充分利用会计档案资料，对于指导生产经营管理、查证经济财务问题都有重要作用。《会计法》第二十三条规定："各单位对会计凭证、会计账簿、财务会计报告和其他会计资料应当建立档案，妥善保管。会计档案的保管期限和销毁办法，由国务院财政部门会同有关部门制定"。我国财政部已经在1998年修订了《会计档案管理办法》，对会计档案的类型、保管要求、保管期限和销毁均作了详细规定。

3) 公司、企业会计核算的特别规定

1999年修订的《会计法》由原来的6章内容变为7章内容，增加了"公司、企业会计核算的特别规定"一章，体现了会计核算制度的相对独立性。

《会计法》第二十四至二十六条指出，公司必须依照规定对各会计要素进行会计确认、计量和记录。不允许出现：随意改变资产、负债、所有者权益的确认标准或者计量方法，虚列、多列、不列或者少列资产、负债、所有者权益；虚列或者隐瞒收入，推迟或者提前确认收入；随意改变费用、成本的确认标准或者计量方法，虚列、多列、不列或者少列费用、成本；随意调整利润的计算、分配方法，编造虚假利润或者隐瞒利润；违反国家统一的会计制度规定的其他行为。

《会计法》除了强调企业会计核算必须按照国家统一的会计制度外，还突出了公司、企业进行会计核算必须做到真实、完整的要求。同时还针对会计造假的主要环节和手段，作了具体的禁止性规定，明确了会计核算合法与违法的界限，对会计信息弄虚作假问题起到了警示作用。《会计法》对公司、企业的会计核算的真实性、完整性、合法性单列一章做出特别规定，一是可以保护公司、企业投资者和债权人的利益，有利于提高公司、企业会计信息的可比性，正确引导投资者和债权人的决策，保护投资者和债权人的合法权益，二是可以保证国家税收收入，防止公司、企业偷税、逃税、骗税。

4) 会计监督

会计监督，是指单位内部的会计机构、会计人员以及依法享有经济监督检查职权的政府有关部门和依法经批准成立的社会中介组织，对国家机关、社会团体、公司、企业、事业单位和其他组织的经济活动的合法性、合理性和会计资料的真实性、完整性以及本单位内部预算的执行情况所进行的监督。它是我国经济监督体系的重要组成部分。《会计法》第二十七至三十五条规定了对单位会计进行监督的三级体系。

(1) 单位内部的会计监督。单位内部的会计监督，是指各单位的会计机构、会计人员以会计检查为手段，以法律制度为依据，以会计资料为对象，检查会计核算的真实性、合法性和合理性的行为。监督是会计工作的一项重要内容，其主要内容包括：建立健全单位内部会计监控制度；依法履行会计监督职责，对原始凭证、会计账簿、会计报表、财务收支等一切涉及会计行为的监督；全社会参与会计监督。

在内部监督的规定上，《会计法》突出了对建立健全单位内部控制制度方面的要求，已经体现在我国制定的相关规范之中。从 2001 年 6 月起，财政部根据《会计法》的要求，先后制定发布了《内部会计控制规范——基本规范》和一系列具体规范，这些规范的颁布实施，为规范企业行为，提高会计信息质量，维护社会主义市场经济秩序，起到了重要的作用。根据国内外形势的变化，2008 年 5 月，财政部会同证监会、审计署、银监会和保监会共同发布了《企业内部控制基本规范》，自 2009 年 7 月 1 日起施行。2010 年 4 月，五部委又联合颁布了包括《企业内部控制应用指引》、《企业内部控制评价指引》和《企业内部控制审计指引》在内的新的内部控制具体规范体系。2012 年 11 月 29 日，财政部发布了《行政事业单位内部控制规范(试行)》，对于进一步提高行政事业单位内部管理水平，规范内部控制、加强廉政风险防控机制建设具有重要的意义。它同时标志着我国内部控制规范体系建设已经由企业扩大到行政事业单位。

会计内部监督改变了原《会计法》规定的会计人员代表国家，监督所在单位经济活动的做法，体现“单位负责人对法律负责、其他人员对单位负责人负责”的基本精神，这更符合当前企业实际情况和国际惯例的做法。

(2) 社会中介组织的会计监督。社会中介组织会计监督，是指会计师事务所等社会中介组织接受有关单位委托，对其经济活动依法进行审计，并据实做出客观评价的一种监督形式。其主要内容包括：委托注册会计师审计的单位应当如实提供会计资料，这是保证注册会计师审计工作顺利开展的重要条件；单位不得干扰注册会计师独立开展审计业务；财政部门有权对会计师事务所出具的审计报告进行监督等。

《会计法》规定了注册会计师审计和财政部门对注册会计师审计质量实施再监督的内容，保证了注册会计师审计这一会计中介服务有效发挥社会监督的作用。《会计法》还特别重视群众监督。第三十条的规定强调了社会主义国家中群众监督的重要性，同时也体现了保障实施监督行为的人民群众的合法权益的原则。

(3) 会计工作的国家监督。会计工作的国家监督是指财政、审计、税务、人民银行、证券监管部门代表国家对各单位的财务会计工作所进行的监督。

根据《会计法》第三十二条的规定，财政部门实施会计监督的内容包括以下 4 项：监督各单位是否依法设置会计账簿；监督各单位的会计凭证、会计账簿、财务会计报告和其他会计资料是否真实、完整；监督各单位的会计核算是否符合法定要求；监督各单位从事会计工作的人员是否具备从业资格。

《会计法》第三十三条规定：“财政、审计、税务、人民银行、证券监管、保险监管等部门应当依照有关法律、行政法规规定的职责，对有关单位的会计资料实施监督检查。”这是对有关单位的会计资料进行国家监督的规定。

财政部门的监督检查。财政部门是会计工作的主管部门，依法享有对有关单位会计资料进行监督检查的权利。

审计部门的监督检查。国务院和各级人民政府的审计机关依法有权对“各级政府的财政收支，对国家的财政金融机构和企业、事业组织的财务收支，进行审计监督。”审计机关在进行审计时，有权检查被审计单位的会计凭证、会计账簿、财务会计报告以及其他与财政收入或财务收入有关的资料和资产。

税务机关的监督检查。税务机关作为代表国家依法行使税收征管权的职能部门，根据国家税法的规定，对纳税人履行纳税义务的情况进行监督检查。根据《税收征管法》的规定，税务机关有权检查纳税人的会计账簿、记账凭证、会计报表和有关资料。

此外，根据《中国人民银行法》、《证券法》和《保险法》的有关规定，人民银行、证券监管、保险监管等部门也应当依法对有关单位的会计资料进行监督检查。

上述监督检查部门对有关单位的会计资料依法实施监督检查后，应当出具检查结论。有关监督检查部门已经做出的检查结论能够满足其他监督检查部门履行本部门职责需要的，其他监督检查部门应当加以利用，避免重复查账。

《会计法》第三十四条规定：“依法对有关单位的会计资料实施监督检查的部门及其工作人员对在监督检查中知悉的国家秘密和商业秘密负有保密义务。”会计资料是一个单位财务状况和经营成果的综合反映。会计资料中的许多内容，往往涉及公司、企业、事业单位、社团等的商业秘密，涉及国家机关的国家秘密。这些商业秘密和国家秘密，关系到经济组织的发展和国家的安全、社会的稳定，应该依法受到保护。因此，实施监督检查的部门及其工作人员，对在监督检查中知悉的商业秘密和国家秘密负有保密义务。否则，应当承担法律责任。

《会计法》第三十五条规定：“各单位必须依照有关法律、行政法规的规定，接受有关监督检查部门依法实施监督检查，如实提供会计凭证、会计账簿、财务会计报告和其他会计资料以及有关情况，不得拒绝、隐匿、谎报。”拒绝、隐匿、谎报会计信息等情况，是违法行为，应当承担法律责任。

三位一体的会计监督体系的建立，对保证会计工作质量、提高会计信息的相关性和可靠性将起到积极作用。

5) 会计机构和会计人员

《会计法》第三十六至四十一条对会计机构的设置、会计人员的职业条件、内部稽核制度的建立、会计职业道德要求及会计交接等作了规定。

(1) 会计机构的设置、会计人员的配备。会计机构是各单位办理会计事务的职能部门，会计人员是直接从事会计工作的人员。建立健全会计机构，配备具备从业资格的会计人员，是各单位做好会计工作，履行会计职能的重要保证。《会计法》第三十六条规定：“各单位应当根据会计业务的需要，设置会计机构，或者在有关机构中设置会计人员并指定会计主管人员；不具备设置条件，应当委托经批准设立从事会计代理记账业务的中介机构代理记账。”为了科学、合理地组织开展会计工作，保证本单位正常的核算，各单位原则上都应该设置会计机构。但在实践中，由于不同的会计主体的规模、特点各不相同，对会计信息的依赖性也不完全一样，因此《会计法》对于单位内部设置会计机构没有作强制性的要求，而是允许各单位根据自身会计业务的需要，决定是否单独设置会计机构，从而使得实际中会计机构的设置更加灵活、切实可行。

根据《会计法》的规定，不能单独设置会计机构的单位，应当在有关机构中设置会计人员并指定会计主管人员。这是提高工作效率、明确岗位责任的内在要求，同时也是由会计工作专业性、政策性等特点所决定的。会计主管人员是指负责组织管理会计事务、行使会计机构负责人职权的负责人。在会计人员中指定会计主管人员，目的是强化责任制度，防止出现会计工作无人负责的局面。

《会计法》规定，不具备设置会计机构和会计人员条件的，“应当委托经批准设立从事会计代理记账业务的中介机构记账。”所谓代理记账，是指经批准设立从事会计代理记账的中介机构，接受有关单位的委托，依法为其办理记账、算账、报账业务。财政部根据《会计法》的规定，发布了《代理记账管理办法》，对代理记账机构设置的条件、代理记账的业务范围、代理记账机构与委托人的关系、代理记账人员应遵循的道德规则等作了明确的规定。

《会计法》第三十六条还规定：“国有的和国有资产占控股地位或者主导地位的大、中型企业必须设置总会计师。总会计师的任职资格、任免程序、职责权限由国务院规定。”这是一项强制性的法律规定。至于其他类型的大、中型企业、事业单位是否可以设置总会计师，由各单位根据自身情况和需要自行决定。我国目前关于总会计师的规定主要是国务院于 1990 年 12 月发布的《总会计师条例》，该条例对总会计师的设置范围、任职资格、职责权限等作出了规定。

(2) 内部稽核制度的建立。《会计法》第三十七条规定：“会计机构内部应当建立稽核制度。”稽核是稽查和审核的简称。内部稽核制度，是会计机构在会计流程中对本单位的业务活动、财务收支等进行审核和监督的制度。通过稽核，可以对日常核算工作中出现的疏忽、错误等及时加以纠正或制止，最大限度地提高会计核算工作的质量。《会计法》第三十七条还规定：“出纳人员不得兼任稽核、会计档案保管和收入、支出、费用、债权债务账目的登记工作。”这实际上是内部牵制制度的要求。

(3) 会计人员的条件和会计职业道德要求。会计人员从业资格是进入会计岗位的“准入证”，是从事会计工作的必经之路。《会计法》规定，会计从业人员必须取得从业资格证书，且应当遵守会计职业道德的要求。

根据《会计法》的规定，因与会计职务有关的违法行为而构成犯罪的人员，将取消从事会计工作的资格。这些违法行为包括：提供虚假财务会计报告的行为构成犯罪的；做假账的行为构成犯罪的；隐藏或者故意销毁会计凭证、会计账簿、财务会计报告构成犯罪的行为；与会计职务有关的贪污而构成犯罪的行为；与会计职务有关的挪用公款而构成犯罪的行为。

《会计法》规定，因违法违纪行为被吊销会计从业资格证书的人员，自被吊销会计从业资格证书之日起五年内，不得重新取得会计从业资格证书。

财政部根据《会计法》的要求，制定发布了《会计从业资格管理办法》，它对会计从业资格取得条件、管理办法等作了详细规定。

(4) 会计工作交接。会计工作交接，是指单位的会计人员调动工作或者离职时，应当与接替自己工作的人员办清交接手续。《会计法》第四十一条规定：“会计人员调动工作或者离职，必须与接管人员办清交接手续。一般会计人员办理交接手续，由会计机构负责人(会计主管人员)监交；会计机构负责人(会计主管人员)办理交接手续，由单位负责人监交，必要时主管单位可以派人会同监交。”

6) 法律责任

依法惩治违法会计行为，是确保会计工作正常进行的法制措施。《会计法》第四十二至四十九条对违反会计法的行为应该承担的法律责任作了规定，这是我国《会计法》第一次明确了违法应承担法律责任，它提高了《会计法》的法律地位和威慑力，也是外在制度应该配有的惩罚措施。

法律责任，是指违反法律规定而应当承担的法律后果。法律责任包括行政责任、民事责任和刑事责任。会计法律责任是指单位或个人因违反会计法律规范所应承担的法律责任。这里的“会计法律规范”是一个广义的概念，它不仅包括《会计法》以及会计准则、会计制度中的会计行为规范，还包括其他相关法律法规中有关会计事项的规定，因此，会计法律责任不仅指《会计法》本身规定的责任，也包括相关法律、行政法规规定的有关法律责任。《会计法》规定的法律责任的种类包括：①责令限期改正；②罚款；③行政处分；④吊销会计从业资格证书；⑤追究刑事责任。

(1) 违反会计核算规定的法律责任。《会计法》第四十二条列举了十项违反会计核算等规定的行为，分别为：不依法设置会计账簿的；私设会计账簿的；未按照规定填制、取得原始凭证或者填制、取得的原始凭证不符合规定的；以未经审核的会计凭证为依据登记会计账簿或者登记会计账簿不符合规定的；随意变更会计处理方法的；向不同的会计资料使用者提供的财务会计报告编制依据不一致的；未按照规定使用会计记录文字或者记账本位币的；未按照规定保管会计资料，致使会计资料毁损、灭失的；未按照规定建立并实施单位内部会计监督制度或者拒绝依法实施监督或者不如实提供有关会计资料及有关情况的；任用会计人员不符合本法规定的。对于违反规定的处罚有以下几项规定。①有上述行为之一的，由县级以上人民政府财政部门责令限期改正，可以对单位并处三千元以上五万元以下的罚款；对其直接负责的主管人员和其他直接责任人处二千元以上二万元以下的罚款；属于国家工作人员的，还应当由其所在单位或者有关单位依法给予行政处分。②会计人员有上述所列行为之一，情节严重的，由县级以上人民政府财政部门吊销会计从业资格证书。③有关法律对上述所列行为的处罚另有规定的，依照有关法律的规定办理。④构成犯罪的，依法追究刑事责任。

(2) 违反会计监督规定的法律责任。违反会计监督规定的法律责任主要有以下 3 个方面。

第一，伪造、变造会计凭证、会计账簿或者编制虚假财务会计报告，构成犯罪的，依法追究刑事责任。根据我国《刑法》第一百六十二条规定：“公司、企业进行清算时，隐匿财产，对资产负债表或者财产清单做虚伪记载或者在未清偿债务前分配公司、企业财产，严重损害债权人或者其他人利益的，对其直接负责的主管人员和其他直接责任人员，处五年以下有期徒刑或者拘役，并处或者单处二万元以上二十万元以下罚金。”

对伪造、变造会计凭证、会计账簿或者编制虚假会计报告情节轻微，尚不构成犯罪的，由财政部门给予通报；可以对单位并处五千元以上十万元以下的罚款；对其直接负责的主管人员和其他直接责任人员，可以处三千元以上五万元以下的罚款；属于国家工作人员的，还应当由其所在单位或者有关单位依法给予撤职直至开除的行政处分；对其中的会计人员，并由财政部门吊销会计从业资格证书。上面所说的“伪造、变造”，是两种不同的违法行为。伪造，即假造或凭空捏造，如制作假发票、假单据、假工资表等原始凭证和假记账凭证，编写假账，搞账外账，给上级或财税部门报一套报表，单位内部一套报表等。变造，是指利用涂改、拼接、挖补等方法，对真实的会计凭证、会计账簿、会计报表和其他会计资料进行改制，变更其内容，使之适合自己需要的行为，如改变凭证和账簿的日期、姓名、摘要、金额，隐瞒利润。

第二，隐匿或者故意销毁依法应当保存的会计凭证、会计账簿、财务会计报告，构成犯罪的，依法追究刑事责任。不构成犯罪的，由财政部门给予通报，可以对单位并处五千元以上十万元以下的罚款；对其直接负责的主管人员和其他直接责任人员，可以处三千元以上五万元以下的罚款；属于国家工作人员的，还应当由其所在单位或者有关单位依法给予撤职直至开除的行政处分；对其中的会计人员，并由财政部门吊销会计从业资格证书。

第三，授意、指使、强令会计机构、会计人员及其他人员伪造、变造会计凭证、会计账簿，编制虚假财务会计报告或者隐匿、故意销毁依法应当保存的会计凭证、会计账簿、财务会计报告，构成犯罪的，依法追究刑事责任；不构成犯罪的，可以处五千元以上五万元以下的罚款；属于国家工作人员的，还应当由其所在单位或者有关单位依法给予降级、撤职、开除的行政处分。

(3) 对侵犯会计人员职权的法律责任。会计人员的职权是受法律保护的。《会计法》第四十六条明确规定，任何单位或者个人不得对依法履行职责、抵制违反《会计法》规定行为的会计人员实行打击报复。所以，单位负责人对依法履行职责、抵制违反《会计法》规定行为的会计人员，以降级、撤职、调离工作岗位、解聘或者开除等方式实行打击报复的，由其所在单位或者有关单位依法给予行政处分；构成犯罪的，依法追究刑事责任。根据我国《刑法》第二百五十四条的规定："国家机关工作人员滥用职权、假公济私，对控告人、申诉人、批评人、举报人实行报复陷害的，处二年以下有期徒刑或者拘役；情节严重的，处二年以上七年以下有期徒刑。"第二百五十五条规定："公司、企业、事业单位、机关、团体的领导人，对依法履行职责、抵制违反《会计法》、《统计法》行为的会计、统计人员实行打击报复，情节恶劣的，处三年以下有期徒刑或者拘役。"《会计法》规定，对受打击报复的会计人员，应恢复其名誉和原有职务、级别。

(4) 监督部门的法律责任。有关行政部门的工作人员在实施监督管理中滥用职权、玩忽职守、徇私舞弊或者泄露国家秘密、商业秘密，构成犯罪的，依法追究刑事责任。根据《刑法》第三百九十七条的规定："国家机关工作人员滥用职权或玩忽职守，致使公共财产、国家和人民利益遭受重大损失的，处三年以下有期徒刑或者拘役；情节特别严重的，处三年以上七年以下有期徒刑。""国家机关工作人员徇私舞弊，犯前款罪的，处五年以下有期徒刑或者拘役；情节特别严重的，处五年以上十年以下有期徒刑。"《刑法》第三百九十八条规定："国家工作人员违反保守国家秘密法的规定，故意或者过失泄露国家秘密，情节严重的，处三年以下有期徒刑或者拘役；情节特别严重的，处三年以上七年以下有期徒刑。"对上述违法行为尚不构成犯罪的，依法给予行政处分。将检举人姓名和检举材料转给被检举单位和被检举人个人的，依法给予行政处分。

法律责任的明确，对保证《会计法》的实施，保证有法可依，执法必严，维护整个会计工作秩序，必将起到积极作用。

《会计法》的制(修)定与实施，在新形势下，对于开创我国会计工作的新局面起到了重要的作用。它保障了会计人员依法行使职权，使会计工作能够按照规定程序进行，发挥会计工作在维护社会主义市场经济秩序，加强经济管理，提高经济效益中的重要作用。

2.《注册会计师法》

为了发挥注册会计师在社会经济活动中的鉴证和服务作用，加强对注册会计师的管理，维护社会公共利益和投资者的合法权益，促进社会主义市场经济的健康发展，在总结 1986 年 7 月国务院发布的《注册会计师条例》的实施情况的基础上，1993 年 10 月八届全国人民代表大会常务委员会第四次会议通过了《中华人民共和国注册会计师法》，自 1994 年 1 月 1 日起施行。该法共 7 章 46 条，包括：第一章，总则；第二章，考试和注册；第三章，业务范围和规则；第四章，会计师事务所；第五章，注册会计师协会；第六章，法律责任；第七章，附则。由于我国《注册会计师法》正处于修订当中，这里只介绍其基本内容。

1) 注册会计师执业资格的取得

《注册会计师法》规定，国家实行注册会计师全国统一考试制度。具有高等专科以上学校毕业的学历、或者具有会计或者相关专业中级以上技术职称的中国公民，可以申请参加注册会计师全国统一考试；具有会计或者相关专业高级技术职称的人员，可以免予部分科目的考试。参加注册会计师全国统一考试成绩合格，并从事审计业务工作二年以上的，可以向省、自治区、直辖市注册会计师协会申请注册。准予注册的，还要报财政部备案。同时领取国务院财政部门统一制定的《注册会计师证书》。

2) 注册会计师的业务范围

按照《注册会计师法》的规定，注册会计师的业务主要有两个方面，一是审计业务，包括：①审查企业会计报表，出具审计报告；②验证企业资本，出具验资报告；③办理企业合并、分立、清算事宜中的审计业务，出具有关的报告；④法律、行政法规规定的其他审计业务。注册会计师依法执行审计业务出具的报告，具有证明效力。二是会计服务，注册会计师可以承办会计咨询、会计服务业务。

3) 注册会计师的执业规则

注册会计师执行业务，必须遵守法律、行政法规。注册会计师依法独立、公正执行业务，受法律保护。注册会计师承办业务，由其所在的会计师事务所统一受理并与委托人签订委托合同。注册会计师执行业务，可以根据需要查阅委托人的有关会计资料和文件，查看委托人的业务现场和设施，要求委托人提供其他必要的协助。注册会计师与委托人有利害关系的，应当回避；委托人有权要求其回避。注册会计师对在执行业务中知悉的商业秘密，负有保密义务。

注册会计师执行审计业务，必须按照执业准则、规则确定的工作程序出具报告。注册会计师执行审计业务出具报告时，不得有下列行为：①明知委托人对重要事项的财务会计处理与国家有关规定相抵触，而不予指明；②明知委托人的财务会计处理会直接损害报告使用人或者其他利害关系人的利益，而予以隐瞒或者做不实的报告；③明知委托人的财务会计处理会导致报告使用人或者其他利害关系人产生重大误解，而不予指明；④明知委托人的会计报表的重要事项有其他不实的内容，而不予指明。对委托人有前款所列行为，注册会计师按照执业准则、规则应当知道的，适用前款规定。

注册会计师执行审计业务，遇有下列情形之一的，应当拒绝出具有关报告。①委托人示意其作不实或者不当证明的；②委托人故意不提供有关会计资料和文件的；③因委托人有其他不合理要求，致使注册会计师出具的报告不能对财务会计的重要事项做出正确表述的。

注册会计师为了维持其独立、公正的职业形象，不得有下列行为。①在执行审计业务期间，在法律、行政法规规定不得买卖被审计单位的股票、债券或者不得购买被审计单位或者个人的其他财产的期限内，买卖被审计单位的股票、债券或者购买被审计单位或者个人所拥有的其他财产；②索取、收受委托合同约定以外的酬金或者其他财物，或者利用执行业务之便，谋取其他不正当的利益；③接受委托催收债款；④允许他人以本人名义执行业务；⑤同时在两个或者两个以上的会计师事务所执行业务；⑥对其能力进行广告宣传以招揽业务；⑦违反法律、行政法规的其他行为。

4) 会计师事务所的设立

会计师事务所是依法设立并承办注册会计师业务的机构。会计师事务所可以是合伙制，合伙制会计师事务所由注册会计师合伙设立，其债务由合伙人按照出资比例或者协议的约定，以各自的财产承担责任。合伙人对会计师事务所的债务承担连带责任。会计师事务所也可以是法人制。会计师事务所符合下列条件的，可以是负有限责任的法人。①不少于三十万元的注册资本；②有一定数量的专职从业人员，其中至少有五名注册会计师；③国务院财政部门规定的业务范围和其他条件。负有限责任的会计师事务所以其全部资产对其债务承担责任。

设立会计师事务所，由国务院财政部门或者省、自治区、直辖市人民政府财政部门批准。外国会计师事务所在中国境内设立常驻代表机构，须报国务院财政部门批准；与中国的会计师事务所共同举办中外合作会计师事务所，须经国务院对外经济贸易主管部门或者国务院授权的部门和省级人民政府审查同意后报财政部门批准。会计师事务所设立分支机构，须经分支机构所在地的省、自治区、直辖市人民政府财政部门批准。

5) 会计师事务所的职能与业务规则

会计师事务所的职能主要有：①统一接受客户委托的查账、验证和会计咨询、会计服务业务，指派注册会计师具体办理；②按照章程组织管理注册会计师的执业活动；③研究注册会计师办理业务的报告，加盖会计师事务所的公章；④按照主管部门的标准，统一向客户收费。会计师事务所受理业务，不受行政区域、行业的限制；但是，法律、行政法规另有规定的除外。会计师事务所应依法纳税，按照国务院财政部门的规定建立职业风险基金，办理职业保险。委托人委托会计师事务所办理业务，任何单位和个人不得干预。

6) 注册会计师协会

注册会计师协会是由注册会计师组成的社会团体，并依法取得社会团体法人资格。注册会计师应当加入注册会计师协会。注册会计师协会由中国注册会计师协会和省、自治区、直辖市注册会计师协会组成。

中国注册会计师协会是我国注册会计师的自律性行业组织，成立于1989年2月。其章程由全国会员代表大会制定，并报国务院财政部门备案；省、自治区、直辖市注册会计师协会的章程由省、自治区、直辖市会员代表大会制定，并报省、自治区、直辖市人民政府财政部门备案。

中国注册会计师协会的主要职责是：①依法拟订注册会计师执业准则、规则，报国务院财政部门批准后施行；②支持注册会计师依法执行业务，维护其合法权益，向有关方面反映其意见和建议；③对注册会计师的任职资格和执业情况进行年度检查。

7) 违反注册会计师法的法律责任

会计师事务所、注册会计师违法接受委托、违法从事委托业务，故意出具虚假报告、验资报告等违法、违纪行为的，可以根据不同情况给以警告、没收违法所得、罚款、暂停执行部分或全部业务、吊销有关执业许可证、吊销注册会计师证书(或撤销事务所)等处罚。

会计师事务所、注册会计师违反规定，故意出具虚假的审计报告、验资报告，构成犯罪的，依法追究刑事责任。会计师事务所违反本法规定，给委托人、利害关系人造成损失的，应当依法承担赔偿责任。

省级以上人民政府财政部门负责对注册会计师和事务所的处罚工作，省级以上注册会计师协会具体处理日常工作。当事人对行政处罚决定不服的，可以在接到处罚通知之日起十五日内向做出处罚决定的机关的上一级机关申请复议；当事人也可以在接到处罚决定通知之日起十五日内直接向人民法院起诉。当事人逾期不申请复议，也不向人民法院起诉，又不履行处罚决定的，做出处罚决定的机关可以申请人民法院强制执行。

专栏 2-3

注册会计师、会计师事务所违法违规行为受处罚①

针对2002年度会计信息质量检查中发现的部分会计师事务所的违法违规问题，财政部按照“事实清楚、证据确凿、定性准确、依据充分、处理恰当”的原则，分别成立了审理组进行了专案审理，并召集有关专家对案件进行了论证，根据《注册会计师法》和《独立审计准则》的有关规定，对有关会计师事务所及注册会计师做出了相应的行政处罚。

财政部认定，上海上瑞会计师事务所有限责任公司在对上海港口机械厂2001年度会计报表审计时，未编制审计计划，未对重要的会计报表项目——长期投资实施必要的审计程序，未发现上海港口机械厂多计长期投资7353万元、所有者权益7353万元，发表了不恰当的审计意见。决定给予上海上瑞会计师事务所有限责任公司没收违法所得2万元并处以2倍罚款的行政处罚，给予签字注册会计师郁平、郁雅娣警告的行政处罚。

财政部认定，中实会计师事务所有限责任公司在对中国轻工集团公司2001年度会计报表审计时，未对“预付账款”实施必要的审计程序，未发现少计期货投资损失473万元；未对该公司未按权益法核算长期投资、多计所有者权益7256万元做出审计调整，发表了不恰当的审计意见。决定给予中实会计师事务所有限责任公司警告的行政处罚，给予签字注册会计师林天照、高荣琪警告的行政处罚。

财政部认定，北京先锋实杰会计师事务所有限责任公司在对交通部第三航务工程勘察设计院2001年度会计报表审计时，未对“主营业务收入”、“应付账款”、“预收账款”项目实施必要的审计程序，未取得充分、适当的审计证据，未发现少计“主营业务收入”668万元。决定给予北京先锋实杰会计师事务所有限责任公司没收违法所得1.4万元的行政处罚。

3. 其他法律中与会计相关的规定

在我国法律体系中，除了《会计法》等专门法，还有其他法律中有涉及会计的规范，以下列示一些主要的法律规定。

1) 《公司法》对会计活动的相关规定

我国1999年12月首次颁布，2005年10月修订的《公司法》中针对会计信息做出一系列规定，其中主要包括以下内容。

① 选自：中华人民共和国财政部会计信息质量检查公告(第十号)。

第三十四条，股东有权查阅、复制公司章程、股东会会议记录、董事会会议决议、监事会会议决议和财务会计报告。股东可以要求查阅公司会计账簿。股东要求查阅公司会计账簿的，应当向公司提出书面请求，说明目的。公司有合理根据认为股东查阅会计账簿有不正当目的，可能损害公司合法利益的，可以拒绝提供查阅，并应当自股东提出书面请求之日起十五日内书面答复股东并说明理由。公司拒绝提供查阅的，股东可以请求人民法院要求公司提供查阅。

第一百三十五条，公司经国务院证券监督管理机构核准公开发行新股时，必须公告新股招股说明书和财务会计报告，并制作认股书。

第一百四十六条，上市公司必须依照法律、行政法规的规定，公开其财务状况、经营情况及重大诉讼，在每会计年度内半年公布一次财务会计报告。

《公司法》专列第八章公司财务、会计，从一百六十四至一百七十二条对公司会计事项进行了更为具体的规定。

第一百六十四条，公司应当依照法律、行政法规和国务院财政部门的规定建立本公司的财务、会计制度。

第一百六十五条，公司应当在每一会计年度终了时编制财务会计报告，并依法经会计师事务所审计。财务会计报告应当依照法律、行政法规和国务院财政部门的规定制作。

第一百六十六条，有限责任公司应当依照公司章程规定的期限将财务会计报告送交各股东。股份有限公司的财务会计报告应当在召开股东大会年会的二十日前置备于本公司，供股东查阅；公开发行股票的股份有限公司必须公告其财务会计报告。

第一百六十七条，公司分配当年税后利润时，应当提取利润的百分之十列入公司法定公积金。公司法定公积金累计额为公司注册资本的百分之五十以上的，可以不再提取。公司的法定公积金不足以弥补以前年度亏损的，在依照前款规定提取法定公积金之前，应当先用当年利润弥补亏损。公司从税后利润中提取法定公积金后，经股东会或者股东大会决议，还可以从税后利润中提取任意公积金。公司弥补亏损和提取公积金后所余税后利润，有限责任公司依照本法第三十五条的规定分配；股份有限公司按照股东持有的股份比例分配，但股份有限公司章程规定不按持股比例分配的除外。股东会、股东大会或者董事会违反前款规定，在公司弥补亏损和提取法定公积金之前向股东分配利润的，股东必须将违反规定分配的利润退还公司。公司持有的本公司股份不得分配利润。

第一百六十八条，股份有限公司以超过股票票面金额的发行价格发行股份所得的溢价款以及国务院财政部门规定列入资本公积金的其他收入，应当列为公司资本公积金。

第一百六十九条，公司的公积金用于弥补公司的亏损、扩大公司生产经营或者转为增加公司资本。但是，资本公积金不得用于弥补公司的亏损。法定公积金转为资本时，所留存的该项公积金不得少于转增前公司注册资本的百分之二十五。

第一百七十条，公司聘用、解聘承办公司审计业务的会计师事务所，依照公司章程的规定，由股东会、股东大会或者董事会决定。公司股东会、股东大会或者董事会就解聘会计师事务所进行表决时，应当允许会计师事务所陈述意见。

第一百七十一条，公司应当向聘用的会计师事务所提供真实、完整的会计凭证、会计账簿、财务会计报告及其他会计资料，不得拒绝、隐匿、谎报。

第一百七十二条，公司除法定的会计账簿外，不得另立会计账簿。对公司资产，不得以任何个人名义开立账户存储。

此外，《公司法》还对违反本法另立会计账簿和弄虚作假或者隐瞒重要事实的行为做出处罚规定。

第二百零二条，公司违反本法规定，在法定的会计账簿以外另立会计账簿的，由县级以上人民政府财政部门责令改正，处以五万元以上五十万元以下的罚款。

第二百零三条，公司在依法向有关主管部门提供的财务会计报告等材料上作虚假记载或者隐瞒重要事实的，由有关主管部门对直接负责的主管人员和其他直接责任人员处以三万元以上三十万元以下的罚款。

2) 《证券法》中对会计活动的相关规定

我国 2005 年 10 月 27 日修订的《证券法》中对会计活动的规定包括以下内容。

第五十条，股份有限公司申请股票上市，应当符合下列条件：……(四)公司最近三年无重大违法行为，财务会计报告无虚假记载。

第五十二条，申请股票上市交易，应当向证券交易所报送下列文件：……(五)依法经会计师事务所审计的公司最近三年的财务会计报告。

第五十五条，上市公司有下列情形之一的，由证券交易所决定暂停其股票上市交易：……(二)公司不按照规定公开其财务状况，或者对财务报告作虚假记载，可能误导投资者。

第五十六条，上市公司有下列情形之一的，由证券交易所决定终止其股票上市交易：……(二)公司不按照规定公开其财务状况，或者对财务报告作虚假记载，且拒绝纠正。

第六十四条，经国务院证券监督管理机构核准依法公开发行股票，或者经国务院授权的部门批准依法发行公司债券，应当公告招股说明书、公司债券募集办法。依法发行新股或者公司债券的，还应当公告财务会计报告。

第六十五条，上市公司和公司债券上市交易的公司，应当在每一会计年度的上半年结束之日起两个月内，向国务院证券监督管理机构和证券交易所报送记载以下内容的中期报告，并予公告。(一)公司财务会计报告和经营情况。

第六十六条，上市公司和公司债券上市交易的公司，应当在每一会计年度结束之日起四个月内，向国务院证券监督管理机构和证券交易所报送记载以下内容的年度报告，并予公告：……(二)公司财务会计报告和经营情况。

第六十九条，发行人、上市公司公告的招股说明书、公司债券募集办法、财务会计报告、上市报告文件、年度报告、中期报告、临时报告以及其他信息披露资料，有虚假记载、误导性陈述或者有重大遗漏，致使投资者在证券交易中遭受损失的，发行人、上市公司应当承担赔偿责任。

第七十条，依法必须披露的信息，应当在国务院证券监督管理机构指定的媒体发布，同时将其置备于公司住所、证券交易所，供社会公众查阅。

第七十一条，国务院证券监督管理机构对上市公司年度报告、中期报告、临时报告以及公告的情况进行监督。

第一百九十三条，发行人、上市公司或者其他信息披露义务人未按照规定披露信息，或者所披露的信息有虚假记载、误导性陈述或者重大遗漏的，责令改正，给予警告，并处以三十万元以上六十万元以下的罚款。对直接负责的主管人员和其他直接责任人员给予警告，并处以三万元以上三十万元以下的罚款。

发行人、上市公司或者其他信息披露义务人未按照规定报送有关报告，或者报送的报告有虚假记载、误导性陈述或者重大遗漏的，责令改正，给予警告，并处以三十万元以上六十万元以下的罚款。对直接负责的主管人员和其他直接责任人员给予警告，并处以三万元以上三十万元以下的罚款。

发行人、上市公司或者其他信息披露义务人的控股股东、实际控制人指使从事前两款违法行为的，依照前两款的规定处罚。

3) 《刑法》中与会计相关的规定

我国《刑法》1979 年 7 月 1 日由第五届全国人民代表大会第二次会议通过，此后经过了 1997、1999、2001、2002、2005 及 2006 年多次修正或修订，2006 年 6 月 29 日第十届全国人民代表大会常务委员会第二十二次会议修正的《刑法》中与会计相关的规定主要有以下内容。

第一百五十八条，申请公司登记使用虚假证明文件或者采取其他欺诈手段虚报注册资本，欺骗公司登记主管部门，取得公司登记，虚报注册资本数额巨大、后果严重或者有其他严重情节的，处三年以下有期徒刑或者拘役，并处或者单处虚报注册资本金额百分之一以上百分之五以下罚金。

单位犯前款罪的，对单位判处罚金，并对其直接负责的主管人员和其他直接责任人员，处 3 年以下有期徒刑或者拘役。

第一百五十九条，公司发起人、股东违反《公司法》的规定未交付货币、实物或者未转移财产权，虚假出资，或者在公司成立后又抽逃其出资，数额巨大、后果严重或者有其他严重情节的，处五年以下有期徒刑或者拘役，并处或者单处虚假出资金额或者抽逃出资金额百分之二以上百分之十以下罚金。

单位犯前款罪的，对单位判处罚金，并对其直接负责的主管人员和其他直接责任人员，处 5 年以下有期徒刑或者拘役。

第二百零一条，纳税人采取伪造、变造、隐匿、擅自销毁账簿、记账凭证，在账簿上多列支出或者不列、少列收入，经税务机关通知申报而拒不申报或者进行虚假的纳税申报的手段，不缴或者少缴应纳税款，偷税数额占应纳税额的百分之十以上不满百分之三十并且偷税数额在一万元以上不满十万元的，或者因偷税被税务机关给予二次行政处罚又偷税的，处三年以下有期徒刑或者拘役，并处偷税数额一倍以上五倍以下罚金；偷税数额占应纳税额的百分之三十以上并且偷税数额在十万元以上的，处三年以上七年以下有期徒刑，并处偷税数额一倍以上五倍以下罚金。

扣缴义务人采取前款所列手段，不缴或者少缴已扣、已收税款，数额占应缴税额的百分之十以上并且数额在一万元以上的，依照前款的规定处罚。

对多次犯有前两款行为，未经处理的，按照累计数额计算。

第一百六十一条，依法负有信息披露义务的公司、企业向股东和社会公众提供虚假的或者隐瞒重要事实的财务会计报告，或者对依法应当披露的其他重要信息不按照规定披露，严重损害股东或者其他人利益，或者有其他严重情节的，对其直接负责的主管人员和其他直接责任人员，处三年以下有期徒刑或者拘役，并处或者单处二万元以上二十万元以下罚金。

第一百六十二条，公司、企业进行清算时，隐匿财产，对资产负债表或者财产清单做虚伪记载或者在未清偿债务前分配公司、企业财产，严重损害债权人或者其他人利益的，对其直接负责的主管人员和其他直接责任人员，处五年以下有期徒刑或者拘役，并处或者单处二万元以上二十万元以下罚金。

第二百二十九条，承担资产评估、验资、验证、会计、审计、法律服务等职责的中介组织的人员故意提供虚假证明文件，情节严重的，处五年以下有期徒刑或者拘役，并处罚金。

前款规定的人员，索取他人财物或者非法收受他人财物，犯前款罪的，处五年以上十年以下有期徒刑，并处罚金。

第一款规定的人员，严重不负责任，出具的证明文件有重大失实，造成严重后果的，处三年以下有期徒刑或者拘役，并处或者单处罚金。

2.3.2 会计行政法规

会计行政法规是指由国家最高行政机关——国务院，根据会计法律制定，对会计法律的具体化或对某个方面的补充，一般称为条例。

在我国的会计规范体系中，属于会计行政法规的有《企业财务会计报告条例》、《总会计师条例》等。

1. 《企业财务会计报告条例》

《企业财务会计报告条例》(以下简称“条例”)是国务院于 2000 年 6 月 21 日发布的，自 2001 年 1 月 1 日起实施。它是对《会计法》中有关财务会计报告规定的细化，共分 6 章 46 条，包括：第一章，总则；第二章，财务会计报告的构成；第三章，财务会计报告的编制；第四章，财务会计报告的对外提供；第五章，法律责任；第六章，附则。

该条例主要规定如下。

(1) 企业应当按本条例的规定编制和对外提供财务会计报告，但不得编制和对外提供虚假的或者隐瞒重要事实的财务会计报告，其真实性、完整性由企业负责人负责。

(2) 财务会计报告由会计报表、会计报表附注和财务情况说明书组成，分为年度、半年度、季度和月度财务会计报告。会计报表应当包括资产负债表、利润表、现金流量表及相关附表。条例对六大会计要素的定义重新作了表述，[①]使其更加科学、符合国际惯例。

(3) 财务会计报告应当根据真实的交易、事项以及完整、准确的账簿记录并按照国家统一规定编制，包括要素确认与计量、结账日、财产清查等方面的规定。

(4) 财务会计报告应按规定的期限及时向相关报告使用者对外提供，报告应由单位负责人和主管会计工作的负责人、会计机构负责人(会计主管人员)签名并盖章。设置总会计师的企业，还应由总会计师签名并盖章。须经注册会计师审计的，应将注册会计师及其会计师事务所出具的审计报告随同财务会计报告一并对外提供。国有的和国有资产占控股地位或者占主导地位的企业，应当至少每年一次向本企业的职工代表大会公布财务会计报告。

① 我国 1992 年 11 月 30 日发布的《企业会计准则》提出了 6 大会计要素，并定义。

(5) 违反本条例规定，随意改变财务会计报告编制原则与方法、编制或对外提供虚假的财务会计报告的，要承担行政责任或刑事责任。

2.《总会计师条例》

《总会计师条例》是国务院于 1990 年 12 月 31 日发布的，并自发布之日起施行。早在新中国成立初期，我国企业就有了设置总会计师的实践。1963 年 10 月，国务院批准了国家计委、财政部《关于国营工业、交通企业设置总会计师的几项规定(草案)》，1978 年 9 月，国务院颁发《会计人员职权条例》，以及 1985 年的《会计法》为设置总会计师建立了法律和制度保障。现行《总会计师条例》分 5 章 23 条，包括：第一章，总则；第二章，总会计师的职责；第三章，总会计师的权限；第四章，任免与奖惩；第五章，附则。

1) 总会计师的地位

条例规定，总会计师是主管本单位财务会计工作的行政领导，协助单位主要行政领导人工作，具体组织本单位执行有关财经法律、法规、方针、政策和制度。国有的和国有资产占控股地位或者主导地位的大、中型企业必须设置总会计师。其他单位可以根据业务需要，自行决定是否设置总会计师。目前，我国除了国有独资公司、国有控股公司按照条例的要求设置了总会计师以外，许多外商投资企业、民营企业也视情况设置了总会计师或与总会计师职权相当的财务总监。

为了保证总会计师依法行使行政职权，条例规定，凡是设置总会计师的单位，不应当再设置与总会计师职责重叠的行政副职。

2) 总会计师的任职条件

按照《总会计师条例》的规定，担任总会计师的条件如下。

(1) 坚持社会主义方向，积极为社会主义经济建设服务。总会计师不仅仅是财务会计方面的专家，也是单位领导人之一，负有一定的领导责任，必须具有良好的政治素质。

(2) 坚持原则，廉洁奉公。总会计师是经济技术领导干部，主要领导单位的财务会计工作和经济核算工作，掌握着生财、聚财、用财的大权，并负有严格维护财经纪律的责任。因此，总会计师必须坚持原则、廉洁奉公，否则，就很难担负起为维护社会主义市场经济管理服务的重任。

(3) 取得会计师专业技术资格后，主管一个单位或者单位内部一个重要方面的财务会计工作的时间不少于三年。作为总会计师，不但要有财务会计等方面的专业知识，还要具有独立、全面地组织领导本单位财务会计工作，以及协调处理各方面关系的能力和经验。

(4) 有较高的政策水平，熟悉国家财经法律、法规、方针政策和制度。

(5) 具备本行业的基本业务知识，熟悉行业情况，有较强的组织领导能力。

(6) 身体健康，能胜任本职工作。

3) 总会计师的职责

根据《总会计师条例》的规定，总会计师的职责有两个方面：一是由总会计师负责组织的工作；二是由总会计师参与协助的工作。总会计师负责组织本单位的下列工作。

(1) 组织编制和执行预算、财务收支计划、信贷计划、拟定资金筹措和使用方案，开辟财源，有效地使用资金。

(2) 组织进行成本预测、计划、控制、核算、分解和考核，加强成本管理，提高企业经济效益。

(3) 建立、健全经济核算制度，利用会计资料组织经济分析活动。

(4) 负责本单位会计机构的设置、会计人员的配备，支持会计机构负责人，完成会计人员的学习和培训任务，正确行使职权。

由总会计师协助参与的工作有：协助单位负责人对本单位的生产经营和经济管理等问题做出决策；参与新产品开发、技术设定、科学研究、商品(卖方)价格、工资奖金分配等方案的制订；参与重大经济合同和协议的研究制定等。

4) 总会计师的权限

《总会计师条例》规定总会计师的权限如下。

(1) 对违法乱纪问题的制止和纠正权：即对违反财经法规，财经纪律、方针，政策制度，以及有可能在经济上造成损失和浪费的行为有权制止和纠正，制止纠正无效的，报请单位负责人处理。作为单位领导成员之一和财会负责人的总会计师，应按照《会计法》赋予会计人员对本单位经济活动的会计监督权，对本单位的经济活动进行全面监督，以保证本单位经济活动依法进行。

(2) 建立健全单位经济核算的组织指挥权：即对本单位整体性的经济核算活动，如资金筹措与使用，成本、费用的管理与核算，税款上缴，利润的分配等，有权统一组织和指挥。

(3) 单位财务收支、对外报表的审批签署权：即单位的重大财务收支，必须由总会计师审批或由总会计师报单位负责人批准。对预算财务收支计划、信贷计划、单位财务会计制度的实施须由总会计师签署，对外会计报表经会计机构负责人签章后，总会计师必须复核签署后，交单位负责人签章。这是由总会计师的职责决定的，它可以保证单位各项经济活动的合理、合法、真实、可靠。

(4) 对本单位会计人员的管理权：包括对本单位会计机构的设置、会计人员的配备、晋升、奖惩、教育、考核等。

5) 奖惩

《总会计师条例》规定，总会计师在工作中成绩显著，有下列情形之一的，依照国家有关企业职工或者国家行政机关工作人员奖惩的规定给予奖励。

(1) 在加强财务会计管理、应用现代化会计方法和技术手段、提高财务管理水平和经济效益方面，取得显著成绩的。

(2) 在组织经济核算、挖掘增产节约、增收节支潜力、加速资金周转、提高资金使用效果方面，取得显著成绩的。

(3) 在维护国家财经纪律、抵制违法行为、保护国家财产、防止或者避免国家财产遭受重大损失方面，有突出贡献的。

(4) 在廉政建设方面，事迹突出的。

(5) 有其他突出成就或者模范事迹的。

《总会计师条例》同时规定，总会计师在工作中有下列情形之一的，应当区别情节轻重，依照国家有关企业职工或者国家行政机关工作人员奖惩的规定给予处分。

(1) 违反法律、法规、方针、政策和财经制度，造成财会工作严重混乱的。

(2) 对偷税漏税，截留应当上缴国家的收入，滥发奖金、补贴，挥霍浪费国家资财，损害国家利益的行为，不抵制、不制止、不报告，致使国家利益遭受损失的。

(3) 在其主管的工作范围内发生严重失误，或者玩忽职守，致使国家利益遭受损失的。

(4) 以权谋私，弄虚作假，徇私舞弊，致使国家利益遭受损失，或者造成恶劣影响的。

(5) 有其他渎职行为和严重错误的。

总会计师有前款所列行为，情节严重，构成犯罪的，由司法机关依法追究刑事责任。

现行《总会计师条例》颁布已经 20 多年了，已经与现实经济环境相脱节，根据《会计行业中长期人才发展规划(2010—2020)》的要求，我国正在酝酿对其加以修订，拟将总会计师制度扩大到所有具备条件的企业，理顺总会计师的管理体制，调整充实总会计师的职责权限，明确相关法律责任，充分发挥总会计师在提升企业价值和股东价值方面的重要作用。

本章小结

关于会计法律规范，我国会计理论界尚未形成权威、令人满意的定义，本书认为，会计法律规范是由国家立法机构或国家行政机关依法规定的，体现国家利益和根本意志，强迫会计行为主体必须实施的行为规则，其终极目标就是调整会计法律关系。

会计法律关系是法律关系中的一部分，因而其构成要素与法律关系的构成要素是一致的，即由主体、客体和内容三要素构成。

每个国家的会计都或多或少受法律的影响，这取决于该国法律属大陆法系还是英美法系。就世界范围看，各国的会计立法形式差别很大，但基本上可以划分为专属型和非专属型两类。

会计法律规范作为一种以法律的形式对会计行为进行强制的规范，除了具有会计规范所具有的一般作用外，还具有一些特殊的作用：它以法律的形式对会计行为进行规范、对企业管理当局和会计人的威慑作用、保证作用和激励作用等。

会计法规实施是指会计法律法规在会计和司法等相关活动中被施行。影响会计法规实施的因素主要有个人方面的因素、体制方面的因素、环境方面的因素和法律本身的因素。

作为世界文明古国之一的中国，有文字记载的会计行为已有几千年的历史。构成会计工作重要内容之一的会计立法工作，在我国从奴隶社会至今的漫长历史进程中，不同时期的统治阶级集团都从当时社会经济发展需要出发，相应地做出了不同程度的规定。

在我国会计领域中，属于法律层次的规范主要指《中华人民共和国会计法》、《中华人民共和国注册会计师法》。它们是会计规范体系中权威性最高、最具法律效力的规范，是制定其他各层次会计规范的依据，是会计工作的基本大法。

会计行政法规是指由国家最高行政机关——国务院，根据会计法律制定，对会计法律的具体化或对某个方面的补充，一般称为条例。在我国的会计规范体系中，属于会计行政法规的有《企业财务会计报告条例》、《总会计师条例》等。

习　题

一、思考题

1. 什么是会计法律规范，其主要目的是什么？
2. 简述会计法律关系及其构成要素。

3．简述影响会计法规实施的影响因素。

4．简述新中国会计立法的成就。

5．《会计法》规定单位负责人对单位会计工作和会计资料的真实性负责，这具有什么意义？

6．《会计法》对单位和会计人员的违法行为规定了哪些法律责任？

7．我国为什么要修订《注册会计师法》？应该从哪几方面入手进行修订？

8．我国修订《总会计师条例》应考虑哪些问题？

二、案例题

1．资料一

M 公司是一家股份有限公司，针对该公司 2008 年发生的下列事项回答问题。

(1) 由于公司总会计师孙某在公司的相关政策上与董事长赵某意见不一致，在董事会上，赵某决定让公司分管后勤的钱副经理兼管财务工作，孙某主要协助钱某工作。

(2) 由于财会机构负责人工作调动，该公司刘经理任命刚刚取得会计从业资格证书的张某担任新的财会机构负责人，办理相关手续后正式上岗。

(3) 公司将一处闲置的厂房出租给外单位，取得房屋租赁收入 60 万元，刘经理指示会计李某将这笔收入以个人名义存入银行，留作公司领导应酬费用。李某认为不符合规定，坚持要入账。刘经理认为李某不听话，将其调离会计岗位下放到车间。

(4) 公司出纳员陈某因为休产假要离开岗位，财会机构负责人张某安排有会计从业资格证书的内部会计档案保管员王某临时接替出纳，王某和陈某两个人就在陈某的办公室办理了交接手续。

(5) 公司从外地采购一批材料，收到发票后，发现发票金额与公司实际支付金额不一致，经办人员将发票退回对方单位要求重新开具。

(6) 因为董事长赵某听到风声，有关部门要对公司进行检查，因此想清理小金库，赵某授意小金库保管人员周某将该账和凭证全部销毁。

问题：

(1) 赵董事长决定让公司分管后勤的钱副经理兼管财务工作，孙总会计师协助钱某工作是否合适，为什么？

(2) 公司刘经理任命刚刚取得会计从业资格证书的张某担任新的财会机构负责人是否合法，为什么？

(3) 刘经理将他认为不听话的李某调离会计岗位下放到车间的行为是否合法？李某可以有什么样的要求？

(4) 会计档案保管员王某临时接替陈某任出纳，是否合法？他俩的交接手续是否存在问题，为什么？

(5) 材料采购经办人员将票面金额与实付金额不一致的发票退回对方单位要求重新开具对不对，依据是什么？

(6) 分析董事长赵某授意销毁小金库凭证和账簿的行为，回答下面 3 个问题。

① 对董事长赵某应作何处理，依据是什么？

② 对 M 股份有限公司应作何处理，依据是什么？

③ 对直接责任人周某应作何处理，依据是什么？

2．资料二

万民公司是一家国有大型企业。2002 年 12 月，公司总经理针对公司效益下滑、面临亏损的情况，电话请示正在外地出差的董事长。董事长指示把财务会计报告做得漂亮一些，总经理把这项工作交给公司总会计师，要求按董事长意见办。总会计师按公司领导意图，对当年度的财务会计报告进行了技术处理，虚拟了若干笔无交易的销售收入，从而使公司报表由亏变盈。经诚信会计师事务所审计后，公司财务会计报告对外报出。

2003 年 4 月，在《会计法》执行情况检查中，当地财政部门发现该公司存在重大会计作假行为，依据《会计法》及相关法律、法规、制度，拟对该公司董事长、总经理、总会计师等相关人员进行行政处罚，并分别下达了行政处罚告知书。万民公司相关人员接到行政处罚告知书后，均要求举行听证会。

在听证会上，有关当事人作了如下陈述。

公司董事长称："我前一段时间出差在外，对公司情况不太了解，虽然在财务会计报告上签名并盖章，但只是履行会计手续，我不能负任何责任。具体情况可由公司总经理予以说明。"

公司总经理称："我是搞技术出身的，主要抓公司的生产经营，对会计我是门外汉，我虽在财务会计报告上签名并盖章，那也只是履行程序而已。以前也是这样做的，我不应承担责任。有关财务会计报告情况应由公司总会计师解释。"

公司总会计师称："公司对外报出的财务会计报告是经过诚信会计师事务所审计的，他们出具了无保留意见的审计报告。诚信会计师事务所应对本公司财务会计报告的真实性、完整性负责，承担由此带来的一切责任。"

问题：

根据我国会计法律、法规、制度规定，分析公司董事长、总经理、总会计师在听证会上的陈述是否正确，并分别说明理由。

(资料来源：2003 年全国高级会计师资格考评结合试点考试会计实务试题)

第3章 会计制度规范

教学目标

理解会计制度的含义和作用，了解我国会计制度产生和发展的大体历程，熟悉有关会计制度规范的主要内容。

教学要求

知识要点	能力要求	相关知识
会计制度的概念和作用	(1) 理解会计制度的基本含义 (2) 理解会计制度的作用	(1) 制度与会计制度的含义 (2) 会计制度的作用
我国会计制度的历史沿革	(1) 了解我国会计制度的历史演变过程 (2) 熟悉新中国会计制度改革的背景及其成就 (3) 认识我国会计核算制度的发展前景	(1) 近代会计制度 (2) 计划经济会计制度 (3) 会计风暴
会计机构和会计人员管理制度	(1) 了解我国有关各项会计机构和会计人员管理制度的名称 (2) 了解代理记账的基本程序和要求 (3) 熟悉会计人员从业资格考试的基本要求 (4) 掌握会计人员继续教育的基本要求	(1) 代理记账 (2) 会计人员从业资格证书 (3) 会计专业职务和会计专业技术资格考试 (4) 会计人员继续教育
会计工作管理制度	(1) 了解我国各项会计工作管理制度的名称 (2) 熟悉并掌握会计基础工作规范的结构和主要内容 (3) 了解会计信息化工作的基本要求 (4) 熟悉并掌握会计档案管理的基本要求	(1) 会计基础工作规范 (2) 会计电算化与会计信息化 (3) 会计档案及其管理
会计核算制度	(1) 了解我国会计核算制度的现状 (2) 熟悉我国企业成本核算的基本要求 (3) 了解政府和非营利组织会计制度的种类和基本内容	(1) 企业产品成本核算 (2) 企业会计与行政事业单位会计的区别

引　例

我国发布统一会计制度体系①

随着《小企业会计制度》的出台，我国统一的会计制度体系终于尘埃落定。由原来的 13 个行业会计制度，简化为现在的《企业会计制度》、《金融企业会计制度》和《小企业会计制度》3 个企业会计制度，这体现了两方面的进步。一是新的制度体系能更好地与国际接轨；二是会计制度更注重会计要素的确认和计量，提高了会计信息的质量。

由行业会计制度向统一会计制度的转换是中国客观环境变化后的必然，也是很正常的。虽然现在的体系分为 3 个制度，但并不是说，有 3 个制度，就有 3 个原则。3 个制度的原则和要求是统一的，是一致的。在 3 个制度中，《小企业会计制度》是《企业会计制度》的简化的版本，它更容易掌握。《金融企业会计制度》则是针对金融企业的特点制定的。

对于已经形成的统一会计制度，有人提出了疑问。

疑问一：3 个制度并行定位是否合理。

显然，从名称上来说，《企业会计制度》可以涵盖所有的企业，《金融企业会计制度》涵盖的是所有的金融企业，而《小企业会计制度》涵盖的是所有的小企业。这样来看，《企业会计制度》与其他两个制度已经不可能是并行的关系。即使不考虑《企业会计制度》与其他两者的关系，《金融企业会计制度》按行业特点制定，而《小企业会计制度》按企业规模制定，这两个制度划分的标准是不同的，这直接造成了在逻辑上的体系混乱。

疑问二：新体系是否优于分行业会计制度。

虽然统一的会计制度体系从形式上比原来的行业会计制度大为简化，也大大地增加了企业会计信息的可比性，很多人却认为相比原来的行业会计制度，新的制度体系并不实用。由于我国企业种类繁多，试图用一种或几种会计制度涵盖所有企业是不可能的。作为国家政策制定部门，只要将会计准则制定并完善就可以了，不应该用一些具体的会计制度来指导企业进行账务处理，具体会计制度可交给各行业协会去协调。

在美国等很多国家，会计规则体系中只存在会计准则而没有会计制度，可是在我国，一直是会计制度与会计准则并存。会计规则会随着外部环境的改善而改善，在未来随着经济进一步发展，会计人员的水平会进一步提高，在条件成熟的情况下，可能只需要准则而不需要制度。

在一些业内人士看来，制度与准则的矛盾在现在的会计制度体系中已经显出了端倪。《企业会计制度》实际上既不是会计准则，也不是会计制度，它是两者的混合体，虽然它的名称是会计制度，但实际上其核心部分，即第一部分“一般规定”是基本会计准则与具体会计准则的混合，第二部分“会计科目和会计报告”及第三部分“主要会计事项分录”才是传统会计制度的体现。

制度是以企业全部业务作为核算对象的，这导致制度对于企业的特殊会计事项不可能作出规定，如果企业单纯依赖制度，碰到这些情况时就会无所适从，这是很大的制度漏洞。实际上，就《企业会计制度》来讲，它的最大错误就是想通过传统制度模式统一企业会计制度，实现跨所有制是很简单的事，但实现跨行业，传统制度模式是做不到的，只有准则才能做得到。因此，会计准则与会计制度不能并行，会计准则是核心，会计制度是会计准则的下阶，会计制度最好修订为会计准则的实务指南。

思考：

我国企业会计核算制度与会计准则并行的局面是否合理？未来会计核算制度的前景如何？

---

① 刘歆，李莲静，等．统一会计制度体系掀起盖头美不美[J]．会计师，2004，(8)：11-15．有改动。

一项制度或规则的出台，要考虑各种各样的因素，甚至要能够预见其实施后的效果。各种不同声音的出现是有益的，众说纷纭，仁者见仁、智者见智，它可以帮助我们在学习和运用会计制度时有一个比较深刻的认识，也可以为会计制度的制定者提供参考。本章探讨中观视野的会计制度问题。本章要讨论的会计制度不仅仅局限于会计核算制度，还包括会计工作管理制度和会计人员制度等。

3.1 会计制度的含义和分类

3.1.1 会计制度的含义

1. 制度的含义

对于什么是制度，目前为止尚没有一致的看法。《辞海》关于制度的定义有 3 种解释[①]：一是要求成员共同遵守的、按一定程序办事的规程或行动准则；二是在一定历史条件下形成的政治、经济、文化等各方面的体系；三是指政治上的规模法度。

本章要讨论的制度不同于第 1 章介绍的制度经济学中的“制度”，仅限于《会计法》第八条中所指的由财政部门制定并发布的“国家统一会计制度”，是由一定的组织机构公开发布实施的规则，是人们有意识、有目的设计出来的，具有一定强制性的外在约束，不包括伦理规范，但又不同于法律和行政法规规范，它没有明确的违反责任。

2. 会计制度的含义

会计有 3 层含义——会计职业、会计人员和会计学。会计职业也称会计工作，是社会分工的结果，与其他职业一样，是社会大系统的组成部分；会计人员是会计职业活动的主体，是会计职业得以延续的标志；而会计学则是研究会计实践活动，揭示会计内在规律的学问。会计制度作为一种行为规范，则是会计人员在从事会计职业活动中必须遵循的规章、规则、方法和程序的总称。这是对会计制度的中观意义的理解，根据《会计法》第五十条解释，会计制度包括“会计核算、会计监督、会计机构和会计人员以及会计工作管理的制度”。

3.1.2 会计制度的分类

根据《会计法》第五十条的解释，会计制度包括“会计核算、会计监督、会计机构和会计人员以及会计工作管理的制度”，因此，会计制度主要包括以下 3 类。

1. 会计工作管理制度

会计工作管理制度主要包括《会计基础工作规范》、《会计档案管理办法》、《会计电算化工作规范》和《企业会计信息化工作规范》等。

2. 会计机构和会计人员制度

会计机构和会计人员制度主要包括《代理记账管理办法》、《会计从业资格管理办法》、《会计人员继续教育规定》等。

① 辞海编辑委员会．辞海(1999 年版缩印本)[M]．上海：上海辞书出版社，2002：2197.

3. 会计核算和监督制度

会计核算和监督制度主要包括《企业会计制度》、《行政单位会计制度》、《事业单位会计制度》和《企业产品成本核算制度》等。按照我国《会计法》的规定，会计准则也应属于会计制度范畴，本书将在第 4 章介绍。

3.2　我国会计制度的发展历史

3.2.1　我国会计制度的历史变革

1. 近代会计制度的建立

从现有史料看，我国封建时代并没有专门的会计制度，对会计工作和会计人员的规范主要分散在其他一些法律之中。1912 年南京临时政府财政部为落实对金库的管理，颁布的《金库出纳事务暂行章程》开始了近代会计制度的建设。北洋政府时期先后颁布了铁路、电力、邮政和航运“四政”特别会计制度、政府会计制度、财政部会计规则十五条、内务部会计科办事规则十七条、外交部出纳规则二十一条、教育部总务厅会计出纳规程十八条、农商部暂行会计规则、交通部暂行会计规则二十条等会计制度，“已形成一个会计制度体系”[①]。国民政府时期会计制度又有了进一步的发展。1927 年 7 月，国民政府发布了 6 章 38 条的《财政部会计则例》，1928 年 3 月修正，它是国民政府统一会计建制的开端[②]。1931 年，国民政府主计处成立，1932 年正式颁布了《中央各机关及所属统一会计制度》，从 1933 年 7 月起施行[③]。在企业会计建制上，1930 年，南京政府颁发借贷记账统一办法，20 世纪初从西方引进的西式簿记逐渐在政府部门和部分大、中型企业推行，中国传统的簿记(中式簿记)在 20 世纪 30 年代经过改良以后在一些中小企业流行，而原中式簿记仍然在民间流行[④]。中西簿记并存，具体的会计原则和会计制度千差万别。为了方便运用，1934 年，潘序伦先生编辑出版了《各业会计制度》，开中国之“创例”[⑤]。

在根据地和新老解放区也十分重视会计工作和会计制度建设[⑥]。1932 年 2 月，中央工农政府颁布《中华苏维埃共和国暂行财政条例》，12 月中央工农政府财政人民委员部发布 12 号《统一会计制度》的训令，要求建立健全的、科学的会计制度，主要规定会计科目、统一簿记单据、规定会计交接手续等。1935 和 1936 年，中央财政部先后颁布《暂行会计条例》和《暂行会计出纳规则》，1947 年，中央军委供给处制定《暂行会计制度》等，为根据地和解放区经济工作的顺利开展做出了贡献，也为新中国成立后的社会主义会计制度建设积累了经验。

---

① 郭道扬．会计史研究(第二卷)[M]．北京：中国财政经济出版社，2004：373.

② 郭道扬．会计史研究(第二卷)[M]．北京：中国财政经济出版社，2004：379.

③ 中国会计学会．中国会计史料选编——中华民国时期 I [M]．南京：江苏古籍出版社，1990.

④ 在 20 世纪 30 年代的中国，曾经出现过分别以潘序伦和徐永祚为代表的会计西化与改良之争。具体参见：谢万健．百年回顾：本世纪我国会计界三次学术争论之一[J]．财务与会计，1999，6.

⑤ 李孝林，等．会计基本理论比较[M]．上海：立信会计出版社，2002：287.

⑥ 王建忠．会计发展史[M]．大连：东北财经大学出版社，2007：178-179.

2. 新中国会计制度建设

1) 解放初期会计制度的恢复阶段

解放之初，由于企业之间没有统一的会计规范，各企业自由选择记账基础和记账方法，严重影响了会计资料的可比性。1949 年 12 月，新中国财政部内设置了管理全国会计工作的会计制度处(1950 年 9 月改为会计制度司)，开始按照中央要求进行新中国会计制度的建设工作。1949 到 1951 年，我国一方面在政府和非营利组织会计制度建设上于 1950 年 12 月正式颁布了《各级人民政府暂行总预算会计制度》和《各级人民政府暂行单位预算会计制度》，另一方面重点进行了各业会计制度的行业内统一工作，首先是重工业部在 1949 年 11 月讨论拟定了《中央重工业部所属企业及经济机构统一会计制度》，后根据政务院“关于草拟统一会计制度”的训令精神报经财政部批准后于 1950 年 7 月 1 日起施行，这是新中国颁布的第一部行业统一会计制度。其后，轻工、纺织、燃料、铁道、交通、邮电、贸易、农业、卫生和人民银行、中央合作事业管理局和出版总署等相继拟定本部门所属企业和经济机构的会计制度草案并报财政部审查，连同重工业部的共有 9 个部门会计制度获准实施，初步建立了各行业全国统一的，以分行业、分所有制为特征的企业会计制度①。

2) 计划经济特征会计制度的建立和演进阶段

根据新中国要学习苏联实行集权式计划经济的要求，我国会计也步入计划经济模式。1951 年下半年，全国统一会计制度改由财政部制定。1951 年 11 月和 1952 年 10 月，财政部先后召开的第一、二次全国企业财务管理及会计会议，制定了《国营企业统一会计科目》、《国营企业统一会计报表》、《国营企业决算报告编送办法》、《国营企业统一登记会计簿籍、填制会计凭证办法》(这实际上是我国发布的第一个“会计基础工作规范”)、《国营工业企业材料会计处理办法》、《国营工业企业统一成本计算规程》，修改拟定了国营工业企业、企业建设单位以及包工(施工)企业的统一会计科目、会计报表格式及说明。1953 年财政部与中央有关业务主管部门、配合陆续制定颁发了国营供销企业、农业企业以及商业、铁路、交通等企业的会计核算制度，从而形成了我国企业的会计核算制度按行业分别制定并将基本业务与建设投资相分离的格局，适应了计划经济体制的要求。②

从 1953 年开始，针对当时不同所有制、不同规模企业会计核算应当有所区别的要求，财政部开始考虑改变所有企业都执行一套会计制度的要求，决定根据企业规模的大小和经

---

① 各个行业会计制度基本上都包括八个部分：总则、会计报表、会计科目、会计簿籍、会计凭证、会计事务处理程序、会计格式组织系统图和附则。在内容上有会计主体、会计分期、记账本位币、借贷记账法、权责发生制、历史成本、会计科目分类、会计凭证、会计账簿、会计报表和会计人员变更职务和交接等，报表体系包括资产负债表、损益表、现金收支表和制作成本表等，基本体现了当时的国际会计惯例。项怀诚．新中国会计 50 年[M]．北京：中国财政经济出版社，1999：5-9．

② 项怀诚．新中国会计 50 年[M]．北京：中国财政经济出版社，1999：14；当时以各部委为主起草制定反映各自特点的行业内统一会计制度(后来又分所有制形式)，报财政部审定以后发布实施。除了大跃进和文革时期会计制度受到破坏而停滞以外，这种办法一直延续到 20 世纪 80 年代末期。到 1992 年会计制度改革时，我国同时有效的会计核算制度竟达 56 个。张汉兴．会计风暴——我的亲历与见证[M]．上海：立信会计出版社，2008：217．

济业务繁简不同，执行适当有差别的会计制度，于是出台了一些适应不同行业、不同规模企业的会计制度。1954 年中华全国工商联还拟定颁布了《私营企业会计制度》。

1955 年，我国会计制度全盘苏化，国家成为唯一的会计主体，会计制度中没有持续经营和商业秘密概念，使用全部成本概念，“使得其与国际通行规则越走越远”①

“大跃进”期间，在“破除迷信，解放思想”、“大破大立”、“不破不立”等口号的鼓动下，会计制度被“大破”和简化，破而不立，破多立少。1958 年 5 月，财政部提出大权集中、小权分散、简化通俗的会计制度改革原则，6 月发出《关于改革企业会计制度办法的通知》，明确了企业会计制度改革的三条基本方针：保留一项制度、废止六项制度、将 12 项制度由中央各主管部门和各地根据实际情况决定其继续使用、修改或者废止②，等于不再过问会计制度问题了。国内出现了“无账会计”、“以表代账”、“以单代账”、“无人出纳”、工人自己计算工资、会计报表靠估算等不正常现象。农村“门框账”、“扁担账”蔓延。

“大跃进”给会计制度建设带来恶果，全国账目混乱、家底不清、管理失控，阻碍了经济工作的正常进行。这种状况很快被发现，并采取措施予以制止。1959 年 8 月，财政部发布《关于国营企业会计核算工作的若干规定》，对会计凭证，会计账簿，固定资产、各种物资、库存现金、各种往来的管理、核算，支票的管理和往来账目的清理，财产清查，会计报表的编报，会计交接，财务会计监督等 10 个问题作了具体规定，要求遵照执行③。12 月，财政部修订了《地方财政机关总预算会计制度》和《单位预算机关会计制度》。

随着对国民经济调整政策的实行，1961 年起，财政部先后发布了《国营企业会计核算工作规程(草案)》、《国营工业企业会计科目和使用说明》、《国营工业企业会计报表格式和编制说明》、《国营企业建设单位会计科目和使用说明》、《国营企业会计凭证、账簿的格式和使用办法》、《行政事业单位会计制度》和《农村人民公社示范会计制度(试行草案)》等，1962 年 11 月，国务院正式发布了《会计人员职权试行条例》。这些规章制度的发布实施对会计工作的恢复、整顿和提高起了极大的推动作用。

1965 年 7 月，财政部出台了《企业会计改革工作纲要(试行草案)》，就会计改革的 12 个问题作了规定，同年 11 月，财政部印发了《工业企业会计科目和报表格式(草案)》和《基本建设会计科目和报表格式(草案)》，以及《工业企业简易会计制度(草案)》和《基本建设会计制度(草案)》。12 月，商业部正式印发《财会制度改革第一步方案(修订本)》，宣布从 1966 年起在商业部系统所有企业和单位一律采用增减记账法。④

“文化大革命”初期，在“要算政治账，不算经济账”、“三年不算账，钱也不会跑到外国去”等论调的影响下，会计制度再次遭到破坏，大批会计制度被删减，会计学校被关闭，教授下放劳动。1969 年 11 月以后，财政部逐渐启动重新整合陷于瘫痪状态的企业财务会计制度工作。1970 年 10 月开始，财政部先后下发了《关于印发国营工业企业会计科目试

① 栾甫贵．会计制度论[M]．大连：东北财经大学出版社，2004：57.

② 许家林，蔡传里．中国会计发展与改革研究[M]．武汉：华中科技大学出版社，2011：264.

③ 杨纪琬，余秉坚．中国现代会计手册[M]．北京：中国财政经济出版社，1988.

④ 项怀诚．新中国会计 50 年[M]．北京：中国财政经济出版社，1999：29.

行草案(讨论稿)的通知》和《基本建设会计制度》等，1973 年 12 月，财政部又陆续发布了《国营企业会计工作规则(试行草案)》、《国营工业企业会计科目》、《国营工业企业会计报表》和《国营工业企业成本核算办法》等文件，从 1974 年 1 月 1 日起施行。这些文件的发布实施，在一定程度上缓解了被破坏的会计工作局面。1978 年 9 月国务院修订颁布了《会计人员职权条例》，明确规定企业要建立总会计师经济责任制，第一次明确规定会计人员的技术职称制度。

3) 多元化特征的会计制度体系建设阶段

1978 年 12 月，党的十一届三中全会召开，经济建设成为工作的重心，会计工作拨乱反正，迎来了新的局面。

在 1979 年底 1980 年初中国会计学会成立大会上，许多学者就中国会计制度的改革建言献策，其中就有要制定中国会计准则(原则)的建议，并有专门阐述。但在当时，这样的建议还不具备现实基础。为满足国内企业会计核算的需要，1980 年 9 月 18 日，财政部修订颁发了《国营工业企业会计制度——会计科目和会计报表》，从 1981 年 1 月 1 日起施行。1981 年 1 月到 10 月陆续制定发布了国营供销企业、国营施工企业和建设单位会计制度以及各类银行会计制度等。在财政部修订恢复会计制度的推动下，一些具有行业特点的主管部门如商业部、铁道部、交通部、中国人民银行、粮食部、全国供销合作总社、对外经贸部、农业部、林业部、水利部、轻工业部和文化部等分别与财政部联合制定并颁发本行业的会计制度，每隔一段时间根据形势需要作必要的修订和补充[①]。这些会计核算制度体现了计划经济的特色，对恢复会计规范建设，统一行业会计核算方法起了重大的作用。但这种分行业、分所有制分别规范的形式，不利于提高会计信息的可比性，需要进行改革。

1979 年 7 月 1 日，五届全国人大二次会议通过了《中外合资经营企业法》，1980 年 9 月 10 日，五届全国人大三次会议通过了《中外合资经营企业所得税法》和《个人所得税法》，1982 年 9 月党的十二大提出建设有中国特色社会主义的指导思想，经济体制改革在全国范围内迅速展开。1984 年，十二届三中全会通过了《中共中央关于经济体制改革的决定》，首次提出社会主义经济是公有制基础上的有计划的商品经济，要在我国建立多种形式的经济责任制，此后，多种经济成分、多种经济形式、多种经营方式和手段在我国经济领域不断出现。国务院于 1984 年 3 月和 1985 年 4 月先后发布了《国营企业成本管理条例》和《国营企业固定资产折旧试行条例》，1985 年新中国第一部《会计法》颁布。

为了适应经济体制改革和对外开放对财务与会计的要求，财政部在恢复重建企业会计制度的基础上，又开展了一系列配套改革。1985 年 3 月发布了《中外合资经营企业会计制

① 1981 年实施的《国营工业企业会计制度》就先后经过了 1985 年和 1989 年两次修订，其中 1989 年的修订是基于商品经济环境下的一次大的改革，部分借鉴了国际会计惯例(当时已经发布的《中外合资经营企业会计制度》)，增设了“工资基金”、“无形资产”、“应收票据”、“应付票据”、“应付债券”等科目，放弃了坚持了近十年的资金平衡表中的“三段平衡”，完善了成本开支范围、规范了成本计算办法等。所谓三段平衡指在企业编制的资金平衡表中形成的“固定资产”与“固定基金”、“流动资产”与“流动基金”、“专项资产”与“专用基金”各自对应相等平衡，不允许互相挤占、挪用。当时有一句经典的“打酱油的钱不能买醋”话就是对这种三段平衡的形象化的解释。

度》，自当年 7 月 1 日起实施。该制度与随后颁布的《中外合资经营工业企业会计科目和会计报表》构成一个具有市场经济会计核算规范特征的规范文件，它们较多地吸收了西方会计的原则和方法，如提出六条会计原则，明确用借贷记账法进行会计记录，允许特殊情况的企业经过批准，采用加速折旧法计提固定资产折旧，编制资产负债表、损益表和财务状况变动表等，受到了广泛的关注。

1982 年 8 月，财政部、农牧渔业部和中国农业银行制定颁发了《农村社队会计制度》，并于 1988 年年底适应农村经济形势的变化，发布《农村合作经济组织会计制度(试行)》。1986 年 9 月，财政部将 1980 年与农业部联合发布的《农村人民公社社办企业会计制度》修订为《乡镇企业财务会计制度》，这项制度在许多内容上冲破了计划经济模式的束缚，结合中国实际，采用了适应市场经济需要的会计方法。①

1984 年 4 月，财政部发布了《国营工业、交通运输企业成本管理实施细则》等行业性的成本管理实施细则，1986 年 12 月，财政部颁布了《国营工业企业成本核算办法》，拓展了会计制度体系的内容。1988 年 10 月开始，财政部相继颁发或修订了国营工业企业、施工企业的会计制度，同时还根据城镇集体所有制企业和城镇商业企业的需要制定了相应的会计制度。

这一时期会计制度的主要特征是：全国实行会计统一的会计政策和会计核算方法，而统一的会计政策和方法又取决于国家的财政政策，企业和单位不能自行选择会计政策和会计方法。

在会计人员管理、会计基础工作以及会计档案管理制度建设上，1981 年，国务院批准了财政部、人事部制定的《会计干部技术职称暂行规定》，1984 年 4 月，财政部发布《会计人员工作规则》，1984 年 6 月，财政部和国家档案局联合发布《会计档案管理办法》，1986 年 4 月，中央职称改革工作领导小组转发了《会计专业职务试行条例》。这些条例、规定和办法有利于改革开放初期会计工作的恢复和提高我国会计人员积极性，为以后逐步进行的会计改革奠定了基础。

1988 年，在各界呼吁及推动下，财政部成立会计准则小组，开始了研究制定中国会计准则的进程。

4) 市场经济体制的会计制度建设阶段

1990 和 1991 年，上海和深圳两家股票交易所相继成立，标志着我国资本市场走上规范化的道路，它为我国企业股份制改革和国家经济体制改革向纵深发展提供了有利的条件。1991 年 7 月 29 日，财政部从 1988 年开始酝酿起草的《会计改革纲要(试行)》发布，它初步明确了我国会计改革的指导思想、目标、主要内容以及改革过程中需要掌握的政策等一系列重点问题。邓小平南方谈话发表以后，要求我国会计与国际会计惯例协调的呼声日益高涨。1992 年 5 月，财政部和国家体改委联合颁发了《股份制试点企业会计制度》，该制度对计划经济特征的会计制度进行了一次大的变革，开始借鉴市场经济的会计处理程序和方法，为以后我国会计制度全面改革积累了经验。6 月，在原《中外合资经营企业会计制

① 项怀诚．新中国会计 50 年[M]．北京：中国财政经济出版社，1999：38．

度》的基础上，财政部修订发布了《外商投资企业会计制度》和《外商投资工业企业会计科目和会计报表》等，直接借鉴了市场经济通用的会计处理程序和方法。

1992 年 11 月 30 日《企业会计准则》发布实施，为了适应新的会计模式和市场经济发展的需要，财政部陆续发布了《工业企业会计制度》、《商品流通企业会计制度》等 13 个行业会计制度。1994—1998 年，财政部又先后发布了《股份有限公司会计制度》、《财政总预算会计制度》(1997)、《事业单位会计制度》(1997)、《行政单位会计制度》(1997)等各项会计制度，制定发布了《代理记账管理暂行办法》(1994)、《会计基础工作规范》(1996)、《会计人员继续教育暂行规定》(1998)，修订了《会计档案管理办法》(1998)等。

这一时期会计制度建设，一方面逐步完善了会计基础工作、会计人员以及会计档案的管理规范；另一方面，实行分行业的企业会计核算制度，充分考虑了不同行业企业对会计政策和核算方法的要求，虽然吸收和借鉴了市场经济通用的会计方法和会计政策，但企业自身会计政策的选择仍有较大局限性，并且随着企业经营机制的改善和投资主体的多元化，这种会计核算制度体系已不能适应市场经济发展的需要。①

专栏 3-1

“会 计 风 暴”②

1993 年 7 月 1 日以后，在我国实行了 40 多年的会计方程式“资金来源=资金占用”将被“资产=负债+所有者权益”取而代之。尽管这次改革所包含的内容远比一个方程式的变化来得深远，可是这等号两边内容的变化，涉及的却绝不仅仅是单纯的会计核算问题，它意味着我国传统的会计制度向现代会计制度的根本变革、向国际惯例的迈进。

财政部会计司会计准则组李军说，实施新的制度，把经营自主权、理财自主权下放给企业，促进了企业经营机制的转换，增强了企业活力，由企业向整个社会辐射的影响将难以估量。同时，会计改革绝不仅仅是会计科目、报表体系的变动，更是一场观念上的深刻变革。新的管理制度下，会计人员的地位将显著提高，他们的工作不再是算账、报账，而是一个综合分析的过程，对管理者的决策有举足轻重的影响。一方面，管理者要认识到会计工作的重要性；另一方面，会计人员自身也要“进入角色”。

中国会计学会副会长、中国人民大学会计系教授、博士生导师阎达五认为，这次会计改革被称为中国的“第三次会计革命”，它带给会计学界的影响也是深刻的。目前，国内会计学界 80%的人没有系统掌握西方会计的理论及核算方法。所以，如何在自身更新知识的同时，正确评价传统会计学理论，积极吸收西方理论，建立起新的中国会计理论体系和学科体系，是摆在会计学界人士面前的重要课题。

财政经济出版社的一位资深编辑指出，目前我国近 1 000 万会计人员素质普遍较低，新会计制度的实施将是对会计人员业务能力的巨大挑战。

财政部教育司科研教材处有关人士透露：我国大专院校会计、审计专业课程将有大调整。1992 年

① 此时的分行业会计制度已经不是前文所阐述的由各行业主管部门(后来联合财政部)制定的分行业会计制度，而是由财政部统一制定的考虑行业特征的基本统一的会计制度。

② 摘自 1993 年 4 月 28 日《经济日报》记者孙一曲、冷智宏的文章《“会计风暴”即将来临》。转引自张汉兴．会计风暴——我的亲历与见证[M]．上海：立信会计出版社，2008：252-253.

11 月在北京召开的全国会计学、审计学教学改革研讨会上，确定了 18 门会计学专业主干课和主要必修课急需编写的教学大纲；确定了会计学专业本科 7 门、专科 4 门、中专(两年制)4 门专业主干课的教学内容提要，各校将据此对现行教学计划进行调整。

1999 年通过的《中共中央关于国有企业改革和发展若干重大问题的决定》和新修订的《会计法》均明确要求建立全国统一的会计制度。为此，2000 年 5 月，财政部制定发布了《会计从业资格管理办法》，2000 年 12 月，发布了不分行业、不分所有制的全国统一的《企业会计制度 2001》，逐步在股份有限公司和其他企业中推行。考虑到金融保险企业的特殊性，2001 年财政部又发布了《金融企业会计制度》；另外，由于小企业和个体工商户不宜按统一的会计制度组织会计核算，2004 年又发布了《小企业会计制度》。至此，在我国会计规范建设史上，企业会计制度与企业会计准则并行的局面达到顶峰。

在政府和非营利组织会计制度建设方面，进入 21 世纪以来，我国会计理论和实务界加大了对政府会计规范的研究，取得了显著的成就，加上 2000 年以来，我国相继推行了多项公共财政管理改革，修订的《行政单位财务规则》也于 2013 年 1 月 1 日起施行，为了提高行政单位会计信息质量，财政部于 2013 年 12 月 18 日修订发布了《行政单位会计制度》，自 2014 年 1 月 1 日起施行。在事业单位会计制度的建设方面，根据我国事业单位业务类型，分别发布了《高等学校会计制度(征求意见稿)》(2009)和《医院会计制度》(2010)，对其他事业单位于 2012 年 12 月 19 日发布了《事业单位会计制度》，从 2013 年 1 月 1 日起施行。2013 年 8 月和 9 月，分别发布《中小学校会计制度(征求意见稿)》和《科学事业单位会计制度(修订)(征求意见稿)》，预计 2014 年将会正式发布。2004 年，我国还针对民间非营利组织核算的需要，发布了《民间非营利组织会计制度》，从 2005 年 1 月 1 日起施行。

1999 年以来，我国在其他领域的会计核算制度也有较大的改革和发展。财政部先后发布《社会保险基金会计制度》(1999)、《金融资产管理公司会计制度——会计科目和会计报表(试行)》(2000)、《农业综合开发资金会计制度》(2001)、《村集体经济组织会计制度》(2004)、《农民专业合作社财务会计制度(试行)》(2007)、《新型农村合作医疗基金会计制度》(2008)、《工会会计制度》(2009)，《基层医疗卫生机构会计制度》(2010)、《彩票机构会计制度(征求意见稿)》(2013)等，对促进相关领域事业发展，提高会计信息质量提供了制度保证。

根据《行政许可法》的要求，2005 年 1 月，财政部修订发布了《代理记账管理办法》和《会计从业资格管理办法》，2006 年 11 月，对《会计人员继续教育暂行规定》进行了修订，发布了《会计人员继续教育规定》。2012 年 12 月，财政部再次根据形势的要求修订发布了《会计从业资格管理办法》，2013 年 8 月 27 日，修订发布了《会计人员继续教育规定》，使得会计职业的准入和继续教育更加规范，更加具有可操作性。

在成本核算制度上，改变 1992 年以后不再统一制定成本核算规范的做法，于 2013 年 8 月，发布了《企业产品成本核算制度(试行)》，从 2014 年 1 月 1 日起施行。

在会计技术手段规范方面，我国 1981 年首次提出“会计电算化”的概念，20 世纪 90 年代，为规范计算机技术在会计中的运用，财政部先后于 1994 年和 1996 年发布了《会计电算化管理办法》和《会计电算化工作规范》，并逐渐形成了一系列对商品化会计软件的开发、审核、推广运用和维护的规章制度。

1999 年 4 月，深圳市财政局与深圳金蝶软件科技有限公司在深圳举办的“新形势下会计软件市场管理暨会计信息化理论专家座谈会”上首次呼吁会计信息化转向。2009 年 4 月 12 日，财政部发布了《关于全面推进我国会计信息化工作的指导意见》的文件，提出将“会计电算化”推进一步变成“会计信息化”，提出了力争通过 5～10 年左右的努力，建立健全会计信息化法规体系和会计信息化标准体系(包括可扩展商业报告语言(XBRL)分类标准)[①]，全力打造会计信息化人才队伍，基本实现大型企事业单位会计信息化与经营管理信息化融合，进一步提升企事业单位的管理水平和风险防范能力，做到数出一门、资源共享，便于不同信息使用者获取、分析和利用，进行投资和相关决策；基本实现大型会计师事务所采用信息化手段对客户的财务报告和内部控制进行审计，进一步提升社会审计质量和效率；基本实现政府会计管理和会计监督的信息化，进一步提升会计管理水平和监管效能。通过全面推进会计信息化工作，使我国的会计信息化达到或接近世界先进水平的工作目标。

根据上述目标要求，财政部和国家标准化管理委员会于 2010 年 10 月发布了基于企业会计准则的可扩展商业报告语言(XBRL)通用分类标准和 XBRL 技术规范系列国家标准[②]，在中国会计信息化建设史上具有里程碑意义[③]。为了推动企业会计信息化，节约社会资源，提高会计软件和相关服务质量，规范信息化环境下的会计基础工作，满足信息化环境下的会计监督工作需要，财政部于 2012 年 12 月 17 日发布了《企业会计信息化工作规范(征求意见稿)》，经过 1 年的讨论研究和征求意见，2013 年 12 月 6 日正式发布。

3.2.2 我国企业会计核算制度的发展趋势

在整个会计制度体系中，企业会计核算制度一直是我们关注的重点之一，因为会计工作的最终结果是要提供真实、相关并且可比的会计信息，会计确认、计量、记录和报告等技术性工作就显得比较重要。在 1993 年发布《企业会计准则》以后，由于不能在很短的时期内形成完整的具体会计准则体系，我国一直维持着企业会计核算制度和企业会计准则并存的局面，并且于 2000 年修订发布了《企业会计制度 2001》，1993 年发布的部分行业会计制度还没有明确废止。2006 年 2 月 15 日，我国正式颁布可以独立施行的与国际财务报告

---

① XBRL(eXtensible Business Reporting Language)被称为可扩展商业报告语言，它是可扩展标记语言(XML)在财务及相关报告领域的具体应用。我们熟悉的 Word、EXCEL、PDF 或 HTML 文件是一种静态格式。XML 克服了静态格式下需要复制粘贴、重新输入或以其他格式重新编报的缺陷，将内容与格式、样式分开，每一行业均可自行定义通用的标签组，只要圈内人共同遵循标准，通过 XML 统一文件的结构、命名、语义、处理逻辑等，就可实现网上信息的有效存取、交换及分析。XBRL 是 XML 在商业报告领域的一大进步。XBRL 是设计为计算机读写的，并不要求 XBRL 报表的编制者和使用者精通 XBRL 技术，而是在了解 XBRL 基本概念的基础上，理解 XBRL 如何改变着财务报告方式及其对财务会计的意义。

② 系列标准含《企业会计准则通用分类标准》、《可扩展商业报告语言(XBRL)技术规范第 1 部分：基础》(GB/T 25500.1—2010)、《可扩展商业报告语言(XBRL)技术规范第 2 部分：维度》(GB/T 25500.2—2010)、《可扩展商业报告语言(XBRL)技术规范第 3 部分：公式》(GB/T 25500.3—2010)和《可扩展商业报告语言(XBRL)技术规范第 4 部分：版本》(GB/T 25500.4—2010)。根据上述标准，财政部又发布了《企业会计准则通用分类标准指南》和《企业会计准则通用分类标准编报规则》，并在全国选择部分行业和省市进行按 XBRL 编报财务报表的试点。

③ 刘玉廷．推广运用 XBRL，推进会计信息化建设[J]．财会学习，2010，(12)：14-18.

准则趋同的《企业会计准则》以后，《企业会计准则》、《企业会计制度》和《金融企业会计制度》的施行范围被重新划分。

随着《企业会计准则》的实施范围由上市公司扩大到所有大中型企业，小企业也于 2011 年发布了《小企业会计准则》(从 2013 年 1 月 1 日起施行)，原《企业会计制度 2001》、《金融企业会计制度》和《小企业会计制度》以及相关行业会计制度将不再执行，在企业会计核算规范上结束了会计准则与会计制度并行的局面。

3.3 会计机构和会计人员管理制度

3.3.1 《代理记账管理办法》

代理记账，是指从事代理记账业务的社会中介机构接受委托人的委托办理会计业务。近年来随着一些规模较小的企业、事业单位、个体工商户和其他经济组织的大量出现，现有会计人员数量难以满足需要，另外由于这些单位和组织的人员少、规模小、业务简单，不可能单独设置会计机构，配备专职会计人员，根据《会计法》的规定，可以实行代理记账。现行《代理记账管理办法》发布于 2005 年 1 月 22 日，是对 1994 年的《代理记账管理暂行办法》的修订。其主要内容如下。

1. 代理记账机构的设立条件

设立除会计师事务所以外的代理记账机构，应当经所在地的县级以上人民政府财政部门(以下简称审批机关)批准，并领取由财政部统一印制的代理记账许可证书。具体审批机关由省、自治区、直辖市、计划单列市人民政府财政部门确定。设立代理记账机构，除国家法律、行政法规另有规定外，应当符合下列条件。

(1) 有 3 名以上持有会计从业资格证书的专职从业人员。

(2) 主管代理记账业务的负责人必须具有会计师以上的专业技术资格。

(3) 有固定的办公场所。

(4) 有健全的代理记账业务规范和财务会计管理制度。

2. 代理记账的业务范围

《代理记账管理办法》规定，代理记账机构可以接受委托，受托办理委托人的下列业务。

(1) 根据委托人提供的原始凭证和其他资料，按照国家统一的会计制度的规定进行会计核算。

(2) 对外提供财务会计报告。代理记账机构为委托人编制的财务会计报告，需经代理记账机构负责人和委托人签名并盖章后，按照有关法律、行政法规和国家统一的会计制度的规定对外提供。

(3) 向税务机关提供税务资料。

(4) 承办委托人委托的其他会计业务。

委托人委托代理记账机构代理记账，应当在相互协商的基础上，订立书面委托合同。委托合同除应具备法律规定的基本条款外，还应当明确下列内容：①委托人、受托人对会计资料真实性、完整性承担的责任；②会计资料传递程序和签收手续；③编制和提供财务会计报告的要求；④会计档案的保管要求及相应责任；⑤委托人、受托人终止委托合同应当办理的会计交接事宜。

3. 代理记账的委托人的义务

为确保代理记账业务操作规范，符合国家统一的会计制度的要求，委托代理记账的委托人应当认真履行以下义务。

(1) 对本单位发生的经济业务事项，应当填制或者取得符合国家统一的会计制度规定的原始凭证。

(2) 应当配备专人负责日常货币收支和保管。

(3) 及时向代理记账机构提供真实、完整的原始凭证和其他相关资料。

(4) 对于代理记账机构退回，要求按照会计制度规定进行更正、补充的原始凭证，应当及时予以更正、补充。

4. 代理记账机构及从业人员的义务

代理记账机构及其从业人员应当认真履行以下相关义务。

(1) 按照委托合同办理代理记账，遵守有关法律、行政法规和国家统一的会计制度的规定。

(2) 对在执行业务中知悉的商业秘密应当保密。

(3) 对委托人示意其做出不当的会计处理，提供不实的会计资料，以及其他不符合法律、行政法规和国家统一的会计制度的要求，应当拒绝。

(4) 对委托人提出的有关会计处理原则问题应当予以解释。

5. 代理记账的监督

根据《代理记账管理办法》的规定，县级以上人民政府财政部门对代理记账机构及其从事代理记账业务情况实施监督检查，针对以下情况做出相应处理。

(1) 代理记账机构采取欺骗手段获得代理记账许可证书的，由审批机关撤销其代理记账资格。

(2) 代理记账机构在经营期间达不到本办法规定的设立条件的，由县级以上人民政府财政部门责令其在不超过 2 个月的期限内整改；逾期仍达不到规定条件的，由审批机关撤回代理记账资格。

(3) 代理记账机构有下列情形之一的，审批机关应当办理注销手续，并收回批准证书或予以公告：①代理记账机构依法终止的；②代理记账机构的行政许可被依法撤销或撤回的；③法律、法规规定的应当注销行政许可的其他情形。

(4) 代理记账机构有下列情形之一的，由县级以上人民政府财政部门责令其改正，拒不改正的，予以公告：①代理记账机构未将代理记账许可证书放置在办公场所的显著位置的；②代理记账机构名称、主管代理记账业务负责人、办公地点发生变更，未依法向审批机关办理变更登记的；③代理记账机构及其从业人员没有履行其义务，又不向审批机关说明原因的；④代理记账机构未按规定向审批机关报送有关材料，又不向审批机关说明原因的。

(5) 代理记账机构及其从事代理记账业务人员在办理业务中违反会计法律、行政法规和国家统一的会计制度规定的，由县级以上人民政府财政部门依据《会计法》及相关法规的规定处理。代理记账机构违反《代理记账管理办法》和国家有关规定造成委托人会计核算混乱、损害国家和委托人利益，委托人故意向代理记账机构隐瞒真实情况或者委托人会同代理记账机构共同提供不真实会计资料的，应当承担相应法律责任。

(6) 对于未经批准从事代理记账业务的，由县级以上人民政府财政部门责令其改正，并予以公告。

3.3.2　《会计从业资格管理办法》

会计从业资格是指进入会计职业、从事会计工作的一种法定资质，是进入会计职业的“门槛”。从事会计工作的人员应当具备从业资格和条件，是保证会计工作质量的前提。新的《会计从业资格管理办法》是财政部于 2012 年 12 月 6 日发布的，自 2013 年 7 月 1 日起施行。它是对 2005 年 1 月 22 日发布的同名规范的修订，共 5 章 37 条，主要规定了下列内容。

1. 取得会计从业资格的范围

在国家机关、社会团体、企业、事业单位和其他组织从事会计工作的人员，必须取得会计从业资格。各单位不得任用(聘用)不具备会计从业资格的人员从事会计工作。这些工作主要包括：会计机构负责人(会计主管人员)；出纳；稽核；资本、基金核算；收入、支出、债权债务核算；职工薪酬、成本费用、财务成果核算；财产物资的收发、增减核算；总账；财务会计报告编制；会计机构内会计档案管理；其他会计工作。

2. 取得会计从业资格证书的条件

《会计从业资格管理办法》规定，我国实行会计从业资格考试制度，也就是说会计从业资格必须通过考试才能取得。

1) 基本条件

申请参加会计从业资格考试的人员，应当符合的基本条件是：①遵守会计和其他财经法律、法规；②具备良好的道德品质；③具备会计专业基础知识和技能。

《会计从业资格管理办法》规定了两种不得参加会计从业资格证书考试的情形：①对于违反《会计法》规定被吊销会计从业资格证书的人员，自吊销之日起 5 年内不得参加考试，不得重新取得会计从业资格证书；②因有提供虚假财务会计报告，做假账，隐匿或者故意销毁会计凭证、会计账簿、财务会计报告，贪污、挪用公款，职务侵占等与会计职务有关的违法行为，被依法追究刑事责任的人员，不得参加会计从业资格考试，不得取得或者重新取得会计从业资格证书。

2) 考试科目、大纲和考试

《会计从业资格管理办法》规定，会计从业资格的考试科目包括财经法规与职业道德、会计基础、初级会计电算化(或者珠算)。

会计从业资格考试大纲、考试合格标准由财政部统一制定和公布。各科目考试实行无纸化方式，考试题库由财政部统一组织建设。参加考试者的各考试科目应当一次性通过才有效。

3) 证书颁发

《会计从业资格管理办法》规定，会计从业资格考试一次性全科合格者，应持本人身份证原件(委托代理人领取的应当持本人和代理人有效身份证件原件)在考试结果公布之日起60 日内到指定的会计从业资格管理机构领取会计从业资格证书。

4) 会计从业资格证书免试发放

《会计从业资格管理办法》规定，2013 年 7 月 1 日前已被聘任为高级会计师或者从事会计工作满 20 年，且年满 50 周岁、目前尚在从事会计工作的，取得注册会计师证书，目前尚在从事会计工作的两类人员，经本人申请并提供单位证明等相关材料，会计从业资格管理机构核实无误后，发给会计从业资格证书。

3. 会计从业资格管理

《会计从业资格管理办法》规定，会计从业资格证书是具备会计从业资格的证明文件，在全国范围内有效。持证人员不得涂改、出借会计从业资格证书，并按规定接受管理。

1) 继续教育

持证人员应当以学分制形式接受(参加)继续教育，提高业务素质和会计职业道德水平。

2) 会计从业资格的信息化管理

会计从业资格实行信息化管理。会计从业资格管理机构应当建立持证人员从业档案信息系统，及时记载、更新持证人员下列信息：①持证人员的相关基础信息；②持证人员从事会计工作情况；③持证人员的变更、调转登记情况；④持证人员换发会计从业资格证书情况；⑤持证人员接受继续教育情况；⑥持证人员受到表彰奖励情况；⑦持证人员因违反会计法律、法规、规章和会计职业道德被处罚情况。

持证人员的姓名、有效身份证件及号码、照片、学历或学位、会计专业技术职务资格、开始从事会计工作时间等基础信息，以及上述第⑤和第⑥项内容发生变化的，应当持相关有效证明和会计从业资格证书，到所属会计从业资格管理机构办理从业档案信息变更。会计从业资格管理机构应当在核实相关信息后，为持证人员办理从业档案信息变更。

持证人员的其他相关信息发生变化的，应当登陆所属会计从业资格管理机构指定网站进行信息变更，也可以到所属会计从业资格管理机构办理。

3) 调转登记

持证人员所属会计从业资格管理机构发生变化的，应当及时办理调转登记手续。

持证人员所属会计从业资格管理机构在各省级财政部门、新疆生产建设兵团财务局、中央主管单位各自管辖范围内发生变化的，应当持会计从业资格证书、工作证明(或户籍证明、居住证明)到调入地所属会计从业资格管理机构办理调转登记。

持证人员所属会计从业资格管理机构在各省级财政部门、新疆生产建设兵团财务局、中央主管单位管辖范围之间发生变化的，应当及时填写调转登记表，持会计从业资格证书，到原会计从业资格管理机构办理调出手续。持证人员应当自办理调出手续之日起 3 个月内，持会计从业资格证书、调转登记表和在调入地的工作证明(或户籍证明、居住证明)，到调入地会计从业资格管理机构办理调入手续。

4) 证书的补发和换证

持证人员应当妥善保管会计从业资格证书。如有遗失，持证人员应当在履行公告程序后，填写补发申请表，持有关证明材料，向所属会计从业资格管理机构申请补发会计从业资格证书。会计从业资格管理机构核实无误后，应当自受理之日起 20 个工作日内予以补发。

如有毁损，持证人员应当填写补发申请表，持毁损证书原件，向所属会计从业资格管理机构申请补发会计从业资格证书。会计从业资格管理机构核实无误后，应当自受理之日起 20 个工作日内予以补发。

会计从业资格证书实行 6 年定期换证制度。持证人员应当在会计从业资格证书到期前 6 个月内，填写定期换证登记表，持有效身份证件原件和会计从业资格证书，到所属会计从业资格管理机构办理换证手续。

5) 会计从业资格的撤销和注销

《会计从业资格管理办法》规定，有下列情形之一的，会计从业资格管理机构可以撤销持证人员的会计从业资格：①会计从业资格管理机构工作人员滥用职权、玩忽职守，作出给予持证人员会计从业资格决定的；②超越法定职权或者违反法定程序，作出给予持证人员会计从业资格决定的；③对不具备会计从业资格的人员，作出给予会计从业资格决定的。

持证人员以欺骗、贿赂、舞弊等不正当手段取得会计从业资格的，会计从业资格管理机构应当撤销其会计从业资格。

持证人员具有下列情形之一的，会计从业资格管理机构应当注销其会计从业资格：①死亡或者丧失行为能力的；②会计从业资格被依法吊销的。

6) 其他管理规定

《会计从业资格管理办法》规定，会计从业资格管理机构应当依照规定对从事会计工作的人员的持证、持证人员换发、调转、变更登记、持证人员从事会计工作和执行国家统一的会计制度、遵守会计职业道德以及接受继续教育情况实施监督检查，持证人员应当如实提供有关情况和材料，有关单位应当予以配合。

单位和个人对违反本办法规定的行为有权检举，会计从业资格管理机构应当及时核实、处理，并为检举人保密。持证人员对会计从业资格管理机构的处理处罚决定，享有陈述权、申辩权；有权依法申请行政复议或者提起行政诉讼。

4. 法律责任

《会计从业资格管理办法》规定，参加会计从业资格考试舞弊的，2 年内不得参加会计从业资格考试，由会计从业资格管理机构取消其考试成绩，已取得会计从业资格的，由会计从业资格管理机构撤销其会计从业资格。

持证人员具有下列情形之一的，由会计从业资格管理机构责令其限期改正：①不参加继续教育或参加继续教育未取得规定学分的；②未按照本办法规定办理调转登记的；③未按照本办法规定进行信息更新的。

会计从业资格管理机构及其工作人员在实施会计从业资格管理中滥用职权、玩忽职守、徇私舞弊的，依法给予处分。构成犯罪的，依法追究刑事责任。

会计从业资格管理机构工作人员违反《会计从业资格管理办法》规定，将检举人姓名和检举材料转给被检举单位或个人，或者将应当保密的检举信息对外泄露的，由所在单位或者有关单位依法给予处分。构成犯罪的，依法追究刑事责任。

3.3.3　《会计专业职务试行条例》和《会计专业技术资格考试办法》

1. 会计专业职务

会计专业职务，是区别会计人员业务技能的技术等级。会计专业职务分为高级会计师、

会计师、助理会计师和会计员3档4类；高级会计师为高级职务，会计师为中级职务，助理会计师和会计员为初级职务。1986年4月10日，中央职称改革工作领导小组转发了《会计专业职务试行条例》，对会计专业职务任职条件、基本职责和会计专业职务设置和聘任作了明确规定。其中对各级会计专业职务的基本条件规定如下。

1) 会计员的基本条件

①初步掌握财务会计知识和技能；②熟悉并能执行有关会计法规和财务会计制度；③能担负一个岗位的财务会计工作；④大学专科或中等专业学校毕业，在财务会计工作岗位上见习一年期满。

2) 助理会计师的基本条件

①掌握一般的财务会计基础理论和专业知识；②熟悉并能正确执行有关的财经方针、政策和财务会计法规、制度；③能担负一个方面或某个重要岗位的财务会计工作；④取得硕士学位，或取得第二学士学位或研究生班结业证书，具备履行助理会计师职责的能力；⑤大学本科毕业，在财务会计工作岗位上见习一年期满；⑥大学专科毕业并担任会计员职务二年以上；⑦中等专业学校毕业，并担任会计员职务四年以上。

3) 会计师的基本条件

①较系统地掌握财务会计基础理论和专业知识；②掌握并能正确贯彻执行有关的财经方针、政策和财务会计法规、制度；③具有一定的财务会计工作经验，能担负一个单位或管理一个地区、一个部门、一个系统某个方面的财务会计工作；④取得博士学位，并具有履行会计师职责的能力；取得硕士学位，并担任助理会计师职务两年左右；取得第二学士学位或研究生班结业证书，并担任助理会计师二至三年；大学本科或大学专科毕业，并担任助理会计师职务四年以上；⑤掌握一门外语。

4) 高级会计师的基本条件

①较系统地掌握经济、财务会计基础理论和专业知识；②具有较高的政策水平和丰富的财务会计工作经验，能担负一个地区、一个部门或一个系统的财务会计管理工作；③取得博士学位，并担任职务二至三年；④取得硕士学位、第二学士学位或研究生班结业证书，大学本科毕业并担任会计师职务五年以上；⑤较熟练地掌握一门外语。

目前，我国对会计专业职务，采取的是从考试或者考评结合方式取得会计专业技术资格证书的人员中聘任的办法，考聘分开，即取得会计专业技术资格证书不一定就能聘任相应的专业职务。随着环境的变化，相关主管部门对聘任条件作了一定的调整，增加了计算机技能的要求，从2004年起不再硬性规定外语条件。

2. 会计专业技术资格

从20世纪90年代中期起，我国对会计人员专业技术资格采取考试取得的办法，会计专业技术资格分为初级资格、中级资格和高级资格3个级别。初级、中级会计资格的取得实行全国统一考试制度，高级会计师资格实行考评结合试点①。10多年内先后为国家经济建设选拔了大批合格的会计人员，会计专业技术资格考试的具体办法，如报考条件、考试层次、考试科目、考试时间、题型题量、考试管理和成绩管理等在十几年中也几经变化。

① 2003年开始在湖北和浙江两省试点，2004年扩大到16个省、市、自治区。目前已经在全国推广。

2004 年 8 月 20 日，财政部、人事部联合发布了会计专业技术资格考试科目调整及有关问题通知，从 2005 年度起，会计专业技术中级资格考试科目为中级会计实务、财务管理和经济法；初级资格考试科目为初级会计实务和经济法基础。从 2005 年起，参加会计专业技术资格考试的人员，按照全国会计专业技术资格考试领导小组办公室公布的各科资格考试大纲进行复习。

参加会计专业技术中级资格考试人员，在连续的两个考试年度内，全部科目考试均合格者，可获得会计专业技术中级资格证书。参加初级资格考试的人员，必须在一个考试年度内通过全部科目的考试，方可获得会计专业技术初级资格证书。

3. 21 世纪会计人员知识和能力框架

现行会计人员专业职务要求是 1986 年提出来的，是对各层次会计专业职务基本的原则性要求，随着社会经济形势和资本市场的发展以及会计国际化程度的加强，我国会计人员迫切需要在知识、能力和素质上跟上时代的步伐。2007 年中国注册会计师协会发布了《中国注册会计师胜任能力指南》，在国内第一次以文件形式将合格执业注册会计师的能力规定下来，对我国注册会计师队伍建设和执业产生了深刻的影响，同时也对高校会计人才培养具有积极的指导意义。本书摘录了有关学者的研究成果，整理了初级、中级和高级会计人员的能力框架表，见表 3-1。①

表 3-1 会计人员能力框架表

指标 \ 会计人员类别		初级会计人员	中级会计人员	高级会计人员
职业价值观		遵循法律、法规；正直；客观；终身学习的责任；关注公众利益和社会责任	遵循法律、法规；正直；客观；政策水平；终身学习的责任；关注公众利益和社会责任	遵循法律、法规；正直；客观；政策水平；终身学习的责任；关注公众利益和社会责任
职业知识	一般知识	—	人文；自然科学；艺术；外语	人文；自然科学；艺术；外语
	组织行为和经营管理知识	—	管理学；经济学；数量方法与统计学；金融市场；风险管理	风险管理；战略管理；管理学；金融市场；组织行为学；经济学；企业与环境；数量方法与统计学；营销学
	信息技术知识	企业信息系统；财务和管理软件的应用	企业信息系统；信息环境下的内部控制；电子商务；财务和管理软件的应用	企业信息系统；信息环境下的内部控制；电子商务；财务和管理软件的应用
	会计、财务及相关知识	财务会计与报告；成本管理会计；税收；法律	财务会计与报告；成本管理会计；税收、法律、财务管理；审计与鉴证	财务会计与报告；成本管理会计；税收、法律、财务管理；审计与鉴证

① 许萍．会计人员能力框架问题研究[M]．厦门：厦门大学出版社，2010：198-204．这里的会计人员的分类与上文会计人员专业职务中的划分不存在对应关系。

续表

会计人员类别 / 指标	初级会计人员	中级会计人员	高级会计人员
职业技能	团队合作；解决问题；人际交往；应对压力及合理安排时间；沟通与协调	沟通及协调；系统分析；逻辑性和批判性思维；团队合作；解决问题；管理和监督；人际交往；应对压力及合理安排时间	沟通及协调；决策；系统分析；逻辑性和批判性思维；团队合作；解决问题；管理和监督；人际交往；应对压力及合理安排时间；人才培养、国际竞争

表 3-1 中所构建的会计人员能力框架的指标是职业知识、职业技能和职业价值观，其中职业价值观是基础，它是职业知识和职业技能的灵魂，是能力框架得以稳固的保障。职业知识居中，是会计人员能力框架的核心，没有职业知识，职业技能就无从谈起，再好的职业道德也无济于事。职业技能是职业知识的实践和升华，是各级会计人员能力差异的最主要的表现。在会计人员职业生涯中，职业技能和职业价值、道德与态度远比取得会计专业技术资格时获取的专业知识重要。

3.3.4 《会计人员继续教育规定》

会计人员继续教育，是指对会计人员的知识与技能进行更新、补充、拓展和提高，完善其知识结构，提高其业务能力、职业道德水平和创新能力的教育。现行《会计人员继续教育规定》是财政部于 2013 年 8 月 27 日对 2006 年的同名文件修订发布的，自 2013 年 10 月 1 日起施行，共 8 章 38 条。它主要就会计人员继续教育的目的、原则、管理体制、对象、内容与形式、学分管理、机构管理、师资和教材、监督与检查等作了规定，主要包括以下内容。

1. 概述

1) 制定目的和依据

《会计人员继续教育规定》是为推进会计人员继续教育科学化、制度化、规范化，培养造就高素质的会计队伍，提高会计人员专业胜任能力，根据《会计法》和《会计从业资格管理办法》的规定而制定的。

会计行业作为市场经济活动的一个重要领域，主要提供会计信息，其服务质量的好坏直接影响着经营者、投资人和社会公众的利益，进而影响着整个社会的经济秩序。会计人员作为专业技术人员，在提供真实、完整的会计信息过程中，需要具备与职责相适应的业务素质、专业技能和职业道德水平。随着经济全球化和我国加入 WTO，会计及相关经济新理论、新方法、新技能不断发展和变化，客观上需要会计人员不断学习和掌握，并运用到实际工作中去。国家相关法律和文件尤其是《会计人才规划》也突出强调了加强继续教育的重要性。因此，加强会计人员继续教育非常必要。

2) 继续教育应遵循的原则

(1) 以人为本，按需施教。会计工作是由具体的会计人员来从事的，会计人员继续教育不是系统的学历教育，应把握市场经济形势、会计行业发展趋势和会计人员从业的基本要求，突出提升会计人员专业胜任能力，引导会计人员更新知识、拓展技能，提高解决实际问题的能力。

(2) 突出重点，提高能力。会计人员继续教育面向会计队伍，创造人人皆受教育、人人皆可成才的环境，全面提高会计人员整体素质。同时，突出高层次会计人才培养和提高综合能力培训，进一步改善会计队伍人才结构和知识结构。

(3) 加强指导，创新机制。会计人员继续教育是一个具有行业特点的社会性教育，在国家统筹规划的前提下，应有效利用各方面教育资源，引导社会办学单位参与会计人才继续教育，并不断创新继续教育内容，改进继续教育方式，提高继续教育质量，逐步形成政府部门规划指导、社会办学单位积极参与、用人单位支持督促的会计人员继续教育新格局。

2. 管理体制

财政部负责全国会计人员继续教育的管理，具体包括制定继续教育的规划、制度，组织开发、评估、推荐继续教育重点教材，组织全国高级会计人员培训和会计人员继续教育师资培训，指导、督促各地区和有关部门会计人员继续教育工作的开展。各省、自治区、直辖市、计划单列市财政厅(局)负责本地区的会计人员继续教育的组织管理工作。会计人员所在单位负责组织和督促本单位的会计人员参加继续教育。

3. 继续教育的内容、形式与学分管理

1) 继续教育的内容

会计人员继续教育的内容主要包括会计理论、政策法规、业务知识、技能训练和职业道德等。

(1) 会计理论。会计理论是对会计实践的科学总结，反过来又会指导会计实践。会计人员继续教育在理论上应重点加强会计基础理论和应用理论的培训，提高会计人员用理论指导实践的能力。

(2) 政策法规。会计是一项政策性很强的工作，而政策法规和制度会随着环境的变化而发生相应的改变，会计人员继续教育重点加强会计法规制度及其他相关法规制度的培训，提高会计人员依法理财的能力。

(3) 业务知识培训和技能训练。会计工作是以从业人员掌握一定的专业技术知识和技能为前提而开展的，会计人员继续教育重点加强履行岗位职责所必备的会计准则等专业知识和经营管理、内部控制、会计信息化等方面的培训，提高会计人员的实际工作能力和业务技能。

(4) 职业道德。重点加强会计职业道德的培训，提高会计人员职业道德水平。

2) 继续教育的形式和学分管理

规定提出了会计人员进行继续教育可以选择的 8 种主要形式(各类培训学习)和 7 种其他形式(参加相关考试、研究课题、发表论文、出版书籍、参加竞赛等)，会计人员可以各种合适的方式来完成继续教育，会计人员每年自愿参加各种形式的继续教育至少取得 24 学分(当年有效，全国通用)。

会计人员参加以下 8 种培训，经考试、考核合格，每 1 学时折 1 学分：(1)继续教育管理部门组织的会计人员继续教育师资培训、会计脱产培训、远程网络化会计培训；(2)继续教育管理部门公布的会计人员继续教育机构组织的会计脱产培训、远程网络化会计培训；(3)继续教育管理部门公布的会计人员所在单位组织的会计脱产培训、远程网络化会计培训；(4)财政部组织的全国会计领军人才培训；(5)财政部组织的大中型企事业单位总会计师素质提升工程培训；(6)省级财政部门、中央主管单位、新疆生产建设兵团财务局组织的高端会计人才培训；(7)中国注册会计师继续教育培训；(8)继续教育管理部门组织的其他形式培训。

继续教育规定对其他 7 种继续教育形式取得学分的确定分别作了详细规定：(1)参加财政部组织的全国会计领军人才考试，以及省级财政部门、中央主管单位、新疆生产建设兵团财务局组织的高端会计人才考试，被录取的，折算为 24 学分；(2)参加会计、审计专业技术资格考试，以及注册会计师、注册资产评估师、注册税务师考试，每通过一科考试，折算为 24 学分；(3)参加国家教育行政主管部门承认的会计类专科以上学位学历教育，通过当年度一个学习科目考试或考核的，折算为 24 学分；(4)独立承担继续教育管理部门或其认可的会计学术团体的会计类研究课题，课题结项的，每项研究课题折算为 24 学分；与他人合作完成的，每项研究课题的第一作者折算为 24 学分，其他作者每人折算为 12 学分；(5)独立在有国内统一刊号的经济管理类报刊上发表会计类论文的，每篇论文折算为 24 学分；与他人合作发表的，每篇论文的第一作者折算为 24 学分，其他作者每人折算为 12 学分；(6)独立公开出版会计类书籍的，每本会计类书籍折算为 24 学分；与他人合作出版的，每本会计类书籍的第一作者折算为 24 学分，其他作者每人折算为 12 学分；(7)参加省级以上财政部门、中央主管单位、新疆生产建设兵团财务局组织或其认可的会计类知识大赛，成绩合格或受到表彰的，折算为 24 学分。

继续教育规定还强调未完成当年继续教育任务的，不得进行登记，在相关区域调转的，应补完成继续教育任务。

4. 继续教育管理

1) 继续教育机构

会计人员继续教育机构主要以国家会计学院、中华会计函授学校、会计学术团体、县级以上财政部门及中央主管单位会计人员培训基地(中心)等教育资源为主，鼓励、引导高等院校、科研院所等社会办学单位参与会计人员继续教育工作。

2) 师资和教材

从事会计人员继续教育工作的师资，应当具有良好的职业道德修养、较高的理论政策水平、扎实的专业知识基础，有一定的实际工作经验，掌握现代教育培训理论和方法，具备胜任教学、科研工作的能力。

继续教育管理部门应当加强会计人员继续教育教材建设，逐步形成会计人员继续教育教材体系，以适应会计人员继续教育的需要。加强教材开发的针对性和实用性。提倡会计人员继续教育教材开发社会化，鼓励社会上有能力的部门和单位按照统一的会计人员继续教育规划和工作重点等，参与编制会计人员继续教育教材。管理部门应当加强对会计人员继续教育教材的编写、评估、推荐、出版、发行、使用情况的管理和监督。

3) 监督与检查

继续教育管理部门应当加强对会计人员参加继续教育情况的考核，并将考核结果作为评选先进会计工作者、颁发会计人员荣誉证书等的依据之一。

会计人员继续教育实行登记管理。会计人员按照要求接受培训，考核合格并取得相关证明后，应在 3 个月内持《会计人员从业资格证书》及相关证明材料向继续教育管理部门办理继续教育事项登记。

继续教育管理部门应当建立健全会计人员业务档案，如实记载会计人员接受继续教育情况。定期对继续教育机构的会计人员继续教育情况进行检查、评估，并将监督、检查结果作为会计人员参加先进会计工作者评选、颁发会计人员荣誉证书等的依据之一。

继续教育管理部门应当将各单位会计人员继续教育情况，列入《会计法》执行情况检查、会计从业资格情况检查的内容。

3.4　会计工作管理制度

3.4.1　《会计基础工作规范》

1. 概述

改革开放以来，我国的经济体制变革极大地促进了经济的发展，单位数量急剧增加，会计从业人员到 20 世纪 90 年代初高达 1200 万人。由于环境变化，加上长期以来对会计人员的教育和培养跟不上，1000 多万会计人员中，知识、能力和水平参差不齐，尤其在会计基础工作上积聚了大量的问题，严重影响了会计信息质量，不能适应社会主义市场经济建设的需要。1996 年 4 月 19 日，国务院发布了《国务院关于整顿会计工作秩序进一步提高会计工作质量的通知》，1996 年 6 月 17 日，财政部修订发布了《会计基础工作规范》(以下简称《规范》)，取代 1984 年 4 月发布的《会计人员工作规则》，对会计基础工作中的各个环节及其管理都作了明确规定和示范性要求，它是各单位加强会计基础工作管理、各级管理部门管理和考核会计基础工作的基本依据。

2. 基本内容

《规范》共 6 章 101 条，由于有关部门正在酝酿修订该规范，所以本书仅就其基本内容作简略的介绍。

1) 《规范》的适用范围

《规范》第二条规定：“国家机关、社会团体、企事业单位、个体工商户和其他组织的会计基础工作，应当符合本规范的规定”，范围涵盖几乎所有的需要设立会计机构或会计岗位的单位。

2) 会计机构和会计人员的基本规范

《规范》第二章(第六至三十五条)对会计机构设置和会计人员配备、会计工作交接和会计职业道德作了规范。

(1) 会计机构设置和会计人员配备。《规范》规定，各单位应当根据会计业务需要设置会计机构，并配备专职的会计人员。如果没有设置会计机构，也没有配备专职会计人员，如一些小企业，应该按照《代理记账管理暂行办法》(现《代理记账管理办法》)的要求，委托经批准设立从事会计代理记账业务的中介机构代理记账。

《规范》将单位会计机构负责人和会计主管人员列为单位负责会计工作的中层领导，符合一定的任职条件，并按照《会计法》等法律的要求进行任免。

会计人员的配备要求具备会计从业资格证书(当时称“会计证”)，有必要的专业知识和技能，熟悉会计法律法规，遵守职业道德。

《规范》规定：“国家机关、国有企业、事业单位任用会计人员应当实行回避制度。单位领导人的直系亲属不得担任本单位的会计机构负责人、会计主管人员。会计机构负责人、会计主管人员的直系亲属不得在本单位会计机构中担任出纳工作。”

需要回避的主要有以下 3 种亲属关系。

① 夫妻关系。夫妻关系是血亲关系和姻亲关系的基础和源泉，它是亲属关系中最核心、最重要的部分，当然需要回避。

② 直系血亲关系。直系血亲关系是指具有直接血缘关系的亲属，有两种情况：一种是出生于同一祖先，有自然联系的亲属，如祖父母、父母、子女等；第二种是指本来没有自然的或直接的血缘关系，但法律上确定其地位与血亲相等，如养父母和养子女之间的关系。直系血亲关系是亲属关系中最为紧密的关系之一，也应当列入回避范围。

③ 三代以内旁系血亲以及近姻亲关系。旁系血亲是指源于同一祖先的非直系的血亲。所谓三代，就是从自身往上或者往下数三代以内，除了直系血亲以外的血亲，就是三代以内旁系血亲，实际上就是自己的兄弟姐妹及其子女与父母的兄弟姐妹及其子女。所谓近姻亲，主要是指配偶的父母、兄弟姐妹、儿女的配偶及儿女配偶的父母。因为三代以内旁系血亲以及近姻亲关系在亲属中也是比较亲密的关系，所以也需要回避。

至于会计人员配备与单位会计岗位设置的关系，《规范》要求做到不相容职务分离。

《规范》第一次提出了“敬业爱岗、熟悉法规、客观公正、搞好服务、保守秘密”的会计人员职业道德要求。

(2) 总会计师设置。《规范》规定，国有和国有资产占控股地位或者主导地位的大中型企业、事业单位、业务主管部门应依法设置总会计师，其任职资格、任免程序、职责权限要依照《总会计师条例》和有关法律规定办理。

(3) 会计工作交接。办理会计工作交接，有利于会计工作的延续性，有利于明确责任。《规范》对会计人员因为工作调动或者因故离职等原因办理会计交接的准备工作、交接程序、交接内容、监交以及移交后的责任作了规定。它指出在交接前应该将受理的会计业务处理完毕，编制移交清册，对需要移交的遗留问题写出书面材料，一般情况下由单位会计机构负责人、会计主管人员负责监交，接替人员要当面对照移交清册，一一清点清楚，并签字。《规范》规定，移交人要对自己经办且已经移交的会计资料的合法性、真实性承担法律责任(注意：修订后的《会计法》将单位会计资料的真实性和完整性的责任归由单位负责人承担，会计人员仅仅承担自身舞弊性和原理性责任)。

3) 会计核算基本规范

《规范》第三章(第三十六至七十二条)对会计核算基础管理问题作了具体规定，包括会计核算的一般要求、填制会计凭证、登记会计账簿、编制财务报告等。这些内容在《基础会计学》中已经全部讲述过，本书不再赘述。

4) 会计监督的基本规范

《规范》第四章(第七十三至八十三条)要求各单位的会计机构、会计人员对本单位的经济活动进行会计监督。其主要内容如下。

(1) 会计监督的依据。其主要有：财经法律、法规、规章；会计法律、法规和国家统一会计制度；各省、自治区、直辖市财政厅(局)和国务院业务主管部门根据《会计法》和国家统一会计制度制定的具体实施办法或者补充规定；单位根据《会计法》和国家统一会计制度制定的单位内部会计管理制度；单位内部的预算、财务计划、经济计划、业务计划等。

(2) 会计监督的内容。它包括：对原始凭证进行审核和监督；对会计账簿进行监督，对伪造、变造、故意毁灭会计账簿或者账外设账行为，应当制止和纠正，若无效，应向上级主管单位报告；对实物、款项进行监督，督促建立并严格执行财产清查制度；对财务报告的编制进行监督，对指使、强令编造、篡改财务报告行为，应制止和纠正，若无效，应向上级主管单位报告；对财务收支进行监督，主要监督审批手续不全的财务收支、违反规定不纳入单位统一会计核算的财务收支、违反国家统一的财政、财务、会计制度规定的财务收支等；对单位制定的预算、财务计划、经济计划、业务计划的执行情况进行监督等。

5) 内部会计管理制度

建立健全单位内部会计管理制度，是贯彻执行会计法律、法规、规章制度，保证单位会计工作有序进行，提高会计信息质量的重要措施，也是加强会计基础工作的重要手段。《规范》第五章(第八十四至九十七条)规定了单位内部会计管理制度制定的原则和内容。

各单位应根据自身业务的特点和需要，建立相应的内部会计管理制度。《规范》示范性地提出了单位应当建立的 12 项内部会计管理制度，具体是：内部会计管理体系、会计人员岗位责任制度、账务处理程序制度、内部牵制制度、稽核制度、原始记录管理制度、定额管理制度、计量验收制度、财产清查制度、财务收支审批制度、成本核算制度和财务会计分析制度。

3.4.2　《会计电算化工作规范》

会计电算化是指电子计算机技术在会计工作中的运用。它采用计算机科技，借助于会计软件，替代人工进行账务处理，提供会计信息。为了使《会计法》和《会计基础工作规范》中对会计电算化的要求落到实处，以便指导基层单位开展会计电算化工作，财政部于 1996 年 6 月 10 日发布了《会计电算化工作规范》(以下简称《规范》)。该规范共有 5 章内容，自发布之日起实施。

1. 总则

在第一章总则中，规范指出，会计电算化是一项系统工程，是会计工作的发展方向，各单位一方面要积极支持单位实行会计电算化；另一方面，要根据实际情况，循序渐进，讲求会计电算化工作的效益和效率，充分发挥电子计算机在企业经营管理中的作用。

会计电算化使会计工作的每一个环节都可以借助于会计软件，利用电子计算机来完成，极大地提高了会计工作效率，也保证了会计处理过程的准确性。它把会计人员从繁重的业务处理中解脱出来，有利于单位加强经济管理，提高经济效益。目前，越来越多的单位实施会计电算化，也加强了对会计电算化工作中的问题的关注。

2. 电子计算机和会计软件的配备

《规范》第二章指出，单位要根据实际情况和财力配备电子计算机和会计软件，会计软件可以根据需要购买或者开发。单位会计软件的取得方式可有3种：一是选购通用化会计软件。通用化会计软件的优点是见效快、成本低、质量高、维护有保障。缺点是不一定能完全满足管理需要，对会计人员素质要求较高。二是定点开发软件。该软件的优点是针对性好、适用性强、操作容易。缺点是投资大、周期长、难以保持技术先进、需要有相应的技术改进和技术支持人员。开发方式有自己开发、委托开发和联合开发等。三是二次开发。二次开发即先购买通用软件，再在其基础上根据本单位需要进行二次开发，以克服通用软件不能完全满足本单位需要的缺点。采用这种方式最大的缺点就是软件的系统性不强。

《规范》强调，配备的会计软件要符合《会计核算软件基本功能规范》的要求，满足本单位实际工作需要。单位如果选择了通过评审的商品化会计软件，从满足财政部有关会计制度和《规范》来讲，基本不存在问题。但会计软件是否能覆盖本单位的有关会计核算工作、是否满足本单位的管理要求、是否技术先进等，还需考虑可能存在的行业核算差异、特殊业务核算的需要等。

3. 替代手工记账

《规范》第三章指出，替代手工记账是会计电算化的目标之一，具备条件的单位应尽快采用电子计算机替代手工记账。

利用计算机进行会计核算的初期是人机并行期，这一期间一般为3～6个月，最好能跨年度。人机并行期结束后要甩掉手工账，实现计算机替代手工记账。是否可以甩掉手工账，不是由单位自己说了算的，必须由单位提出申请，报有关部门检查，验收合格并经批准后，才能脱离手工账，进入正常的计算机核算状态。

根据《会计电算化管理办法》的规定，采用电子计算机替代手工记账的单位，应当具备以下基本条件。

(1) 使用的会计核算软件达到财政部发布的《会计核算软件基本功能规范》的要求。

(2) 配有专门或主要用于会计核算工作的电子计算机或电子计算机终端并配有熟练的专职或者兼职操作人员。

(3) 用电子计算机进行会计核算与手工会计核算同时运行3个月以上，取得相一致的结果。

(4) 有严格的操作管理制度，主要包括：①操作人员的工作职责和工作权限；②预防原始凭证和记账凭证等会计数据未经审核而输入计算机的措施；③预防已输入计算机的原始凭证和记账凭证等会计数据未经核对而登记机内账簿的措施；④必要的上机操作记录制度。

(5) 有严格的硬件、软件管理制度，主要包括：①保证机房设备安全和电子计算机正常运转的措施；②会计数据和会计核算软件安全保密的措施；③修改会计核算软件的审批和监督制度。

(6) 有严格的会计档案管理制度。

4. 建立会计电算化内部管理制度

《规范》第四章指出，开展会计电算化的单位应根据工作需要，建立健全各项管理制度，以保证会计电算化工作的顺利开展。

1) 会计电算化岗位责任制

会计电算化的工作岗位可分为基本会计岗位和电算化会计岗位。基本会计岗位可包括会计主管、出纳、会计核算各岗、稽核、会计档案管理等岗位。《规范》规定了 6 个电算化会计岗位，分别如下。

(1) 电算主管：负责协调计算机及会计软件系统的运行工作，要求具备会计和计算机知识以及相关的会计电算化组织管理的经验。电算化主管可由会计主管兼任，采用中小型计算机和计算机网络会计软件的单位，应设立此岗位。

(2) 软件操作：负责输入记账凭证和原始凭证等会计数据，输出记账凭证、会计账簿、报表和进行部分会计数据处理工作，要求具备会计软件操作知识，达到会计电算化初级知识培训的水平。各单位应鼓励基本会计岗位的会计人员兼任软件操作岗位的工作。

(3) 审核记账：负责对输入计算机的会计数据(记账凭证和原始凭证等)进行审核，以保证凭证的合法性、正确性和完整性，操作会计软件登记机内账簿，对打印输出的账簿、报表进行确认。此岗位要求具备会计和计算机知识，达到会计电算化初级知识培训的水平，可由主管会计兼任。

(4) 电算维护：负责保证计算机硬件、软件的正常运行，管理机内会计数据。此岗位要求具备计算机和会计知识，经过会计电算化中级知识培训。采用大型、小型计算机和计算机网络会计软件的单位，应设立此岗位，此岗位在大中型企业中应由专职人员担任。维护员一般不对实际会计数据进行操作。

(5) 电算审查：负责监督计算机及会计软件系统的运行，防止利用计算机进行舞弊。审查人员要求具备会计和计算机知识，达到会计电算化中级知识培训的水平，此岗位可由会计稽核人员兼任。采用大型、小型计算机和大型会计软件的单位，可设立此岗位。

(6) 数据分析：负责对计算机内的会计数据进行分析，要求具备计算机和会计知识，达到会计电算化中级知识培训的水平。采用大型、小型计算机和计算机网络会计软件的单位，可设立此岗位，由主管会计兼任。

单位根据需要，还可以设置软件设计岗位，负责本单位会计软件的开发和维护工作。

2) 会计电算化操作管理制度

该制度具体包括：①规定操作人员的工作职责和工作权限，防止非授权用户使用；②预防已输入计算机的原始凭证和记账凭证等会计数据未经审核而登记机内账簿；③操作人员离开机房前，应执行相应命令退出会计软件；④根据本单位实际情况，由专人保存必要的上机操作记录，记录操作人、操作时间、操作内容、故障情况等。

3) 计算机软硬件和数据管理制度

该制度具体包括：①保证机房设备安全和计算机正常运行的措施；②会计数据和会计软件安全保密的措施；③修改会计核算软件的审批和监督制度；④健全计算机软硬件出现故障时进行排除的管理措施，保证会计数据的完整性；⑤健全必要的防治计算机病毒的措施。

4) 电算化会计档案管理制度

该制度具体包括：①电算化会计档案包括存储在计算机硬盘中的会计数据以及其他磁性介质或光盘介质的会计数据和计算机打印出来的书面等形式的会计数据，会计数据是指记账凭证、会计账簿、会计报表等数据；②按照财政部有关规定对会计档案严格管理，由专人负责；③对电算化会计档案管理要做好防磁、防火、防潮和防尘工作，重要的会计档案应准备双份，存放在不同的地点；④采用磁介质保存会计档案，要定期进行检查，定期进行复制，防止由于磁性介质损坏而使会计档案丢失；⑤通用会计软件、定点开发会计软件、通用与定点开发相结合会计软件的全套文档资料以及会计软件程序，视同会计档案保管，保管期限截止该软件停止使用或有重大更改之后的五年。

3.4.3 《企业会计信息化工作规范》

21世纪以来，信息技术的迅猛发展，为会计电算化向会计信息化转变提供了较充分的条件。经过了近1年的征求意见，财政部于2013年12月6日，正式发布了《企业会计信息化工作规范》。规范共5章49条：第一章总则；第二章会计软件和服务；第三章企业会计信息化；第四章监督；第五章附则。

1. 总则

在第一章“总则”中，规范指出了制定目的、依据、会计软件的含义及功能、会计信息化管理机制以及规范的适用范围。其依据是《会计法》和2009年4月12日，财政部发布了《关于全面推进我国会计信息化工作的指导意见》，目的是为推动企业会计信息化，节约社会资源，提高会计软件和相关服务质量，规范信息化环境下的会计工作。企业开展会计信息化工作，软件供应商(含相关咨询服务机构)提供会计软件及相关服务均需按照本规范要求进行。规范指出，财政部主管全国企业会计信息化工作，县级以上地方人民政府财政部门管理本地区企业会计信息化工作，指导和监督本地区企业开展会计信息化工作。

规范对会计软件的功能作了比较简洁原则的规定：(1)为会计核算、财务管理直接采集数据；(2)生成会计凭证、账簿、报表等会计资料；(3)对会计资料进行转换、输出、分析、利用。

2. 会计软件和服务

第二章“会计软件和服务”是规范的重点之一，明确了会计软件的功能要求。规范强调，会计软件应当保障企业按照国家统一会计准则制度开展会计核算，不得有违背国家统一会计准则制度的功能设计。会计软件应当提供符合国家统一会计准则制度的会计科目分类和编码功能，符合国家统一会计准则制度的会计凭证、账簿和报表的显示和打印功能，提供不可逆的记账功能，要符合国家统一标准的数据接口，满足外部会计监督需要。规范鼓励软件供应商在会计软件中集成可扩展商业报告语言(XBRL)功能，便于企业生成符合国家统一标准的XBRL财务报告。

这里主要分析一下不可逆记账功能的规范问题。会计信息化是企业利用计算机、网络等现代技术手段处理会计问题，其依据的软件基本前提要不违背国家统一的会计准则和有关制度，符合行业约定。但是，信息化条件下的会计处理又与手工甚至传统的电算化不能等同，在效率提高的同时，如果任由对数据进行增、删、改，可能导致会计信息质量低下，误导会计信息使用者决策。因此，规范对软件提出了不可逆记账功能的要求。当然，工作规范并未对所有逆向操作加以禁止，而是抓住最关键的记账环节。

核算流程中，记账是改变账户发生额和余额、最终决定报表数字的一步。因此，对记账功能和已记账凭证进行控制，防止对相关数据的随意篡改，是会计软件必须满足的要求。而其他情况下的数据修改，例如：对尚未记账凭证的删除，重新打开已结账会计期间补充记账，在操作日志功能完备的情况下，并不对会计核算的严肃性造成损害，且能方便企业更正错误，工作规范对此未做限制。

对记账的规范主要有三个方面：

一是不可逆的记账功能。这里的记账，强调的是记账后果，而不是记账过程，与会计软件对记账操作如何进行后台处理无关。也就是说，凭证记账后，该凭证对相关科目发生额和余额的影响就发生效力，此后不管以任何条件输出账簿和报表，该凭证的影响都应当予以反映。不可逆的记账功能，就是说已记账凭证发生的后果不可撤销。当然，用红字凭证更正记账错误，则对冲的两张凭证都发生了记账后果，不属于这里所说的逆向操作。

之所以强调记账后果而非过程，是因为会计软件不是手工过程的模拟。信息系统中，会计账簿和报表可能只是一个逻辑概念，没有对应的物理文件，而是根据查询和输出需要即时生成。相应地，会计软件的记账在后台处理中也不一定是即刻在相关账簿中增加一行记录、改变科目的发生额和余额，而是对记账凭证数据做一个记账标记。所以，强调记账后果，意味着记账标记就不得通过任何操作予以取消，在输出账簿和报表时，有记账标记的记账凭证必须参与账簿和报表的生成过程，而没有标记的凭证不得参与这一过程。供应商也不能以记账尚未改变账簿数据为由辩称对记账标记的取消不是记账的逆向操作。

二是对记账顺序的保护，包括两方面：对已记账凭证的连续编号；对已记账凭证删除和插入的禁止。两者相结合才能保证记账原始顺序不被篡改。

三是对记账内容的保护，禁止对已记账凭证关键信息的修改。关键信息指日期、金额、科目和操作人。这里的日期包括记账凭证上记载的任何日期，例如制单日期、审核日期、记账日期等。操作人也包括经手记账凭证的所有人员，例如出纳、会计、审核人等。

会计软件不得提供对已记账凭证关键信息的修改功能，同时也意味着对尚未记账凭证的修改和已记账凭证其他信息的修改不受限制。这是工作规范适应信息化特点，从提高工作效率实际需求出发而做出的突破。例如，会计分录摘要经常因会计人员信息掌握不充分而出现不准确，需要在记账后修改的情况。如果不允许直接修改而采取红字冲销重新编制凭证的方法，则过于繁琐也无必要。因为在科目和金额都不可修改的情况下，对摘要的修改也就受到限制，不可能修改为完全不相关的业务内容，而且这种修改也不对核算结果形成影响。此外，操作日志也能够反映摘要的修改过程。因此，限制关键信息的修改，放开其他信息的修改，实现了信息化条件下会计核算可靠性要求与效率性要求的平衡。

3. 企业会计信息化

第三章“企业会计信息化”是规范又一个重点，明确了企业开展会计信息化的基本要求。规范指出，企业应当指定专门机构或者岗位负责会计信息化工作。未设置会计机构和配备会计人员的企业，由其委托的代理记账机构开展会计信息化工作。实施企业会计准则通用分类标准的企业，应当按照有关要求向财政部报送 XBRL 财务报告。规范对企业工作计划、硬件建设、信息系统数据服务器部署、软件配备或定制开发、信息系统与业务系统一体化、内部控制、会计资料的生成和管理等均作了明确规定。[①]

信息化的价值和目标之一是取代手工作业和纸面文件。据财政部网站披露，我国企业平均每天因会计资料打印而发生的成本超过100万元，由此推算全国企业每年此类支出达数亿元。规范第四十条、第四十一条对做了相应规定，允许符合条件的企业免除一定范围内的会计资料的打印责任，尽管内容不多，这两条规定却在政策层面实现了无纸化的破冰，确实能起到节约社会资源的效果。同时对企业提高会计工作效率，乃至对整个社会的信息化应用的深入都将带来深刻的影响。

1) 第四十条：关于内部生成会计资料

规范第四十条规定：企业内部生成的会计凭证、账簿和辅助性会计资料，同时满足以下6个条件的，可以不输出纸面资料。

(1) 所记载的事项属于本企业重复发生的日常业务

这里的“重复发生”是指在一年内反复发生。这里的“日常”是指在企业的经营循环中可以预期将会发生的事项。如：购销业务、固定资产折旧、货币资金收付，这些业务比较明显属于重复发生的日常业务，相关的会计资料，如凭证、分类账、日记账、固定资产卡片、银行存款余额调节表，都属于满足该项条件的会计资料。企业每月结账，相关记账凭证同样满足这里的“重复发生的日常业务”条件。但不包括利润分配、债务重组、企业并购等事项。

企业会计资料绝大多与重复发生的日常业务有关，这些资料实现无纸化，就能达到节省社会资源的主要目的。而除此之外的业务，不仅数量少，而且一般来说风险大、重要程度高，在会计监督中，相关资料被查阅的可能性大；同时，由于这类业务没有固定规则，一般不可能由信息系统自动生成，而是以人工处理为主，因此应当留有纸面资料，以便查证。

(2) 由企业信息系统自动生成

这项条件是指电子会计资料的“原生”性问题，是与“从纸面转换”相对应的。原生会计资料一般都与重复发生的日常业务相关。例如，对于电信企业，确认话费收入的分录是由业务结算系统传递数据，会计软件根据既定业务规则自动生成的，这种情况下的记账凭证就是原生电子资料。而如果一项原始凭证从纸面扫描为电子影像，或者将手工填写的记账凭证(例如利润分配)输入到会计软件中，这些电子资料就是“从纸面转换”的，而不是由信息系统自动生成。这些会计资料在归档前，应当保留原纸面资料。

需要注意的是，上述“从纸面转换”是指直接转换，如果纸面会计资料转换为电子资料后，又经过进一步处理，继续转换为其他资料，则其他资料应当视为“原生”而非“转换”的。例如，一张纸面销售单录入到信息系统中，则这张销售单属于“转换”的原始凭证，但如果系统根据录入的销售数据自动生成了记账凭证，则该记账凭证就应当视为“原生”电子资料。

(3) 可及时在企业信息系统中以人类可读形式查询和输出

这里的输出包括显示和打印。对于该项条件，要把握好“及时”以及“人类可读”两项要求。“及时”是指，电子会计资料应当随时处于“在线”状态，打开终端设备就可以

① 规范第三章的部分条款详见“专栏3-2”。

访问到，而不需要复杂的技术准备过程。“人类可读”是相对于“计算机可读”而言，它包括两层含义：一是资料要以人类可以理解的形式呈现，而不是一堆计算机代码和纯数据，也就是说不仅要有数据，还要有能对这些数据进行解析的应用软件。这里的应用软件一般就是会计软件或者文档处理软件。例如，有的企业对于过去的会计资料只以刻录光盘的形式留存了数据库文件，而没有保留相关的会计软件，那么这些会计资料将无法查询并以正确形式呈现，这就不符合该项条件。二是呈现的方式应当符合会计领域约定俗成的内容和格式，而不是体现特殊业务逻辑的内容格式。

(4) 企业信息系统具有防止相关数据被篡改的有效机制

防止篡改是确保会计资料的证据和轨迹价值的基本要求。防篡改数据的机制是信息系统层面的问题，它不仅涉及会计软件功能，还涉及诸如系统安全、职责分工和流程设计等问题。但对企业而言，首先是选用的会计软件应当遵循规范第二章要求。此外，会计软件本身在设计上应当有防篡改机制，包括对数据库的加密，对各类系统操作权限的分离控制等。因此，实施会计资料无纸化管理，企业首先要对其会计软件进行评估，只有满足本项规定条件的才能进行。

(5) 企业对相关数据建立了电子备份制度，能有效防范自然灾害、意外事故和人为破坏的影响

建立电子会计资料的备份制度，是保证会计资料安全的基本要求。电子资料相对纸面资料有更多的灭失风险因素。在会计资料打印输出的情况下，纸面资料与电子资料实际形成相互备份关系。而一旦不打印了，则对于电子资料的备份要求就应当增强。

需要指出的是，该项提出的“有效防范自然灾害、意外事故和人为破坏的影响”，对企业的要求是比较高的。例如，要防止人为破坏，需要建立对会计资料存储设备的物理保护措施，防止无关人员对设备的接触。对于小微企业来说，这些条件一般是达不到的。小微企业要实行会计资料的无纸化管理，可以采用大型会计软件厂商提供的会计软件云服务，以满足上述要求。大型会计软件厂商具有较强的实力和规模优势，一般具备完善的数据库备份体系。具备一定规模的会计代理记账机构也可能具备上述条件。

(6) 企业对电子和纸面会计资料建立了完善的索引体系

建立会计资料索引体系，目的是保证会计资料的线索性和相互关联性。会计资料的量达到一定程度，可检索性就成为与安全性、真实性同等重要的一个问题。无法检索的资料，和没有资料没什么区别。建立索引体系的要求，有三层含义：一是每类会计资料要有系统的编码措施，通过编码形成各类会计资料间的交叉索引，即通过一类资料可以向前向后追溯其他相关资料，保证线索不断。二是通过索引能够找到会计资料。对于纸面资料，索引必须包含资料的物理空间位置信息。对于电子资料，信息系统应能通过索引(编码)访问到资料数据。三是对电子资料和纸面资料要建立统一的索引体系。

总之，企业实施会计资料无纸化不是随意、无条件的，要保证会计资料作为证据和轨迹的留存价值，同时也需要在会计资料保管效率要求和查询使用需求两者之间找到平衡。这就是工作规范做出上述规定的基本考虑。

2) 第四十一条：关于外部获取会计资料

工作规范第四十一条规定：企业获得的需要外部单位或者个人证明的原始凭证和其他会计资料，同时满足下列 3 个条件的，可以不输出纸面资料：

(1) 会计资料附有外部单位或者个人的、符合《中华人民共和国电子签名法》的可靠的电子签名

外部获取会计资料是指所记载内容需要企业外部人员或者机构认可的会计资料。这类资料的范围比较广，主要是原始凭证，如发票、银行回单等。此外，还包括银行对账单、购销合同等其他外部获取资料。需要注意的是，外部获取资料不等于外部制作的资料，一份会计资料由本企业制作，但经过了外部认可，也属于这里所说的外部获取会计资料。例如，产品订购单，一般来说其格式和项目是由本企业设计，但如果需要客户的签章确认，就属于外部获取会计资料。

外部人员或者机构对会计资料的确认，在形式上体现为签字或者盖章。对于电子资料来说，也就是要有电子签名。因此，工作规范第四十一条大部分引用了第四十条规定，与之不同的是加入了两项关于电子签名的条件。

根据我国《电子签名法》第二条，电子签名“是指数据电文中以电子形式所含、所附用于识别签名人身份并表明签名人认可其中内容的数据”。该法第十四条还规定，“可靠的电子签名与手写签名或者盖章具有同等的法律效力”。简单地理解，电子签名就是电子文件上的签章。由于其效力得到法律的确认，电子签名使需要相关方认可的电子文件能够代替纸面文件成为证据使用。这正是外部获取会计资料无纸化的法律依据。

事实上，电子签名不仅可以达到纸面签章的效果，而且其可靠性是纸面签章以及任何纸面防伪技术不可比的。电子签名技术能确保经签名的电子数据一旦被篡改即能被发现，从而保证电子数据的真实性和完整性。这也是第四十一条未引用第四十条第(四)项条件的原因。

《电子签名法》施行后，电子签名在国内电子金融、电子政务和电子商务领域得到广泛应用。支持会计资料无纸化的成熟技术和市场环境已经形成。

工作规范第四十条第(1)项规定，无纸化管理的外部获取会计资料必须附有电子签名。这里要注意两个要求：一是电子签名应当是对会计资料进行认可的外部个人或者机构的，而不是企业自身的；二是电子签名应当是“可靠的”。

(2) 电子签名经符合《中华人民共和国电子签名法》的第三方认证

所谓第三方认证，是指用于电子签名的数字证书(即《电子签名法》中所说的“电子签名制作数据”)由独立于交易双方的第三方中介机构签发，所生成的电子签名真实性由该第三方进行鉴定的机制。

(3) 满足第四十条第(1)项、第(3)项、第(5)项和第(6)项规定的条件

4. 监督

规范第四章“监督”，明确规定，如果软件供应商提供的软件或企业使用的会计软件不符合规范的处理办法，包括责令限期改正和限期不改的通报。

5. 附则

规范第五章“附则”指出，省、自治区、直辖市人民政府财政部门可以根据本规范制定本地区具体实施办法。自本规范施行之日起，《会计核算软件基本功能规范》(财会字〔1994〕27 号)、《会计电算化工作规范》(财会字〔1996〕17 号)不适用于企业及其会计软件。

专栏 3-2

《企业会计信息化工作规范》
第三章 企业会计信息化(节选)

第二十八条 企业应当促进会计信息系统与业务信息系统的一体化，通过业务的处理直接驱动会计记账，减少人工操作，提高业务数据与会计数据的一致性，实现企业内部信息资源共享。

第二十九条 企业应当根据实际情况，开展本企业信息系统与银行、供应商、客户等外部单位信息系统的互联，实现外部交易信息的集中自动处理。

……

第三十一条 企业应当遵循企业内部控制规范体系要求，加强对会计信息系统规划、设计、开发、运行、维护全过程的控制，将控制过程和控制规则融入会计信息系统中，实现对违反内部控制规则情况的自动防范和监控，提高会计控制水平。

……

第四十条 企业内部生成的会计凭证、账簿和辅助性会计资料，同时满足下列条件的，可以不输出书面资料：

(一) 所记载的事项属于本企业重复发生的日常业务；

(二) 由企业信息系统自动生成；

(三) 可及时在企业信息系统中以人类可读形式查询和输出；

(四) 企业信息系统具有防止相关数据被篡改的有效机制；

(五) 企业对相关数据建立了电子备份制度，能有效防范自然灾害、意外事故和人为破坏的影响；

(六) 企业对电子和纸面会计资料建立了完善的索引体系。

第四十一条 企业获得的需要外部单位或者个人证明的原始凭证和其他会计资料，同时满足下列条件的，可以不输出纸面资料：

(一) 会计资料附有外部单位或者个人的、符合《中华人民共和国电子签名法》的可靠的电子签名；

(二) 电子签名经符合《中华人民共和国电子签名法》的第三方认证；

(三) 满足第四十条第(一)项、第(三)项、第(五)项和第(六)项规定的条件。

3.4.4 《会计档案管理办法》

1. 概述

会计档案是指会计凭证、会计账簿和财务会计报告等会计核算专业资料，是记录和反映企业经济业务的重要史料和证据。为了强化会计档案管理，统一会计档案的管理制度，更好地适应市场经济发展的需要，财政部、国家档案局于 1998 年 8 月 21 日修订发布了《会计档案管理办法》(以下简称《办法》)，取代 1984 年 6 月 1 日发布的同名规范，共 21 条，从 1999 年 1 月 1 日起执行。

2. 会计档案的种类

会计档案在国家档案卷宗中属于社会管理档案类或专门档案类。会计档案可以从不同的角度进行分类。

1) 按载体形式分类

《办法》第五条指出，从会计档案载体形式，具体包括会计凭证、会计账簿、财务会计报告和其他会计核算资料。

(1) 会计凭证类档案，包括原始凭证、记账凭证、汇总凭证、其他会计凭证。

(2) 会计账簿类档案，包括总账、明细账、日记账、固定资产卡片、辅助账簿、其他会计账簿。

(3) 财务报告类档案，包括月度、季度、年度财务报告(包括会计报表、附表、附注及文字说明)和其他财务报告。

(4) 其他会计档案，包括银行存款余额调节表、银行对账单、其他应当保存的会计核算专业资料、会计档案移交清册、会计档案销毁清册、会计档案保管清册等。

2) 按管理期限分类

会计档案按管理期限可以划分为永久会计档案和定期会计档案。永久会计档案是需要无限期保管的会计档案，企业的年度财务报告(决算)就属于永久会计档案；定期会计档案指某些会计档案，根据其特点需要保管一定的期限，但到期后就可销毁不再需要继续保管的会计档案。定期会计档案的保管期限分为3年、5年、10年、15年、25年5种。《办法》第八条指出，会计档案的保管期限从会计年度终了后的第一天算起。

3) 按会计工作性质分类

会计档案按会计工作的性质，可分为企业会计档案、银行会计档案和预算会计档案等。

3. 会计档案的整理①

《办法》第六条指出，单位形成的会计档案，应由会计机构按照归档要求整理立卷，装订成册，编制会计档案保管清册。会计档案的整理和装订，是一项重要的技术工作，必须专业、细心、有条不紊地进行，不能有任何的马虎和疏忽。

1) 会计凭证的整理与归档

会计凭证的整理与归档，就是将形成档案的会计凭证按照要求进行整理和装订，进行归档的过程。

(1) 会计凭证的整理。①把所有应归档的会计凭证收集齐全，并根据记账凭证进行分类。②整理记账凭证的附件，补充遗漏的必不可少的核算资料，剔除不属于会计档案范围和没有必要归档的一些资料。③清除订书钉、曲别针、大头针等金属物。④将每一类记账凭证按适当厚度分成若干本。

(2) 会计凭证的装订。在装订会计凭证前，要准备一些用具，如剪子、线绳、胶水等。首先要把填制好的记账凭证按顺序号排列好，防止编号颠倒；制单、记账、稽核等责任者没有签字盖章的要补齐签章并加盖戳印。其次编制记账凭证汇总表，经试算平衡后，与总账余额核对，账表相符，方可着手装订。每月装订会计凭证的本数应该根据单位业务量的大小确定，避免过厚或过薄，订本太厚事后翻阅不便；订本太薄，不好保管，容易散失。

装订时，要把会计凭证封面叠好，把科目汇总表放在第一页记账凭证前边，按顺序号

① 杨欣．会计法规[M]．2版．北京：高等教育出版社，2006：114-127．

把记账凭证后边附的原始凭证墩齐，不规格的原始凭证要叠好，使其不超过记账凭证的长和宽，为了便于存放，以下边齐为好，上边齐也可以。装订线一边的表、单要用剪刀把毛边剪齐后墩齐，这样才能避免订后脱页丢失的现象。在会计凭证封面左边订线处扎眼、引上线绳，上边的绳最好拦过来，在后线的两端系成死结，把封皮折过一页用胶水靠装订线把接头抹匀粘好，装订好的会计凭证要四边成线，有棱有角，坚固、完整。

(3) 会计凭证的归档。①认真填好会计凭证封面，封面各记事栏是事后查账和查证有关事项的最基本的索引和凭证。“启用日期”要把年、月、日写全；“单位名称”要写全称；要注明“本月共××册，本册是××册”；“凭证张数”一栏中要填本册的凭证张数；记账凭证号数“自第×号至第×号”一栏要填写清晰；“保管期限”是按规定要求本册凭证应保管多少年。另外，还要把记账凭证及原始凭证的总页数，按照记账凭证及所附原始凭证的张数加计清点，准确地填在封面上。装订年、月、日也要如实填写。会计主管人员和装订人员要盖章，装订线上应有封口，并加盖骑缝章。②填好卷脊上的项目。卷脊上一般应写明“某年某月凭证”和案卷号。案卷号主要是为了便于保存和查找，一般由档案管理部门统一编号，卷脊上的编号应与封面案卷号一致。③将装订好的凭证按年份统一编流水号，卷号与记账凭证册数编号应当一致，然后入盒，由专人负责保管。

2) 会计账簿的整理

会计账簿作为全面、连续地记载各种经济业务的工具是编制各种财务报告所需要的经济资料的主要来源；也是检查分析和监督单位经济活动和财务收支的依据。因此，会计账簿是储存数据资料的重要会计档案。整理会计账簿时要做到以下几点。

(1) 为了保证会计账簿记录的合法性和账簿资料的完整性，明确记账责任，便于查阅，在启用账簿时，要在账簿的扉页填写“经管人员一览表”和“账户目录”。

(2) 对于活页式账簿，如固定资产分户账、内部往来账、材料明细账等，在会计年度结束后，要及时加工整理。①在装订前，要撤去账夹和空白账页，填齐账户目录页号；还要分别按会计科目在账页的右上方编上总页数和分页数。②在前后加装会计账簿封面、封底，并在扉页上填写好启用表。③按封面、账簿启用表、账户目录、账页、封底顺序排列，装订成册，封口处加盖装订人名章，账簿脊背注明所属年度、账簿名称、编号、保管年限。这样不仅可以减少账簿体积，而且易于保管。

(3) 对于订本式账簿如银行存款日记账、现金日记账等，在会计年度结束后也要及时加工整理。为了保持会计账簿的原来面貌，不要拆去空白页，但需要在记录账页的最末一行下划红线，以示结束，并在账簿目录上，详细记明使用账页的页数和空白账页的页数。

(4) 认真填写会计账簿案卷的封面。详细写明单位名称、会计年度、账簿名称、账簿编号和本账起讫页次，记账人员和会计主管还要签名盖章。

(5) 会计账簿要按年编号；编号顺序为总账、现金日记账、银行存款日记账、固定资产明细账、低值易耗品明细账及其他明细账。

3) 财务报告的整理

财务报告一般是按月报、季报、年报分别整理、装订、立卷的。年终决算报告要单独整理立卷，季报和月报可根据张数的多少，立成一卷或数卷。月(季)度财务报告，由会计主管人员负责保存。年终要将全年的财务报告，按时间顺序整理，装订成册，登记《会计档案目录》，逐项写明财务报告的名称、页数、归档日期等，经会计机构负责人审核盖章后，由主管财务报告的人员负责装盒归档。财务报告的装订应以左上角齐。装订顺序是：①封面；②财务情况说明书；③会计报表；④封底。

4) 其他会计资料的整理

其他会计资料，主要包括季度、年度的成本、利润计划；月度、年度的财务收支计划，工资计算表，经济活动分析报告等，一些重要的经济合同也随同正式会计档案进行收集整理。财会部门要把收集起来的这些资料，逐件进行鉴别，将需要移交档案部门保管存放的，另行组卷装订，按要求移交。会计档案的收集整理要规范化。卷脊、封面的内容要按统一的项目印制、填写，封面、盒、袋要按统一的尺寸、规格制作，做到收集按范围，整理按规范，装订按标准。

4. 会计档案的保管和利用

1) 会计档案的编号

为了实现会计档案管理的规范化，根据会计档案排列的“年”(所属年度)、“类”(种类)、“限”(保管期限)三要素的6种组合方式，可以选用以下两种排列编号方法。

(1) 一般的单位以每一年度的会计档案为一单元，将每个案卷按不同的保管期限，从永久到3年依次排列；然后将同一保管期限的案卷分类排列，最后以第1卷“永久”卷为1号，接下去是2号，依此类推，按顺序编制目录号，这些号码也可以作为案卷号。这种排列编号方法不仅简便易行，便于案卷按期移交档案部门，而且较好地保持了会计档案的历史和内容的联系，避免因到期案卷被销毁而出现排列号的中断或“无头”现象；也适用于会计档案的电脑管理。

(2) 对于会计档案仍由财会部门保管的单位，可将当年的“永久”卷集中，按时间的先后顺序排列，用大流水方法编号，即首卷为1号，以后各卷按顺序编下去。其余的“定期”保管案卷，仍以每一年度为一单元，按上述方法排列编号。这种方法虽有同一年“永久”卷和“定期”卷被分开的缺点，但对于每一年度永久保管资料不多的单位，可以把几年的资料合在一起组成一个卷，有利于节省卷皮和减少占用空间，同时，由于达到保管期限以后，到期的案卷销毁了，“永久”卷不会出现每年只有“1”的现象，便于对“永久”卷的管理和利用。

2) 会计档案的保管

《办法》第六条指出，各单位当年形成的会计档案，在会计年度终了后，可暂由会计机构保管1年。期满后，原则上应由财务会计部门编造清册移交本单位的档案部门统一保管。未设立档案管理机构的单位，必须配备房屋和专用柜，在会计机构内部指定专人保管。出纳人员不得兼管会计档案的保管工作。

会计档案的保管要求如下。

(1) 要严格执行安全和保密制度。保证会计档案完好无缺，不丢失、不破损、不被虫蛀、不霉烂等。做到防盗、防火、防潮，磁性介质还要防尘、防热、防冻、防磁。要有相应的安全措施和安全制度。会计档案的信息传递不能超过规定的范围。

(2) 要严格执行检查、保管制度。要有专人负责保管会计档案，要定期、不定期地检查保存情况。单位合并和建设项目竣工后的会计档案，应随同单位的全部档案一并移交指定单位，并要按照规定办理交接手续。《办法》第十二条指出，“采用电子计算机进行会计核算的单位，应当保存打印的纸质会计档案”，其保存期限与手工记账方式相同。具备采用带、磁盘、光盘、微缩胶片等磁性介质保存会计档案条件的，由国务院业务主管部门统一规定，并报财政部、国家档案局备案。

(3) 要严格执行移交手续制度。《办法》第十三至十七条，规定了单位因为各种原因需要移交会计档案的情况。移交会计档案的单位，应当编制会计档案移交清册，列明应当移交的会计档案的名称、卷号、册数、起止年度和档案编号、应保管期限、已保管期限等内容。交接会计档案时，交接双方应当按照会计档案移交清册所列内容逐项交接，由交接双方的单位负责人负责监交。交接完毕后，交接双方经办人和监交人应当在移交清册上签名或者盖章。

3) 会计档案的利用

《办法》第七条规定了调阅会计档案应履行登记手续。指出：“各单位保存的会计档案不得借出。如有特殊需要，经本单位负责人批准，可以提供查阅或者复制，并办理登记手续。查阅或者复制会计档案的人员，严禁在会计档案上涂画、拆封和抽换”。各单位应当建立健全会计档案的查阅、复制登记工作制度。一般应在档案室内查阅，或在指定地点查阅，归还时应认真清点，以免丢失。

《办法》第十八条规定，我国境内所有单位会计档案不得携带出境。驻外机构和境内单位的境外设立的企业(简称境外企业)的会计档案，应当按照本办法和国家有关规定进行管理。

5. 会计档案的保管期限

不同的会计档案发挥作用的时期各不相同，因此，各类会计档案的保管期限也不一样。各种会计档案的保管期限，从会计年度终了后的第一天算起。各类会计档案的保管期限是由国家总结历年经验，根据各类会计档案能发挥作用的最长时期统一规定的，各单位不得擅自变更。

《办法》对不同单位不同种类的会计档案规定了不同的保管期限。企业和其他财政总预算、行政单位、事业单位和税收会计档案保管的期限分别见表3-2和表3-3。

表3-2　企业和其他组织会计档案保管期限

序　号	档案名称	保管期限	备　注
一	会计凭证类		
1	原始凭证	15年	
2	记账凭证	15年	
3	汇总凭证	15年	
二	会计账簿		
4	总账	15年	包括日记总账
5	明细账	15年	
6	日记账	15年	现金和银行存款日记账保管25年
7	固定资产卡片		固定资产报废清理后保管5年
8	辅助账簿	15年	

续表

序　号	档案名称	保管期限	备　注
三	财务报告类		包括各级主管部门汇总财务报告
9	月、季度财务报告	3 年	包括文字分析
10	年度财务报告(决算)	永久	包括文字分析
四	其他类		
11	会计移交清册	15 年	
12	会计档案保管清册	永久	
13	会计档案销毁清册	永久	
14	银行存款余额调节表	5 年	
15	银行对账单	5 年	

表 3-3　财政决预算、行政单位、事业单位和税收会计档案保管期限

序号	档案名称	保管期限			备　注
		财政总预算	行政单位事业单位	税收会计	
一	会计凭证类				
1	国家金库编送的各种报表及缴库退库凭证	10 年		10 年	
2	各收入机关编送的报表	10 年			
3	行政单位和事业单位的各种会计凭证		15 年		包括：原始凭证、记账凭证和传票汇总表
4	各种完税凭证和缴、退库凭证			15 年	缴款书存根联在销号后保管 2 年
5	财政总预算拨款凭证及其他会计凭证	15 年			包括：拨款凭证和其他会计凭证
6	农牧业税结算凭证			15 年	
二	会计账簿类				
7	日记账		15 年	15 年	
8	总账	15 年	15 年	15 年	
9	税收日记账(总账)和税收票证分类出纳账		25 年		
10	明细分类、分户账或登记簿	15 年	15 年	15 年	
11	现金出纳账、银行存款账		25 年	15 年	
12	行政单位和事业单位固定资产明细账(卡片)				行政单位和事业单位固定资产报废清理后保管 5 年

续表

序号	档案名称	保管期限			备　注
		财政总预算	行政单位事业单位	税收会计	
三	财务报告类				
13	财政总决算	永久			
14	行政单位和事业单位决算	10 年	永久		
15	税收年报(决算)	10 年		永久	
16	国家金库年报(决算)	10 年			
17	基本建设拨、贷款年报(决算)	10 年			
18	(财政总预算会计旬报)	3 年			所属单位报送的保管 2 年
19	财政总预算会计月、季度报表	5 年			所属单位报送的保管 2 年
20	行政单位和事业单位会计月、季度报表		5 年		所属单位报送的保管 2 年
21	税收会计报表(包括票证报表)			10 年	电报保管 1 年，所属税务机关报送的保管 3 年
四	其他类				
22	会计移交清册	15 年	15 年	15 年	
23	会计档案保管清册	永久	永久	永久	
24	会计档案销毁清册	永久	永久	永久	

说明：税务机关的税务经费会计档案保管期限，按行政单位会计档案的保管期限规定办理。

6. 会计档案的销毁

随着时间的推移，有些档案逐渐失去了保存价值，有些档案仍需继续保存下去，需要对会计档案进行审查、鉴别，将确已失去保存价值的会计档案剔除，经过一定的审批程序，予以销毁。《办法》第十至十一条对会计档案的销毁作了规定。

1) 会计档案的鉴定

会计档案保管期满需要销毁时，由本单位档案部门提出销毁意见，会同财务会计部门共同鉴定，严格审查。主要鉴定以下内容：会计档案是否已达到保存期限，其中还有没有未了结的债权、债务的原始凭证，有没有涉及地、房产的产权转让契约、图纸、证券、有关货币收支凭证、落实政策和救济补助的支付凭证，涉及外事的凭证，以及对处理历史遗留问题有重要参考价值的原始凭证等。如有上述情况的会计档案，均应单独抽出，另行立卷，由档案部门保管到未了事项完结，确无保管之必要时为止。单独抽出立卷的会计档案，应当在会计档案销毁清册和会计档案保管清册中列明。正在项目建设期间的建设单位，其保管期满的会计档案不得销毁。

2) 会计档案的销毁

保管期满的会计档案，经过鉴定、需要销毁时，应按以下程序。

(1) 由本单位档案机构会同会计机构提出销毁意见，编制会计档案销毁清册，列明销毁会计档案的名称、卷号、册数、起止年度和档案编号、应保管期限、已保管期限、销毁时间等内容。

(2) 单位负责人在会计档案销毁清册上签署意见。

(3) 销毁会计档案时，应当由档案机构和会计机构共同派员监销。国家机关销毁会计档案时，应当由同级财政部门、审计部门派员参加监销；财政部门销毁会计档案时，应当由同级审计部门派员参加监销；各级主管部门销毁会计档案时，应由同级财政部门、审计部门派员监销。

(4) 监销人在销毁会计档案前，应当按照会计档案销毁清册所列内容清点核对所要销毁的会计档案；销毁后，应当在会计档案销毁清册上签名盖章，并将监销情况报告本单位负责人。

会计档案的收集、整理、保管、利用、鉴定、销毁等各环节组成一个有机整体，各环节之间相互制约、互相促进，缺一不可。会计人员和档案工作者必须以对会计档案负责、对历史负责的高度责任感，管理好会计档案。

3.5 会计核算制度

我国会计核算制度主要包括两大体系：一是企业适用的会计核算制度，主要包括《企业会计制度》、《金融企业会计制度》、《小企业会计制度》和1993年发布尚未明确废止的《行业会计制度》；二是政府和非营利组织会计核算制度，主要包括《行政单位会计制度》、《事业单位会计制度》和《民间非营利组织会计制度》等。本书主要介绍以下几个会计核算制度。

3.5.1 《企业会计制度2001》

2000年12月29日，财政部根据《会计法》和《企业财务会计报告条例》，在《股份有限公司会计制度》和已经发布的十几个具体会计准则的基础上，结合当时行业会计制度实施的实际情况，制定发布了《企业会计制度2001》，财政部同时还发布了《企业会计制度——会计科目和会计报表》。

《企业会计制度2001》共14章160条。

其主要内容包括总则；会计要素的概念；各类会计要素的确认、计量和记录；特殊业务和事项的规定；财务报告的规定等。在基本理论方面，与1992年颁布的《企业会计准则》相比，增加了“实质重于形式”，按照《企业财务会计报告条例》的规定重新定义了6个会计要素。业务核算上，资产减值准备由计提坏账准备1项扩大到8项，资本公积由3项(股本溢价、法定财产重估价增值和接受捐赠的资产价值)变为7项(资本溢价、接受非现金资产捐赠、接受现金捐赠、股权投资准备、拨款转入、外币资本折算差额和其他资本公积)，并将当时已经颁布实施的《具体会计准则》中的相关处理予以反映。在财务报告的规定上，企业向外提供的会计报表增加了资产减值准备明细表、利润分配表、股东权益增减变动表、分部报表及其他有关附表；会计报表附注中增加了有关特殊交易或事项的说明；财务情况说明书增加了对财务状况、经营成果和现金流量有重大影响的事项的说明；增加了有关合并报表的编制要求和说明。

专栏 3-3

《企业会计准则 1992》和《企业会计制度 2001》会计要素的定义

要素名称	《企业会计准则 1992》	《企业会计制度 2001》
资产	资产是企业拥有或者控制的能以货币计量的经济资源，包括各种财产、债权和其他权利	资产是指过去的交易、事项形成并由企业拥有或者控制的资源，该资源预期会给企业带来经济利益
负债	负债是企业所承担的能以货币计量、需以资产或劳务偿付的债务	负债是过去的交易、事项形成的现时义务，履行该义务预期会导致经济利益流出企业
所有者权益	所有者权益是企业投资人对企业净资产的所有权	所有者权益是指所有者在企业中享有的经济利益，其金额为资产减去负债后的余额
收入	收入是企业在销售商品或者提供劳务等经营业务中实现的营业收入	收入是指企业在销售商品、提供劳务及让渡资产使用权等日常活动中所形成的经济利益的总流入
费用	费用是企业在生产经营过程中发生的各项耗费	费用是指企业在销售商品、提供劳务等日常活动中所发生的经济利益的流出
利润	利润是企业在一定期间的经营成果，包括营业利润、投资净收益和营业外收支净额	利润是指企业在一定会计期间的经营成果，包括营业利润、利润总额和净利润

《企业会计制度——会计科目和会计报表》对企业会计科目的设置、使用、会计报表的种类、格式及各类报表的编制说明作出了详细规定。与原会计制度体系相比，不再分行业和所有制，而是将企业会计科目统一划分为资产类、负债类、所有者权益类、成本类和损益类 5 类共计 85 个，各企业可根据自身经营业务选择使用相关科目。

考虑到《企业会计制度》颁布后会计环境发生的变化，财政部先后发布了 4 个《关于执行〈企业会计制度〉和相关会计准则问题解答》，及时对制度和准则执行过程中出现的、需要加以规范或者进一步解释的 60 多个问题作出解答。

2000—2004 年，我国先后发布了《企业会计制度》、《金融企业会计制度》和《小企业会计制度》，这是我国会计核算制度发展过程的一个阶段。在当时的环境下，为不同规模和性质的企业分别制定会计制度，各取所需，在一定程度上有利于规范各类不同企业的会计处理，提高了企业会计工作效率，同时对各类不同企业相同的经济业务在各自的会计制度中作相似或基本一致的规范，也有利于会计处理的协调，减少矛盾和冲突，提高会计信息的质量。但从长远看，采用制定会计制度的形式来规范企业会计核算，不符合会计国际化的要求。

3.5.2 《企业产品成本核算制度》

1993 年企业会计改革以后，成本被作为企业内部经济核算的组成部分，国家除了在相关会计核算制度和准则中给出了一些原则性的规定外，不再加以干预，造成了企业之间、行业之间在产品成本开支范围和计算方法上存在较大的差异，国际上时有借产品成本问题对我国一些出口产品实施反倾销，一定程度上影响了我国企业参与国际竞争；另外一些企业目光短浅，单纯从眼前利润角度考虑成本，缺乏清洁生产、节能减排、资源节能与循环使用、生态环保等意识。为改进和加强企业产品成本核算，进一步提高产品成本信息质量，财政部于 2013 年 8 月 16 日发布了《企业产品成本核算制度(试行)》，取代 1986 年的《国营工业企业成本核算办法》，自 2014 年 1 月 1 日起在除金融保险业以外的大中型企业范围内施行，并鼓励其他企业执行。

制度分为 5 章 53 条，各章主要内容如下。

第一章“总则”，明确规定了本制度制定的依据和目的、适用范围、产品和产品成本的内涵，以及成本核算的基本任务、手段和总体要求。

制度指出，本制度适用于除金融保险业以外的大中型企业，包括制造业、农业、批发零售业、建筑业、房地产业、采矿业、交通运输业、通信业、软件业、餐饮旅游业和其他行业的企业。产品成本是指企业为取得产品而发生的各种支出。制度要求企业一般按月编制成本报表。

第二章～第四章，在明确基本核算原则的基础上，根据各行业的生产经营特点和成本管理要求，分别对产品成本核算范围、成本核算对象、成本核算项目以及产品成本的归集、分配、结转进行了规定，同时，适当引入了作业成本法。具体见表 3-4 所示。

表 3-4　各行业产品成本核算对象、成本项目及成本归集、分配和流转要求表

行业	成本核算对象	成本项目	成本归集、分配和流转
制造业	产品品种、批次订单或生产步骤等	直接材料、燃料和动力、直接人工和制造费用等	能确定由某一成本核算对象负担的，应当直接计入产品成本；由几个成本核算对象共同负担的，应当选择合理的分配标准在有关的成本核算对象之间进行分配后计入产品成本。根据产品的生产特点和管理要求，按成本计算期结转成本。 还可以根据自身经营管理特点和条件，采用作业成本法对不能直接归属于成本核算对象的成本进行归集和分配。
农业	生物资产的品种、成长期、批别(群别、批次)、与农业生产相关的劳务作业等	直接材料、直接人工、机械作业费、其他直接费用、间接费用等	比照制造企业对产品成本进行归集、分配和结转
批发零售业	商品的品种、批次、订单、类别等	进货成本、相关税费、采购费等	进货成本、相关税金直接计入成本核算对象成本；采购费，可以结合经营管理特点，按照合理的方法分配计入成本核算对象成本。采购费金额较小的，可以在发生时直接计入当期销售费用。

续表

行业	成本核算对象	成本项目	成本归集、分配和流转
建筑业	订立的单项合同。单项合同包括建造多项资产的，按照会计准则规定的合同分立原则确定。为建造一项或数项资产而签订一组合同的，按合同合并的原则确定	直接人工、直接材料、机械使用费、其他直接费用和间接费用等；将部分工程分包的，还可以设置分包成本项目	由某一成本核算对象负担的，应当直接计入成本核算对象成本；由几个成本核算对象共同负担的，应当选择合理的分配标准，分配计入成本核算对象成本。按照《企业会计准则第 15 号——建造合同》的规定结转产品成本。
房地产业	开发项目、综合开发期数并兼顾产品类型等	土地征用及拆迁补偿费、前期工程费、建筑安装工程费、基础设施建设费、公共配套设施费、开发间接费、借款费用等	由某一成本核算对象负担的，应当直接计入成本核算对象成本；由几个成本核算对象共同负担的，应当选择占地面积比例、预算造价比例、建筑面积比例等合理的分配标准，分配计入成本核算对象成本。
采矿业	所采掘的产品	直接材料、燃料和动力、直接人工、间接费用等	比照制造企业对产品成本进行归集、分配和结转
交通运输业	从事货物、旅客运输的，一般按照航线、航次、单船(机)、基层站段等确定；从事货物等装卸业务的，可以按照货物、成本责任部门、作业场所等确定；从事仓储、堆存、港务管理业务的，一般按照码头、仓库、堆场、油罐、筒仓、货棚或主要货物的种类、成本责任部门等确定	营运费用、运输工具固定费用与非营运期间的费用等	运输工具固定费用，能确定由某一成本核算对象负担的，应当直接计入成本核算对象的成本；由多个成本核算对象共同负担的，应当选择合理的分配标准分配计入各成本核算对象的成本。 非营运期间费用，比照制造业季节性生产企业处理。
信息传输业	基础电信业务、电信增值业务和其他信息传输业务等	直接人工、固定资产折旧、无形资产摊销、低值易耗品摊销、业务费、电路及网元租赁费等	可以根据经营特点和条件，利用现代信息技术，采用作业成本法等对产品成本进行归集和分配
软件及信息技术服务业	人工成本比重较高的，一般按照科研课题、承接的单项合同项目、开发项目、技术服务客户等确定；合同项目规模较大、开发期较长的，可以分段确定	直接人工、外购软件与服务费、场地租赁费、固定资产折旧、无形资产摊销、差旅费、培训费、转包成本、水电费、办公费等	可以根据经营特点和条件，利用现代信息技术，采用作业成本法等对产品成本进行归集和分配
文化企业	制作产品的种类、批次、印次、刊次等	开发成本和制作成本等	由某一成本核算对象负担的，应当直接计入成本核算对象成本；由几个成本核算对象共同负担的，应当选择合理的分配标准分配计入成本核算对象成本
其他行业	比照以上类似行业的企业处理		

第五章为附则，规定小企业可以参照执行本制度。

3.5.3 《行政单位会计制度》

《行政单位会计制度》(以下简称《行政制度》)是财政部根据《会计法》和其他相关法规制度的规定，于 2013 年 12 月 18 日修订发布的，它是我国现行非盈利组织会计制度体系的重要组成部分，共 10 章 46 条。现将其主要内容分述如下。

1. 总则

《行政制度》第一章总共 11 条，主要内容有 8 个方面。

1) 制定目的和依据

《行政制度》第一条明确了其制定的目的是：规范行政单位会计核算，保证会计信息质量。2000 年以来，我国相继推行了一系列公共财政管理改革，都对行政单位会计核算提出了新要求。加上新修订的《行政单位财务规则》已于 2013 年 1 月 1 日起实施，也需要配套修订《行政制度》，规范相关核算。另外，原制度会计科目设置相对简单，核算内容不够全面，影响了行政单位会计信息的全面性、准确性和有用性。通过修订《行政制度》可以有效解决上述问题，进一步规范行政单位的会计行为，提高行政单位会计信息质量。

《行政制度》的制定依据是：《会计法》和其他有关法律、行政法规和部门规章。

2) 适用范围

《行政制度》第二条规定："本制度适用于各级各类国家机关、政党组织"，即制度适用于行政单位。

3) 行政单位会计核算目标

《行政制度》第三条提出了行政单位会计核算的双目标："向会计信息使用者提供与行政单位财务状况、预算执行情况等有关的会计信息，反映行政单位受托责任的履行情况，有助于会计信息使用者进行管理、监督和决策。"

4) 会计假设

《行政制度》第四～第七条，提出了会计主体、持续经营、会计分期和货币计量四个基本假设。

5) 会计要素

《行政制度》第八条指出，行政单位会计要素包括资产、负债、净资产、收入和支出。

6) 会计处理基础

《行政制度》第九条指出，行政单位一般采用收付实现制进行会计核算，特殊经济业务和事项应当按照本制度的规定采用权责发生制核算。行政单位会计原来采用的单一的收付实现制，制度提出了权责发生制在行政单位的运用，是贯彻《中共中央关于全面深化改革若干重大问题的决定》提出的"建立权责发生制的政府综合财务报告制度"，《党政机关厉行节约反对浪费条例》规定"推进政府会计改革，进一步健全会计制度，准确核算机关运行经费，全面反映行政成本"的要求而作出的改革，也是政府和非营利组织会计制度改革的方向。

7) 记账方法

《行政制度》第十条规定，行政单位应当采用借贷记账法记账。

8) 记账本位币与会计记录文字

《行政制度》第 11 条规定会计记录应当使用中文，少数民族地区可以同时使用本民族文字。符合《会计法》的相关规定。

2. 会计信息质量要求

《行政制度》第二章共 6 条，提出了体现行政单位会计信息质量的 6 条基本特征：如实反映、相关性、全面性、及时性、可比性和明晰性。

3. 会计要素

《制度》第三至七章共 19 条(即第十八至三十六条)，分别对行政单位资产、负债、净资产、收入和支出五大会计要素的定义、构成及其确认计量作出了规定。

(1) 资产。是行政单位占有或使用的能以货币计量的经济资源，包括流动资产、固定资产、在建工程、无形资产等。制度指出，资产主要采用实际成本，在取得对其相关的权利并且能够可靠地进行货币计量时确认。《行政制度》规定，行政单位应当按照规定对无形资产进行摊销，对固定资产、公共基础设施是否计提折旧由财政部另行规定。

(2) 负债。是行政单位所承担的能以货币计量，需要以资产等偿还的债务，包括流动负债和非流动负债。制度指出，负债应当在确定承担偿债责任并且能够可靠地进行货币计量时确认，按照承担的相关合同金额或实际发生额进行计量。

(3) 净资产。是指行政单位的资产扣除负债后的余额，包括财政拨款结转、财政拨款结余、其他资金结转结余、资产基金、待偿债净资产等。

(4) 收入。是指行政单位依法取得的非偿还性资金，包括财政拨款收入和其他收入。制度规定，行政单位的收入一般应当在收到款项时予以确认，并按照实际收到的金额进行计量，这是收付实现制的要求。

(5) 支出。是行政单位为保障机构正常运转和完成工作任务所发生的资金耗费和损失。包括经费支出和拨出经费。制度指出，行政单位的支出一般应当在支付款项时予以确认，并按照实际支付金额进行计量。采用权责发生制确认的支出，应当在其发生时予以确认，并按照实际发生额进行计量。

4. 会计科目

《行政制度》共设置了 34 个一级会计科目，规定了科目名称和具体的编号供使用。其中资产类科目 17 个，负债类科目 8 个，净资产类科目 4 个，收入类科目 2 个，支出类科目 2 个。

《行政制度》第 39 条详细列示了上述 34 个会计科目及其相关的明细科目的含义、使用要求和主要账务处理。这部分规范的改革主要体现在以下几个方面。

1) 会计核算方法进一步改进。在原制度仅对固定资产采用“双分录”核算方法的基础上，将该方法的应用范围扩大到所有非货币性资产和部分负债。

2) 更加完整地体现了财政改革对会计核算的要求。

3) 进一步充实了资产负债核算内容。将原制度中的资产负债科目进行细分，新增了无形资产、在建工程等会计科目。

4) 新增了行政单位直接负责管理的为社会提供公共服务资产的核算规定，增设“政府储备物资”、“公共基础设施”科目。

5) 增加固定资产折旧和无形资产摊销的会计处理。

6) 解决了基建会计信息未在行政单位“大账”上反映的问题，基建会计信息要定期并入行政单位会计“大账”。

7) 进一步完善净资产核算，增设“资产基金”和“待偿债净资产”科目。

8) 进一步规范单位收支会计核算；

5. 会计报表和附注

《行政制度》第四十条指出，财务报表是反映行政单位财务状况和预算执行结果等的书面文件，由会计报表及其附注构成。会计报表包括资产负债表、收入支出表、财政拨款收入支出表等。制度给出了三个报表的格式、报表编制规定和详细的编表说明，为单位正确编制提供了指导。

行政单位的报表附注应当至少披露：遵循《行政单位会计制度》的声明；单位整体财务状况、预算执行情况的说明；会计报表中列示的重要项目的进一步说明，包括其主要构成、增减变动情况等；重要资产处置、资产重大损失情况的说明；以名义金额计量的资产名称、数量等情况，以及以名义金额计量理由的说明；或有负债情况的说明、1 年以上到期负债预计偿还时间和数量的说明；以前年度结转结余调整情况的说明；有助于理解和分析会计报表的其他需要说明事项等 8 个方面的内容。

3.5.4 《事业单位会计制度》

《事业单位会计制度》(以下简称《事业制度》)是财政部于 2012 年 12 月 19 日发布的，从 2013 年 1 月 1 日起施行，是在事业单位面临内外部环境的变化，为适应财政改革和事业单位财务管理改革的需要，进一步规范事业单位的会计核算，促进公益事业健康发展的情况下，对 1997 年同名制度进行了较大幅度的修订。它包括总说明、会计科目名称和编号、会计科目使用说明、会计报表格式和财务报表编制说明 5 个部分。

1. 总说明

总说明主要涉及下面几点内容。

(1) 制定《事业制度》的目的和依据。其中制定依据是《中华人民共和国会计法》、《事业单位会计准则》[①]和《事业单位财务规则》。这样的表述将事业单位财务规则和会计准则置于会计制度的上位，与原《企业会计制度》制定依据的表述不同。

(2) 适用范围。《事业制度》适用于我国境内的国有事业单位，不包括按规定执行《医院会计制度》等行业事业单位会计制度的事业单位和纳入企业财务管理体系执行企业会计准则或小企业会计准则的事业单位。但事业单位有关基本建设投资的数据要在单独设账核

① 《事业单位会计准则》是 2012 年 12 月 6 日由财政部正式颁发的，自 2013 年 1 月 1 日起施行。它是对 1997 年 5 月 28 日发布的《事业单位会计准则(施行)》的修订。它包括总则、会计信息质量要求、资产、负债、净资产、收入、支出或者费用、财务会计报告以及附则九章四十九条。它是事业单位会计的理论框架，其第三条指出“事业单位会计制度、行业事业单位会计制度等，由财政部根据本准则制定。”所以，《事业单位会计准则》和《事业单位会计制度》是指导与被指导的关系。

算的同时并入单位会计核算。

(3) 会计基础。事业单位会计核算一般采用收付实现制，但部分经济业务或者事项的核算应当按照制度的规定采用权责发生制。

(4) 计提固定资产折旧、摊销无形资产的规定。《事业制度》规定，单位应当按照《财务规则》或相关财务制度的规定确定是否对固定资产计提折旧、对无形资产进行摊销。如果是，按照本制度规定处理，否则不考虑制度中设置的相关会计科目。

(5) 会计要素。事业单位会计要素包括资产、负债、净资产、收入和支出。

(6) 运用会计科目的规定。《事业制度》指出，事业单位应当按照制度规定设置和使用会计科目，在不影响会计处理和编报财务报表的前提下，可以根据实际情况自行增设、减少或合并某些明细科目。为便于进行会计处理和实行会计信息化管理，制度要求按规定使用科目的编号，不得打乱重编。在进行账务处理时，应当填列会计科目的名称，或者同时填列会计科目的名称和编号，不得只填列科目编号、不填列科目名称。

(7) 编报财务报表规定。《事业制度》规定，事业单位的财务报表按月度和年度编制，具体由资产负债表、收入支出表和财政补助收入支出表及其附注构成。

(8) 其他有关执行会计规范的规定，主要指事业单位在会计机构设置、会计人员配备、会计基础工作、会计档案管理、内部控制等，要遵照《中华人民共和国会计法》、《会计基础工作规范》、《会计档案管理办法》等法律法规的规定。《事业制度》特别指出，开展会计信息化工作的事业单位，还应按照财政部制定的相关会计信息化工作规范执行。

2. 事业单位会计科目名称和编号

《事业制度》设置了48个一级会计科目，规定了科目名称和具体的编号供使用。其中资产类17个，负债类11个，净资产类9个，收入类6个，支出类5个。

3. 事业单位会计科目使用说明

这一部分详细阐述了《事业制度》规定的48个会计科目的核算内容、明细科目设置、确认计量原则、所涉及经济业务或者事项的账务处理等，是制度的主体部分。《事业制度》的会计处理规定的改革主要体现在以下几个方面。

(1) 配套新增了与国库集中支付、政府收支分类、部门预算、国有资产管理等财政改革相关的会计核算内容，实现了会计规范与其他财政法规政策的有机衔接。

(2) 创新引入了固定资产折旧和无形资产摊销。制度设置了“累计折旧”和“累计摊销”两个会计科目，要求事业单位按照事业单位财务规则或制度规定确定是否计提折旧，并规定了“虚提”折旧和摊销的创新性处理方法，即在计提折旧和摊销时冲减非流动资产基金，而非计入支出。这一处理兼顾了预算管理和财务管理双重需要，为事业单位进行内部成本核算提供会计数据支持。

(3) 明确规定了基建数据并入会计“大账”。制度设置“在建工程”科目核算事业单位已经发生必要支出，但尚未完工交付使用的各种建筑(包括新建、改建、扩建、修缮等)和设备安装工程。这一规定有助于提高事业单位会计信息的完整性，为事业单位全面加强资产负债管理、防范和降低财务风险发挥了会计信息的支撑作用。

(4) 着力加强了对财政投入资金的会计核算。制度重新界定了财政补助收入的核算口径，要求在“事业支出”科目下单独对财政补助支出进行明细核算，增设了“财政补助结转”、“财政补助结余”两个净资产科目，对于财政补助收入、支出情况以及财政补助结转和结余的形成过程设计了清晰的账务处理流程，对于实施部门预决算管理、加强财政资金的科学化、精细化管理将发挥更为重要的基础性作用。

(5) 制度严格区分财政补助和非财政补助结转结余，通过设置“非财政补助结转”、“事业结余”、“经营结余”等科目，进一步将非财政补助资金区分结转和结余分别核算，并对非财政补助结余的形成及其分配情况设计了科学的账务处理流程。有助于进一步规范事业单位的支出和分配行为，促进事业单位健康、可持续发展。

(6) 突出强化了资产的计价和入账管理。制度针对事业单位实务中普遍存在的对于接受捐赠、无偿调入资产计量口径不统一、相关资产不入账等问题，进一步明确了该种情况下资产的计量原则，要求在没有相关凭据、同类或类似资产的市场价格也无法可靠取得的情况下，将所取得的资产按照名义金额入账，并要求在会计报表附注中披露以名义金额计量的资产情况。这些规定有利于提高事业单位会计信息的可比性，有利于促进取得的资产及时入账，通过资产的账实核对手段加强国有资产管理，确保国有资产安全完整。

4. 会计报表格式部分

制度在这部分给出了事业单位的资产负债表、收入支出表和财政补助收入支出表的标准格式，供事业单位在编制会计报表时采用。其中资产负债表和收入支出表每月必须报送，年度终了需要报送全部报表和附注。

5. 财务报表编制说明

《事业制度》详细给出了资产负债表、收入支出表和财政补助收入支出表的编表说明，为单位正确编制财务报表提供了指导。制度最后还对事业单位财务报表附注的内容作出了规定。其包括：遵循《事业单位会计准则》、《事业单位会计制度》的声明；单位整体财务状况、业务活动情况的说明；会计报表中列示的重要项目的进一步说明，包括其主要构成、增减变动情况等；重要资产处置情况的说明；重大投资、借款活动的说明；以名义金额计量的资产名称、数量等情况，以及以名义金额计量理由的说明；以前年度结转结余调整情况的说明；有助于理解和分析会计报表需要说明的其他事项等 9 个方面。

3.5.5 《民间非营利组织会计制度》

《民间非营利组织会计制度》(以下简称《民间制度》)是财政部于 2004 年 8 月 18 日发布的，自 2005 年 1 月 1 日起施行。它包括《民间非营利组织会计制度》与《民间非营利组织会计制度——会计科目和会计报表》两部分内容。

1. 总则

《民间制度》第一章为总则，共 13 条，其主要内容如下。

1) 《民间制度》的制定目的与依据

制度目的是为了规范民间非营利组织的会计核算，保证会计信息的真实、完整而制定。依据是《会计法》及国家其他有关法律、法规的规定。

2) 《民间制度》的适用范围

《民间制度》适用于在中华人民共和国境内依照国家法律、行政法规登记的社会团体、基金会、民办非企业单位和寺院、宫观、清真寺、教堂等。适用《民间制度》的民间非营利组织应当同时具备以下特征：①该组织不以营利为宗旨和目的；②资源提供者向该组织投入资源不得取得经济回报；③资源提供者不享有该组织的所有权。如果民间非营利组织不能同时具备这3个特征，就必须作为企业，按企业会计准则和会计制度进行核算。

3) 会计核算的基本前提、基础与基本原则

民间非营利组织会计核算的基本前提包括会计主体、持续经营、会计分期和货币计量4个方面。会计核算应当以权责发生制为基础。

民间非营利组织在会计核算时，应当遵循客观性、相关性、实质重于形式、一贯性、可比性、及时性、可理解性、配比、历史成本、谨慎性、划分费用性支出与资本性支出以及重要性等12项原则。

4) 会计记账方法与记账文字

民间非营利组织会计记账应当采用借贷记账法，会计记录的文字应当使用中文。

5) 会计核算和会计档案管理的一般要求

民间非营利组织填制会计凭证、登记会计账簿、管理会计档案等要求，按照《会计法》、《会计基础工作规范》和《会计档案管理办法》等的规定执行。

2. 会计要素的概念、确认、计量和记录

《民间制度》第二至六章，共51条，主要是对5大会计要素(资产、负债、净资产、收入和费用)的确认与计量作了具体规定。

1) 各会计要素的概念

(1) 资产。资产是指过去的交易或者事项形成并由民间非营利组织拥有或者控制的资源，该资源预期会给民间非营利组织带来经济利益或者服务潜力。所谓经济利益，是指直接或间接地流入民间非营利组织的现金或现金等价物。而这里的“服务潜力”是指向公众、会员或其他受益人、委托人等服务对象提供服务的能力。与企业不同的是，民间非营利组织持有许多资产的目的并非是为了获得经济利益，而是为了向服务对象提供服务。因此，对于民间非营利组织来说，是否具有服务潜力就成为衡量一项资源是否应作为资产予以确认的重要标志。资产可以按照不同的标准进行分类，比较常见的分类是按照资产的流动性将其分为流动资产、长期投资、固定资产、无形资产和受托代理资产等。

(2) 负债。负债是指过去的交易或者事项形成的现时义务，履行该义务预期会导致含有经济利益或者服务潜力的资源流出民间非营利组织。负债通常按其流动性分为流动负债、长期负债和受托代理负债等。

(3) 净资产。净资产是指资产减去负债后的余额。净资产应当按照其是否受到限制，分为限定性净资产和非限定性净资产等。

(4) 收入。收入是指民间非营利组织开展业务活动取得的、导致本期净资产增加的经济利益或者服务潜力的流入，收入应当按照其来源分为捐赠收入、会费收入、提供服务收入、政府补助收入、投资收益、商品销售收入等主要业务活动收入和其他收入等。

(5) 费用。费用是指民间非营利组织为开展业务活动所发生的、导致本期净资产减少的经济利益或者服务潜力的流出。费用应当按照其功能分为业务活动成本、管理费用、筹资费用和其他费用等。

2) 会计要素的会计处理

民间非营利组织各会计要素的会计处理与企业会计的处理基本一致，但对于以下一些事项的会计处理有其特殊之处。

(1) 文物资产的会计处理。《民间制度》规定，对于用于展览、教育或研究等目的的历史文物、艺术品以及其他具有文化或历史价值并作长期或者永久保存的典藏等，应当作为文物文化资产核算，并要求单设“文物文化资产”科目进行核算，在资产负债表的固定资产大类下单列项目予以列报。但考虑到这些资产的价值一般并不随着时间的推移而减少，也就是说，它们一般不存在像其他固定资产那样的损耗问题，所以，《民间制度》规定，对于文物文化资产，不必计提折旧。

(2) 受托代理业务的会计处理。民间非营利组织通常还从事受托代理业务，尤其是一些基金会、慈善组织等。这些受托代理业务有时在民间非营利组织的业务总量中占有不小的份额。所谓受托代理业务，是指民间非营利组织只是从委托人收到受托资产，并按照委托人的意愿将资产转赠给指定的其他组织或者个人，或者按照有关规定将资产转交给指定的其他组织或者个人的行为。民间非营利组织本身只是在交易过程中起中介作用，无权改变受托代理资产的用途或者受益人。

《民间制度》规定民间非营利组织应当对受托代理资产比照接受捐赠资产的原则进行确认和计量，但在确认一项受托代理资产时，不应当确认收入，而是应当同时确认一项受托代理负债，因为受托代理交易不会增加民间非营利组织的净资产。考虑到该项交易的特殊性，《制度》还规定，民间非营利组织应当在资产负债表中单列项目，反映所确认的受托代理资产和受托代理负债。

(3) 净资产的分类与列报。由于民间非营利组织一般既没有所有权属于出资者的投入资本，也没有针对出资者的分配，所以，民间非营利组织的净资产来源基本上都是指其所获得的收入扣减相应的费用后的余额。民间非营利组织的这种组织特征决定了它对于净资产的分类与列报与企业有明显不同。

《民间制度》将民间非营利组织的净资产按照其资产的使用是否受到限制，分为两类：限定性净资产和非限定性净资产。这种分类有助于向会计信息使用者提供较为有用的信息，有利于会计信息使用者据以判断在民间非营利组织的净资产中，哪些属于其使用受到资产提供者等限制的。而那些属于不受资产提供者等限制的净资产，是民间非营利组织可以自由支配和使用的。

(4) 收入的确认。考虑到民间非营利组织收入来源的特殊性，《民间制度》将民间非营利组织的收入区分为交换交易形成的收入和非交换交易形成的收入，分别界定了其确认标准。对于按照等价交换原则所进行的交易，按照交换交易收入的确认原则进行确认和计量；对于按照非等价交换原则进行的交易，如政府补助、捐赠等，应当在同时满足下列条件时予以确认：①与交易相关的经济利益或者服务潜力的资源能够流入民间非营利组织并为其所控制，或者相关的债务能够得到解除；②交易能够引起净资产的增加；③收入的金额能够可靠地计量。

(5) 费用的分类。由于《民间制度》规定民间非营利组织的会计核算基础为权责发生制，而且业务活动表的主要功能是用以评价民间非营利组织的经营绩效，所以，《民间制度》要求在对费用的会计核算中应当严格区分业务活动成本和期间费用。业务活动成本，是指民间非营利组织为了实现其业务活动目标开展其项目活动或者提供服务所发生的费用，包括销售商品成本、提供服务成本、会员服务成本、捐赠项目成本、业务活动税金及附加、业务活动费等。期间费用包括管理费用、筹资费用和其他费用。

3. 财务会计报告

《民间制度》第七章财务会计报告，主要规定了民间非营利组织财务会计报告的组成及编报要求。《民间制度》根据民间非营利组织的业务特点及其会计信息使用者的需求，要求民间非营利组织的财务会计报告至少包括资产负债表、业务活动表、现金流量表 3 张基本报表以及会计报表附注等内容。其报表的编报要求与企业财务会计报告基本相同。

4. 会计科目和会计报表

《制度》根据民间非营利组织的财务活动特点和会计核算要求，具体设计了会计科目，并就各会计科目的核算内容作了示范性的表述，这不仅有利于民间非营利组织会计人员熟悉和掌握《民间非营利组织会计制度》的主要内容和具体核算要求，也使《制度》更具有可操作性。

《民间非营利组织会计制度——会计科目和会计报表》包括 6 部分内容。

第一部分为“总说明”，对民间非营利组织会计科目的设置与使用作了原则性规定。

第二部分为“会计科目名称和编号”，具体列示了民间非营利组织的资产类、负债类、净资产类与收入费用类会计科目的编号与名称。

第三部分为“会计科目使用说明”，主要就各会计科目的核算内容作了示范性的表述。

第四部分为“会计报表格式”，主要列示了资产负债表、业务活动表与现金流量表的格式。

第五部分为“会计报表编制说明”，主要就上述报表各项目的内容和填列方法进行了说明。

第六部分为“会计报表附注”，主要对会计报表附注应披露的内容进行了规定。

本章小结

会计制度作为一种行为规范，是会计人员在从事会计职业活动中必须遵循的规章、规则、方法和程序的总称。

我国封建时代并没有专门的会计制度，对会计工作和会计人员的规范主要分散在其他一些法律之中。1912 年南京临时政府财政部为落实对金库的管理，颁布的《金库出纳事务暂行章程》开始了近代会计制度的建设。新中国成立以后，我国会计制度建设得到进一步增强。“文化大革命”期间，会计制度受到了严重破坏，直到十一届三中全会拨乱反正，会计工作的新局面又得以开始。我国先后制定发布并实施了一系列会计制度，保证了社会主义市场经济建设的需要。

根据《会计法》第五十条解释，会计制度包括“会计核算和会计监督、会计机构和会计人员以及会计工作管理的制度”三部分内容，其中：会计工作管理制度包括《会计基础工作规范》、《会计档案管理办法》、《会计电算化工作规范》和《企业会计信息化工作规范》等；会计机构和会计人员制度指《代理记账管理办法》、《会计从业资格管理办法》、《会计人员继续教育规定》等；会计核算和监督制度包括《企业会计制度》、《企业产品成本核算制度》、《行政单位会计制度》和《事业单位会计制度》等。

习　题

一、思考题

1．什么是会计制度？它由哪些部分的规章组成？

2．从我国会计制度产生和发展的历程中，可以得到哪些启发？

3．什么是代理记账？简述代理记账机构的设立条件、代理记账的业务范围和代理记账从业人员的义务。

4．简述取得会计从业资格证书的范围、条件和管理的内容。

5．什么是会计人员继续教育？简述会计人员继续教育应遵循的原则、要求以及继续教育的内容和形式。

6．简述制定《会计基础工作规范》的意义和其主要内容。

7．用电子计算机替代手工记账的条件有哪些？

8．比较企业电算化会计岗位设置及职责与一般企业会计岗位设置及职责的异同。

9．什么是会计信息化？会计信息化与会计电算化有什么联系和区别？

10．什么是会计档案？它有哪些作用？

11．如何保管、利用和销毁会计档案？

12．简述我国现行会计核算制度体系，说明企业会计核算制度与政府和非营利组织会计核算制度的主要差别。

二、案例题

甲公司(以下简称“公司”)是一家股份有限公司，2009年发生了以下事项。

(1) 公司所在地财政局决定对其进行会计检查，该公司先是以单位总账会计是新手，尚未熟悉业务为由，予以拒绝。

(2) 会计人员林某通过街头办证的广告偷偷办了一个成人大专会计专业毕业证书，从而获得部分课程的免试资格，继而取得会计从业资格证书。

(3) 该公司32名会计中，有9人因为公司从降低成本提高经济效益角度出发，规定不再报销会计人员继续教育费用而未参加当年的会计人员继续教育。

(4) 公司实行会计电算化，因为找不到合适的人选，临时从技术科抽调一名大学计算机专业已经毕业3年的技术人员担任软件操作员。

(5) 担任公司出纳的小张是财务部部长张某的大学会计专业毕业刚1年的二女儿，其已经取得会计从业资格证书。

(6) 公司采用集中核算制，将下属单位的会计岗位全部撤并到公司本部，公司往来会计刘某兼任两家下属单位的总账会计工作。

(7) 公司收到一张应由其与乙公司共同负担的费用支出原始凭证，会计人员对本公司应承担的部分进行了账务处理，并保存该支出凭证。同时将凭证复印件提供给乙公司用于账务处理。

(8) 公司采用融资租赁方式从国外引进一条生产线，已经安装完毕投入生产，在公司当年年报中只反映当年支付的租金支出，没有该生产线价值。

(9) 公司年底有大量的库存积压物资，实际市价已经不足原来的一半，考虑到不增加企业亏损，该公司年度报告中仍按照存货的原账面价值列示。

(10) 公司拟销毁一批保管期满的会计档案(其中包括两张未结清的债权债务原始凭证)，由财务部张部长在会计档案销毁清册上签署意见后执行销毁。

问题：

逐条对以上事项进行分析，指出其行为和处理是否符合相关会计制度的规定，并说明理由。

第4章 会计准则规范

教学目标

掌握会计准则的含义，理解会计准则产生和发展的原因和大体历程；理解中国研究制定会计准则的必要性、历程和主要成就；了解财务会计概念框架在西方的产生和发展过程，理解其作用；掌握我国《企业会计准则——基本准则》的主要内容，理解会计准则等效的意义和成果。

教学要求

知识要点	能力要求	相关知识
会计准则概述	(1) 掌握会计准则的含义 (2) 了解会计准则产生和发展的原因和大体历程 (3) 理解关于会计准则性质的各种观点 (4) 理解高质量会计准则的特征 (5) 了解会计准则的结构与内容	(1) 会计准则与会计原则、会计制度的概念 (2) 会计准则产生的原因和发展历程 (3) 国际会计准则委员会和国际会计准则 (4) 会计准则性质：技术规范观、经济后果观、政治程序观、产权制度观、博弈均衡论 (5) 高质量会计准则及其特征 (6) 会计准则结构
会计准则的制定与实施	(1) 理解会计准则的各种制定模式及其特点 (2) 理解并熟悉会计准则制定的导向 (3) 认识会计准则实施的重要性及主要影响因素	(1) 会计准则制定模式：制定机构、制定人员、制定程序 (2) 会计准则制定导向：原则导向、规则导向和目标导向 (3) 会计准则实施

续表

知识要点	能力要求	相关知识
中国会计准则的研究和制定	(1) 了解我国引进介绍西方会计准则的主要成果 (2) 了解我国研究制定会计准则的大体历程和成就，理解学术界对会计准则研究和制定的贡献 (3) 理解中国会计准则以国际财务报告准则为趋同对象的必然性 (4) 熟悉中国会计准则体系构成	(1) 中国会计准则研究和制定 (2) 1993年《企业会计准则》发布的意义和主要内容 (3) 2006年新会计准则体系 (4) 中国会计准则与国际财务报告准则趋同
财务会计概念框架(基本会计准则)	(1) 理解财务会计概念框架与基本会计准则的关系 (2) 了解财务会计概念框架产生和发展的基本过程 (3) 理解财务会计概念框架的含义和作用 (4) 熟悉财务会计概念框架的主要内容 (5) 掌握我国《企业会计准则——基本准则》的主要内容，能将其与西方的财务会计概念框架进行比较	(1) 财务会计概念框架与基本会计准则 (2) 财务会计概念框架的产生和发展 (3) 财务会计概念框架的内容和作用 (4) 中国《企业会计准则——基本准则》的主要内容：会计目标、会计基本假设、会计信息质量要求、会计要素确认和计量、计量属性、财务会计报告
会计准则等效	(1) 理解会计准则等效的含义及其积极意义 (2) 了解我国会计准则国际等效的进程与成就	(1) 会计准则等效的意义 (2) 会计准则等效的成就

引　例

中国会计准则跻身“国际俱乐部”[①]

2007年7月10日至11日，国际会计准则理事会与中国会计准则委员会在北京共同举办了“新兴市场与转型经济国家会计国际趋同”研讨会。在会上，国际会计准则理事会主席泰迪表示，各国会计准则与国际财务报告准则趋同，将有助于帮助这些国家发展健康、稳定的资本市场，促进经济发展。会后泰迪对记者讲，“未来全球发展的一个重要趋势是全世界最终将使用统一的财务报告语言，越来越多国家的企业正在从会计语言全球化中获益。现在，我很高兴中国也已加入了我们的‘国际财务报告准则俱乐部’。”

中国从2007年1月1日起在上市公司中全面实施与国际财务报告准则趋同的新会计准则体系，为其他新兴市场与转型经济国家参与会计国际趋同和国际财务报告准则制定树立了典范。泰迪对中国财政部在推动会计国际趋同中所发挥的关键作用表示感谢，对中国会计准则建设在短期内取得的成绩表示赞赏。

“中国会计改革后，新会计准则采用了海外投资者所熟悉的国际准则，将增强投资者对中国资本市场和财务报告的信任度并扩大投资；此外，对于在海外上市的中国公司而言，新会计准则也有助于减少这些公司在不同财务报告准则之间进行转换的成本。”泰迪说。

他认为，实现了国际趋同的中国会计准则不仅在亚洲，而且在全世界范围内都产生很大影响力。受其影响，韩国在2007年3月15日宣布自2009年起采用国际财务报告准则，印度即将就会计国际趋同做出决定，日本也感受到很大压力，此外还带动了很多来自新兴国家和转型经济国家迈上会计国际趋同

① 财政部会计准则委员会网站。

道路，这些国家对中国模式都很感兴趣。

近年来，在中国财政部和相关监管部门的积极推动下，中国跻身国际会计俱乐部的步伐正在加快。2005年10月，财政部副部长王军出任国际会计准则理事会准则咨询委员会委员。2005年12月，中国注册会计师协会会长刘仲藜当选国际会计准则委员会基金会受托人。2007年7月7日，中国证监会原首席会计师、国际部主任张为国正式开始其任期5年的国际会计准则理事会理事工作，这是该理事会诞生的首位中国理事。泰迪认为，这些中国“身影”的出现，是中国在推进会计全球化方面的又一新突破，未来几年国际会计准则理事会有望打破目前欧美人居多的局面，向全世界更多国家敞开大门。

世界银行财务管理区域经理伊拉其·泰莱对记者说，实现会计国际趋同意味着要改变中国原有的很多会计标准，面对这样的挑战，世界银行中国会计改革项目之所以取得成功，离不开中国政府的大力支持。泰莱表示，中国在会计改革方面的成就对很多新兴国家和转型经济国家具有很好的示范效应，目前世界银行也在借鉴中国项目的经验，帮助其他国家如印度和柬埔寨等开展会计改革。

思考：

(1) 中国制定会计准则的积极意义是什么？

(2) 中国在国际会计舞台上的地位如何？

中国从20世纪80年代开始研究会计准则，1992年11月发布第一个《企业会计准则》，以后经过了十几年的反复，到2006年2月15日，修订发布《企业会计准则——基本准则》和38个《具体会计准则》，2006年10月30日发布《企业会计准则应用指南2006》，从2007年起先在股份有限公司施行。制定和实施会计准则是社会主义市场经济建设的根本要求，也是企业扩大改革，建立现代企业制度的需要，更重要的是我国会计从默默无闻走向世界舞台。从1997年发布第一个具体会计准则[①]，到2006年发布完整的会计准则体系，间隔将近10年，其间零零散散先后出台了16个具体会计准则，有些会计准则还经历了两次修订，总体上说我国制定和实施会计准则的经验在逐步积累，成果越来越引人注目。作为一个重要的发展中国家，中国会计准则建设的成就举世瞩目，2006年的会计准则实现了我国企业会计核算规范与国际会计准则的趋同，得到了国内外的广泛关注。财政部会计司在对实施新会计准则的上市公司2007年年报分析以后指出：“企业会计准则体系较好地实现了新旧转换和平稳实施。”[②]针对小企业的生产经营特点，财政部于2011年11月18日颁布了《小企业会计准则》，从2013年1月1日起施行。本章主要探讨与会计准则相关的问题。

4.1 会计准则概述

4.1.1 会计准则的含义

1. 会计准则的界定

国内外会计界对会计准则看法不一，至今尚未有统一的定义。即使在中国，也曾经流行过“大”、“中”、“小”不同范围的观点[③]。葛家澍教授认为，会计准则是在财务会计处理

① 1997年，我国发布的第一个具体会计准则为《关联方关系及其交易的披露》。

② 财政部会计司编写组．企业会计准则讲解2008[M]．北京：人民出版社，2008：9.

③ 汪祥耀．会计准则的发展：透视、比较与展望[M]．厦门：厦门大学出版社，2001：18.

和编制财务报表时，用来作为标准，要求会计人员和报表提供者自觉遵守的规则(Rules)[①]。

会计准则产生于美国，早期的会计准则被称为“公认会计原则(GAAP)”[②]。1972 年 3 月，美国注册会计师协会(AICPA)下属的“惠特委员会”提出一份题为《财务会计准则的制定》的研究报告，该报告用“会计准则”替代了“会计原则”，同时该报告建议成立新的独立于 AICPA 的会计准则机构，因此，1973 年，AICPA 所属的会计原则委员会(APB)被财务会计准则委员会(FASB)所取代，并开始发布“财务会计准则公告”(SFAS)。至此，“会计准则”的名称正式取代了“公认会计原则”。受美国的影响，英国也由“财务报告准则”取代“会计原则”这一术语。日本和澳大利亚等国家也纷纷制定本国的会计准则。

我国在 20 世纪 80 年代初期引入了“会计原则”、“会计标准”、“会计准则”等术语，当时学术界较多地使用“会计原则”的概念。1989 年初，中国会计学会“会计原则与基本会计理论研究组”在上海召开了我国第一次会计准则会议。这次会议达成了一个共识：会计原则和会计准则的内容、作用大致相近，过多地讨论两个术语本身的孰优孰劣，意义不大。会议建议以后使用“会计准则”一词，同时，该研究组也改名为“会计理论与会计准则组”。1992 年 11 月，我国发布了第 1 项会计准则——《企业会计准则》。目前，会计准则已经成为我国会计界广泛使用的会计术语。

2. 会计准则与相关术语辨析

1) 会计准则与会计原则

有观点认为，会计准则与会计原则是同义语，可以不加区分。从历史上看，会计准则最初就是以“会计原则”来命名的，如上文所提到的“公认会计原则”。我国引进西方会计准则之初，大部分学者对二者也未加区分。但也有观点认为“原则”和“准则”是两个不同的会计术语。美国会计学家佩顿和利特尔顿在其 1940 年所著的《公司会计准则导论》中指出：“我们建议采用‘准则’这一术语。‘原则’通常意味着普遍性和某种程度的永恒性，而这在诸如会计等人力服务机制中是不可能存在的。相应地，在这份专题研究报告中，对‘原则’这一术语的使用较为谨慎，而强调有用的准则这一理念”。[③]

虽然会计原则是会计准则的早期形式，但“原则”和“准则”确属两个不同的会计术语。不论从语义，还是从内容来看，原则都更为概括、抽象，而准则相对较为具体[④]。正是在此意义上，会计名词委员会认为会计原则是“一般法则”和“基础”。在会计准则建立早期，不可能制定出详细的，并具有可操作性的会计准则，对那几条屈指可数的框框称为“原则”无可非议。但随着会计实务的发展，人们对会计核算规范的详细程序和可操作性要求

① 葛家澍，杜兴强．中级财务会计学(上)[M]．3 版．北京：中国人民大学出版社，2007：81．

② 斯蒂芬·A.泽夫教授有一句非常形象的话：“‘准则’运动的一个较早的版本始于美国 20 世纪 30 年代，当时披着会计原则的面纱”，参见斯蒂芬·A.泽夫．会计准则制定：理论与实践[M]．北京：中国财政经济出版社，2005：35．

③ W·A·佩顿，A·C·利特尔顿．厦门大学会计系译．公司会计准则导论[M]．北京：中国财政经济出版社，2004：5．

④ 李孝林等认为，“原则”、“准则”在语义上几乎相同，但在使用上有区别，他们还打比方说：“‘四项基本原则’，谁也不会用‘准则’来置换”。李孝林，等．会计基本理论比较[M]．上海：立信会计出版社，2002：296．

越来越高，在这种背景下，会计原则委员会认为会计原则应当包括详细的会计确认、计量和报告指南，也就可以理解。在这一阶段，“原则”和“准则”的界线十分模糊，何况二者本身就没有明确的“鸿沟”。但是，人们最终认识到了“原则”和“准则”两个术语的区别，从而转向使用了“会计准则”这一术语。“会计原则”被赋予了比“会计准则”更加高一层次的含义。

2) 会计准则与会计制度

1997 年 5 月 28 日财政部发布《事业单位会计准则(试行)》，在第五十三条中指出，“全国统一的事业单位会计制度，由财政部根据本准则制定”，明确了二者的关系。2012 年 12 月 19 日修订的《事业单位会计准则》第三条就指出，“事业单位会计制度、行业事业单位会计制度等，由财政部根据本准则制定”，再次肯定了二者之间的关系。而《企业会计准则》中却没有类似的说法，因此 2001 和 2004 年发布的 3 个企业类的会计制度的制定依据没有提会计准则。在此，我们可以再梳理一下二者的关系：在企业会计规范领域，结束企业会计准则与企业会计制度并行的局面以后，企业会计制度的制定权将下移，成为依据国家发布的会计准则而制定的企业内部规章制度，它不再也不应该由国家统一制定，具体的表现方式和内容也与原国家统一制定的会计制度有异；而政府和非营利组织的会计制度的制定权则考虑到我国相关组织的特点，仍然由国家依据会计准则统一制定颁布。所以，会计准则与会计制度无论是广义上还是狭义上均不是同义语，二者之间就是上述葛家澍教授所说的“指导与被指导”的关系。

4.1.2 会计准则的产生和发展

1. 会计准则的产生

(1) 股份经济是会计准则产生的前提。会计准则是市场经济发展到一定阶段的必然产物。刘峰教授提出了一个准则产生的思想试验[①]。该试验说明会计准则是随着“企业组织形式的变化——所有权和经营权分离——委托代理关系的产生——不同利益相关者博弈”的逻辑顺序所体现的环境需求而产生的。资本主义社会发展到一定阶段，企业的组织形式发生了巨大的变化，由单一的独资企业和有限责任公司发展到股份分散、资本主要从社会筹集的股份有限公司。在股份有限公司这种组织形式下，所有权和经营权发生了分离，这样在所有者和经营者之间就产生了信息不对称，经营者相对所有者而言拥有绝对的信息优势。按照西方经济学的假设，人性是自私的，而人是经济人，在成本收益成一定比例之后，经济人是会选择自利行为的。经营者也具有经济人倾向，在成本收益比恰当的时候，他们有极大的机会主义倾向，经营者会利用信息优势采取逆向选择或者触犯道德风险的行动。在资本市场上，股份分散，作为资本所有者的小股东无法承受直接监督企业的昂贵交易成本，他们只能通过公开披露的财务报告对公司进行了解，必要情况下采取用“脚”投票的方式放弃持有该公司的股份。股东也是经济人，他们也在追求自身利益最大化，因而他们需要比较不同上市公司的业绩，以选择业绩优良，回报可观的公司进行投资。这就要求不同公司的财务报表之间具有较强的可比性，从而促进了会计准则的产生。

① 刘峰．会计准则变迁[M]．北京：中国财政经济出版社，2000：38-44．

(2) 资本主义经济危机是会计准则产生的催化剂。第一次世界大战以后，美国抓紧发展国内经济，使投资急剧增长，甚至出现了严重的投机行为。由于缺乏行之有效的法律，使得许多公司提供虚假的财务报表，通过从资本中支付股利来吸引投资者，加上监管不严，注册会计师为虚假行为大开绿灯，从而导致了 1929—1933 年波及全球的经济危机[①]。这场经济危机，使美国会计界遭到了前所未有的抨击，被认为是导致美国证券市场萧条直至崩溃的元凶。

专栏 4-1

1929：“黑色星期二”[②]

1929 年 10 月 29 日，星期二，对于美国的经济以及股民来说，都是最黑暗的一天。上午 10 点，纽约证券交易所刚一开市，猛烈的抛单就席卷而来，“抛！抛！抛!”所有股票成了烫手的山芋，不计价格、不计成本，只要抛掉就好，经纪人被“抛”得发晕，交易大厅一片混乱，随之而来的就是道·琼斯指数一泻千里，股指从最高点 386 点跌至 298 点，跌幅达 22%。这是纽约交易所 112 年历史上“最糟糕的一天”，以这个被称作“黑色星期二”的日子为发端，美国乃至全球进入了长达 10 年的经济大萧条时期。

对于这个黑色的梦魇，所有人都陷入恐慌和怨天尤人之中，但他们没有想到，这个日子的降临恰恰是他们自己催生的。这一切都要从美国经济大发展说起。

对于美国来说，第一次世界大战是个千载难逢的黄金机会，美国利用战争大发横财，战争结束后，美国由债务国一跃成为世界最大的债权国，纽约也取代伦敦成为世界金融中心。美国经济的突飞猛进，带来的是股市一派牛气，对于股民来说，一个黄金时代来到了。

为了吸引更多的游资，美国的券商雇佣大批股票推销员，在城市的街道，在乡镇的小路，在千家万户的门前，一遍遍向民众讲述炒股的好处，但他们却从不提及炒股的风险。民众的热情被激发起来，入市炒股成为全民的投机行为。

到 1928 年，股市几近疯狂。在地铁中，人们纷纷指责地铁公司没有在车厢里装上电传打字电报机，以致人们在乘车途中无法炒股。在波士顿的一家工厂，所有的车间都安放有大黑板，并有专人每隔一小时就用粉笔写上交易所的最新行情。在德克萨斯州的大牧场上，牛仔们通过高音喇叭收听电台的消息，实时了解行情。当乘客乘坐出租车时，司机会和乘客热情地讨论股票行情，就连宾馆门口擦皮鞋的小童也会向顾客介绍当天的热门股。

大多数股民都是炒短线，并非为了长期投资。在疯狂的投机热潮刺激下，纽约股市一涨再涨。所有投身其中的人们都未曾想到，泡沫终究有破灭的一天。当时股市的行情远远超出了经济发展的实际情况，而且很多炒股者都是以股票作为抵押，进行信用交易，一旦投机人信心下降，就必然要增加更多的保证金，而缺乏资金的投机者就只能抛售更多的股票来弥补，其结果就是股价进一步下跌。

1929 年 9、10 月间，投机者的信心开始下降，股市崩盘开始于 10 月 24 日星期四的抛售狂潮，到

① 关于 1929 年经济危机爆发的原因，美国学者提出了“货币主义者观点”、“凯恩斯主义者观点”和“国际观点”，会计只是其中的一个注脚。参见[美] 乔纳森·休斯，路易斯·凯恩. 杨宇光，等译. 美国经济史[M]. 上海：格致出版社，上海人民出版社，2013：531-543

② 史诚. 全民炒股催生股市崩盘　百万富翁一夜变为赤贫　历史上的两次股市大崩盘[J]. 工会博览(社会版)，2007，(3)：42-43.

10 月 29 日，股市彻底崩溃。当天美国钢铁公司的 65 万股股票以每股 179 美元出售，却找不到一个买主，于是其股价开始下跌，就像传染病一样，一个接一个公司的股票都开始下跌，大崩盘终于来临。股票成为废纸，数字全无意义，一个煤炭公司的老板看着正在下跌的指示板，倒地死在了他经纪人的办公室里。无数昔日的“百万富翁”一觉醒来便一贫如洗。一些开船出海游玩的富人们回来后发现，他们已变成了身无分文的贫民。当时跳楼的绝不仅仅是股价。

股市的崩溃不仅使投机者一贫如洗，随之而来的是银行业的破产，美国经济瘫痪，西方经济的大萧条。股灾彻底打击了投资者信心，一直到 1954 年，美国股市才再次达到 1929 年的水平，股灾带来的黑色梦魇不堪回首。

危机使人们更加认识到会计信息真实性、相关性和可比性的重要；美国政府为了维护经济的健康发展，繁荣资本市场，增加资本市场的透明度，增强资本配置的有效性，将凯恩斯的国家干预理论，作为美国经济起死回生的灵丹妙药，要求股份公司按照一定的标准公布财务报告。提供会计信息的公司出于自身利益的考虑也要求政府或具有与其类似功能的权威机构提供一套操作性较强、内容具体的会计执行标准，以借此降低会计信息的供给成本和表述的不一致性；拥有信息优势的经营者也需要一套标准来解除自身的受托责任和证明自身的价值，因为只有可比的信息才能证明自身的价值，才能在经理人市场中获得竞争优势；同时，审计师也需要这样一套标准以降低审计成本、减少与客户之间的分歧并在诉讼中自我保护；证券管制者需要这样一套标准，这样可以降低监督执行的成本和责任。除此之外，由权威机构制定执行标准可以大幅度降低交易成本。如果没有统一的会计执行标准，则各企业会迫于无奈而使用自己的标准，那么信息使用者会要求企业提供解释，这会消耗大量的资源；同时，信息使用者也需要不停地学习，以理解不同企业会计报告的含义，而且需要对不同的会计信息进行调整，以获得可比的会计信息。倘若有一套统一的标准，则仅在第一次使用时需要很高的制定成本和实施成本，以后的边际使用成本会很低。因此，长期在美国争论不休，难以统一的有关会计处理问题，在较短的时间内获得了比较一致的意见，在 1934 年，形成了早期的“公认会计原则”①。

美国国会 1933 年和 1934 年分别通过了《证券法》和《证券交易法》，并成立了证券交易委员会(SEC)负责上市证券公司的监管，同时美国国会责成 SEC 进行会计准则的制定。美国的会计准则发展进入了一个规范的正常轨道，取得了显著成效，由此奠定了美国在世界会计的霸主地位。

由以上的分析可以看出，“会计准则总体上是一种有助于降低交易费用的制度”，它的产生是为了降低交易成本；它同时也是一种降低信息不对称的制度安排。正如 Scott 所说：“准则的制定可被视为是对资本市场上失败的信息提供做出的反应”②。

2. 会计准则的发展

1) 会计准则在美国的发展

会计准则产生于美国，因此在美国的发展也具有代表性，具体经历了以下 3 个阶段。

(1) 研究形成阶段(20 世纪 30 年代初到 50 年代末)。这一时期，按 SEC 的规定，由美

① [美]斯蒂芬·A. 泽夫. 会计准则制定理论与实践[M]. 北京：中国财政经济出版社，2005：2-6.
② [加]威廉姆·R. 司可脱. 陈汉文，等译. 财务会计理论[M]. 北京：机械工业出版社，2000：8.

国会计师协会(AIA，1957 年改为美国注册会计师协会，AICPA)带头制定和发布会计原则。1936 年，AIA 成立会计程序委员会(CAP)，1938 年，AIA 改组重建 CAP，授权其发布会计规范公告。1939 年 9 月，CAP 发布了第 1 号《会计研究公报》(ARB)，到 1959 年，CAP 共发布了 51 份 ARB。这些公报并不是对该协会成员的指示，因为它们还没有得到会计职业界的“公认”，不具有权威性。由于该委员会在公认会计原则书面文件的草拟上一直行动缓慢，受到了社会各界的严厉批评，自身也感到由于缺乏研究设施而不能应付企业会计实务上比较重要的经常性变化，终于在 1959 年被 AICPA 新成立的会计原则委员会(APB)所代替。它所出版的会计研究公报也直到 1964 年，才由 AICPA 理事会通过(即“公认”)，从而成为美国公认会计原则(GAAP)的主体组成部分。

(2) 公认阶段(20 世纪 50 年代末到 70 年代初)。1959 年，美国成立了会计原则委员会(APB)代替 CAP，并以促进公认会计原则的书面表达方式、缩小恰当会计实务的差别为目标。其会计研究分部主要依靠演绎法进行研究，共出版了 15 号会计研究论文集，拓宽了公认会计原则的范围。APB 在它存在的 14 年间，也做出了显著的成绩；总共出版了 31 号《意见》和 4 号《说明》。1970 年发布的第 4 号《说明》提出了企业财务报表的基本概念和会计原则，对会计理论的影响最大。APB 其实在它成立的前 5 年，就已经不能履行缩小会计实务上的差别和不一致、改进新问题领域财务资料陈报等使命了。该委员会为此而受到了会计职业界本身与 SEC 和其他政府机构等方面的抨击，最终被美国财务会计准则委员会(FASB)所取代。

(3) 完善与提高阶段(20 世纪 70 年代至今)。1973 年美国成立了“财务会计准则委员会”(FASB)，以接替 APB 的工作。FASB 是一个半官方的民间组织团体，不受 AICPA 的领导，也不完全属于政府管辖，具有较强的独立性。“财务会计准则委员会公布的原则、准则和实务，将由该委员会认作具有实质上的权威性支持，而违反财务会计准则委员会的这些公布文件的，将视为不具有这种支持。”FASB 作为一个相对独立的民间组织，成为美国公认会计原则的正式制定机构。到 2009 年 6 月，该委员会已发布了 169 号会计准则(包括对原 CAP 和 APB 的一些《会计研究公告》和《意见》的修订)。这些准则(有的已经作废)在美国上市公司中得到普遍应用，并对其他国家和国际化组织具有广泛的影响，其数量和质量均居于世界首位。目前，该委员会正在进一步探索如何提高会计准则质量并使其会计准则国际化的问题。

2) 国际会计准则的产生与发展

20 世纪 70 年代后，世界经济进入高速发展时期，国际经济技术合作和交流不断发展，国际贸易迅速增大，跨国公司大量出现。经济一体化成为世界经济发展的必然趋势，为了适应国际经济一体化发展和国际间共同研究的需要，1973 年由美国、英国、澳大利亚、加拿大、法国、德国、日本、荷兰和墨西哥等 9 个国家的 16 个主要会计职业团体在伦敦共同发起成立了国际会计准则委员会(IASC)，从 1975 年 1 月起发布国际会计准则(IAS)，以协调世界各相关国家会计准则之间的差异。

在 IASC 成立的近 30 年的时间里，国际会计准则经历了协调、可比性和国际化 3 个发展阶段，取得了十分丰富的成果。到 2000 年 IASC 共发布了 1 项概念框架(1989)和 41 项国际会计准则。IASC 的组织也发展得很快，至 2000 年底 IASC 正式改组前，它的会员已包括 112 个国家的 153 个会计职业团体。

2000 年年底，IASC 改组为国际会计准则理事会(IASB)，改组后的 IASB 成为一个吸收金融界、证券界广泛参与，有独立基金支持的法人团体，理事会成员基本上按地区分配，代表各自国利益，成员都是由会计专家组成，增加了准则制定的透明度和公开性，并在以后发表的新准则——改称“国际财务报告准则(IFRS)”——中披露反对意见。

专栏 4-2

改组后的 IASB 新的工作目标

(1) 为了公众的利益，制定一套高质量的、可理解的，并具有实施效力的全球会计准则，该准则要求在财务报表和其他财务报告中提供高质量的、透明的和可比的信息，以帮助资本市场的参与者和其他使用者做出经济决策。

(2) 促使这些准则得到使用和严格的应用。

(3) 促使各国会计准则与国际会计准则及国际财务报告准则达到高质量解决方法的趋同。

IASB 新目标的提出，实际上已将 IASC 原先作为各国会计准则“协调者”的身份转变成 IASB 作为“全球会计准则”的“制定者”的身份，并将致力于各国会计准则与国际财务报告准则的趋同。

IASC(IASB)卓越的工作成就得到了许多国际性组织如国际会计师联合会(IFAC)、证券委员会国际组织(IOSCO)、欧盟(EU)、世界银行(WBG)、国际货币基金组织(IMF)、经济合作与发展组织(OECD)、巴塞尔银行监管委员会、世界贸易组织(WTO)以及联合国会计和报告国际准则政府间专家工作组等的认可和支持。尤其是 1995 年，IASC 与 IOSCO 签订了关于“使国际会计准则形成一个核心会计准则体系”的协议，最终有 30 份准则连同 11 份解释公告于 2000 年 5 月 17 日通过 IOSCO 的评审，向包括美国在内的全世界主要资本市场推荐使用。[①]

事实上，IASC(IASB)发布的 IAS(IFRS)也被许多国家基本或完全采用，还有一些国家主要参照国际会计准则来制定本国的会计准则。如欧盟(EU)、英国、澳大利亚、新西兰、加拿大和俄罗斯等国家和组织积极表态支持与国际财务报告准则接轨，并以实际行动加以证明。

2002 年 10 月 29 日，IASB 与 FASB 正式签订了协议，并共同发布了一份谅解备忘录，从此，双方开始履行它们对制定高质量和可比的会计准则各自应承担的职责。IASB 和 FASB 保证尽它们最大的努力，尽可能使现有的财务报告准则实现完全可比，并合作制定未来的工作计划，以保持未来准则的可比性。

3) 其他主要国家会计准则的产生与发展

① 常勋，常亮．国际会计[M]．7 版．大连：东北财经大学出版社，2012：177.

20 世纪三四十年代以后，一些经济发达的资本主义国家，如英国、澳大利亚和加拿大等国分别根据各自的国情，相继成立了会计准则制定机构，制定和发布了会计准则，以指导和规范本国的会计实务，确保企业向会计信息使用者提供基本统一的、可比的会计信息。中国、法国、德国、日本和韩国等国家也纷纷在 20 世纪 90 年代以后跨入会计准则制定国的行列，并在近几年均走上与国际财务报告准则(IFRS)趋同或直接采用 IFRS 的道路。

4.1.3 会计准则的性质

1. 技术规范观

会计准则是由权威机构发布的关于会计核算的规范文件，它首先应该是从技术层面作出的。在会计的确认、计量、记录和报告等环节，均有多种会计方法可供选择，各种方法均有其一定的“技术”背景。制定会计准则的目的就是要确定相对而言是最佳的“基准方法”或“备选方法”，从而保证会计信息的可靠性、相关性与可比性。而能够获选的会计方法，通常都是理论上可以解释得通，技术上先进可行，并且是已经得到实践检验的方法。会计准则的技术规范性，大致可以从以下几个方面得到说明。

(1) 从会计准则的最初目的看，20 世纪初开始致力于建立一套“有序、系统、连贯的；应与可观察的客观环境相协调；应是不带个人色彩的和不偏不倚的”①会计准则的目的，在于约束当时放任自流的会计实务。因此，“在这种思想指导下，人们倾向于将会计准则作为一种纯客观的约束机制，一种技术性的规范手段，它所存在的目的在于使会计实务处理达到科学、合理、内在一致。”②

(2) 从会计准则的内容看，由于会计准则是为会计人员从事会计工作提供实用方便的技术规则，因此，会计准则一般是具体的，亦因此有人将它称为会计人员的“烹饪书(Cooking Book)”。贝克奥伊指出会计准则通常由 3 部分组成：①描述需要解决的问题；②对需要解决的问题进行合理的论述(可能包括基本理论的探讨)或找到解决方法；③根据决议或者理论，确定最终的解决方法③。由此可见，会计准则原本就是从技术层面具体分析问题和解决问题的。

(3) 从会计准则的历史看，在社会各界关注会计准则之前，制定会计准则是一种行业自律行为，会计准则最初是由会计职业界制定的，如 AICPA 所属的 CAP 和 APB。而由会计职业界制定的会计准则，自然更多的是从专业立场出发，从技术规范的角度确定计算“真实收益”和评估“稳健资产”的方法。正因为会计职业界更多地注重会计处理的技术问题，因此在一些由会计职业界组成的会计准则制定团体中，通常设有技术部，其公布的一些文件有时亦被称为技术公报或技术文件。

明确会计准则是“技术规范”，首先有助于人们认识会计准则的客观性，认同会计处理

① [美]W.A.佩顿，A.C.利特尔顿．厦门大学会计系译．公司会计准则导论(1940)[M]．北京：中国财政经济出版社，2004：7.

② 葛家澍，刘峰．从会计准则的性质看会计准则的制订[J]．北京：会计研究，1996，(2)：19-24.

③ [美]A.R.贝克奥伊．钱逢胜，等译．会计理论[M]．4 版．上海：上海财经大学出版社，2004：80.

主要是一项技术性工作，在会计确认、计量、记录、报告等各个环节中，均存在着会计独特的技术方法；其次，可使人们进一步认识到在会计技术的背后存在着理论基础，而正是这些会计理论指导着会计方法的选择，用以规范会计核算的行为；最后，认识会计准则为“技术规范”可以使人们以会计准则的技术性、客观性与逻辑性排除主观性、经济性、政治性的“过分干扰”，从而取得这两者之间的最佳平衡，制定出高质量的会计准则。

2. 经济后果观

会计准则除了能对会计核算实务作出具体的技术规范以外，它还具有经济后果。会计准则经济后果通常是指会计准则对企业、政府、工会、投资者和贷款者的决策行为所具有的影响。由于会计准则通过损益的确定影响税收以及财富分配，其“经济后果”也是十分显而易见的。

从 20 世纪 60 年代开始，由于会计准则的制定过程不断受到会计职业界以外的各种社会团体的干预，人们逐渐意识到会计准则具有“经济后果”的特性。同一项会计准则所规定的会计方法，对不同的利益团体可能产生不同的影响，从而使一部分人受益，而使另一部分人受损。1977 年，美国一些会计学者纷纷著文探讨会计准则的经济影响问题，此外，为了进一步研究会计准则的经济影响，FASB 还特意征集论文，召开专门会议对此问题进行讨论。对这一问题最经典或影响力最大的研究，可能要数泽夫(也译作“泽弗”)教授 1978 年在美国《会计杂志》12 月刊上所发表的《经济后果的兴起》一文。在该篇文章中，泽夫解释了“经济后果”的含义以及为什么在 20 世纪 70 年代之前它未被人重视的原因；列举了会计准则具有经济后果的几个案例；最后探讨了为什么要重视经济后果的几条理由。他指出，当会计和财务学术界意识到公开的资料在美国资本市场已经很充足，并且市场不能再被反映相同经济现实的不同会计方法所“愚弄”时，经济后果显然已成为重要的问题。在该文最后，泽夫甚至说：“很显然，我们已进入了这样一个时代，在这个时代中，经济和社会影响作为会计准则制定过程中的一个独立问题不会再被忽视”[①]。

3. 政治程序观

由于会计准则具有经济影响甚至社会影响，任何一项会计准则的采用均会对一些人有利，而对另一些人不利，于是制定会计准则逐步变成为一项“社会选择”，迫使会计准则必须考虑对各相关团体之间的利益平衡。因此，越来越多的人相信，制定会计准则不应再是会计职业界的事(事实上，会计职业界也没有能力平衡各方面的利益关系)，主张应由政府参与并监管会计准则的制定。而政府部门对会计准则的监管，使它蒙上了一层“政治”色彩，同时会计准则的制定过程亦演变成为一种“政治过程”。正如瓦茨和齐默尔曼所说：“当既得利益者不同意会计准则时，会计上也会出现争论……任何一个会计准则都是政治行为的结果”[②]。

关于政府对会计准则的监管，实际上从会计准则产生之日起，就已经有了。撇开由政府部门或立法程序直接规定会计准则的国家的情况不说，即使像美国这样由民间机构制定

① [美]斯蒂芬・A.泽夫．贝拉・G.德兰．夏冬林，等译．现代财务会计理论——问题与争论[M]．5 版．北京：经济科学出版社，2000：16.

② [美]R.L.瓦茨，J.L.齐默尔曼．黄世忠，等译．实证会计理论[M]．北京：中国商业出版社，1990：455-456.

会计准则的国家，政府对会计准则也是有所监管的，并没有对它们采取完全放任的态度。美国会计准则最初就是在政府有关部门的推动下制定的，SEC 由美国国会授权负责制定上市公司财务报表的规则，而在 1938 年 SEC 又将这项权利赋予美国会计师协会(AIA)下属的会计程序委员会，从那时起美国的会计准则才交由民间机构制定，SEC 则保留对会计准则的否定权。安然事件以后，美国更是通过了《SOX 法案》，直接表明政府对会计准则制定的干预。

强调会计准则的政治性，也受到了一些人士的批评。而批评的焦点同样集中在人们逐渐忽视对会计准则基本问题包括财务会计概念框架的研究。曾在 1991—1992 年担任过美国会计学会(AAA)会长的瓦特先生指出：会计准则的制定过程不需要成为政治过程……即使有人意识到准则制定过程具有部分政治性质，进一步发展稳固的概念框架，仍然是最基本的。

4. 产权制度观

该观点认为，会计准则属于产权制度范畴，它是产权制度的一种或特定社会产权制度的一个组成部分。[①]产权是指拥有财产主体的一种行为权利，包括归属权、占有权、支配权和使用权等。这些行为性权利规定了人们在生产和交换中使用财产必须遵循社会法律规范。因此从经济学的角度看，产权实质上是产权主体之间围绕或通过财产客体而形成或建立的一种经济权利关系。一般来说，一种产权关系能够存在必须有相应规则的支持，这种规则便是产权制度，即界定、确认和保护产权的各种制度。

会计的产生与产权有着密不可分的关系，而不断多元化的产权关系也使得会计核算日趋复杂，利益相关者(即各产权的行使主体)增多，从而必须要求制定会计准则对会计行为进行规范。因此，可以认为，会计准则属于产权制度范畴，是一种产权制度或特定社会产权制度的一个组成部分。首先，任何一种会计准则都体现了对某些特定主体产权(财产权利或经济利益)的保护；其次，会计准则作为提供会计信息的主要规范，其基本结构是产权经济模式的自然反映；最后，会计信息作为一种公共产品，本身也涉及产权问题，因此有必要对会计信息进而对会计准则进行产权界定。

5. 博弈均衡论

该观点认为，会计准则的本质是产权利益各方为了保护各自的产权利益进行重复博弈而自发演进形成的结果，即博弈均衡规则。[②]经过博弈均衡形成和完善的会计准则，既能公平地对待利益各方，又能体现会计准则制定的技术性原则，最终可以最大限度地降低交易成本。以美国为代表的西方会计准则经历了一个从自发秩序到人为秩序的演进过程，即“内生制度的外化”，会计惯例被赋予法律的形式或法律的实质。会计准则产生后，同样要经过不同产权主体的多次博弈而不断完善。[③]如美国 20 世纪 90 年代发生过一起会计准则制定史上破天荒的“会计游行”，起因就是 FASB 发布建议文告，拟将股票期权的价值记录为公司

① 刘峰．会计准则研究[M]．大连：东北财经大学出版社，1996：82．

② 宋英慧，安亚人．会计准则性质的再思考——博弈均衡制度观的视角[J]．广州：广东商学院学报，2005，(2)：53-57．

③ 汪祥耀．会计准则的发展：透视、比较与展望[M]．厦门：厦门大学出版社，2001：49．

的一项费用。这项建议遭到了美国企业界的一致反对。因为如果将股票期权计入费用，将降低公司报告的盈利，导致股票价格下挫，从而使管理层持有的股票期权贬值甚至一文不值。显然与设置股票期权激励的目的背道而驰，FASB 被外界嘲笑企图充当“会计警察”。当 FASB 在加利福尼亚的圣琼斯举行听证会时，硅谷的公司爆发了一次集体的游行示威。尽管著名投资人巴菲特极力支持 FASB，但美国国会证券委员会再次举行听证会，继而干预该准则的制定，最终 FASB 出台了第 123 号准则《以股票为基础的雇员酬金计划的会计处理》，否定了原来的建议。①这个事件同时也证明了会计准则具有经济后果，准则的制定是一个政治程序。

4.1.4　高质量会计准则的特征

会计准则是经济发展对会计规范的客观要求，应当是高质量的，否则它就不能担当指导会计实务，提供高质量会计信息的重任。一套高质量的会计准则至少应当具有以下特征。

1. 会计准则的适应性

所谓会计准则的适应性，就是指会计准则应当与其目标相适应，应当考虑会计环境的要求。首先，会计准则应当与其目标相适应。会计准则是为提供符合一定质量标准的会计信息服务的，因此，会计准则必须紧紧围绕能够提供高质量会计信息来恰当立项，在内容设计上，要能够具有适当的超前性，准则规范的可选择范围要适当，减少甚至消除会计操纵的空间。其次，会计准则应当与会计环境相适应。会计准则的内容既要适应会计国际化发展的大环境需要走会计准则国际化的道路，又要适应我国特定的政治、经济、法律、文化环境，这是保证会计信息质量的现实选择，也是会计准则具有经济后果的必然要求。最后，会计准则的颁布时机要合适。

2. 会计准则要能反映交易实质

会计准则应该能够如实反映交易实质，并保证逻辑一致性。一方面，会计准则应该反映经济实质，真正做到“实质重于形式”。只有反映经济实质的会计信息才是真实的信息。另一方面，会计准则应当保持逻辑一致性。对于实质相同或结果相同的经济业务应该采用结果一致或相似的会计处理。不论交易或事项是在何时、何地发生，凡相似的交易或事项均按照相似的方法进行会计处理，那么，就能按照统一的口径对会计准则予以解释和运用；否则，就会损害会计信息的可比性和透明度，这样的会计准则便很难说是高质量的。

3. 会计准则应当具有协调性

会计准则的协调性主要包括以下 4 个方面的含义。

首先，会计准则应当协调处理好会计信息质量要求之间的矛盾，如可靠性和相关性的矛盾、可比性和相关性的矛盾、谨慎性和可靠性的矛盾等。如果不能处理好这些矛盾，将难以保证会计准则的质量。

其次，会计准则之间应该相互协调。一方面，基本会计准则(概念框架)和具体会计准则之间，以及各项具体会计准则之间，不论在文字表述上，还是会计处理上都应当协调一

① 刘燕．会计法[M]．北京：北京大学出版社，2001：272．

致，避免出现矛盾。另一方面，我国会计准则应尽量与国际会计准则协调趋同。

第三，会计准则在制定上应当保持协调，如会计准则制定的主体、制定人员、制定导向、制定原则和制定方法不能随心所欲，经常变动。

最后，会计准则应当与国民经济发展政策和其他法规相协调。会计准则要导致良好的经济后果，就必须与国民经济发展政策相协调，与财务制度、税法等其他经济法规相协调。

4. 会计准则应当具有可理解性

具有可理解特征的会计准则有助于得出清晰、明了、基本确定的会计信息。这就要求会计准则的语言表述简明，更易于理解，在不影响科学性的情况下尽量通俗易懂。如果会计准则的内容过于专业、复杂，非专业人士很难看懂，只会加大准则的执行成本，或者将准则束之高阁。另外，高质量的会计准则应当重视“应用指南”和“准则解释”的重要作用。会计准则正文往往言简意赅，较难理解透彻，这就需要同样具有较高质量的“应用指南”，会计准则的应用指南一方面要做到全面、不遗漏，确实具有指导作用，另一方面也要注意避免类似美国的“准则超载”现象。

5. 会计准则应当具有可操作性

会计准则的可操作性包括 3 个方面。①会计准则应该有利于实务操作，并与会计人员的素质相适应。会计准则首先是技术规范，其效果的发挥有赖于其能够正确实施，这就要求会计准则不能过于复杂，也不能过于超前。②会计准则要有利于监管。会计准则的制定应有利于证券部门、财政部门、审计部门等对会计的监督和管理。例如，《企业会计准则第 8 号——资产减值》规定“资产减值准备不得转回”，该规定虽然与国际财务报告准则存在实质性差异，但符合中国上市公司监管现状，对证券监管部门而言，不得转回更利于监管。③会计准则还应讲求成本效益原则。会计准则的制定成本、实施成本(包括培训新准则的成本、准则的负面影响和机会成本等)应该远远低于实施准则所产生的经济效益和社会效益。

6. 会计准则应当具有稳定性

会计准则的稳定性是衡量会计准则是否高质量的一个参考标准。会计准则作为一项会计规范，是对会计实务的规范，不能朝令夕改，应保持相对的稳定性。经常变动的会计准则会增加会计准则的实施成本，降低会计信息的可比性和一贯性。因此，从某种角度上说，如果一个国家的会计准则经常发生变动和修改，只能说明该国的会计准则不是高质量的。高质量的会计准则应该考虑到对新经济事项的及时规范，制定一些必要的超前性会计准则，力求保持会计准则的稳定性。

7. 会计准则应当具有评价能力

评价能力是指会计准则是否能对会计行为的合法性、合规性做出准确或明确的判断与评价。现实中，有些会计行为非常明显地导致了会计信息的失实，但会计准则对此却没有明确禁止。这样的会计准则应该说是质量不高的。

4.1.5 会计准则的结构

由于会计准则是一项技术规范，因此会计准则之间、会计准则内部都具有一定的逻辑关系和结构。

1. 会计准则结构的概念

会计准则结构是指会计准则之间相互制约、相互依存的逻辑关系，它是由会计的内在本质决定的。根据世界各国尤其是发达国家制定会计准则的情况看，有的国家将会计准则的各项内容按照一定的内在逻辑关系进行合理安排，形成会计准则结构，具有层级性。

2. 会计准则的结构

1) 整体结构

会计准则的整体结构是指将各种各样的会计准则，依据其规范的内容，从整体上进行归纳，形成不同的层级，不同的层级相互影响与制约，表现出递进的关系，构成了一套完整的、渐进性的、开放性的会计准则体系。

世界上典型的制定会计准则的国家和地区，可以从整体上将其会计准则归划为两个大的层级，即财务会计概念框架和会计准则。目前，国际上对财务会计概念框架的地位有两种：一种是将它作为一种理论，不属于会计准则范畴；另一种是将它作为会计准则的一部分，居于上层。两种归位的财务会计概念框架的基本功能和作用是相似的。会计准则是在财务会计概念框架的指导下制定的，用来规范具体会计实务。

2) 内部结构

会计准则的内部结构是指各类会计准则的表达方式和基本内容等。目前世界上主要会计准则组织制定的会计准则体系的内部结构主要呈现两种：一种是民间机构如美国和国际会计准则委员会(IASC)制定的框架或准则体系的结构，另一种是政府机构如中国财政部会计准则委员会制定的会计准则体系的结构。

两种准则体系在概念框架文件或基本会计准则上，除了表现形式有较大的差别外，在它们的内部结构上差异不大。IASC1989年发布的概念框架与美国FASB历时20多年制定出来的七辑财务会计概念公告主要内容差不多①，主要包括会计目标、会计信息的质量特征、财务会计要素及其确认和计量、财务会计报告等。美国和国际会计准则委员会等民间组织制定的内部结构模式，主要包括以下几个相关联的部分。

(1) 引言。它包括每项准则的适用范围、基本内容和目的等。引言应具有较强的概括性。

(2) 名词、术语定义。它通过揭示术语的内涵，指出会计名词、术语所反映的本质，明确其逻辑方法，以便于会计的确认、计量和报告等会计行为。定义应力求严谨、周密、简练和概括。

(3) 基本内容。它是对每项会计准则所要规范的具体内容的界定，以及具体事项确认、计量、记录、可供选择的方法与程序。如存货准则，首先应界定存货的范围、确认标准、

---

① 严格意义上讲，两种体系下的概念框架(或基本准则)的差异还是有的，如中国和IASC的概念框架(基本准则)中有会计基本假设，FASB的概念框架就不包含；还有IASC概念框架中提到的“资本保全”观念，FASB和中国就没有；再如由于法律地位的差别，中国基本会计准则以法规条文形式出现，IASC和FASB的概念框架就不是；还有FASB的概念框架后面有大量的附录，而IASC的概念框架和中国的基本会计准则就没有；等等。这里忽略非常具体的差异，仅就大的方面的看是基本相同的。

计量模式和方法的选择等。这是每项具体准则的实质核心，对范围、确认标准，要力求制定同一尺度，便于最终汇总，而对于计量模式与计价方法的选择，应适度宽松，给会计主体一定的选择权，体现行业和企业的特点。

(4) 披露。它是对已确认与计量的会计事项在一定的账簿和报表中的列示、披露与公布，以及应列示、公布的内容和如何列示、公布的范围。会计确认、计量、记录的最终目的是向与企业有经济利益关系者披露相关财务信息，是会计行为的终结。这部分内容应参照整体结构中会计报告具体准则的一般要求，结合每个具体准则的实际内容而加以规定，使整体结构与内部结构相协调、一致。

(5) 解释说明权与有效期。这部分是会计准则的制定机构对已公布和实施的会计准则保留的解释、说明权，显示出会计准则制定机构和会计准则的权威。在执行过程中，如果会计准则的某项条款出现争议，制定机构有解释、说明权。任何事物都是发展变化的，没有永恒的准则，它必须随着会计环境的变更而相应变化，因而每项会计准则都应表明生效期和有效期。

(6) 附录或附注。它是对每项会计准则的研制过程、权威机构和专家的支持与意见和可能出现的争议与变更的说明，以便于使用者理解其来龙去脉和发展趋向，也便于执行者反馈信息，帮助以后修正。

中国会计准则在2006年之前采取了基本准则(即1992年发布的《企业会计准则》)与具体准则(后文所提到的16个)不同的内部结构方式，基本准则采取的法规条文式结构，主要包括会计假设、会计目标、会计核算的一般原则、会计要素的确认和计量以及会计报表等。具体会计准则与上述西方国家和组织的结构模式相似，内容也大致参考的美国会计准则。2006年发布的新准则体系，无论是基本准则还是具体准则，均采取法规条文式结构。基本准则把原“会计核算的一般原则”改称为“会计信息的质量要求”，并且把计量属性单独加以说明。具体准则内容则与国际财务报告准则趋同，结构基本包括总则、确认和计量、报告或披露以及附则。对准则的具体运用另外发布《指南》(或解释)予以指导[①]。

4.2 会计准则的制定与实施

会计准则的制定是一个过程，其结果的优劣、质量的高低取决于会计准则制定过程的安排。对会计准则的制定，要重点考虑的是会计准则制定机构、制定人员、制定方法和程序以及制定导向等。会计准则实施也称会计准则执行，是企业会计准则应用于企业财务会计实践的过程，通常表现为企业在会计准则的约束下，对交易和事项进行确认、计量、记

① 其实，考虑到我国会计准则的趋同对象IAS(IFRS)属于原则导向的，2006年发布的《企业会计准则应用指南》也比较原则，并未能真正起到指导会计实践的示范作用。财政部而是通过编撰出版《企业会计准则讲解》(不属于法规)来发挥具体的指导作用，到目前为止，该讲解已经出版过2006、2008和2010版。按照计划，财政部在下一轮修订会计准则的时候，将会把《企业会计准则讲解》纳入“指南”，以增强会计准则体系的可操作性。

录和报告的行为。由于会计准则具有经济后果，所以，在会计准则执行的过程中，存在着选择的空间，企业并不总是遵循会计准则，即使遵循会计准则也存在着会计政策的选择，存在着为了“管理”财务报表的指标而进行交易和事项的管理行为。因为企业会计的决策过程是由企业管理当局来完成的，因此，盈余管理、会计政策选择和财务会计舞弊等可能出现的结果与会计准则的实施密切相连。[①]

4.2.1 会计准则的制定模式

会计准则制定模式是会计准则的制定机构、制定人员、制定程序等要素的相互结合方式。

1. 会计准则制定机构

1) 会计准则的制定机构的类型

综观各国会计准则的制定机构，有 3 种类型。①民间组织。以美国早期的两个隶属于 AICPA 的会计准则制定机构(CAP 和 APB)，与国际会计准则委员会(IASC)和改组后的国际会计准则理事会(IASB)为代表。由民间组织制定准则的优点在于，与会计师执业团体关系密切，自由度较大。但其权威性需要较长时间才能形成，实施力度相对较弱。②官方组织。例如中国会计准则由财政部直接制定，权威性高，实施力度强。但其制定的会计准则往往较多地体现了“国家意志”。③半官方组织。1973 年成立的 FASB 是一个半官方组织，它既不像前两个机构(CAP 和 APB)那样受 AICPA 领导，也不受政府管辖，具有相对较强的独立性，有利于沟通政府与民间的关系，使会计准则易得到各方的认可。

各国会计准则制定机构的选择，一般具有一定的历史渊源，或者受到其他因素的直接影响。例如韩国，在 1998 年之前，会计准则由政府下设的金融监管委员会(FSC)制定。1998 年亚洲金融危机以后，国际货币基金组织和世界银行对韩国提供了一系列贷款，同时附加了一些其他条件，韩国的会计准则转由民间独立机构——韩国会计准则院的会计准则委员会(KASB)制定。

2) 中国会计准则制定机构

我国会计准则制定机构是财政部。财政部会计准则委员会(CASC)是中国会计准则制定的咨询机构[②]，旨在为制定和完善中国的会计准则提供咨询意见和建议。其具体职责有以下几点。①对会计准则的总体方案、体例结构、立项等提供咨询建议。②对会计准则制定中重大会计处理方法的选择等提供咨询意见。③对财务会计概念框架等有关基础理论提供咨询意见。④对会计准则实施情况提供咨询并反馈有关信息。会计准则委员会下设 3 个专业委员会，它们是“会计理论专业委员会”、“企业会计专业委员会”和“政府及非营利组织会计专业委员会”。

从目前来看，中国会计准则以官方为主制定，是现实的选择。因此我国的民间会计团体(如中国会计学会、中国注册会计师协会)还很弱小，尚不具备独立制定会计准则的

---

① 刘慧凤．情境构架下企业会计准则执行研究[M]．北京：经济科学出版社，2007：23.

② 财政部会计准则委员会成立于 1998 年 10 月，分别与 2003 年 7 月和 2011 年 6 月改组成立第二、三届。

能力。同时，受传统的影响，即使民间团体能够制定出高质量的会计准则，如果没有政府部门的强制要求，也很难对广大会计人员起到约束作用。从长远来看，随着市场的发展和民间会计团体的不断壮大，会计准则制定机构将最终向独立化模式发展，这是一种国际趋势。

2. 会计准则制定人员

会计准则具有利益协调作用。为了协调各方利益关系，会计准则制定人员应是各种利益群体的代表，这是会计界的共识。FASB 为了促进其所制定的准则能够为各个利益集团所接受，特别注意遵循“广泛代表性”原则。FASB 由 7 名委员组成，其中来自会计职业界(注册会计师)3 名，来自实业界 2 名，来自学术机构和政府各 1 名。①为了保证会计准则制定机构的独立性，FASB 成员必须停止在原单位的工作，切断任何与之相关的利害关系。

3. 会计准则制定程序

我国会计准则制定程序分为 4 个阶段。

1) 立项阶段

会计司根据我国经济发展的需要，提出会计准则立项意见，向会计准则委员会和有关方面征求意见。会计准则立项意见应包括对立项的背景和理由做出说明。会计司根据会计准则委员会和有关方面的意见和建议，对会计准则立项意见做出修改调整，按规定程序报财政部领导批准后正式立项。会计司将立项情况向会计准则委员会通报，并向社会公布。

会计准则委员会根据需要，结合确定的会计准则项目和立项意见，成立项目研究组，开展课题研究，形成研究报告。

2) 起草阶段

会计准则项目立项后，会计司组成项目起草组，并将起草组的成员及有关情况向会计准则委员会通报。项目起草组根据所承担的会计准则项目，及时提出工作计划和时间表，在有关研究报告和实际调查研究的基础上，起草完成讨论稿，由会计司提交会计准则委员会征求意见，修改后形成征求意见稿。

3) 公开征求意见阶段

在该阶段，会计司通过向各省、自治区、直辖市和计划单列市财政厅(局)以及国务院有关业务主管部门印发征求意见稿、在会计准则委员会网站和其他主要媒体上公布、召开座谈会、研讨会等形式，向社会广泛征求意见。项目起草组对公开征求的意见进行汇总，并根据反馈意见对征求意见稿进行修改，形成草案，由会计司再次提交会计准则委员会征求意见。

4) 发布阶段

项目起草组根据会计准则委员会的意见对草案进行修改，形成送审稿，会计司按规定程序报送财政部领导审定后，由财政部发布并组织实施。

---

① 常勋．国际会计[M]．4 版．大连：东北财经大学出版社，2007：38.

专栏 4-3

国际会计准则的制定程序

IASB 在 2002 年 11 月的《国际财务报告准则前言》中公布了其拟定的应循程序，这些程序主要包括以下步骤。

(1) 要求工作人员确定和审核与议题相关的所有问题，并考虑“框架”对这些问题的使用。

(2) 研究各国会计核算的要求和实务，与各国准则制定机构就这些问题交换看法。

(3) 向“准则咨询委员会”咨询，是否可以将该议题添加到理事会的议程中。

(4) 成立咨询小组，就该项目向理事会提供建议。

(5) 发布讨论稿，向公众征求意见。

(6) 发布至少由 8 名理事会成员投票批准的征求意见稿，向公众征求意见，包括理事会成员所持的任何不同意见。

(7) 随征求意见稿公布结论基础。

(8) 考虑在征求意见期限内收到的所有对讨论稿和征求意见稿的意见。

(9) 考虑是否需要举办听证会以及是否需要进行实地测试，如果认为有必要，就举办这类听证会和进行这类测试。

(10) 由至少 8 名理事会成员(2005 年改为 9 票)投票批准一项准则，发布的准则包括任何不同的意见。

(11) 随准则公布结论基础，说明理事会充分程序的步骤以及理事会如何处理公众对征求意见稿的意见等。

IASB 在其“应循程序”中明确指出：“国际会计准则理事会和国际财务报告解释委员会的会议对公众是公开的。在公布准则时，IASB 将公布结论基础，公开解释它是如何达成其结论的。”IASB 同时说明它将尽力采用最现代和方便的手段，以达到其会议公开目的。像美国一样，IASC 也通过其网站和《国际会计准则理事会动态》、《国际会计准则理事会快讯》等及时而详尽地公布理事会的工作议程和会议日程。IASB 在其网站上公开声明，其会议是公开的，为了便于有兴趣的公众参加会议，网上不仅公布了会议的日程和议程，而且制定了观察者指南，其中详尽说明了 IASB 对有意参加会议的公众提出的要求以及他们应该如何与委员会取得联系等。

我国 2006 年颁布的一系列会计准则制定程序与 IASB 会计准则制定程序之间有了较大的相似之处，在立项和研究阶段，大量地咨询专家咨询委员会的意见，并利用了会计准则委员会项目小组的大量研究成果，会计准则的征求意见稿也公布在财政部会计准则委员会的网站上。尽管公众的参与程度和积极性还不太高，制定机构也没有公布不同意见，但在较大程度上还是体现出中国会计准则制定程序的严密性和充分性，从而使中国会计准则具有高质量会计准则的基本特征。

4.2.2　会计准则的制定导向

1. 会计准则制定导向的含义

会计准则的制定导向是指在会计准则制定过程中应该坚持的基本的理论方向。一般来说，会计准则的制定有两种基本导向：规则导向和原则导向。安然事件以后，SEC 提出了“以目标为导向”的第三种导向观。

2. 会计准则制定的规则导向

1) 规则导向的含义

规则导向的会计准则是以详细、具体的会计处理规则为主要内容的准则。考察美国会计准则发展史不难发现，美国会计准则的制定始终是以规范实务操作为宗旨，其规定非常具体、详尽，强调规则的制定和运用，用复杂的准则体系去规范经济行为。

2) 规则导向下会计准则的优点①

(1) 可操作性强，有利于会计人员按照具体而详细的准则处理相应的会计业务，减少专业判断的空间，降低了误判的可能。

(2) 有利于审计人员按照具体的标准执行审计业务，减少其与被审计单位会计处理意见的分歧。

(3) 有利于增强财务报告的可比性(规则导向下会计准则的执行使其更多的偏向于形式上)。

(4) 有利于审计人员利用具体的条款来预防诉讼。

(5) 对会计人员的综合素质要求不高。

以规则为导向制定会计准则，主要是出于以下几点的考虑：首先，会计准则本身具有经济后果，在制定时不得不考虑平衡各利益集团的利益；其次，证券监管部门需要详细的规则，以便于监督实施；再次，公司需要详细的规则，以减少交易设计的不确定性；最后，会计职业界从自身的利益出发，需要详细的规则，以减少与客户的纷争并在诉讼中自我保护。历史上，“规则导向”的会计准则为美国资本市场的繁荣作出了重要贡献。

3) 规则导向下会计准则的局限

安然事件之后，规则基础的会计准则制定模式成为众矢之的。舆论普遍认为安然事件与美国会计准则以“规则”为基础的制定模式存在很大关联。在这种模式下，企业会计人员和注册会计师只是一味地迎合会计准则的具体要求，而忽视了或者为钻准则的空子而故意无视经济交易的实质。根据SEC的研究报告，以规则为基础的会计准则存在以下3个重大的、被普遍认同的缺陷。②

(1) 太多的界线检验。美国会计准则中有许多明示(或暗示)的百分比界线，例如：合并——50%；特定目的实体合并——3%；融资租赁与经营性租赁的区分——75%和90%；报告分部的确认——10%：在不动产销售中可以全额确认利润需要首付款的比例——5%、10%、15%、20%或者25%，根据销售的不动产种类而定。

规则导向模式下，准则制定者试图通过制定界线，代替管理人员和审计师职业判断，这实际上是把准则制定者的判断强加给管理人员和审计师。表面上看，界线的存在增加了信息的可比性，实际却并非如此。因为同一界线两侧的交易虽然很相似，但会计处理却截然不同。而且，试图确切地画出合法做法的底线，可能会鼓励人们在业务操作中尽可能地靠近底线，甚至尝试突破底线。

① 谢获宝，李忠．会计准则制定导向：权变观[J]．财会通讯(学术版)，2006，(11)：3-6.

② SEC．财政部会计司译．对美国财务报告采用以原则为基础的会计体系的研究[M]．北京：中国财政经济出版社，2003：20-22.

(2) 众多的原则例外。这些例外通常是为了平衡信息的有用性和可操作性而做出的妥协。有些例外允许某些交易和事项可以继续按照其他已有的会计规范来记录，而不是按照会计准则来记录(范围的例外)；有些例外是为了达到预想的会计结果，如为了限制盈利的变动性(应用的例外)：还有的例外是为了减轻向新准则过渡的影响(过渡的例外)。例外事项导致的会计处理的不一致以及规则之间的冲突，为企业管理当局机会主义的会计选择创造了条件。

(3) 庞大详尽的操作指南。在会计准则中增加解释和执行指南的主要目的是为了保证会计信息具有可比性，即所有企业对某项准则所涵盖的相似交易和事项应作相似记录。在美国，准则的应用指南一般是由紧急问题工作组达成的一致性意见。自从 1984 年成立以来，该工作组研究了 434 个问题，平均每年约 24 个问题，很多会计准则的细节化和复杂化就来源于具体规则化的实施指南。例如关于衍生金融工具会计处理的全部指南总计有 800 多页，出现了“准则超载”的现象①。

专栏 4-4

会计准则超载②

按照美国著名会计学家贝克奥伊的定义，会计准则的超载通常是与会计准则的扩展相联系的，它涉及如下几方面的内容：①太多的准则；②太细的准则；③没有刚性的准则，在应用的时候无所适从；④通用目的的准则不能满足编制者、使用者和注册会计师的不同需要；⑤对公开募股和非公开募股的主体，年度和中期财务报表，大企业和小企业，审计和非审计的财务报表等，通用目的的准则不能提供区别；⑥过度的披露和复杂的计量，或两者兼而有之。

在以规则为基础的体系下，审计人员也往往培养了一种“核对清单”的心理。独立的专业判断让位于机械地套用准则，审计师们只关心公司的会计处理是否被会计准则明文禁止，或者达到了会计准则中的界线标准，而不关心财务报告是否充分反映和达到了会计准则所要求的目标。这种心理又反过来强化了上市公司只注重交易的形式而忽视交易实质的现象。这样给了那些报表操纵者做表面文章的机会，事后还利用准则为其看似合规但并不合理的利润操纵行为辩护。为了堵塞漏洞，准则制定者又增加了新的规则，但是报表操纵者又找到了规避的方法，准则制定与报表操纵者之间形成了“你追我赶”的现象。由于准则制定需要花费时间，因此虽然准则不断增加，但准则制定者往往总是比报表操纵者落后好几步。③这不仅导致了会计准则的不稳定性，还会导致昂贵的会计准则制定和实施成本。还会由于包含了大量、详尽、复杂、重技术细节的规则，很容易造成具体会计准则之间的内在不一致；由于准则过多，无形中增加了职业进入门槛，增加了准则学习成本。

---

① 20 世纪 70 年代，美国开始关注“准则超载”问题，并试图寻求“准则减负”、治理“准则超载”现象的方法，美国先后进行的会计信息披露的有效性讨论、高质量会计准则和以原则为基础制定会计准则的讨论的诱因就基于此，它也是 FASB 与 IASB 合作的原因之一。

② [美]贝克奥伊．钱逢胜，等译．会计理论[M]．4 版．上海：上海财经大学出版社，2004：101-102.

③ 任春艳．上市公司盈余管理与会计准则制定[D]．厦门：厦门大学，2004.

3. 会计准则制定的原则导向

1) 原则导向的含义

原则导向的会计准则主要规定会计处理原则，较少规定具体的、严格的会计处理方法。主要特点是：依据内在逻辑一致的、内容全面完整的会计概念框架制定；而且该导向下的会计准则要求较多的职业判断，具体的准则运用指南、解释和补充较少，原则导向可以导致结果公平。从会计准则制定实践看，国际会计准则委员会(IASC)和国际会计准则理事会(IASB)制定的国际会计准则(IAS)和国际财务报告准则(IFRS)，就属于原则导向的。

2) 原则导向会计准则的优点①

(1) 允许审计人员和企业会计人员运用专业判断，这将使会计在对经济业务进行确认、计量、记录和报告方面更加注重经济业务的实质。同时也将在财务报告审计方面加强专业性。

(2) 审计人员和会计人员以及即将进入会计行业的人将更加容易理解会计准则，了解其实质，降低会计准则的使用成本。

(3) 减少形式重于实质的可能性，减少众多的例外原则，减少众多准则之间的潜在冲突，有利于真实体现经济业务的实质，有利于增进会计信息的可比性。

(4) 如果会计师合格，并且保证了必要的独立性，完善的法律制度得到良好的运行，则可以减少受到控诉的概率，因为在原则导向下的会计准则虽然缺少具体而详细的标准，但是其内含的精神符合会计处理的具体原则。

(5) 有利于同国际会计准则和已经较多采用了原则导向国家的会计准则的趋同，有利于促进会计国际化，有利于国家和跨国企业的长远发展利益。

(6) 其适用范围更广，对不断变化的金融和经济环境的反应更快，有利于保证会计准则的相对稳定性。

3) 原则导向会计准则的缺陷

虽然与规则为导向的会计准则相比，原则导向的会计准则通过减少界线检验和例外情况可以避免机会主义行为和形式重于实质的问题，并且更易于信息使用者理解，但是这种模式也并非完美无缺的，它也有很多潜在的缺点②。

(1) 会计人员素质的参差不齐，操作指南的缺乏，这使得原则导向的会计准则是否能够被会计人员正确地运用成为一大问题。

(2) 原则的一致性并不能排除具体操作的不同，因而在会计信息质量保证的前提下，会计信息的形式可比性又成为一大问题。因此，原则基础可能会削弱可比性，因为不同人对同一问题的职业判断可能不同，而且原则基础的准则留下了较大的解释和应用的空间，虽然不同的解释可以通过披露来解决，但这样一来，披露的数量和复杂程度就更大了。解决这一问题的途径就是增加披露以进行解释，但这将使已经太多的财务报表披露内容变得更多。

(3) 能否正确行使职业判断，会不会存在滥用职业判断的问题，即运用原则的时候违背了会计准则本来的精神和意图。

(4) 对实施条件要求较高，如诚信的道德环境，完善的监管环境，完整一致的财务概

① 谢获宝，李忠. 会计准则制定导向：权变观[J]. 财会通讯(学术版)，2006，(11)：3-6.

② 谢获宝，李忠. 会计准则制定导向：权变观[J]. 财会通讯(学术版)，2006，(11)：3-6.

念框架结构，高素质的财务会计人员，合理的公司治理结构，高质量的审计准则，合理的审计模式等。

4) 原则导向的实现条件

原则导向的会计准则要想克服上述弊端获得成功，必须要有强有力的、一致应用的实施机制。在原则导向模式下，必须有两重主要的把关者：第一重是注册会计师，第二重是准则执行主体即公司管理当局。更原则化的准则体系的成功实施要求这两重把关者都要愿意并且能够正确行使职业判断，摒弃为每个问题寻找确定答案和规定的习惯。

4. 会计准则制定的目标导向

1) 目标导向会计准则提出的背景

安然事件以后，2002 年 7 月通过的《萨班斯——奥克斯利法案》①责成 SEC 研究 4 个问题：美国现有准则中已经在多大程度上体现了原则导向，从规则导向的财务报告系统过渡到原则导向，需要多长时间，采用原则导向的可行性和可能的方法；对采纳原则导向进行全面的经济分析。FASB 也于 2002 年 10 月 21 日对外发布了《关于美国以原则为导向制定会计准则的方法和建议》，对准则制定模式由现行的规则导向转变为原则导向并广泛征求社会公众的意见。2003 年 7 月 25 日，SEC 向国会提交了《按照 2002 萨班斯——奥克斯利法案 108(d)条款要求对美国财务报告系统采用原则基础的会计体系进行研究的报告》，该报告提出了“目标导向”这个全新的概念来指导美国未来的准则制定。

2) 会计准则目标导向的含义和特征

会计准则制定的目标导向这一观点的提出，使得原来的会计准则制定的原则基础和规则基础之争变为在原则和规则之间寻找最优的均衡点。目标导向会计准则涵盖了原则导向，同时吸收了规则导向的优点，具体来说有以下特征。

(1) 目标导向以改进后得到一贯运用的概念框架进行，这意味着整个会计系统会形成一个统一的整体。

(2) 明确说明准则的会计目标——决策有用性，这使公司管理当局想绕过会计准则本来意图而进行财务操纵的可能性减至最小。

(3) 提供适量的细节以增强准则的可操作性。

(4) 尽量减少例外条款，因为例外的本质就是对会计目标的违背，并且还会引起准则内部的矛盾。

(5) 避免使用百分比测试和只注意交易形式而忽视交易实质的界限检验，以杜绝对准则阳奉阴违的行为。

(6) 目标导向的会计准则清楚地说明了它将适用于哪些类型的交易，同时它也向财务报告的编制者和审计人员提供足够的指南，帮助他们判断公司的交易应采用何种会计方法。

3) 目标导向会计准则的优缺点

美国 SEC 认为目标导向的准则，强调了目标在准则中的作用，克服了“规则导向”的过于详尽复杂以及“纯原则导向”的过于言简意赅的缺陷，是两者之间的最优均衡。其优点在于：最终会使财务报表更有意义、更有信息含量；投资者和分析师理解准则本身的成

① 该法案的中英文文本参见张为国，邱煜芳．后安然时代[M]．北京：中国财政经济出版社，2003：224-436.

本预计会降低；有助于提高准则制定过程本身的质量、一致性和及时性；方便了与国际会计准则的进一步协调。[①]

但是，目标导向会计准则也不可避免地具有一定的局限性。

(1) 限定了决策有用的目标观，扼杀了其他目标观(如受托责任观)等的理论应用。

(2) 在经济行为日益复杂的市场中，难以把握符合实践的原则与规则之间效用的平衡点。

(3) 目标会随着经济内外环境变化而变化，决定了目标导向的目标必须是动态的目标，这在某种意义上要求会计准则的多种方案的选择、并存或是过渡，而这恰恰又是一项相当大的会计工程。

5. 比较 3 种导向

三者比较而言，有以下几点不同。

1) “界线”测试的数量不同

原则导向几乎没有“界线”测试，规则导向有较多的“界线”测试，目标导向则尽量规避这种情况的出现。原则导向则使用会计处理原则来判定。目标导向似乎是主要集中在原则方面，当然为了防止原则导向的低操作性，也会提出一些参考的界线，但是它会尽量避免出现界线。

2) 对会计环境的要求不同

在法律环境方面，原则导向需要很完善的法律体系，规则导向的要求则相对较低，因为自身的严格规定已经使得职业判断的空间很小，会计人员只需要“按图索骥”就可以了。目标导向则似乎是适应现实会计环境，并努力争取高质量的会计信息传递，降低信息供需之间的不对称。会计人员素质环境方面，原则导向要求会计人员具有较高的理论素质和实践能力，因为只有高素质的会计人员才能够准确地理解和把握准则，并恰当运用；而规则导向对会计人员的要求不是那么高，因为大量的规则减少了会计人员发挥职业判断的空间，不需要太多的思考等。

3) 职业判断的空间不同

原则导向给予了会计人员很大的职业判断空间，规则导向限制了会计人员的职业判断，目标导向则又是一个均衡。根据具体的会计环境，会计准则中应当保留恰当的职业判断空间。因为会计准则的制定在时间逻辑上总是滞后于新兴经济业务，即使是现有的经济业务也不可能完全在会计准则中得到规范，因此，保留必要的、恰当的职业判断空间既可以保证财务报告反映经济业务的实质，而且有利于防止企业对经济业务实质的规避。

4.2.3 会计准则的实施

1. 会计准则实施的作用

(1) 会计准则实施是实现会计准则目标的中心环节。会计准则的主要目的是对企业编制和提供财务会计报告做出统一的规范，为外部会计信息使用者取得真实、公允、可比的会计信息提供保证。因此，会计准则的制定主要是研究问题的过程，只有会计准则执行才

① SEC．财政部会计司译．对美国财务报告采用以原则为基础的会计体系的研究[M]．北京：中国财政经济出版社，2003：3-4．

是直接地、实际地、具体地解决问题的过程。如果没有会计准则的执行，会计准则目标就只能是纸上谈兵。也就是说，会计准则只有通过执行，才能转化为现实，才能体现出它的实际价值。“在达到会计准则目标的过程中，方案确定的功能只占 10%，而其余 90%取决于有效的执行。”①

(2) 会计准则实施是检验会计准则质量的重要途径。一项会计准则的质量高低最终必须通过有效执行这个重要的途径来检验，这也是会计准则的“可操作性”特征要求的。通过对某项会计准则的贯彻实施，统一了会计核算标准，保证了会计信息质量，实现了会计目标，从而证明其技术规范能力强，引发的经济后果最公平和最合理，这样的会计准则就具有较高的质量。另外，通过有效执行会计准则，还可以根据实际情况进一步完善会计准则，如果执行中发现问题，就应及时进行调整，或修订会计准则，或发布准则解释以期会计问题的最终解决。正是从这个意义上说，会计准则执行是检验会计准则质量的重要途径。

(3) 会计准则执行是发展会计准则的重要依据。这里的“发展会计准则”包括两方面的含义：一是指对原有会计准则的修正和补充，也就是通常所说的反馈纠错。任何一项会计准则，不可能一经制定就达到尽善尽美的程度，需要在贯彻执行过程中不断修正、补充、完善和发展；会计准则执行过程中所反馈回来的各种信息又为会计准则制定者提供了客观依据，使其有可能根据情况变化来修正和完善会计准则，以提高会计准则的可行性和有效性。二是指制定新的会计准则。任何高质量的会计准则都只能在一定的时间和空间范围内起作用，即会计准则也有“生命周期”，超过了一定的时空范围，会计准则就失去效用，就需要有新的会计准则来替代它。新会计准则的立项和制定要参考以前类似会计准则实施后的反馈信息，要在前一项会计准则后果的基础上来制定。因此，会计准则实施活动及其后果是发展会计准则的重要依据。

2. 影响会计准则实施的因素

影响会计准则实施的因素很多，主要有以下 5 个方面。②

1) 会计环境因素的影响

任何一项会计准则的实施都要受到所处社会环境的影响和制约。影响会计准则执行的环境因素主要有：经济、政治、法律、监管和社会心理等。

(1) 经济因素。企业经济结构特点和经济发展水平的不同，必然会对会计准则执行的内容和要求产生影响；企业经济活动的国际联系程度，同样会影响到会计准则执行的深度和广度；而不同资金来源的企业，会计准则执行的透明度必然不同，以贷款为主的企业，侧重于稳健会计准则的执行，而以接受投资为主的企业，必然强调会计准则执行的公允性和客观性。

(2) 政治因素。准则的政治行为在相当程度上是经济后果的直接延伸。也就是说，会计准则的经济后果，是一种经济利益的协调，追求公平、合理是其最终目标，而会计准则的政治化程序，更多地强调准则的宏观效应，政府及其他权力机构将准则视为一种能实现其既定目标的手段，通过权力强制某一项准则的通过与执行。

---

① 王文彬，林钟高．试论企业具体会计准则的执行[J]．财经理论与实践，1997(2).

② 本部分参考了王文彬，林钟高．试论企业具体会计准则的执行[J]．财经理论与实践，1997，(2)：28-33.

(3) 法律因素。法律因素对会计准则实施的影响主要表现在，当会计准则的执行主体违反会计准则的要求或者不遵从会计准则的意图时，法律首先能够给予及时的预警，当其行为成为现实时，法律能够提供及时的、适当的处理或惩罚，充分发挥法律的威慑力量，使得当事人违规、违法的成本远远大于其所获得的收益，消除“羊群效应”。

(4) 监管因素。这里的监管是一种广义的提法，包括目前专业监管机构如证监会、银监会和保监会对相关会计准则实施的监管以外，还包括专门针对会计准则实施而设置的，类似于英国财务报告审核委员会(FRRP)的会计准则执行审查委员会的监管，甚至还可以包含媒体和专业人士对会计准则执行的监督等。①监管渠道的扩大、监管后的曝光和处理，在一定程度上抑制了会计准则执行主体的作弊冲动。

(5) 社会心理因素。一定的社会心理态势是准则能否得以有效执行的重要条件。因为社会的心理态势直接影响到人们的经济政治行为。从社会心理环境来看，对准则的有效执行具有决定作用的社会心理因素主要表现在审慎性和保密态度、投资和经营的时间倾向性、会计职业和会计地位的高低等。准则执行人员应该努力提高和增强目标群体的心理承受能力，为准则的有效执行创造一种融洽、和谐的社会心理环境。

2) 会计准则本身的影响

一项会计准则能否得到有效推行，往往取决于会计准则本身能否科学合理，是否属于高质量的会计准则。上文讨论的高质量会计准则的7个质量特征，都可以对会计准则的实施带来影响。

3) 会计准则执行对象的影响

会计准则能否达到目标，在很大程度上取决于会计准则接受者的态度。这里所说的会计准则接受者，就是会计准则执行的对象，即目标群体，是指那些受会计准则作用和影响而需要重新调适行为的群体。一般来说，会计准则对象在准则的实施中有接受准则或不接受准则两种选择，顺从和接受的程度是影响会计准则能否有效执行的关键因素之一。尽管会计准则的目标多样，但它总是表现为对一部分群体的利益进行分配或调整，对一部分群体行为的指导、制约或改变。准则实施的结果总要造成某些群体的受益以及某些群体的受损。人们接受还是不接受某准则，主要取决于准则与人们实际利益的关系和准则与人们行为方式的关系两个因素。在利益分配过程中，得到不同利益的人们对准则往往采取不同的态度，一般来说，准则的受益者总是准则实施的动力，而受损者往往成为准则实施的障碍。一项本质上能给公众带来根本利益的准则，在执行之初由于与人们的价值观念不相符合，往往难以接受。如果准则对象行为的调整与其原来习惯的思想和行为差距较大，则不容易很快接受准则，准则执行也就难以迅速达到预期的目标。

4) 会计准则执行机构的影响

会计准则的实施必须依赖于一定的机构和人员来承担。执行机构对准则实施的影响主

① 尽管因为世纪星源诉《财经》并胜诉的案件让媒体对会计准则实施的监督风险加大，但媒体还会积极关注企业尤其是上市公司执行会计准则的情况。近年来，专业人士对会计准则执行情况的监督以中央财经大学的刘姝威教授的六百字短文揭露“蓝田股份”造假事件影响最大。其次是上海国家会计学院飞草(申草，本名郑朝晖)，他以犀利的笔触撰文揭发过上百家上市公司会计报表粉饰行为，号称资本市场的“财务杀手”。其著作主要有《会计迷局》、《会计迷局·解》和《财务侦探——发现财务错报》等。

要表现为两个方面：从静态方面来看取决于公司治理结构是否合理；从动态方面来看取决于执行人员是否得力。

(1) 合理的公司治理机制。合理的公司治理机制是达到会计准则目标的组织保证。公司治理产生的根源是非对称信息中合约的不完备性，从这个意义上讲，公司治理就是通过监督、制衡、信息获取等机制的设计来克服因信息不对称而产生的逆向选择和道德风险等问题，以维护公司各相关者的权益。如果公司治理机制不健全，就难以迫使管理层遵循会计准则并释放真实、公允的会计信息，进而难以有效解决逆向选择和道德风险等问题，会计准则的建设与国际化工作也就收效甚微。

(2) 合格的执行人员。会计准则执行人员的准则水平、行为意向和工作态度、知识结构和组织能力等构成了影响和制约会计准则执行的重要因素。第一，合格的执行人员应具备较高的准则水平和良好的职业判断能力，对于准则的性质、精神、含义、内容等有着充分的理解力，当准则中涉及几种方法的选择时，要能够发挥职业判断，保证准则的正确执行。第二，合格的执行人员应该有良好的职业道德和积极向上的工作态度，能担当好身兼目标群体和执行者双重角色。当作为目标群体的准则执行者的利益被自己所执行的准则所调整时，他们必须能够在整体利益和局部利益中做出抉择，对准则有积极的认同感。第三，合格的执行人员应当具有合理的知识结构和较强的组织能力。

5) 会计准则资源的影响

会计准则执行所需要的资源主要包括财物资源、人力资源、信息资源和权威资源 4 个方面。

(1) 财物资源和人力资源是两种最基本的准则资源，是准则执行的物质基础。每一项会计准则的执行，都需要投入一定的人力、物力和财力。不过，这个投入应考虑成本效益原则，既保证会计准则执行活动的正常开展，又要避免不必要的消耗。

(2) 信息资源。会计准则执行者不仅应该获得足够的信息资源，而且还应当确保信息渠道的畅通无阻，以保证会计准则达到预期效果。因此，会计准则执行者应当讲求运用信息的效率，以信息利用的高效能来获取准则的高效益，密切注意信息的反馈，及时调整实施方案，使信息利用呈现对最佳价值的追求，保证会计准则目标的顺利实现。

(3) 权威资源。权威资源是会计准则执行活动的一种特殊资源。负责执行准则的人员要使其执行活动得以顺利进行，则必须具备相应的权威。因为会计准则执行是需要很多人相互协作的共同活动，而共同活动的首要条件也是要有能处理一切所属问题的、起支配作用的意志，即权威。可见，权威是采取行动、进行指挥、获取资源而执行工作任务的权力来源。会计准则本身就是权威性和规定性的统一，因为所有的会计准则都试图以某种方式影响和控制人们的行为，使人们的行动与会计准则的目标相一致。

4.3　中国会计准则的研究和制定

4.3.1　对西方会计准则的引进

1. 对西方会计准则的初步介绍

20 世纪 30 年代初，我国开始引进介绍会计准则，黄祖方在其《会计学之重要假定》

一文中，列举了 9 项会计基本假定：①事业有机体；②事业活动在决算日静止；③决算日与会计时期；④资产=负债+资本；⑤继续经营；⑥货币价值不变；⑦稳健主义；⑧最初成本与资产价值；⑨流动资产以“成本与时价孰低”为估价标准等。[①] 当时以美国为代表的西方会计精英对会计基本假定的研究还刚刚开始，这 9 条会计基本假定除了基本涵盖 W.A.佩顿 1922 年在《会计理论》第 21 章提出的 7 条假设的大部分以外，“稳健主义”和“成本与时价孰低”(现在包含在“稳健原则”之中)仍然是今天会计信息质量要求的组成部分。1949 年，立信会计图书用品社出版了由潘序伦先生翻译的 W.A.佩顿和 A.C.利特尔顿 1940 年合著的，堪称美国会计理论代表作的《公司会计准则绪论》，它的出版“对我国会计学术发展，发生过较大、较广泛的影响”[②]。

2. 对西方会计准则的全面介绍

新中国成立以后，我国全面引进苏联的计划经济会计模式。此后的 10 多年间，很少涉及西方的会计问题。1962—1963 年，中国人民大学赵锡禹教授为人大财政系的财务会计教师所作的资本主义会计专题讲座时，着重介绍了 12 项“会计原则和基本概念”，这些原则和概念在当时的美国已经相当流行。它们是：①会计实体；②继续营业价值；③会计分期结算；④货币单位；⑤成本转移(或成本流转)；⑥原价；⑦收益实现；⑧收益和费用配合；⑨明确反映财务事项；⑩重要性；⑪前后一致性；⑫保守(或稳健)。[③]

1979 年，我国实行改革开放的政策，经济体制和企业经营机制均发生了较大的变化，关注西方会计成为时代的必然。从 20 世纪 80 年代开始，《会计研究》、《财务与会计》、《经济资料译丛》、《外国经济与管理》、《财会探索》(现《当代财经》)等杂志设专栏分别刊登一些学者翻译介绍的国外会计原则(与“会计标准”、“会计准则”混用)，在会计界产生了较大的影响。20 世纪 90 年代以后，我国先后翻译出版了《国际会计准则》、《财务会计概念公告》和《美国财务会计准则》等，为中国会计准则的研究和制定提供了帮助。

4.3.2 中国会计准则的初步形成

1. 学术界的先期努力

中国研究制定会计准则发端于学术界，在 1979 年末 1980 年初召开的中国会计学会成立大会上，天津财经学院李宝震教授提出要建立社会主义会计原则。[④]中国会计学会在 1983—1985 年工作要点中提出要研究“社会主义会计原则、会计准则”，此后我国出现大量介绍西方会计准则(原则、标准)的文章。1987 年，中国会计学会成立了“会计准则及会计基本理论研究组”(后更名为“会计理论与会计准则研究组”)，开始了有组织、有系统的研究，并有成果发表。1989 年中国会计学会在上海召开中国会计历史上第一次会计原则

① 转引自阎达五．会计理论专题[M]．北京：中央广播电视大学出版社，1985：169．
② [美]井尻雄士．娄尔行译．评《公司会计准则绪论》[J]．上海会计，1982，(1)：35-41．
③ 赵锡禹．资本主义会计专题讲座[M]．北京：中国人民大学出版社，1981：14-19．
④ 李宝震．论社会主义会计的原则[J]．会计研究，1980，(1)：11-19．

研讨会，会议对中国研究制定会计准则(原则)的问题进行了深入细致的研讨，出版了《会计准则问题专集》。

2. 政府主导会计准则的研究及成果

1) 1993 年《企业会计准则》的颁布

1988 年 10 月财政部会计司正式成立会计准则课题组，学术界发起的中国会计准则研究活动被政府“接管”，学术界许多精英转而担当咨询的角色。

1989 年 3 月财政部先后发布了《关于拟定我国会计准则的初步设想》和《关于拟定我国会计准则需要研究讨论的几个主要问题》两个文件，对制定会计准则的若干问题统一了认识。1990 年 4 月第一个准则草案《中华人民共和国会计准则(草案)提纲》出台，11 月完成第二稿，1991 年 11 月形成第三稿，改名为《企业会计准则第 1 号——基本准则(草案)》，提交 1992 年 2 月 26～28 日在深圳召开的第一次“会计准则国际研讨会”讨论，该研讨会汇集了国内几乎所有的会计知名学者和实务界人士，IASC 主席亚瑟·怀特、秘书长大卫·凯恩斯出席会议，宣读论文并回答了代表的提问。研讨会再次宣传了以会计准则取代会计核算制度的改革方向，提出要借鉴 IASC 在协调各国会计准则方面的努力，尽快制定中国会计准则。[①]以后，财政部又先后召开各种不同规模的国际、国内会计准则研讨会和座谈会，[②]并将会计准则的草稿在 1992 年 7 月召开的全国财政和会计工作会议上讨论，形成初稿后再发布全国征求意见，七易其稿，最后报国务院批准。1992 年 11 月 30 日，以财政部长令的形式对外发布《企业会计准则》，从 1993 年 7 月 1 日起实施。

《企业会计准则》的发布实施，是我国会计发展史上的一件大事，它结束了我国计划经济会计核算体制，在向市场经济会计核算体制过渡的道路上迈出了一大步。其意义主要表现在以下几点。

(1) 完善了会计核算法规体系。我国当时的会计核算法规体系主要由两个层次构成：第一层次是《会计法》，它是会计核算工作最高层次的规范，由全国人民代表大会常务委员会制定，以国家主席的命令颁布；第二层次是跨行业、部门和所有制的各种《会计制度》，由财政部和相关主管部门制定并颁布。《企业会计准则》的发布实施，为我国以后会计改革形成“以会计准则指导单位内部会计制度”的格局奠定了基础。

(2) 打破了行业、部门和所有制界限，加强了会计信息的统一性和可比性。《企业会计准则》从根本上破除了 20 世纪 50 年代以来形成的分行业、分部门、分所有制的会计管理模式，将同时在发挥作用的几十个企业会计制度缩减成 13 个行业会计制度，克服了不同行业、不同所有制之间“隔行如隔山”的弊端，使所有营利性组织有了一个共同遵守的会计核算规范，会计信息的可比性大大提高。

(3) 确立了组织会计核算工作的基本前提条件。《企业会计准则》将会计主体、持续经

① 财政部会计司．改革与借鉴[M]．北京：中国财政经济出版社，1992：339-345．

② 据当时会计准则组负责人介绍，仅国内的座谈会就召开 36 次，参加人员达 456 人次。参见蒋岗．制定中国会计准则的初步实践[J]．会计研究，1992，(2)：26-30，39．

营、会计期间和货币计量作为组织会计核算的基本前提，并在第一章总则中做了明确规定。可以说，将会计假设的内容纳入会计准则体系之中，这在我国会计界是一次观念性的转变，它有着非常深远的意义。

(4) 规范了会计核算的基本要求。《企业会计准则》提出了 12 条“一般原则”作为对会计核算的基本要求，尽管没有具体分类，明确提出“会计信息质量要求”，但已经将主要内容包括在内。

(5) 统一了记账方法。1993 年以前，我国的会计核算在记账方法上实行借贷记账法、增减记账法和收付记账法 3 种并行，不利于规范会计核算、形成较高可比性的会计信息，《企业会计准则》打破了这一格局，明确规定与国际惯例一致，采用借贷记账法。

(6) 采用了国际上通行的会计要素。《企业会计准则》将会计要素划分为资产、负债、所有者权益、收入、费用和利润 6 个，其数量关系为“资产=负债+所有者权益”，“收入-费用=利润”，使得会计核算更加科学、可比。

(7) 建立了简要的会计报表体系。《企业会计准则》确立了体现产权关系的“资产=负债+所有者权益”的会计平衡公式，以资产负债表取代资金平衡表，在资产和负债项目的排列上遵照国际惯例按流动性从大到小进行。将利润表改称损益表(后又改回来)，要求企业编报财务状况变动表(1998 年改为现金流量表)。对成本核算方法改全部成本法为制造成本法，成本信息主要供企业内部管理使用，报表不再对外报送，更趋于国际通行的办法。

2) 发布具体会计准则征求意见稿

1992 年发布《企业会计准则》时，财政部提出计划在 3～5 年内，基本形成以基本会计准则为指导，以具体会计准则为内容，既符合中国国情，又尽可能与国际惯例协调的中国会计准则体系，逐步达到以会计准则取代会计制度的目标。从 1992 年下半年起，财政部会计司集中了几乎全部力量投入到具体会计准则的制定工作当中。

1993 年 10 月，为调动各方面的力量为制定会计准则服务，财政部聘请了十多位国内知名会计学专家、教授和学者成立了“会计准则咨询专家组”，其主要任务包括：对建设我国会计准则总体框架提出意见和建议；就会计司在制定会计准则过程中遇到的问题提供咨询；就会计司提出的会计准则研究报告和会计准则草案提出修改意见；对会计准则试行或者实施中出现的问题进行深入的调查研究，并提出解决问题的意见和方法；受会计司委托负责与中国会计学会有关研究组联络并联合举行讨论会，对会计准则有关问题进行理论论证。①1994 年 2 月—1996 年 1 月，财政部先后发布了 6 批 30 项具体会计准则的征求意见稿(业界称“白皮书”)，并多次集中进行了讨论，如 1994 年 12 月在上海召开了第二次“会计准则国际研讨会”，②1995 年底及 1996 年 3 月在北京召开数次小型国际研讨会等。

① 该咨询专家组队伍目前已经扩大到一百多人，主要分布在高等学校、科研院所和国有大型企业。

② 本次研讨会论文收入财政部会计司和财政部国际合作司合编的《完善与发展》一书中，由中国财政经济出版社于 1995 年出版。

专栏 4-5

财政部发布的具体会计准则征求意见稿汇总表，见表 4-1。

表 4-1　财政部发布的具体会计准则(征求意见稿)汇总①

一般会计问题	具体会计问题	披露问题
应收款项	建造合同	资产负债表
应付款项	研究与开发	利润表
存货	银行基本业务	现金流量表
投资	借款费用资本化	合并财务报表
固定资产	外币业务	会计政策与会计估计变更
无形资产	捐赠及政府赠与	资产负债表日后事项
递延资产	清算	或有事项及承诺
所有者权益	租赁业务	关联方关系及其交易的披露
收入	期货交易	
职工福利	企业合并	
所得税额	非货币交易	

1994 年 10 月，在北京召开的第四次全国会计工作会议上，与会代表通过了《会计改革与发展纲要》和《关于深化企业会计核算制度改革，实施会计准则的意见》两个文件，更加明确了制定和实施会计准则的迫切性。

3) 陆续发布具体会计准则

1997 年，正值具体会计准则征求意见期间，爆发了“琼民源”事件，海南民源现代发展股份有限公司通过与关联公司及他人签订未经国家有关部门批准的合作建房、权益转让等合同，虚构利润 5.4 亿元，该事件打乱了我国具体会计准则出台的步骤，财政部于 1997 年 5 月提前应急出台了《关联方关系及其交易的披露》准则。

到 2000 年，我国又陆续发布了 9 项具体会计准则，其中的《债务重组》和《非货币性交易》两个准则由于涉及公允价值计量，允许企业确认债务重组和非货币性交易收益，被一些上市公司利用操纵利润。因此，财政部很快就对这两个准则做了修订，取消了公允价值计量。2001 年，又先后发布了 6 项新具体会计准则。至此，形成了我国会计准则“16+1”的格局。

4) 会计准则制定的停顿

会计准则“16+1”的格局一直维持到 2005 年，中国会计准则几乎处于停顿状态。但由于我国在寻求西方(如欧盟)承认市场经济地位时受阻，加上在国际反倾销应诉中，因为会计准则不协调问题屡屡失败。上市公司国际竞争中因为会计规范缺陷带来的实际问题，在

① 郭永清．会计国际化——全球范围内的考察与中国的经验[M]．上海：立信会计出版社，2003：91.

所谓新会计制度实施后愈演愈烈。中国证监会当时的负责人在香港发表演讲，认为中国会计准则必须走与国际会计准则协调的道路。财政部于 2003 年 12 月 15～16 日在云南大理召开了“中国会计改革与发展国际研讨会”，会议回顾了中国会计准则制定所取得的成就，对会计准则国际协调作了分析，准则制定者决定，中国会计准则不仅要继续制定，而且要走与国际会计准则趋同的道路。①

5) 2006 年会计准则体系发布

经过紧张的工作，在国际会计准则理事会的支持下，财政部于 2005 年集中发布了基本准则和一系列具体会计准则的征求意见稿。

2005 年 11 月 8 日，中国财政部副部长、会计准则委员会秘书长王军和国际会计准则理事会主席戴维·泰迪爵士签署了《中国会计准则委员会秘书长和国际会计准则理事会主席联合声明》，声明指出，建立和完善一套全球高质量的会计准则，是适应经济全球化发展趋势的必然要求。中国颁布的一系列会计准则征求意见稿和即将修订的会计准则，将形成中国会计准则体系，实现与国际财务报告准则趋同。

专栏 4-6

中国会计准则委员会秘书长 国际会计准则理事会主席联合声明

2005 年 11 月 7 日至 8 日，中国会计准则委员会与国际会计准则理事会会计准则趋同会议在北京成功举行。会议由中国财政部副部长、中国会计准则委员会秘书长王军先生和国际会计准则理事会主席戴维·泰迪爵士主持。中国会计准则委员会委员、财政部会计司刘玉廷司长和会计司会计准则核心小组成员参加了会议。国际会计准则理事会理事沃伦·麦奎格、帕德里夏·奥梅丽和山田辰己以及国际会计准则理事会研究总监韦恩·奥普顿、中小主体项目总监保罗·帕特参加了会议。本次会议是继中国会计准则委员会和国际会计准则理事会在 10 月举行的工作会谈之后的又一次高层会晤。

双方认为，建立和完善一套全球高质量的会计准则，是适应经济全球化发展趋势的必然要求。会计国际趋同需要一个过程，国际会计准则理事会和各国会计准则制定机构应持续不懈地共同努力。中国认为，趋同是会计准则制定工作的基本目标之一，旨在使企业按照中国会计准则编制的财务报表与按照国际财务报告准则编制的财务报表相同，趋同的具体方式由中国确定。

国际会计准则理事会认为，一些国家在其准则与国际财务报告准则趋同的过程中，为反映其特有环境，补充了国际财务报告准则没有涵盖的规定和应用指南。这是一种实事求是和可取的做法，中国表示赞同。

在过去的一年里，中国发布了《企业会计准则——基本准则》和 20 项新的具体准则的征求意见稿，近期还将发布 2 项征求意见稿，同时已开始对现行 16 项具体准则进行修订，这些准则将形成中国会计准则体系，实现与国际财务报告准则趋同。国际会计准则理事会对中国在趋同方面取得的巨大进展表示欢迎和赞赏。

双方认为，中国会计准则与国际财务报告准则在极少数问题上尚存在差异，包括：资产减值损失的转回、关联方关系及其交易的披露以及部分政府补助的会计处理。双方同意继续推进有关工作，消除上述差异。双方指出，与中国通过近期努力所实现的趋同相比，这些问题是相当少的。

① 会议文件汇编见财政部会计司编．积极开展会计国际协调完善我国会计准则体系[M]．大连：东北财经大学出版社，2004．

> 在讨论中，国际会计准则理事会确认了中国特殊情况和环境下的一些会计问题。在这些问题上，中国可以对国际会计准则理事会寻求高质量的国际财务报告准则解决方案提供非常有用的帮助。这些问题包括：关联方交易披露、公允价值计量和同一控制下的主体合并。中国同意协助国际会计准则理事会研究这些问题并向其提供建议。中国在考虑修改现行准则、征求意见稿和制定应用指南时，也将得到国际会计准则理事会一定的帮助。
>
> 本次会议取得圆满成功，中国会计准则委员会和国际会计准则理事会达成共识，今后双方将继续举行定期会晤，进一步加强双方的交流和合作，以实现中国会计准则与国际财务报告准则的趋同。
>
> 中国会计准则委员会秘书长　　国际会计准则理事会主席
>
> 王军　　戴维·泰迪

2006 年 2 月 15 日，财政部在人民大会堂对外发布了新的会计准则体系。中国企业会计准则体系的发布实施，使中国企业会计准则与国际财务报告准则之间实现了实质性趋同，是促进中国经济发展和提升中国在国际资本市场中地位的非常重要的一步。

6) 发布《中国企业会计准则与国际财务报告准则持续趋同路线图》

2010 年 4 月，财政部发布《中国企业会计准则与国际财务报告准则持续趋同路线图》。路线图指出，会计准则国际趋同是一个国家经济发展和适应经济全球化的必然选择。中国企业会计准则已于 2005 年实现了与国际财务报告准则的趋同。2008 年国际金融危机爆发后，20 国集团(G20)峰会、金融稳定理事会(FSB)倡议建立全球统一的高质量会计准则，着力提升会计信息透明度，将会计准则的重要性提到了前所未有的高度。IASB 作为国际财务报告准则的制定机构，采取了一系列重要举措以提高会计准则质量。在此背景下，中国响应 G20 和 FSB 倡议，在现有基础上发布《中国企业会计准则与国际财务报告准则持续趋同路线图》，旨在实现中国企业会计准则与国际财务报告准则的持续趋同。

根据路线图，中国企业会计准则将保持与国际财务报告准则的持续趋同，持续趋同的时间安排与国际会计准则理事会的进度保持同步。2011 年，国际会计准则理事会应对国际金融危机发布了四项新国际财务报告准则(公允价值计量、合并财务报表、合营安排、在其他主体中权益的披露)和修订的四项原国际准则(财务报表列报、雇员福利、联营中的投资、单独财务报表)。目前，我们正在对中国相应会计准则进行修订和制定工作，保持中国会计准则与国际准则的持续趋同，实现《路线图》的目标。截止 2012 年底，财政部已经发布了《企业会计准则第 2 号——长期股权投资》、《企业会计准则第 9 号——职工薪酬》、《企业会计准则第 30 号——财务报表列报》、《企业会计准则第 33 号——合并财务报表》、《企业会计准则第 37 号——金融工具列报》5 个和新制定的《企业会计准则第×号——在其他主体中权益的披露》、《企业会计准则第×号——合营安排》和《企业会计准则第×号——公允价值计量》等 3 个具体会计准则的征求意见稿。

7) 制定发布《小企业会计准则》

小企业是我国国民经济和社会发展的重要力量，加强小企业管理、促进小企业发展是保持国民经济平稳较快发展的重要基础，是关系民生和社会稳定的重大战略任务。据有关资料统计，在所有 477 万户企业中，小企业数量占 97.11%、从业人员占 52.95%、主营业务收入占 39.34%、资产总额占 41.97%。[①]为此，中央高度重视支持小企业发展，先后于 2003

① 财政部会计司．小企业会计准则释义[M]．北京：中国财政经济出版社，2011：1.

年出台《中小企业促进法》、2005 年出台《鼓励支持和引导个体私营等非公有制经济发展的若干意见》(国发[2005]3 号)，特别是 2009 年 9 月，国务院印发《国务院关于进一步促进中小企业发展的若干意见》(国发[2009]36 号)，提出了进一步扶持中小企业发展的综合性政策措施。同时，IASB 于 2009 年 7 月制定发布了《中小主体国际财务报告准则》，引起了国际社会的广泛关注。为了贯彻落实《会计法》和上述法规，借鉴《中小主体国际财务报告准则》，财政部起草《小企业会计准则》，于 2010 年 4 月和 11 月两次征求意见，并在北京、江苏、河南、云南等地选取了 23 家小企业进行模拟测试。最终于 2011 年 10 月 18 日正式发布《小企业会计准则》，从 2013 年 1 月 1 日起施行。

《小企业会计准则》共 10 章 90 条，它是立足我国小企业发展的实际、借鉴 IASB《中小主体国际财务报告准则》"量身定做"的，以满足税收征管信息需求和有助于银行信贷决策为目标，对《企业会计准则》进行了简化，适用于在我国境内依法设立的、符合《中小企业划型标准规定》(工信部联企业[2011]300 号)所规定的小型企业标准的企业——"股票或债券在市场上公开交易的小企业、金融机构或其他具有金融性质的小企业、企业集团内的母公司和子公司"等三类企业除外。

《小企业会计准则》的制定发布，标志着我国由适用于大中型企业(含不符合执行《小企业会计准则》的小企业，但不包括个体工商户)的《企业会计准则》和适用于小企业的《小企业会计准则》共同构成的企业会计标准体系基本建立。

8) 制定发布《事业单位会计准则》

(1) 《事业单位会计准则(试行)》发布。

财政部在重点进行企业会计准则研究制定的同时，着手根据会计制度改革的目标探索事业单位会计准则的研究，从 1994 年起，经过 3 年的努力，于 1997 年 5 月 28 日发布了《事业单位会计准则(试行)》，自 1998 年 1 月 1 日起试行，共分九章五十四条。第 1 章总则明确准则的适用范围为各级各类国有事业单位；确定基本前提有会计主体、持续运营、会计分期和货币计量；规定人民币为记账本位币，采用借贷记账法；第 2 章一般原则，规定了客观性、适应性、可比性、一致性、及时性、清晰性、收付实现制和权责发生制、经营收支配比、专款专用、实际成本、全面性和重要性原则等 11 条一般原则；第 3 章资产，明确资产的属性和构成项目，包括现金、各种存款、应收及预付款项、存货、对外投资、固定资产、无形资产；规定各项资产确认、计量和报表列示的基本方法；第 4 章负债，明确负债的属性和构成项目，包括借入款项、应付账款、预收账款、其他应付款、各种应缴款项等；规定各项负债确认和计量的基本方法；第 5 章净资产，明确净资产的含义和构成项目，包括事业基金、固定基金、专用基金、结余等；规定各项净资产确认与计量的基本方法；第 6 章收入，明确收入的属性和构成项目，包括财政补助收入，上级补助收入、事业收入、经营收入、附属单位缴款、其他收入和基本建设拨款收入等；规定各项收入确认与计量的基本方法；第 7 章支出，明确支出的属性和构成项目，包括事业支出、经营支出、对附属单位补助、上缴上级支出、基本建设支出等；规定各项支出确认与计量的基本方法；第 8 章会计报表，规定会计报表体系的构成，包括资产负债表、收入支出表、基建投资表、附表及附注和收支情况说明书等；各项报表中项目列示的基本方法；编报报表的基本要求：数字真实、计算准确、内容完整、报送及时；附注的主要内容有：特殊事项的说明、会计报表中有关重要项目的明细资料、其他有助于理解和分析会计报表需要说明的事项；第 9 章附则，规定非国有事业单位可参照执行本准则；全国统一的事业单位会计制度由财政部根据本准则制定；有关基本建设拨款与支出的财务会计核算按现行有关制度执行以及准则的实施时间和解释权。

与原《事业行政单位预算单位预算会计制度》有关内容相比，很多方面都发生了变化：一是取消了原会计制度与财务管理规定交叉的内容，这些内容通过财政部颁发的《事业单位财务规则》加以规范；二是明确了会计主体；三是规定了事业单位会计核算的一般原则；四是确定了事业单位的会计要素；五是改变了记账法；六是收支的会计核算分类体现了收入按来源，支出按用途的要求；七是改革了事业单位的会计报表；八是限定了事业单位会计制度的制定权。

(2) 修订发布《事业单位会计准则》。

《事业单位会计准则(试行)》自 1997 年发布实施以来，对规范事业单位会计核算工作，保证会计信息质量发挥了积极作用。但随着财政改革和事业单位会计管理工作不断发展，客观要求对其进行修订。一是 2000 年以来，围绕公共财政体制建设，各项财政改革不断推进，很多改革涉及会计核算的调整，对准则进行修订有利于确保相关财政改革政策的贯彻落实。二是 2012 年 2 月，财政部发布了新的《事业单位财务规则》，对会计准则进行修订，有利于通过日常会计核算将对事业单位财务管理新的要求落到实处。三是修订会计准则是我国会计主管部门强化事业单位财务会计制度建设、落实全国打击发票违法犯罪活动工作要求的重要措施。

新《事业单位会计准则》共 9 章 49 条，在维持原准则基本框架结构的基础上，对大部分条款作了修改完善，在内容上包括事业单位会计目标，会计基本假设，会计核算基础，会计信息质量要求，会计要素的定义、项目构成及分类、一般确认计量原则，财务报告等基本事项。

与原准则相比，新准则主要在以下方面作了调整：一是明确根据《事业单位会计准则》制定事业单位会计制度和行业事业单位会计制度；二是明确了事业单位会计核算的目标应当反映受托责任，同时兼顾决策有用；三是合理界定会计核算基础，与《执业单位财务规则》相协调，规定事业单位会计核算一般采用收付实现制，部分经济业务(事项)、行业事业单位可以采用权责发生制，具体范围另行规定；四是合理界定了会计要素，考虑到采用权责发生制核算的行业事业单位，其会计要素以“费用”替代“支出”，明确了会计要素包括资产、负债、净资产、收入、支出或者费用；五是强化了事业单位会计信息质量要求：将第二章标题由“一般原则”修改为：“会计信息质量要求”；对会计信息质量增加了全面性的要求；六是在资产构成项目中增加了“在建工程”，为将基建账套相关数据并入会计“大账”提供了依据；七是明确了各会计要素确认计量的一般原则；八是明确了事业单位对固定资产计提折旧、对无形资产进行摊销的，由财政部在相关财务会计制度中规定；九是调整了净资产项目构成，增加了“财政补助结转结余”、“非财政补助结转结余”等；十是完善了财务会计报告体系，规定财务会计报告的主要内容及相关报表的基本列报格式。

4.3.3 选择国际财务报告准则作为趋同参照的必然性

国际财务报告准则(IFRS)之所以能够成为我国和其他许多国家会计准则的趋同目标，主要是基于以下几个理由。①

① 汪祥耀，等. 与国际财务报告准则趋同——路径选择与政策建议[M]. 上海：立信会计出版社，2006：22-24.

1. 从政治层面上说

“国际财务报告准则是在国际经济关系中，对于会计这一特定领域在认识上趋于一致的原则、规范、规则和决策程序，是国际经济制度的重要组成部分。”改组后的 IASB 是一个独立的会计国际组织，可以类比为世界的“会计联合国”。虽然该联合国目前由美国所主导，更多地体现了美国的意志，但毕竟其成员来自于世界各主要国家，是政治多极化的产物。因此，目前的 IFRS 也应该是各国经济生活中政治博弈的结果，能够得到大多数国家的拥护。我国要建设社会主义市场经济，会计必须走向世界，必须顺应世界潮流，走与国际财务报告准则趋同的道路。

2. 从技术层面上说

改组后的 IASB 强调由独立的财务会计技术专家所组成，在理事分布上没有片面照顾地区和功能上的平衡，IFRS 总结了各国会计惯例，在概念框架的指导下，主要是从技术角度加以制定的，而不像美国 GAAP 那样，更多地考虑了适合美国的情况。从技术角度出发，对相同或类似的会计事项，无论在何时何地发生，按照相同或相似的方法进行会计处理和报告是可行的。而 IASB 按照这一宗旨来制定 IFRS，所以其准则在世界上就具有更大的适用性。

3. 从成就上说

IASB 及其前身 IASC 长期以来为会计准则国际协调所作的努力和取得的成效已得到了大多数国际机构和许多国家的肯定。历史上 IASC 只是多家致力于会计准则的国际协调和国际通用会计准则的制定机构。在 IASC 发展初期，它面临来自许多国际机构的竞争和挑战。但随着 IASC“可比性与改进计划”的成功实施、“核心准则”的制定以及国际会计准则质量的不断提高，同时凭借着 IASC 对会计准则国际协调所作的持久不懈努力以及世界银行(WBG)和证券委员会国际组织(IOSCO)等机构的大力支持，IASC 逐渐获得国际社会的普遍认同，成为制定国际通用会计准则的中坚力量，而其原先的一些竞争伙伴或已经淡出，或转而支持 IASC 的准则。①IASC(IASB)取得了世界所公认的成就。

4. 从影响上说

IASB 以“原则为导向”的会计准则，强调“实质重于形式”，比美国“以规则为导向”的会计准则更简便易行，交易成本较低，更受其他国家的欢迎。安然事件发生后，美国的会计准则及其规则制定导向一度受到世人的广泛批评，人们批评美国会计准则过于偏重技术细节，导致形式重于实质。美国会计准则长达数千页，洋洋洒洒，虽然详细，却容易形成“准则超载”②。并且，详细的规则还往往容易被别有用心的公司和个人通过交易和策划加以规避。事实上，以规则为导向的会计准则难免百密一疏，挂一漏万，给人钻法规漏洞的机会。由于 IASB 标榜自己的准则是“原则为导向”，并批评美国准则是“以规则为导向”，虽然这种划分并不完全公正，但追随 IASB“以原则为导向”的会计准则，却似乎已经成为一种共识。

---

① 汪祥耀．全球会计准则：离我们还有多远[J]．北京：会计研究，2001，(3)：54-59.

② 有人曾经形容美国的会计准则是活人无法将它看透的。

专栏 4-7

中国会计准则与国际财务报告准则的靠拢与更新①

新会计准则是以最新的 2004 版国际会计准则为母板描绘的。2001 年以前发布的 16 项具体会计准则基本都进行了或多或少的修订，修订一方面源于我国会计准则的靠拢效应，另一方面则是国际会计准则自身的更新效应使然。靠拢效应集中体现在《借款费用》和《非货币性交易》准则的削繁就简(以前准则中可以资本化的借款费用仅限于专门借款，却偏偏选择 IAS 中一般借款利息资本化金额的计算方法，即相对复杂的资本化率法，现在则与 IAS 趋同，区分专门借款和一般借款，对专门借款的利息资本化金额以实际利息费用扣除尚未动用的借款资金暂时性投资的投资收益后的金领确定；2001 版《非货币性交易》准则中涉及补价时换入资产复杂的会计处理曾令不少会计人员苦恼不已，实际上我国的非币性交易并未如美国那样考虑盈利过程完成与否，却单单选了一种最复杂的做法，现在则与 IAS 趋同，统一以换出资产的公允价值作为换入资产的入账基础)、《债务重组》和《非货币性交易》准则中公允价值的再度现身以及《或有事项》准则中预计负债外延的拓展(将亏损性合同和重组纳入视野)。更新效应则体现在诸如固定资产后续支出的计量、无形资产可辨认性概念的界定及摊销年限的处理变化、存货计价后进先出法的取消、取消重大差错而代之以前期差错的概念、区分租赁开始日和起租日、资产负债表日后拟分配的股利改为非调整事项等方面。

4.3.4　中国企业会计准则体系

2006 年 2 月 15 日，中国财政部发布了一套与国际财务报告准则(IFRS)趋同的、可以独立施行的会计准则体系，这套会计准则体系由 1 项基本会计准则和 38 项具体会计准则(表 4-2)组成，其中《企业会计准则——基本准则》与西方财务会计概念框架类似。按照所规范的对象的特征，具体会计准则可以分为共性会计准则和特殊性会计准则。

表 4-2　中国 38 项具体会计准则编号和名称

CAS 1 存货	CAS 8 资产减值	CAS 15 建造合同
CAS 2 长期股权投资	CAS 9 职工薪酬	CAS 16 政府补助
CAS 3 投资性房地产	CAS 10 企业年金	CAS 17 借款费用
CAS 4 固定资产	CAS 11 股份支付	CAS 18 所得税
CAS 5 生物资产	CAS 12 债务重组	CAS 19 外币折算
CAS 6 无形资产	CAS 13 或有事项	CAS 20 企业合并
CAS 7 非货币性资产交换	CAS 14 收入	CAS 21 租赁
CAS 22 金融工具确认和计量	CAS 28 会计政策、会计估计变更和差错更正	CAS 34 每股收益
CAS 23 金融资产转移	CAS 29 资产负债表日后事项	CAS 35 分部报告
CAS 24 套期保值	CAS 30 财务报表列报	CAS 36 关联方披露
CAS 25 原保险合同	CAS 31 现金流量表	CAS 37 金融工具列报
CAS 26 再保险合同	CAS 32 中期财务报告	CAS 38 首次执行企业会计准则
CAS 27 石油天然气开采	CAS 33 合并财务报表	

① 党红．会计准则的另类叙述[M]．上海：复旦大学出版社，2009：107-108.

共性会计准则是指用于指导、规范企业共同具有的会计事项的处理，它具有普遍的指导意义。共性会计准则包括两个层级：一是通用业务会计准则，它是用于指导、规范所有企业都具有的一般性业务会计行为的准则，包括存货、固定资产、无形资产、长期股权投资、资产减值、应付职工薪酬、收入、所得税等会计准则。这类准则通用于各类企业，以便保持会计行为和会计信息的一致性和可比性。二是财务会计报告披露准则，用以规范企业各种报表的编制，也带有普遍性。会计报表是会计系统的最终成果，它具有整合性、概括性和说明性。它包括财务报表列报、现金流量表、中期财务报告和分部财务报告的编制准则。到目前为止，美国的 FASB 和 IASC/IASB 还未正式出台会计报告准则。因为它涉及各个方面的切身利益，难以调整和平衡。这一层级的准则，具有表式性强、说明注解多、技术性突出、时间规定性强等特征。

特殊性会计准则是指用于指导企业发生的特殊会计事项，或是一些特殊行业、特殊经营方式所具有的特殊业务会计处理的准则。它又可分为两小类：一是特殊业务会计准则，它是用于规范、指导企业在特殊情况下或为了特殊的目的，而发生的非一般性的经济业务的会计处理的准则，一般包括外币业务、租赁、企业合并、股份支付、资产负债表日后事项、政府补助、会计政策和会计估计变更和差错更正等。这类准则一般具有较强的针对性和技术性、应用面窄、使用的偶然性等特点。二是特殊行业的会计准则，是指用以规范特殊行业一般业务处理的准则。所谓特殊行业是指专门从事一般经营企业所不能或无法从事的业务的企业。这些业务对一般企业而言是特殊业务，对特殊企业而言又是一般业务。它包括建造合同、石油天然气开采、套期保值、原保险合同、再保险合同等准则。其特点是独立性、针对性强，可比性差。[①]

为了便于新准则体系的实施，2006 年 10 月，财政部发布了“企业会计准则应用指南”，对 32 项会计准则在运用过程中可能存在的操作问题给予了原则性的指导。[②]针对会计准则在实施过程中还有可能出现的个别问题，财政部还以“会计准则解释”和“会计准则实施问题专家工作组意见”的形式随时予以指导。

专栏 4-8

财政部发布《企业会计准则解释》[③]

随着企业会计准则的深入贯彻实施和扩大实施范围，新情况、新问题不断涌现，客观上要求我们及时做出解释。另一方面，企业会计准则实现了国际趋同，国际会计准则理事会(IASB)不时发布新准则和解释公告或修改准则，(我们)也需要结合国情作出相应处理。但是，在巩固企业会计准则实施已有成果

① 考虑到本书的特点，加上篇幅限制，对于各项具体会计准则的内容本书不加介绍，感兴趣的读者，可以阅读财政部会计司编写的《会计准则讲解 2008》，人民出版社 2008 年出版。

② 涉及银行和保险业务会计准则的应用指南，由财政部委托银监会和保监会制定。

③ 财政部会计司司长刘玉廷就《企业会计准则解释第 3 号(征求意见稿)》答记者问。2009 年 5 月 15 日，财政部会计准则委员会网站。

的逐步扩大实施范围的背景下，企业会计准则应当保持相对稳定，不能朝令夕改。综合各方面因素，现阶段财政部采取了发布《企业会计准则解释》的方式，能够较好地解决企业的实际问题。《企业会计准则解释》与具体会计准则具有同等效力。

我国企业会计准则基本框架如图 4.1 所示。

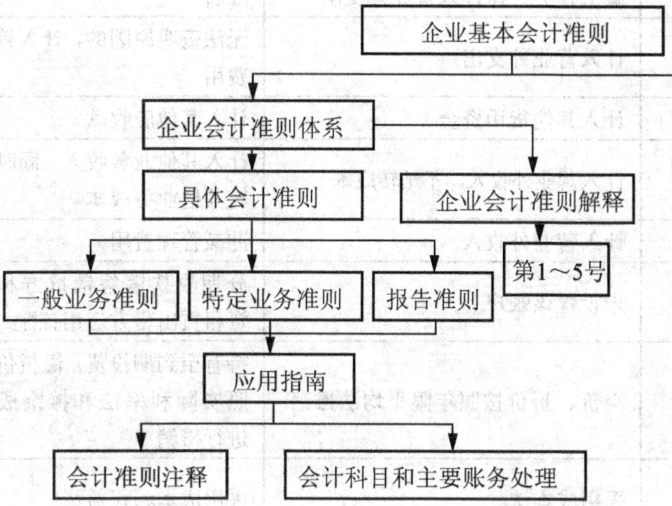

图 4.1 中国《企业会计准则》体系架构图

我国的会计准则体系，无论是基本会计准则、具体会计准则，还是《小企业会计准则》均采取了“章节”架构和“条款”式的行文结构，这是我国法律法规常见的形式，彰显了会计准则的法规性质，明确了其法律地位。

专栏 4-9

《小企业会计准则》与《企业会计准则》的主要差异

《小企业会计准则》由 10 章 90 条组成，另加一个附录，是我国会计人员习惯的“准则+指南”典型会计规范形式。依章次顺序，“准则”部分的 10 章分别是总则、资产、负债、所有者权益、收入、费用、利润和利润分配、外币业务、财务报表和附则。“附录”部分分别是会计科目、主要账务处理和财务报表格式。它与《企业会计准则》的主要差异见表 4-3。

表 4-3 《小企业会计准则》与《企业会计准则》的差异

序号	项目	《小企业会计准则》	《企业会计准则》
1	适用范围	适用《中小企业企业划型标准规定》所规定的小企业，三类小企业除外	未明确适用范围

续表

序号	项目	《小企业会计准则》	《企业会计准则》
2	计量属性	历史成本，少量涉及评估价值和市场价格	历史成本、重置成本、可变现净值、现值、公允价值
3	资产减值	不计提资产减值准备，所有的资产减值损失一律计入营业外支出	符合减值条件，计提减值准备
4	库存现金盘亏	计入营业外支出	无法查明原因的，计入管理费用
5	备用金	计入其他货币资金	计入其他应收款
6	出租商品、包装物租金	计入营业外收入，不结转成本	计入其他业务收入，同时结转其他业务成本
7	存货盘盈	计入营业外收入	冲减管理费用
8	长期应收款	未设置该账户	分期收款销售销货方和融资租赁出租方运用该账户
9	长期债券投资	溢价、折价按照年限平均法摊销	持有至到期投资，溢折价按照实际利率法和摊余成本进行摊销
10	长期股权投资后续计量	采用成本法	采用成本和权益法
11	自行建造固定资产	在试运转过程中形成的产品、副产品或试车收入冲减在建工程成本	无明确规定
12	分期付款购入固定资产成本	按照合同约定的付款总额和在签订租赁合同过程中发生的相关税费等确定	以购买价款的现值为基础确定，实际支付的价款与购买价款的现值之间差额，在信用期间内计入当期损益
13	融资租入固定资产成本	按照租赁合同约定的付款总额和在签订租赁合同过程中发生的相关税费等确定	按资产公允价值与最低租赁付款额现值孰低确定，入账价值与最低租赁付款额的差额作为未确认融资费用
14	固定资产盘盈	计入营业外收入	计入以前年度损益调整
15	无形资产摊销	不能可靠估计使用寿命的无形资产，摊销期不得低于10年	使用寿命不确定的无形资产，不计提摊销，而进行减值测试
16	长期待摊费用	已提足折旧的固定资产的改建支出、经营租入固定资产的改建支出、符合税法规定的固定资产大修理支出和其他长期待摊费用等	经营租赁方式租入固定资产的改建支出
17	资本公积	只包括资本溢价(股本溢价)没有二级账户	二级账户有资本溢价(股本溢价)、其他资本公积

续表

序　号	项　目	《小企业会计准则》	《企业会计准则》
18	收入	包括商品销售收入和提供劳务收入	包括商品销售收入和提供劳务收入和让渡资产使用权使用费的收入
19	分期收款销售商品收入	在合同约定的收款日期确认	按合同或协议价款的公允价值确定。合同或协议价款与其公允价值之间的差额，在合同或协议期间采用实际利率法摊销，计入当期损益
20	产品分成	在分得产品之日按照产品的市场价格或评估价值确定销售商品收入金额	无相关规定
21	营业税金及附加	除增值税、所得税以外的其他所有税费	除增值税、所得税以外的主要税费。房产税、车船税、印花税、矿产资源补偿费、排污费等计入管理费用
22	管理费用	包括开办费、行政管理部门发生的费用、业务招待费、研究费用、技术转让费、相关长期待摊费用摊销、财产保险费、聘请中介机构费、咨询费(含顾问费)、诉讼费等	除了包括小企业会计的管理费用内容外，还包括房产税、车船税、印花税、矿产资源补偿费、排污费等
23	财务费用	利息费用(减利息收入)、汇兑损失、银行相关手续费、小企业给予的现金折扣(减享受的现金折扣)等	利息费用(减利息收入)、汇兑损失、银行相关手续费、现金折扣(减享受的现金折扣)等
24	营业外收入	包括非流动资产处置净收益、政府补助、捐赠收益、盘盈收益、汇兑收益、出租包装物和商品的租金收入、逾期未退包装物押金收益、确实无法偿还的应付款项、已作坏账损失处理后又收回的应收款项、违约金收益等	包括非流动资产处置净收益、政府补助、捐赠收益、盘盈收益、逾期未退包装物押金收益、确实无法偿付的应付款项、违约金收益等
25	营业外支出	包括存货的盘亏、毁损、报废损失，非流动资处置净损失，坏账损失，无法收回的长期债券投资损失，无法收回的长期股权投资损失，自然灾害等不可抗力因素造成的损失，税收滞纳金，罚金，罚款，被没收财物的损失，捐赠支出，赞助支出等	包括存货的盘亏、毁损、报废损失，非流动资产处置净损失，自然灾害等不可抗力因素造成的损失，税收滞纳金，罚金，罚款，被没收财物的损失，捐赠支出，赞助支出等
26	其他业务收入	包括出租固定资产、出租无形资产、销售材料实现的收入	除小企业项目外，还包括出租包装物和商品的收入

续表

序　号	项　目	《小企业会计准则》	《企业会计准则》
27	其他业务成本	包括销售材料的成本、出租固定资产的折旧费、出租无形资产的摊销额等	除小企业项目外，还包括出租包装物的成本和摊销额等
28	所得税会计	应付税款法	资产负债表债务法
29	财务报表	资产负债表、利润表、现金流量表、附注	资产负债表、利润表、现金流量表、所有者权益变动表、附注
30	外币财务报表折算	采用资产负债表日的即期汇率对外币资产负债表、利润表和现金流量表的所有项目进行折算	资产负债表中的资产和负债项目，采用资产负债表日的即期汇率折算，所有者权益项目除未分配利润项目外，其他项目采用发生时的即期汇率折算；利润表中的收入和费用项目，采用交易发生日的即期汇率折算；也可以采用按照系统合理的方法确定的、与交易发生日即期汇率近似的汇率折算
31	会计政策变更	采用未来适用法处理	能够提供更可靠、更相关的会计信息的，采用追溯调整法处理；在当期期初确定会计政策变更对以前各期累积影响数不切实可行的，采用未来适用法处理
32	重要的前期差错	采用未来适用法处理	采用追溯重述法
33	以前年度损益调整	未设此账户	企业发生的调整以前年度损益的事项以及本年度发现的重要前期差错更正涉及调整以前年度损益的事项；资产负债表日至财务报告批准报出日之间发生的需要调整报告年度损益的事项

4.4　财务会计概念框架(基本会计准则)

4.4.1　财务会计概念框架与基本会计准则

如前所述，西方与中国在概念框架上有两种不同的安排，西方国家包括国际会计准则委员会将该文件称为“财务会计概念框架(CF)”，中国称“基本会计准则”，两者在构成和作用上相似，只是法律地位上有所差异。西方的财务会计概念框架不是会计准则体系的组成部分，而中国的基本准则是作为会计准则体系的一部分出现的，它类似于西方的财务会计概念框架，但还不是。所以，我国 2006 年 2 月 15 日发布《企业会计准则——基本准则》

以后，有专家和学者提出要建立中国的财务会计概念框架。鉴于二者在构成和作用上的相似性，在这里不加区别。

作为一个术语，财务会计概念框架并不是中国的“专利”，是美国财务会计准则委员会(FASB)成立之后才出现的，1976 年 12 月，FASB 公布《财务会计概念结构：财务报表的要素及其计量》提出了这个概念[①]。所谓财务会计概念框架，“是由相互关联的目标和基本概念所组成的逻辑一致的体系，这些目标和基本概念可用来引导首尾一贯的准则，并对财务会计和报告的性质、作用和局限性作出规定”[②]。

4.4.2　财务会计概念框架的产生和发展

美国是世界上最早制定财务会计概念框架(CF)的国家，其产生和发展可以分以下 3 个阶段。[③]

1. 第一阶段，财务会计概念框架的萌芽

1907—1961 年，主要由学术界主导开展财务会计概念框架的前期研究，可以分为两个时期。

1) 1907—1953 年

该时期主要成果有 1907 年斯普拉格的《账户哲学》，第一个提出会计平衡公式，第一次将资产定义为“未来的服务”；1922 年佩顿的《会计理论》，第一次提出了会计假设的概念，并给出 7 项会计假设；1929 年坎宁的《会计中的经济学》，引进费雪的收益和资本的思想，发展了斯普拉格的资产的定义；1940 年佩顿和利特尔顿的《公司会计准则导论》，主要研究指导会计准则制定的理论体系(即概念框架)，提出了这个概念体系应当是“连贯、协调和内在一致的”，成为财务会计概念框架的原则。

2) 1953—1961 年

这个时期的成果主要是 1953 年利特尔顿的著作《会计理论结构》，葛家澍教授评价该书是“一部包括许多会计基本概念在内的精湛的理论精品”。书中对会计的真实性、历史成本、通过收入与费用配比确认收益等均作了比较深入的探讨。

2. 第二阶段，财务会计概念框架的制定和发布

1961 年至今，由准则制定机构主导，进入财务会计概念框架的实质性制定阶段，主要分为 3 个时期。

前两个时期是以美国注册会计师协会(AICPA)主导的会计准则制定机构的研究和制定，包括以会计基本假设为导向的时期和以会计原则为导向的时期。以会计基本假设为导向研究企业普遍适用的会计原则(即理论指导体系)，是由 AICPA 所属的会计研究部，在 ARS No.1 和 ARS No.3 中提出的，但遭到了会计原则委员会(APB)的否定。AICPA 反而责成 APB 去研究会计基本概念和理论。1970 年，APB 发表了第 4 号报告(APB Statement No.4)，提出了以“一般目标”和“质的目标”引导“普遍的会计原则”，进而得出“广泛适用的会计原则”，最后到“具体会计原则”的基本路径。但 AICPA 对报告中的“目标”不太满意，因而责成特鲁伯罗德小组研究会计目标问题，最终于 1973 年提出了“财务报表的目标”的报告。紧接着 APB 就被 FASB 所取代。

---

① 葛家澍，杜兴强．财务会计概念结构与会计准则问题研究[M]．北京：中国财政经济出版社，2003：2.

② 转引自葛家澍．会计理论(会计大典第 1 卷)[M]．北京：中国财政经济出版社，1998：142.

③ 葛家澍．制度・市场・企业・会计[M]．大连：东北财经大学出版社，2008：38-40.

第三个时期是不隶属于 AICPA 的美国财务会计准则委员会(FASB)研究制定时期。从1978 年到 2000 年，FASB 总共公布了 7 辑财务会计概念公告，见表 4-4。

表 4-4　财务会计概念公告

序　号	名　　称	发布时间	备　注
第 1 辑	企业财务报告的目标	1978 年 11 月	
第 2 辑	会计信息的质量特征	1980 年 5 月	
第 3 辑	企业财务报表的要素	1980 年 12 月	1985 年被第 6 辑取代
第 4 辑	非营利组织财务报告的目标	1980 年 12 月	
第 5 辑	企业财务报表的确认与计量	1984 年 12 月	
第 6 辑	财务报表的要素	1985 年 12 月	
第 7 辑	在会计计量中使用现金流量信息和现值	2000 年 2 月	

美国财务会计概念结构被世界各个国家的会计准则制定机构奉为圭臬①。此后，国际会计准则委员会(IASC)、英国、加拿大、澳大利亚等国际组织和国家，先后研究制定了各自的财务会计概念结构。其中 IASC 于 1989 年发布的《关于编报财务报表的框架》的影响仅次于美国的 CF。

3. 第三阶段，与 IASB 制定联合概念框架阶段

2002 年 9 月 18 日，FASB 和 IASB 在美国的诺沃克举行联合会议，商讨共同致力于建立高质量、相互兼容的会计准则，以向国内和国际财务信息使用者提供高质量的财务报告信息。2003 年 3 月，FASB 提出了运用“原则导向”(IAS 的特征)来制定美国会计准则的提案，针对公众的评价，FASB 认为美国的概念框架与 IASC(IASB)的概念框架存在巨大的差异，如果不采取合作，在各自的概念框架下制定出“高质量、相互兼容的会计准则”非常困难。2004 年 4 月和 10 月的 FASB 和 IASB 的联席会议上，双方都把“开发一个通用的概念框架”(即联合概念框架项目)添加到他们各自的日程表中，提出联合概念框架将被 FASB 和 IASB 作为制定会计准则的基础来使用。

2005 年 2 月，双方讨论了项目计划，将这联合项目分为 8 个阶段进行研究，包括：①会计目标与会计信息质量特征；②会计要素：确认与计量；③会计要素后续计量；④报告主体；⑤财务呈报与披露；⑥概念框架的目的以及地位；⑦概念框架在非营利组织的适用性；⑧完成整个概念框架。前 7 个阶段都需要经过计划、研究与委员会的初始讨论，并形成初始文件，随后，委员会将考虑各利益相关方的评论以及那些暂时性的决定进一步讨论。而第八阶段将解决余下的问题，将形成趋同后整个框架的征求意见稿，或者同时在对第六、七阶段征求意见，最终完成整个概念框架。

2006 年 7 月，双方联合发布了第一阶段关于会计目标与会计信息质量特征的初试讨论稿“财务报告的目标、决策有用财务信息的质量特征”。2010 年 9 月 28 日，联合概念框架第一阶段成果：第一章“通用财务报告的目标”和第三章“有用财务信息的质量特征”作为 FASB 第八辑概念框架(SFAC No.8)正式发布。

SFAC No.8 第一章将原概念框架中所提的“财务报表”扩展为“财务报告”，并指出财务报告应关注通用目的，而非特定目的。它把财务报告的目标确定为“决策有用”，“受托

① 葛家澍，杜兴强．财务会计概念结构与会计准则问题研究[M]．北京：中国财政经济出版社，2003：22.

责任”不是一个单独的目标，它归属于“决策有用”中。第三章将会计信息的质量特征分为基本质量特征和强化质量特征两个层次，基本质量特征包括“相关性”和“如实反映”两个，其中相关性含预测价值、证实价值和重要性 3 个方面的要求，如实反映包括完整性、中立性和无差错 3 个特点。强化质量特征包括“可比性”、“可验证性”、“及时性”和“可比性”等 4 个。

4.4.3　财务会计概念框架的内容(不含 SFAC No.8)

由于各个国家和地区的社会政治、经济背景和对该问题研究深入的程度不同，财务会计概念框架的内容并不完全相同，但基本的部分大致相似，均包括会计目标、会计信息质量特征、会计要素的确认与计量、会计报告等，图 4.2 所示的是美国财务会计概念框架的基本内容。①

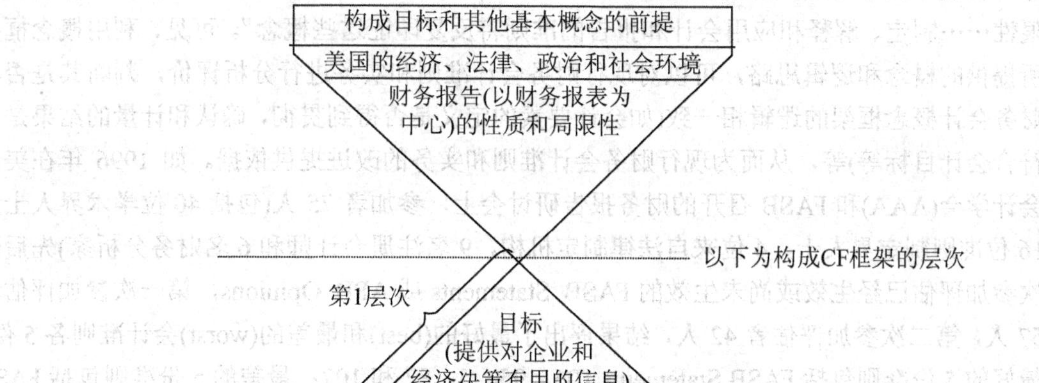

图 4.2　美国会计概念框架结构图

说明：构成目标和其他基本要素的前提是以 SFAC No.1 parsl—27 为依据；SFAC No.1 及 No.5 均涉及

① 葛家澍，杜兴强．财务会计概念结构与会计准则问题研究[M]．北京：中国财政经济出版社，2003：29.

其他财务报告，但 FASB 却未对其他财务报告的披露作详细研究。因此图中“阴影部分”表示缺少有关的概念公告。本框架突出两个信息质量的要求：①报告交易与事项的经济实质；②充分披露，力求提高透明度，把它们列为确认、计量和披露的基础。

4.4.4 财务会计概念框架的作用

尽管在美国国内对财务会计概念框架的评价不一，[①]但由于其明确了财务会计中的一系列基本概念，形成了一个内在一致的逻辑体系。其主要作用可以概括为如下几个方面。

1. 为评价会计准则和会计实务以及指导制定新的财务会计准则提供理论基础

财务会计概念框架规范了财务会计理论研究和实务工作中所常用的基本概念。这些概念“将能够指导首尾一贯的会计准则，并且将说明财务会计和财务报表的性质、作用和局限性……制定、解释和应用会计和报告的准则将反复印证这些概念”。可见，利用概念框架所提供的概念和逻辑思路，可以对现行财务会计准则和实务进行分析评价，判断其是否与财务会计概念框架的逻辑相一致(如会计要素的定义是否得到贯彻，确认和计量的结果是否符合会计目标等)等，从而为现行财务会计准则和实务的改进提供依据。如 1996 年在美国会计学会(AAA)和 FASB 召开的财务报告研讨会上，参加者 75 人(包括 40 位学术界人士，16 位准则制定界人士，4 位来自法律制定机构，9 名注册会计师和 6 名财务分析家)先后两次参加评估已经生效或尚未生效的 FASB Statements 或 APB Opinions，第一次参加评估者 57 人，第二次参加评估者 42 人，结果评出了最好的(best)和最差的(worst)会计准则各 5 份。最好的 5 份准则包括 FASB Statements 106、95、5、87 和 107；最差的 5 份准则包括 FASB Statements 13、16、123、2、15。评估者还借鉴财务会计概念框架等对“最好”和“最差”的会计准则都说明理由。[②]

同时，利用概念框架可以预知社会经济环境变化和理论研究进展对财务会计实务带来的影响，并提供财务会计实务应对变化的理论思路，为制定新的财务会计准则提供理论依据。

2. 帮助会计信息使用者更好地理解财务会计和财务报告所提供的信息

概念框架展示了财务会计准则制定者的理论思路，有助于增进报表提供者和使用者之间的沟通，帮助使用者了解财务会计与报告的一些基本概念与原理，把握财务会计准则和财务会计实务工作的基点，理解财务报表各项目指标或财务会计信息的含义、作用与局限性。这就为财务会计信息使用者做出恰当的分析判断和正确的经济决策提供了可能，因为，使用者对财务报告的理解越全面和充分，他们就越有能力有效地运用会计信息，减少判断失误，也同时减少了对财务会计准则制定与执行的抵触。

---

① 美国国内的“评论家们一直对 FASB 的概念框架持否定态度”，FASB 的狂热支持者所罗门曾经不无遗憾地指出：“我对项目作为一个整体的判断是——注定失败”。见斯蒂芬・A.泽夫教授论文集．会计准则制定：理论与实践[M]．北京：中国财政经济出版社，2005：80.

② 葛家澍，杜兴强．会计理论[M]．上海：复旦大学出版社，2005：60.

3. 可以节省准则制定成本

社会经济环境是不断变化的，理论研究也就不断进步，这就要求必须适应变化及时修订现行的具体财务会计准则和制定新的财务会计准则。概念框架将促使准则制定机构保持有关准则文告的内在逻辑一贯性，减少或避免不同准则的冲突，限制实务中相同交易的多种处理方法程序，尽可能做到规范化。这也就相对减少了准则文告的数量与复杂性，减少了制定准则的工作量，节约了准则制定成本。正如美国会计学家所罗门所说："概念框架应该使节约精力可以实现，许多会计问题具有共同的要素，当该委员会(指 FASB)接触到这些问题时，不应该每一个都予以考虑。"

4. 抵制不同利益集团的政治压力

财务会计准则要涉及不同集团的利益，其制定过程往往被认为是不同的利益集团进行博弈的过程。各利益集团都试图施加压力来干预准则的制定，甚至企图通过立法机构或政府出面接管财务会计准则的制定权。而概念框架正好表明财务会计准则有其内在的科学性，制定财务会计准则需要一套完整严密的理论指导。这就为准则制定机构提供了抵制不同利益集团政治压力的有效手段。同时，一套逻辑严密的框架结构也减少了制定准则过程中的个人倾向，掐断了不同利益集团通过影响个别准则指定人员而左右准则制定的途径，更进一步地缓和或抵消了各方面的政治压力。

5. 在缺乏会计准则的领域内起到基本的规范作用

1984 年，罗宾(Stevin Rubin)将美国的"公认会计原则"(GAAP)总结为一个层次图，如图 4.3 所示。

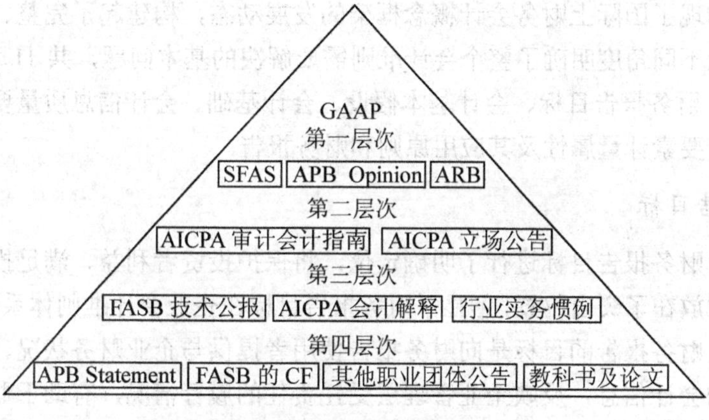

图 4.3　罗宾概括的 GAAP 层次图[①]

从图 4.3 可以看出，FASB 的财务会计概念框架，包括 FASB 之前的具有概念框架性质的公告等虽然处于 GAAP 的最低层次，但是在会计实务和会计处理无法从前面层次找到相关依据时，可作为规范指导会计实务。1992 年，美国审计准则公告 69 号(SAS 69)也对 GAAP 做了一个类似的划分，它将 GAAP 按其权威性高低列出 a、b、c、d、e 五个层次。审核任

① 翁健英. 财务会计概念框架的发展及作用探讨[J]. 上海立信会计学院学报，2007，(3)：26-31.

何会计问题，都可以从这五个层次中寻找根据。但要依次寻找，如能在 a 层次文件中找到根据，b、c、d、e 均不应考虑。若 a 层次未曾规定，则寻找 b 层次中的文件，若 b 层次文件有此规定，c、d、e 也不必再找，以此类推。FASB“概念公告”则被 SAS 69 列入 GAAP 中的 e 层次。①

安然事件后，美国 SEC 对美国财务报告采用以原则为基础的会计体系进行研究后甚至认为，变革后的美国 GAAP 将 FASB 的概念公告列为权威文献的第一层次。②该观点将 CF 由最底层一跃而至第一层，是否妥当还有待商榷，但它表明，FASB 的 CF 受到前所未有的重视。以上的观点表明，不管如何看待 CF 在 GAAP 中的层次，但概念框架是可以用来解决 GAAP 的其他权威文件未曾规定的会计新问题的。

总之，概念框架的研究成果可能与现行的会计惯例、准则不一致，但它们将成为评估现有的会计惯例、准则以及制定与推行未来的会计惯例、准则的依据，也可以抵御外来压力，加快准则制定步伐。

4.4.5 中国基本会计准则

《企业会计准则——基本准则》是我国企业会计准则体系的概念基础，是具体准则、应用指南和解释等的制定依据，地位十分重要。它是在 1992 发布的《企业会计准则》的基础上，借鉴国际惯例，结合我国实际情况，根据形势发展的需要作了重大修订和调整，对于规范企业会计行为，提高会计信息质量，如实报告企业财务状况、经营成果和现金流量，供投资者等财务报告使用者做出合理决策，完善资本市场和市场经济将发挥积极作用。③

基本准则的制定吸收了当代财务会计理论研究的最新成果，反映了当前会计实务发展的内在需要，体现了国际上财务会计概念框架的发展动态，构建起了完整、统一的财务会计概念体系，从不同角度明确了整个会计准则需要解决的基本问题，共 11 章 50 条。内容包括 7 个方面：财务报告目标、会计基本假设、会计基础、会计信息质量要求、会计要素及其确认、会计要素计量属性及其应用原则和财务报告。

1. 财务报告目标

基本准则对财务报告目标进行了明确定位，将保护投资者利益、满足投资者进行投资决策的信息需求放在了突出位置，彰显了财务报告目标在企业会计准则体系中的重要作用。基本准则规定，财务报告的目标是向财务报告使用者提供与企业财务状况、经营成果和现金流量等有关的会计信息，反映企业管理层受托责任的履行情况，有助于财务报告使用者做出经济决策。

财务报告目标要求满足投资者等财务报告使用者决策的需要，体现为财务报告的决策有用观，财务报告目标要求反映企业管理层受托责任的履行情况，体现为财务报告的受托

① 葛家澍，杜兴强．会计理论[M]．上海：复旦大学出版社，2005：63．

② 美国证券交易委员会研究报告．财政部会计司译．对美国财务会计采用以原则为基础的会计体系的研究[M]．北京：中国财政经济出版社，2003：39-40．

③ 本节主要参考了财政部会计司．会计准则讲解 2008[M]．北京：人民出版社，2008．

责任观。财务报告的决策有用观和其受托责任观是统一的，投资者出资委托企业管理层经营，希望获得更多的投资回报，实现股东财富的最大化，从而进行可持续投资；企业管理层接受投资者的委托从事生产经营活动，努力实现资产安全完整，保值增值，防范风险，促进企业可持续发展，就能够更好地持续履行受托责任，以为投资者提供回报，为社会创造价值，从而构成企业经营者的目标。由此可见，财务报告的决策有用观和受托责任观是有机统一的。

2. 会计基本假设

会计基本假设是企业会计确认、计量和报告的前提，是对会计核算所处时间、空间环境等所作的合理设定。会计基本假设包括会计主体、持续经营、会计分期和货币计量。

1) 会计主体

会计主体，是指企业会计确认、计量和报告的空间范围。在会计主体假设下，企业应当对其本身发生的交易或者事项进行会计确认、计量和报告，反映企业本身所从事的各项生产经营活动。

2) 持续经营

持续经营，是指在可以预见的将来，企业将会按当前的规模和状态继续经营下去，不会停业，也不会大规模削减业务。一个企业在不能持续经营时就应当停止使用这个假设，否则如仍按持续经营基本假设选择会计确认、计量和报告原则与方法，就不能客观地反映企业的财务状况、经营成果和现金流量，会误导会计信息使用者的经济决策。

3) 会计分期

会计分期，是指将一个企业持续经营的生产经营活动划分为一个个连续的、长短相同的期间。会计分期的目的，在于通过会计期间的划分，将持续经营的生产经营活动划分成连续、相等的期间，据以结算盈亏，按期编报财务报告，从而及时向财务报告使用者提供有关企业财务状况、经营成果和现金流量的信息。

4) 货币计量

货币计量，是指会计主体在财务会计确认、计量和报告时以货币作为计量尺度，反映会计主体的生产经营活动。

3. 会计基础

企业会计的确认、计量和报告应以权责发生制为基础。在 1992 年发布的《企业会计准则》中，权责发生制是作为会计核算的一般原则加以规范的。基本准则将权责发生制作为会计基础，列入总则中而不是在会计信息质量要求中规定，其原因是权责发生制是相对于收付实现制的会计基础，贯穿于整个企业会计准则体系的总过程，属于财务会计的基本问题，层次较高，统驭作用强。

4. 会计信息质量要求

会计信息质量关系到投资者决策、完善资本市场以及市场经济秩序等重大问题，何谓高质量会计信息以及如何提高会计信息质量，会计准则对此进行了明确规定。会计信息质量要求是对企业财务报告中所提供高质量会计信息的基本规范，是使财务报告中所提供会计信息对投资者等使用者决策有用应具备的基本特征，根据基本准则规定，它包括可靠性、相关性、可理解性、可比性、实质重于形式、重要性、谨慎性和及时性等。其中，可靠性、相关性、可理解性和可比性是会计信息的首要质量要求，是企业财务报告中所提供会计信息应具备的基本质量特征；实质重于形式、重要性、谨慎性和及时性是会计信息的次级质量要求，是对可靠性、相关性、可理解性和可比性等首要质量要求的补充和完善，尤其是在对某些特殊交易或者事项进行处理时，需要根据这些质量要求来把握其会计处理原则，另外，及时性还是会计信息相关性和可靠性的制约因素，企业需要在相关性和可靠性之间寻求一种平衡，以确定信息及时披露的时间。

1) 可靠性

可靠性要求企业应当以实际发生的交易或者事项为依据，进行确认、计量和报告，如实反映符合确认和计量要求的各项会计要素及其他相关信息，保证会计信息真实可靠、内容完整。可靠性是高质量会计信息的重要基础和关键所在，如果企业以虚假的经济业务进行确认、计量、报告，属于违法行为，不仅会严重损害会计信息质量，而且会误导投资者，干扰资本市场，导致会计秩序混乱。

2) 相关性

相关性要求企业提供的会计信息应当与投资者等财务报告使用者的经济决策需要相关，有助于投资者等财务报告使用者对企业过去、现在或者未来的情况做出评价或者预测。会计信息是否有用，是否具有价值，关键是看其与使用者的决策需要是否相关，是否有助于决策或者提高决策水平。

3) 可理解性

可理解性要求企业提供的会计信息应当清晰明了，便于投资者等财务报告使用者理解和使用。只有这样，才能提高会计信息的有用性，实现财务报告的目标，满足向投资者等财务报告使用者提供决策有用信息的要求。

4) 可比性

可比性要求企业提供的会计信息应当相互可比。这主要包括两层含义：一是同一企业不同时期可比；二是不同企业相同会计期间可比。

5) 实质重于形式

实质重于形式要求企业应当按照交易或者事项的经济实质进行会计确认、计量和报告，不仅以交易或者事项的法律形式为依据。

6) 重要性

重要性要求企业提供的会计信息应当反映与企业财务状况、经营成果和现金流量有关的所有重要交易或者事项。财务报告中提供的会计信息的省略或者错报会影响投资者等使用者据此做出决策的，该信息就具有重要性。

7) 谨慎性

谨慎性要求企业对交易或者事项进行会计确认、计量和报告时保持应有的谨慎，不应高估资产或者收益、低估负债或者费用。谨慎性的应用不允许企业设置秘密准备，如果企业故意低估资产或者收入，或者故意高估负债或者费用，将不符合会计信息的可靠性和相关性要求，进而损害会计信息质量，扭曲企业实际的财务状况和经营成果，从而误导使用者的决策。

8) 及时性

及时性要求企业对于已经发生的交易或者事项，应当及时进行确认、计量和报告，不得提前或者延后。会计信息如果不及时提供，就失去了时效性，对于使用者的效用就大大降低，甚至不再具有实际意义。

5. 会计要素及其确认

会计要素是根据交易或者事项的经济特征所确定的财务会计对象的基本分类。按照其性质分为资产、负债、所有者权益，收入、费用和利润。其中，资产、负债和所有者权益要素侧重于反映企业的财务状况；收入、费用和利润要素侧重于反映企业的经营成果。会计要素的界定和分类可以使财务会计系统更加科学严密，为投资者等财务报告使用者提供更加有用的信息。

1) 资产

(1) 资产的定义。资产是指企业过去的交易或者事项形成的、由企业拥有或者控制的、预期会给企业带来经济利益的资源。根据定义，资产具有以下特征：①资产应为企业拥有或者控制的资源；②资产预期会给企业带来经济利益；③资产是由企业过去的交易或者事项形成的。

(2) 资产的确认条件。将一项资源确认为资产，需要符合资产的定义，还应同时满足以下两个条件：①与该资源有关的经济利益很可能流入企业；②该资源的成本或者价值能够可靠地计量。

2) 负债

(1) 负债的定义。负债是指企业过去的交易或者事项形成的，预期会导致经济利益流出企业的现时义务。根据负债的定义，负债具有以下特征：①负债是企业承担的现时义务；②负债预期会导致经济利益流出企业；③负债是由企业过去的交易或者事项形成的。

(2) 负债的确认条件。将一项现时义务确认为负债，需要符合负债的定义，还应当同时满足以下两个条件：①与该义务有关的经济利益很可能流出企业；②未来流出的经济利益的金额能够可靠地计量。

3) 所有者权益

(1) 所有者权益的定义。所有者权益是指企业资产扣除负债后由所有者享有的剩余权益。公司的所有者权益又称为股东权益。所有者权益是所有者对企业资产的剩余索取权，它是企业资产中扣除债权人权益后应由所有者享有的部分，既反映了所有者投入资本的保值增值情况，又体现了保护债权人权益的理念。

(2) 所有者权益的来源构成。所有者权益的来源包括所有者投入的资本、直接计入所有者权益的利得和损失、留存收益等，通常由实收资本(或股本)、资本公积(含资本溢价或股本溢价、其他资本公积)、盈余公积和未分配利润构成。

(3) 所有者权益的确认条件。所有者权益的确认、计量主要取决于资产、负债、收入、费用等其他会计要素的确认和计量。所有者权益即为企业的净资产，是企业资产总额中扣除债权人权益后的净额，反映所有者(股东)财富的净增加额。

4) 收入

(1) 收入的定义。收入是指企业在日常活动中形成的、会导致所有者权益增加的、与所有者投入资本无关的经济利益的总流入。根据收入的定义，收入具有以下特征：①收入是企业在日常活动中形成的；②收入会导致所有者权益的增加；③收入是与所有者投入资本无关的经济利益的总流入。

(2) 收入的确认条件。收入的确认至少应当符合以下条件：一是与收相关的经济利益应当很可能流入企业；二是经济利益流入企业的结果会导致资产的增加或者负债的减少；三是经济利益的流入额能够可靠计量。

5) 费用

(1) 费用的定义。费用是指企业在日常活动中发生的、会导致所有者权益减少的、与向所有者分配利润无关的经济利益的总流出。根据费用的定义，费用具有以下特征：①费用是企业在日常活动中形成的；②费用会导致所有者权益的减少；③费用是与向所有者分配利润无关的经济利益的总流出。

(2) 费用的确认条件。费用的确认除了应当符合定义外，也应当满足严格的条件，即费用只有在经济利益很可能流出从而导致企业资产减少或者负债增加、经济利益的流出额能够可靠计量时才能予以确认。费用的确认至少应当符合以下条件：一是与费用相关的经济利益应当很可能流出企业；二是经济利益流出企业的结果会导致资产的减少或者负债的增加；三是经济利益的流出额能够可靠地计量。

6) 利润

(1) 利润的定义。利润是指企业在一定会计期间的经营成果。通常情况下，如果企业实现了利润，表明企业的所有者权益将增加，业绩得到了提升；反之，如果企业发生了亏损，表明企业的所有者权益将减少，业绩下降。

(2) 利润的来源构成。利润包括收入减去费用后的净额、直接计入当期利润的利得和损失等。企业应当严格区分收入和利得、费用和损失之间的区别，以更加全面地反映企业的经营业绩。

(3) 利润的确认条件。利润反映收入减去费用、利得减去损失后的净额。利润的确认主要依赖于收入和费用以及利得和损失的确认，其金额的确定也主要取决于收入、费用、利得、损失金额的计量。

6. 会计要素计量属性及其应用原则

1) 会计要素的计量属性

会计计量是为了将符合确认条件的会计要素登记入账并列报于财务报表而确定其金额的过程。企业应当按照规定的会计计量属性进行计量，确定相关金额。计量属性是指所予计量的某一要素的特性方面，如桌子的长度、铁矿的重量、楼房的面积等。从会计角度，计量属性反映的是会计要素金额的确定基础，主要包括以下5个方面。

(1) 历史成本。它又称实际成本，就是取得或制造某项财产物资时所实际支付的现金或其他等价物。在历史成本计量下，资产按照其购置时支付的现金或者现金等价物的金额，或者按照购置资产时所付出的对价的公允价值计量。负债按照其因承担现时义务而实际收到的款项或者资产的金额，或者承担现时义务的合同金额，或者按照日常活动中为偿还负债预期需要支付的现金或者现金等价物的金额计量。

(2) 重置成本。它又称现行成本，是指按照当前市场条件，重新取得同样一项资产所需支付的现金或现金等价物金额。在重置成本计量下，资产按照现在购买相同或者相似资产所需支付的现金或者现金等价物的金额计量。负债按照现在偿付该项债务所需支付的现金或者现金等价物的金额计量。在实务中，重置成本多应用于盘盈固定资产的计量等。

(3) 可变现净值。其是指在正常生产经营过程中，以资产预计售价减去进一步加工成本和预计销售费用以及相关税费后的净值。在可变现净值计量下，资产按照其正常对外销售所能收到现金或者现金等价物的金额扣减该资产至完工时估计将要发生的成本、估计的销售费用以及相关税费后的金额计量。可变现净值通常应用于存货资产减值情况下的后续计量。

(4) 现值。它是指对未来现金流量以恰当的折现率进行折现后的价值，是考虑货币时间价值的一种计量属性。在现值计量下，资产按照预计从其持续使用和最终处置中所取得的未来净现金流入量的折现金额计量。负债按照预计期限内需要偿还的未来净现金流出量的折现金额计量。

(5) 公允价值。它是指在公平交易中，熟悉情况的交易双方自愿进行资产交换或者债务清偿的金额。在公允价值计量下，资产和负债按照在公平交易中熟悉情况的交易双方自愿进行资产交换或者债务清偿的金额计量。

2) 各种计量属性之间的关系

在各种会计要素计量属性中，历史成本通常反映的是资产或者负债过去的价值，而重置成本、可变现净值、现值以及公允价值通常反映的是资产或者负债的现时成本或者现时价值，是与历史成本相对应的计量属性。公允价值相对于历史成本而言，具有很强的时间概念，也就是说，当前环境下某项资产或负债的历史成本可能是过去环境下该项资产或负债的公允价值，而当前环境下某项资产或负债的公允价值也许就是未来环境下该项资产或负债的历史成本。在应用公允价值时，当相关资产或者负债不存在活跃市场的报价或者不存在同类或者类似资产的活跃市场报价时，需要采用估值技术来确定相关资产或者负债的公允价值，而在采用估值技术估计相关资产或者负债的公允价值时，现值往往是比较普遍的一种估值方法，在这种情况下，公允价值就是以现值为基础确定的。

3) 计量属性的应用原则

基本准则规定，企业在对会计要素进行计量时，一般应当采用历史成本，采用重置成本、可变现净值、现值、公允价值计量的，应当保证所确定的会计要素金额能够取得并可靠计量。

企业会计准则体系适度、谨慎地引入公允价值这一计量属性，是因为随着我国资本市场的发展，越来越多的股票、债券、基金等金融产品在交易所挂牌上市，使得这类金融资产的交易已经形成了较为活跃的市场，因此，我国已经具备了引入公允价值的条件。在这种情况下，引入公允价值，更能反映企业的实际情况，对投资者等财务报告使用者的决策更具有相关性。

在引入公允价值过程中，我国充分考虑了国际财务报告准则中公允价值应用的 3 个级次，即：①资产或负债等存在活跃市场的，活跃市场中的报价应当用于确定其公允价值；②不存在活跃市场的，参考熟悉情况并自愿交易的各方最近进行的市场交易中使用的价格或参照实质上相同或相似的其他资产或负债等的市场价格确定其公允价值；③不存在活跃市场，且不满足上述两个条件的，应当采用估值技术等确定公允价值。

7. 财务报告

1) 财务报告及其编制

财务报告是企业对外提供的反映企业某一特定日期的财务状况和某一会计期间的经营成果、现金流量等会计信息的文件。它至少包括以下几层含义：①财务报告应当是对外报告，其服务对象主要是投资者、债权人等外部使用者，专门为了内部管理需要的报告不属于财务报告的范畴；②财务报告应当综合反映企业的生产经营状况，包括某一时点的财务状况和某一时期的经营成果与现金流量等信息，以勾画出企业整体和全貌；③财务报告必须形成一个系统的文件，不应是零星的或者不完整的信息。

财务报告是企业财务会计确认与计量的最终结果体现，投资者等使用者主要是通过财务报告来了解企业当前的财务状况、经营成果和现金流量等情况，从而预测未来的发展趋势。因此，财务报告是向投资者等财务报告使用者提供决策有用信息的媒介和渠道，是沟通投资者、债权人等使用者与企业管理层之间信息的桥梁和纽带。

2) 财务报告的构成

财务报告包括财务报表和其他应当在财务报告中披露的相关信息和资料。其中，财务报表由报表本身及其附注两部分构成，附注是财务报表的有机组成部分，而报表至少应当包括资产负债表、利润表和现金流量表等。

(1) 资产负债表。资产负债表是反映企业在某一特定日期的财务状况的会计报表。企业编制资产负债表的目的是通过如实反映企业的资产、负债和所有者权益金额及其结构情况，从而有助于使用者评价企业资产的质量以及短期偿债能力、长期偿债能力、利润分配能力等。

(2) 利润表。利润表是反映企业在一定会计期间的经营成果的会计报表。企业编制利润表的目的是通过如实反映企业实现的收入、发生的费用以及应当计入当期利润的利得和损失等金额及其结构情况，从而有助于使用者分析评价企业的盈利能力及其构成与质量。

(3) 现金流量表。现金流量表是反映企业在一定会计期间的现金和现金等价物流入和流出的会计报表。企业编制现金流量表的目的是通过如实反映企业各项活动的现金流入和现金流出，从而有助于使用者评价企业生产经营过程特别是经营活动中所形成的现金流量和资金周转情况。

(4) 附注。附注是对在会计报表中列示项目所作的进一步说明，以及对未能在这些报表中列示项目的说明等。附注由若干附表和对有关项目的文字性说明组成。企业编制附注的目的是通过对财务报表本身作补充说明，以更加全面、系统地反映企业财务状况、经营成果和现金流量的全貌，从而有助于向使用者提供更为有用的决策信息，帮助其做出更加科学合理的决策。

考虑到小企业规模较小，外部信息需求相对较低，因此，小企业编制的报表可以不包括现金流量表[①]。全面执行企业会计准则体系的企业所编制的财务报表，还应当包括所有者权益(股东权益)变动表。

财务报表是财务报告的核心内容，但是除了财务报表之外，财务报告还应当包括其他

① 这项规定在 2011 年发布的《小企业会计准则》中被突破了。

相关信息，具体可以根据有关法律法规的规定和外部使用者的信息需求而定。如企业可以在财务报告中披露其承担的社会责任、对社区的贡献、可持续发展能力等信息，这些信息对于使用者的决策也是相关的，尽管属于非财务信息，无法包括在财务报表中，但是如果有规定或者使用者有需求，企业应当在财务报告中予以披露。

4.5　会计准则等效

4.5.1　会计准则等效的含义

会计准则等效，是指某一国家的会计准则与其他国家会计准则具有同等效力，并获对方上市地监管机构接纳。按照财政部会计司刘玉廷司长的解释，会计准则等效是指我国在那些实施国际财务报告准则的国家或地区上市的企业，按照中国会计准则编制的财务报表不再进行调整，即使调整也只对个别项目做出说明或者编制极少项目的调节表，毋须再按国际财务报告准则进行全面转换。①

2006 年 2 月发布新会计准则体系后，财政部就着手研究并启动与实施国际财务报告准则国家和地区会计准则等效问题的相关工作。

4.5.2　中国会计准则国际等效进展

到目前为止，我国与那些实施国际财务报告准则的国家和地区在会计准则等效问题的相关工作上进展较为顺利，取得了较满意的成效。

1. 中国与欧盟的会计合作

中欧会计合作是中欧财经对话框架下的重要合作领域。欧盟从 2005 年开始实施 IFRS，中国与欧盟实现会计准则等效已有共同的制度基础。2005 年以来，双方开展了密切的会计合作。2005 年 11 月，中国与欧盟签署了会计准则国际趋同及双边合作联合声明。2006 年 11 月 24 日，中国会计准则委员会与欧盟代表就建立中欧会计合作工作机制、欧盟将中国会计准则列为第三国等效准则的安排等问题进行了深入的讨论。会议认为，鉴于中国会计国际趋同所取得的成效，在 2009 年之前，欧盟将考虑把中国作为与 IFRS 趋同的国家对待。如果实现等效，中国企业在欧盟上市，按照中国会计准则编制的财务报表将得到认可。

2007 年 6 月 11 日，财政部副部长王军会见了欧盟委员会内部市场与服务委员查理·迈克里维，双方就中国和欧盟资本市场的近期发展交换了意见，迈克里维提到了欧盟委员会将在 2008 年年底前作出中国企业会计准则等效的决定，王军希望欧盟优先考虑中国准则，确保在 2008 年年底前实现这一目标。

2008 年 4 月 22 日，欧盟委员会就欧盟第三国会计准则等效问题发布正式报告，并提交欧洲议会在 2008 年下半年形成最终法律。根据该报告，欧盟委员会从与中国政府近期的交流和沟通看，获取的初步信息表明中国会计准则执行情况良好。因此，根据欧盟 2007 年

① 刘玉廷．中国企业会计准则体系：架构、趋同与等效[J]．会计研究，2007，(3)：2-8.

12月发布的“关于建立认可第三国证券发行者采用的会计准则等效的机制规则”条款4[①]，在2011年年底，欧盟委员会允许中国证券发行者在进入欧洲市场时使用中国会计准则，即不需要根据欧盟境内市场采用的国际财务报告准则调整财务报表。

2008年11月14日，由欧盟成员国代表组成的欧盟证券委员会(ESC)就第三国会计准则等效问题投票决定：自2009年至2011年底前的过渡期内，欧盟将允许中国证券发行者在进入欧洲市场时使用中国会计准则，不需要根据欧盟境内市场采用的国际财务报告准则调整财务报表。欧盟的这一决定表明其已认可中国企业会计准则与国际财务报告准则实现了等效。2012年4月，欧盟委员会宣布承认中国企业会计准则与欧盟认可的国际财务报告准则最终等效，允许进入欧洲资本市场的中国企业可直接采用中国企业会计准则。2012年9月，中国财政部发布公告，宣布自2012年1月1日起，欧盟上市公司合并财务报表层面所采用的国际财务报告准则与中国企业会计准则等效。中欧会计准则实现最终等效将有利于中欧双方企业到对方资本市场上市或进行其他融资活动时减少因调节财务报表而产生的资金成本，促进中欧双方的经贸往来和资本流动。

2. 中国与美国的会计合作

目前在美国纳斯达克上市的中国公司有可能超过美国以外的任何国家。安然事件以后，FASB与IASB开始对话和趋同工作。在这种情况下，中美双方加强了会计领域的联系和沟通，随着美国准则与国际准则趋同工作的进展，我国将抓住这一有利时机，积极推动和解决中美会计准则的合作与等效问题。2007年8月初，刘玉廷率中国代表团赴美，与其会计领域的相关代表与机构进行了第一次的沟通，这次沟通为今后中美两国在会计领域的合作奠定了基础。

2008年4月18日，刘玉廷率代表团在美国康涅狄格州诺沃克与FASB主席罗伯特·赫兹先生、其他理事和工作人员就加强中美两国会计交流与合作问题进行了深入探讨，并达成了三点共识，为今后积极推进中美会计合作、开展中美会计等效工作是非常必要的。

专栏4-10

中国会计准则委员会——美国财务会计准则委员会中美会计合作备忘录

2008年4月18日，中国会计准则委员会委员刘玉廷先生率代表团在美国康涅狄格州诺沃克与美国财务会计准则委员会主席罗伯特·赫兹先生、其他理事和工作人员就加强中美两国会计交流与合作问题进行了深入探讨，并达成以下共识。

第一，中美两国是当今世界主要经济体。在经济全球化背景下两国在资本市场、国际贸易等领域的经济交往日益密切。会计准则是经济活动的重要基础，两国会计准则制定机构应当加强交流，增进了解，在会计技术层面形成更多的共识，为两国经济交往提供便利。

第二，双方同意采用多种形式，交流两国会计准则建设、实施及其国际趋同的经验，包括各自在举

① 该条款4的主要内容是：若第三国负责准则制定的机构在2008年12月31日之前对外公开承诺，并有明确可执行的计划在2011年12月31日之前实现本国会计准则与国际财务报告准则的趋同，欧盟可以考虑接受第三国的证券发行者按其本国会计准则编制的财务报表。

办较大影响力的会计准则研讨会时，相互邀请对方参会，并加强相互访问。

第三，双方同意建立交流信息和观点的工作机制。双方认为有必要定期交换意见，并就世界主要经济体的会计准则趋同问题共享观点。为此，中国会计准则委员会将定期派工作人员到美国财务会计准则委员会，了解美国公认会计原则及国际趋同进展；美国财务会计准则委员会理事和工作人员也将访问中国会计准则委员会，了解中国会计准则实施及国际趋同。

3. 中国与日本、韩国的会计合作

从2002年开始，中国、日本和韩国在会计领域建立了定期对话机制，每年召开一次三国会计准则会议，沟通三国会计准则的进展，并就会计国际趋同问题进行磋商。2005年，在西安召开的中日韩三国会计准则制定机构会议上，三方签署了会计合作备忘录。2007年3月15日，韩国正式宣布了全面实施IFRS的路线图；日本也正在进行会计准则与IFRS的趋同工作。以上进展为中国与日本、韩国会计准则实现等效创造了条件。在近年的会议上，三方会计准则制定机构就会计准则等效问题进行了更加深入细致的讨论，取得了满意的成效。

4. 中国与澳大利亚的会计合作

澳大利亚是从2005年开始直接采用IFRS的国家，与欧盟的情况相同，目前都在研究和总结直接采用IFRS实施中的问题。中澳在会计准则方面已经建立了联系和沟通，澳大利亚财政部和会计准则理事会非常关注我国会计准则的建设与实施情况，以及会计国际趋同的进展及所取得的成效，中国将进一步加大与澳大利亚会计合作的力度。

5. 中国内地与香港地区的会计合作

香港地区从2005年开始直接采用IFRS。2006年5月，中国会计准则委员会和中国香港会计师公会在香港签署两地会计准则趋同的联合声明。双方认为，会计准则国际趋同是适应经济全球化发展趋势的必然要求，中国内地与香港地区会计准则实现了实质性趋同，有助于两地企业及证券市场的长远发展。2007年12月6日，中国内地与香港地区签署了《关于内地企业会计准则与香港财务报告准则等效的联合声明》。双方确认，除部分资产减值损失的转回以及关联方披露两项准则相关内容需调节差异之外，内地企业会计准则与香港地区财务报告准则已实现等效，这将有助于内地企业赴港上市，降低筹资成本，促进两地资本市场发展。

专栏 4-11

中国会计准则委员会与香港会计师公会
关于内地企业会计准则与香港财务报告准则等效的联合声明

中国会计准则委员会与香港会计师公会于2006年5月就内地企业会计准则与香港财务报告准则的实质性趋同情况发表联合声明后，即对两地准则进行了逐项比较，并一致同意发表以下联合声明。

(1) 2007年12月6日有效的内地企业会计准则与同日有效的香港财务报告准则，除资产减值损失的转回以及关联方披露两项准则相关内容需调节差异外，已经实现等效。内地企业根据2007年12月6

日有效的内地会计准则编制的财务报表，在对上述两项差异做出相关的调整后，与根据同日有效的香港财务报告准则编制的财务报表具有同等效力。

(2) 双方承诺为消除以上两项差异以及未来继续保持两地准则的等效，制定了列于本声明附件二的持续等效机制。

(3) 双方已与有关方面协商并达成共识，自本声明签署后，立即开展工作，落实两地注册会计师专业资格考试会计科目的相互豁免，尽快研究扩大符合两地考试科目互免条件的中国注册会计师协会会员和香港会计师公会会员的范围。

(4) 在两地准则等效技术磋商过程中，双方已与两地监管机构协商并达成共识，在两地准则等效声明签署后，立即开展工作，尽快研究解决两地在对方上市的企业，以其当地的会计准则编制、并由当地具备资格的会计师事务所按照当地审计准则审计的财务报表，可获对方上市地监管机构接纳。

(签字)中国会计准则委员会 秘书长 王军　　(签字)香港会计师公会会长 方中

2007年12月6日　　2007年12月6日

此外，我国还加强了与非洲和俄罗斯等国家或地区的会计合作，取得了一定的进展。

本章小结

什么是会计准则，国内外会计界看法不一，至今尚未有统一的定义。葛家澍教授认为，会计准则是在财务会计处理和编制财务报表时，用来作为标准，要求会计人员和报表提供者自觉遵守的规则。股份经济是会计准则产生的前提，资本主义经济危机是会计准则产生的催化剂。会计准则产生于美国，早期的会计准则被称为“公认会计原则”。会计准则在美国先后经历了研究形成、公认和完善与提高3个阶段，历经了会计程序委员会(CAP)、会计原则委员会(APB)和财务会计准则委员会(FASB)3个机构。国际上从1973年也成立了制定会计准则的国际性机构——国际会计准则委员会(IASC)，并于2001年改组为国际会计准则理事会(IASB)，目前，世界上相当多的国家已经开始制定会计准则或者选择走与国际会计准则(国际财务报告准则)相协调或趋同的道路。

对会计准则的性质，中西方学者提出了许多观点，比较典型的是技术规范观、经济后果观、政治程序观、产权制度论和博弈均衡论。

会计准则是经济发展对会计规范的客观要求，应当是高质量的，否则它就不能担当指导会计实务，提供高质量会计信息的重任。一套高质量的会计准则至少应当具有适应性、能反映交易实质、协调性、可理解性、可操作性、稳定性和具有评价能力等特征。会计准则的优劣、质量的高低取决于会计准则制定过程的安排，即会计准则模式，主要包括会计准则制定机构、制定人员、制定方法和程序以及制定导向等。高质量的会计准则当然还要能够得到很好的贯彻实施。

中国从20世纪30年代初就开始引进西方会计准则思想，到20世纪80年代才开始由学术界牵头研究制定会计准则。1988年财政部会计准则组成立，正式开始了以政府为主导的会计准则制定工作。经过努力，1992年11月30日，中国第一部《企业会计准则》正式出台，此后陆续发布实施了16项具体会计准则。2006年2月15日，中国正式发布了包括一项基本会计准则和38项具体会计准则在内的、可以独立实施的新会计准则体系，实现了与国际财务会计报告准则实质上的趋同，产生了较大的国际影响。2011年10月发布了《小企业会计准则》。目前中国会计准则已经得到中国香港、欧盟等地会计组织等效的承诺，中国会计准则机构正在加强与美国、日本、韩国、加拿大、澳大利亚和俄罗斯等国家的合作，争取获得更大范围的等效认可。

我国的基本会计准则是会计准则体系的组成部分，而在西方国家和国际会计准则委员会是以财务会计概念框架(CF)出现的，它不是会计准则体系的一部分，而是属于理论。它可以为评价会计准则和会计实务以及指导制定新的财务会计准则提供理论基础，帮助会计信息使用者更好地理解财务会计和财务报告所提供的信息，节省准则制定成本，抵制不同利益集团的政治压力，还可以在缺乏会计准则的领域内起到基本的规范作用。我国的基本会计准则内容包括 7 个方面：财务报告目标、会计基本假设、会计基础、会计信息质量要求、会计要素分类及其确认、会计要素计量属性及其应用原则和财务报告。

习　题

一、思考题

1. 什么是会计准则？它是如何产生的？
2. 会计准则与会计原则、会计制度有什么联系和区别？
3. 简述美国会计准则制定机构演变的原因及其成就。
4. 会计准则的性质是什么？
5. 简述高质量会计准则的基本特征。
6. 评价我国会计准则的制定程序。
7. 简述会计准则的制定导向。我国应从中如何选择？
8. 简要说明我国研究制定会计准则的历程和主要成就。
9. 我国会计准则的基本结构如何？为什么要在准则之外制定指南和解释？
10. 简述财务会计概念框架的含义和作用。
11. 试比较中美两国在财务会计概念框架(基本会计准则)结构和主要内容上的差异。
12. 什么是会计目标？简述会计目标的两种主流观点。
13. 什么是会计信息质量要求？阐述我国基本会计准则会计信息质量要求的内容。
14. 什么是会计确认？会计确认的标准有哪些？
15. 什么是会计计量？我国会计准则提出了哪些会计计量属性？
16. 美国金融危机爆发以后，人们对公允价值有什么看法？
17. 什么是会计等效？我国会计准则等效工作的成效有哪些？

二、案例题

1. 阅读下述文字，回答问题。

语言是人们进行沟通的工具，是思想的表现方式。语言不通，人们就无法交流。我在洛阳上中学时，一次英语课，老师讲情态动词“can，may，must”的用法。老师讲完后提问一位洛阳本地的学生，问他会不会，这个学生站起来后一语不发。老师说：“Sit down，Please!”学生在坐下时用洛阳当地话自言自语道：“会侃。”老师听见后说：“会 can，就会 may，就会 must.”洛阳籍的学生笑翻了天，因为“会侃”在洛阳话中有瞎胡说的意思。我国的方言很多，比如“日本”这个词，东北话念成“一本”，湖北人说成“二本”，上海话讲作“十本”。这 3 人碰到一起，如果用方言讲话，那就热闹了。如果不能相互理解，何谈交流呢？因此，我国必须推广普通话。会计也一样，会计是反映经济信息的一个系统，会计的反映方式方法不同，信息的准确性就大有不同。会计是“商业语言”，对其业务处理要遵从国际惯例。国际会计准则(IAS)就是会计行业中的“普通话”。

——杨尚军. 会计物语[M]. 成都：西南交通大学出版社，2008.

问题：

(1) 为什么要进行会计准则的国际协调和趋同？

(2) 我国为什么要以国际会计准则(国际财务报告准则)作为趋同对象？

2. 阅读下面的两段文字，谈谈体会。

1) 会计有弹性

前不久，笔者作为嘉宾参加上海某电视台的一次关于中国资本市场会计信息的对话节目。主持人问道：“你认为会计信息能够反映企业的经济活动吗？”我回答：“当然，没有任何一样工具能像会计信息那样客观地反映企业的经济活动。”主持人又问：“同样的经济活动，如果让不同的会计人员来做记录，其结果应该是一样的吗？”我回答：“当然不一样，而且肯定不一样。因为会计准则是有一定弹性的。”主持人又问道：“弹性有多大？”我明确地回答道：“85%!”主持人愕然，反问道：“此话怎讲？”于是乎，我介绍了南方证券公司因违规被行政接管之后，对其进行投资的9家上市公司均对其长期股权投资科目进行了减值准备。上海汽车由于当年盈利高达15亿元，因此对其3.9亿元的长期投资进行了100%的减值准备；首创股份由于当年盈利只有4亿元，所以只对其3.9亿元的长期投资提取了15%的减值准备；其余7家上市公司也根据自己的需要与判断分别计提了从 20%到 90%的减值准备。主持人问：“哪一个减值准备相对正确？”我回答：“都正确，因为他们都是根据会计准则的要求，对可能的损失进行了估计与判断，只要依据合理可靠，85%的弹性结果都是可以接受的。”主持人摇着头说：“这叫什么会计？”我说：“这就是新形势下的会计。”

确实，会计自从发明以来一直秉承历史成本、权责发生制及复式记账三大支柱而成为一门独特的学科，在经济发展相对缓慢、生产要素相对简单的环境中发挥了重要作用。但随着社会经济的飞速发展，经济业务日趋多元化、复杂化，会计环境也有了巨大变化。一些会计存在的假设前提(如采用历史成本的前提假设是币值基本不变，按权责发生制所计量的收入与费用其货币价值是可以明确的，会计主体的所有者与经营者关系是相对固定且明确的)事实上早已不存在了，如果还沿用这样的假设顽固地抱着历史成本不放而不考虑公允价值，强调报表的精确性而不顾估计的相对性，只考虑现存所有者而不考虑潜在投资者，那么这样的会计信息还有什么用呢？君不见：由于资源有限且风险日高，企业的资产价值时时变动、日日上下。君不见：由于环境变化对业务要常常判断，对活动要时时估计。为此，了解最新企业资产负债状况，关心可能的现金流入流出，给可能的潜在投资者提供有用的会计信息，将成为新形势下对会计的一种需求。而要做到这一点，会计人员就不得不在每次编制报表时，对所有的资产与负债进行二次计量，并根据市场行情的变化对可能的差异进行判断与估计。为此，会计弹性就会成为必然，成为一种属性。因为，既然要判断、要估计，不同的人就一定会有差异，一定会有弹性，只要这种弹性与差异有依据、有理由就可以了。

基于此，笔者有了如下感想。第一，要给报表使用者上课，不要再以老眼光来看会计。在新形势下，会计有弹性是很正常的事，就像现在我们不再穿清一色的衣服一样。第二，希望企业间的会计弹性差异应尽量少一些，判断也要尽量谨慎一些。毕竟，85%的差异是大了一些，能否再小一点，控制在10%以内。否则对报表使用者确实不大好交代。第三，对会计政策的制定部门来说，既然会计有弹性和差异了，能否在报表使用说明中强调一下原因。特别对一些大企业或复杂的企业，报表就不一定精确到分了，因为这会给人造成一种误解，以为会计报表是一个没有任何弹性的信息工具。

——李岩山. 会计有弹性[J]. 财务与会计(理财版). 2008，(6)：1.

2) 中华人民共和国财政部会计信息质量检查公告(第 14 号节选)

为确保新会计审计准则体系的贯彻实施，全面提升会计信息质量和注册会计师执业质量，依据《中华人民共和国会计法》、《中华人民共和国注册会计师法》，2007 年财政部组织驻各地财政监察专员办事处(以下简称专员办)和各省、自治区、直辖市、计划单列市财政厅(局)开展了会计信息质量检查和会计师事务所执业质量检查，并依法对违规单位和个人进行了处理处罚。此次检查共涉及企事业单位、会计师事务所 8398 户，形成了“部、省、市、县”四级联动的监督机制，有效增强了会计监督的社会影响力。

从检查情况看，新会计准则体系自 2007 年正式实施以来，在上市公司以及率先执行准则的部分中央企业等单位得到全面贯彻执行，新旧会计准则实现了平稳过渡和顺利转换，企业会计核算和信息披露的真实性、公允性明显增强，会计信息质量整体上得到进一步提升。检查也发现，部分企业存在对准则理解有偏差、判断不准确、执行不到位的问题。少数企业存在违背准则操纵利润、虚构交易等严重会计造假行为，具体表现在以下几个方面。一是随意调节收入成本粉饰业绩。如提前或推迟确认收入从而在不同年度间调节利润，随意增减固定资产预计使用年限调节折旧费用，对同一交易事项采用不同的计量模式确定公允价值，非法转回以前年度确认的减值损失等。二是利用关联方交易转移利润。如通过母公司豁免大额债务或者进行大额捐赠等手段，直接向上市公司输送利润，帮助上市公司扭亏为盈。三是通过虚构经济业务进行系统造假。有的上市公司与关联企业相串通，通过编造虚假合同等手段进行系统造假，虚构业务收入，导致财务报表虚盈实亏。

——财政部网站

3. 对比下述两份间隔四年的财政部会计信息检查公告，分析四年来我国会计信息质量变化情况。

1) 中华人民共和国财政部会计信息质量检查公告(第 14 号节选)

为确保新会计审计准则体系的贯彻实施，全面提升会计信息质量和注册会计师执业质量，依据《中华人民共和国会计法》、《中华人民共和国注册会计师法》，2007 年财政部组织驻各地财政监察专员办事处(以下简称专员办)和各省、自治区、直辖市、计划单列市财政厅(局)开展了会计信息质量检查和会计师事务所执业质量检查，并依法对违规单位和个人进行了处理处罚。此次检查共涉及企事业单位、会计师事务所 8 398 户，形成了“部、省、市、县”四级联动的监督机制，有效增强了会计监督的社会影响力。

从检查情况看，新会计准则体系自 2007 年正式实施以来，在上市公司以及率先执行准则的部分中央企业等单位得到全面贯彻执行，新旧会计准则实现了平稳过渡和顺利转换，企业会计核算和信息披露的真实性、公允性明显增强，会计信息质量整体上得到进一步提升。检查也发现，部分企业存在对准则理解有偏差、判断不准确、执行不到位的问题。少数企业存在违背准则操纵利润、虚构交易等严重会计造假行为，具体表现在以下几个方面。一是随意调节收入成本粉饰业绩。如提前或推迟确认收入从而在不同年度间调节利润，随意增减固定资产预计使用年限调节折旧费用，对同一交易事项采用不同的计量模式确定公允价值，非法转回以前年度确认的减值损失等。二是利用关联方交易转移利润。如通过母公司豁免大额债务或者进行大额捐赠等手段，直接向上市公司输送利润，帮助上市公司扭亏为盈。三是通过虚构经济业务进行系统造假。有的上市公司与关联企业相串通，通过编造虚假合同等手段进行系统造假，虚构业务收入，导致财务报表虚盈实亏。

——财政部网站

2) 中华人民共和国财政部会计信息质量检查公告(第 25 号节选)

为切实履行《中华人民共和国会计法》赋予财政部门的会计监督职责，综合治理会计信息失真问题，2011 年财政部下发了《财政部关于组织地方财政部门开展 2011 年度会计信息质量检查和会计师事务所执业质量检查的通知》(财监〔2011〕23 号)，统一组织全国各省、自治区、直辖市、计划单列市财政厅(局)和新疆生产建设兵团财务局开展了会计监督检查工作。

2011 年，各地财政部门共检查企事业单位 23396 户。检查结果表明，多数企业会计核算逐步规范，内部控制制度逐步健全，较好地执行了《会计法》、企业会计准则，会计信息质量逐年提高，内部控制体系逐步完善。检查也发现，仍有部分企业执行《会计法》和相关准则规范不到位，在内部控制、会计核算、缴纳税款等方面存在一定问题，部分企事业单位内控制度不健全或执行不到位，存在会计核算不实、随意调节利润、以假发票报账、违规发放补贴等违规问题，少数单位还存在私设“小金库”、少缴税款、编制虚假财务报告的问题；部分行政事业单位收支未统一核算、非税收入未实行收支两条线、专项结余亟待清理、挪用专项资金等；部分中小企事业单位会计基础工作相对薄弱，执行会计准则和制度不力，存在白条入账、会计账簿设置不规范、会计人员无证上岗、资产管理混乱、收入直接冲抵支出等问题。各地财政部门共检查发现违规问题金额 552.29 亿元，查补税款 9.11 亿元。各级财政部门对检查发现问题依法作出了严肃处理，对单位处以罚款 3875.52 万元，对 193 名直接责任人员给予了罚款、吊销会计从业资格证书等行政处罚，移送其他部门处理 62 户企业。

2012 年 12 月 18 日

——财政部网站

第5章

注册会计师职业规范

教学目标

了解注册会计师及其资格确认，理解注册会计师职业规范的意义及特征，了解中西方注册会计师职业规范的演变过程及成果，熟悉我国注册会计师执业规范的构成、特点及主要内容，熟悉注册会计师职业道德基本准则的基本内容。

教学要求

知识要点	能力要求	相关知识
注册会计师及其职业规范概述	(1) 了解注册会计师及其行业特征 (2) 熟悉注册会计师资格确认方法 (3) 理解注册会计师职业规范的意义及特征 (4) 了解中西方注册会计师职业规范的演变过程及成果	(1) 注册会计师及其特征 (2) 注册会计师资格考试 (3) 注册会计师职业规范含义及特征 (4) 10条公认审计准则 (5) 国际审计准则
中国注册会计师执业准则	(1) 熟悉中国注册会计师执业规范的构成及特点 (2) 掌握中国注册会计师鉴证业务基本准则的主要内容 (3) 了解中国注册会计师审计准则、审阅准则和其他鉴证业务准则的基本内容 (4) 了解中国注册会计师相关服务准则的基本内容 (5) 理解会计师事务所质量控制准则的要点	(1) 中国注册会计师执业规范的构成 (2) 中国注册会计师鉴证业务基本准则 (3) 中国注册会计师审计准则 (4) 中国注册会计师审阅准则 (5) 中国注册会计师其他鉴证业务准则
注册会计师职业道德准则	(1) 了解注册会计师职业道德规范的发展 (2) 了解《中国注册会计师职业道德守则》的主要内容	(1) 注册会计师职业道德规范沿革 (2) 中国注册会计师职业道德守则

引　例

中天勤会计师事务所因银广夏事件分崩离析①

中天勤会计师事务所包括中天所和天勤所，分别位于福田和蛇口。2000年7月，深圳市注协批复，同意中天和天勤合并，成立中天勤。中天前身是属于电子工业部的深圳中华会计师事务所，而天勤的前身是交通部的蛇口中华会计师事务所，两所均成立于20世纪80年代，有过辉煌的历史。2001年，中天勤达到了繁盛的“顶峰”，拥有320名员工、近百名注册会计师、超过60家上市公司客户，年均业务收入超过6000万元，在深圳排名第一，全国位列五强。

两所合并时合伙人曾宣布，在“忙完2001年中报之后”，中天和天勤将正式搬到一起办公，还没有等到搬家，银广夏案事发。

出事之前，中天所共有5个审计部和一个行政部，5个审计部分别是审计一部、二部、三部、四部和六部，六部的合伙人据说对“五”很敏感(认为与“无”同音，不吉利)，因此设“六”不设“五”。为银广夏担任审计任务的是审计二部，这个部的总经理和副总经理就是为银广夏的审计报告签字的会计师徐林文和刘加容，两人同时也是会计师事务所的合伙人。

负责银广夏2000年年报审计的项目组是由刘加容自己带队，包括审计员和助理审计员在内共14人，分派到银广夏银川总部、天津广夏、武汉广夏、芜湖广夏等地。

从2001年初开始，市场对于银广夏业绩的质疑就一直没有停过，包括当年4月中国证券市场研究设计中心的研究员蒲少平曾先后发表《九问银广夏》和《再问银广夏》，在股市上曾引发了银广夏是否造假的一场大争论，刘加容还曾接受银广夏方面委托，以书面形式回答了蒲少平提出的部分问题。但是此事在中天勤内部包括银广夏项目组内都被当做一件小事情放过了。

2001年6月过后，14名银广夏项目组成员继续飞赴银广夏银川总部和各地的分公司，参与银广夏当年中报审计。在银川，他们受到了银广夏人热情款待。就在酒桌上，银广夏的负责人放言2001年全年销售将比前一年翻一番，达到60个亿。然而就在银广夏赢利再次暴涨的中报还没来得及出炉，《财经》揭露银广夏造假的文章已经出现在大众的面前。

财政部、证监会、中注协联手对中天勤进行专项调查后认定，两名签字注册会计师刘加容和徐林文违反了《中华人民共和国注册会计师法》、《中国注册会计师独立审计准则》、《中国注册会计师职业道德基本准则》，存在“重大过失”，“根本没有履行必要的审计程序”，“为银广夏出具严重失实的审计报告”。

关于刘加容和徐林文在银广夏事件上的责任，中天勤内部的一种说法是刘拖累了徐。在中天勤，由于实行的是双签字制度：除主审会计师外，每份报告最后都要有一名合伙人签字。知情人士说，徐林文日常为人非常细心，但是因为银广夏是刘加容主审的项目，加之银广夏是中天勤多年的客户，所以基本上没看就签字了。

“按照《注册会计师法》的精神，像银广夏造假这种应该知道而没有查出来的情况，应该负与有意造假一样的责任”，一位资深的事务所合伙人说：“中天勤曾不可一世，银广夏事件实在是罪有应得。”但这位将中天勤一直视为竞争对手的老人也表示：“客观来说，中天勤的执业水平在国内是相当高的，曾经是深圳注会界的骄傲，所以很多深圳业内人士一直对中天勤怀有眷恋情结。”

思考：

1. 注册会计师在审计过程中应当注意什么？
2. 会计师事务所如何进行审计质量的控制？

① 根据2002年9月9日《南方都市报》的文章《中天勤周年祭》改写。

刚刚合并还没有搬到一起的“中天勤”，因为银广夏事件未能够“如日中天”，一下子就“无”了，“树倒猢狲散”，当初设项目部的时候，有意避开了“第五部”，好像冥冥之中有预感似的。读了上面的文字，有一种说不出的味道。中天勤出事以后，媒体过多的是围绕“诚信”这个话题来评述的，我们觉得，除了诚信原因外，未严格执行注册会计师审计规范，缺乏应有的职业关注，也应该是将其“主人”送下“地狱”的梯子。按规定一份审计工作底稿要经主审会计师、项目经理、合伙人三级复核，才能形成审计报告并签字，有的甚至加上技术标准部门搞四级审核，但在银广夏审计中，只进行了两级复核，其中一名签字会计师根本没有到过公司现场，没想到会发现错误，此其一；二是按照规定，事务所进行应收账款函证时，签字注册会计师应该对寄发以及回函保持控制，包括选择被函证者，但实际上中天勤人员将所有询证函交由公司发出，由公司交给签字注册会计师，失去了发现错误的机会；第三，银广夏核心业务天津广夏的具体审计人，居然是助理审计员，无注册会计师资格，经验不足，失去了发现错误的又一个机会。

诸如此类注册会计师或者事务所被查处的例子还有很多，这就告诉人们一个事实，对注册会计师和会计师事务所加强监管，建立和完善注册会计师审计规范，建立注册会计师自律机制刻不容缓。

5.1　注册会计师及其职业规范概述

5.1.1　注册会计师及其资格确认

1. 注册会计师及其职业特征

1) 注册会计师

我国现行《注册会计师法》第二条规定：“注册会计师是依法取得注册会计师证书并接受委托从事审计和会计咨询、会计服务业务的执业人员。”注册会计师在世界不同的国家和地区称谓不尽相同，如“特许会计师”、“公共会计师”、“审计师”等。“注册”、“特许”体现其资质和管理的要求，“公共”则标志着独立地为公众提供专业服务的法律地位，“审计”则揭示了其最主要的职业活动[①]。在西方，注册会计师作为“中介从业人员”，与建筑师、律师和医师一样，备受人们的青睐。

2) 注册会计师职业特征

注册会计师是一种特有的职业形式，具备专业人士的一些基本特征[②]。

(1) 工作性质是高度专门化、技能化的，主要是脑力劳动而非体力劳动。这也就意味着从事该职业的活动需要相当的训练。

(2) 特殊的职业道德要求，例如严格遵循专业标准，诚实行事等。传统的职业道德通常包括对客户的忠诚，为客户利益保密。但是现代社会中越来越要求职业人士承担对社会公益的忠诚义务，尽管这可能意味着在一定程度上背离了客户的利益。

---

① 刘燕．会计师民间责任研究[M]．北京：北京大学出版社，2004：24.

② 这是由英国学者杰克逊·鲍威尔教授在《专业过失》一书中总结出来的。转引自刘燕．会计师民间责任研究[M]．北京：北京大学出版社，2004：24.

(3) 有相对封闭的成员组织。职业组织代表整个职业的利益，它通常设定进入该组织的各种条件以及成员的行为准则，并对违反者施以惩罚。

(4) 享有较高的社会地位。或者由于法律授权，或者由于其对社会所需要的某种知识的垄断。

3) 注册会计师的业务范围

注册会计师最早定位于公司的破产清算人，后来随着职业的发展，“审计”成为注册会计师主要的执业活动，对公司的财务数据发表意见，成为公司的“看门狗”。20 世纪中期以后，随着大中型企业甚至跨国公司的形成、资本市场的国际化、公司内部管理与运作的需要，注册会计师开始担当公司财务顾问、商务咨询与管理专家的角色。世界大会计公司为自己设计的形象中，会计和审计的字眼已经悄然消失，取而代之的是一种新型的企业组织——职业服务者。其业务范围除了传统的“审计”以外，已经扩大到鉴证业务和其他服务。它是 20 世纪 90 年代中后期国际会计师行业对注册会计师专业鉴证性服务的一个新的概括和提法，既是注册会计师专业服务产品向纵深开发的结果，也是注册会计师专业服务从“审计”向“鉴证”的一次重大跨越。①

专栏 5-1

审计师是一个“看门狗”②

1898 年英国发生了金斯敦棉纺厂案件，法官洛佩指出：“一位审计师肯定不是一名侦探，……不能以猜疑或未卜先知一定存在某种错误的态度探讨、处理审计问题。审计师是一个‘看门狗’，而不是一只猎犬……，如果存在需要加以怀疑的事情，他应追查到底，弄个水落石出；但如果缺乏这类事情，他仅需保持适当的小心谨慎即可”。

其他服务类型包括：商业管理咨询、公司融资、电子商务、人力资源管理、风险咨询、税务咨询、司法会计等③。这种全能型的职业定位引起了很大的争议，严重影响了注册会计师的独立性，安然事件发生后，美国国会在颁布的《萨班斯—奥克斯利法案》中禁止美国会计师事务所从事可能引起利益冲突的非审计业务：①簿记服务以及为审计客户提供的与会计记录或财务报表相关的其他服务；②财务信息系统设计与实施；③评估或估价服务；④精算服务；⑤内部审计外包服务；⑥管理职能或人力资源服务；⑦经纪人、投资顾问或投资银行服务；⑧法律服务以及与审计无关的专家服务；⑨公众公司监管委员会根据有关规则认为不可提供的其他服务。尽管这是美国的国内法，但由于美国在资本市场中的地位以及其在会计界的影响，它对全世界注册会计师行业产生了重大的影响，一些国际化经营的大会计师行已经在拆分、出售自己的咨询业务④。

① 刘明辉．审计与鉴证服务[M]．北京：高等教育出版社，2007：11.

② 参见迈克尔·普拉特的《审计学》，转引自余玉苗等．以史为镜——注册会计师职业发展史[M]．北京：中国经济出版社，1997：26.

③ 刘燕．会计师民间责任研究[M]．北京：北京大学出版社，2004：33.

④ 刘燕．会计师民间责任研究[M]．北京：北京大学出版社，2004：35.

2. 注册会计师资格确认

世界上绝大多数国家的注册会计师或者类似的职业均需要通过严格的考试才能取得资格。中国注册会计师是采用通过全国统一考试方式来确认资格的①，考试由财政部全国注册会计师考试委员会(办公室设在中国注册会计师协会)组织领导，确定考试组织工作原则，制定考试组织方针、政策，审定考试大纲并命题，地方考试委员会具体开展工作。

1) 考试

根据《注册会计师法》和《注册会计师全国统一考试办法》的规定，报名参加全国注册会计师考试应具备两个条件：①具备完全民事行为能力；②具有高等专科以上学校毕业学历、或者具有会计或者相关专业中级以上技术职称。②注册会计师考试分为专业和综合两个阶段，专业阶段考试科目为《会计》、《审计》、《财务成本管理》、《公司战略与风险管理》、《经济法》和《税法》6 门(具有会计或者相关专业高级技术职称的人员，可以申请免予专业阶段考试 1 门专长科目的考试)，考试成绩在 5 年内有效(成绩合格分数线为 60 分)，全科成绩合格者，颁发注册会计师全国统一考试专业阶段的考试合格证书；综合阶段考试科目为《职业能力综合测试》1 门，参加者应在取得注册会计师全国统一考试专业阶段考试合格证书后 5 个年度考试中完成。对取得综合阶段考试科目考试合格成绩的考生，财政部考委会颁发注册会计师全国统一考试全科考试合格证书。

2) 注册登记

通过考试，取得全科考试合格证书即可取得注册会计师资格，申请加入注册会计师协会成为非执业会员。要执业还必须按照规定，加入一家会计师事务所，并从事审计业务工作 2 年以上，才可以向省、自治区、直辖市注册会计师协会申请注册，并报财政部备案。准予注册的申请人由注册会计师协会发给财政部统一印制的注册会计师证书，方可执业。

专栏 5-2

英国 ACCA 资格确认③

ACCA 是英国特许公认会计师公会的简称，是目前世界上海外学员最多、学员规模发展最快的专业会计师组织。总部设在伦敦，在世界上包括北京、上海和广州的 20 多个城市设有办事处，考点 200 多个。ACCA 专业资格考试采用全球统一标准，即统一教材、统一考试、统一评卷，最后会员取得全球统一的证书。ACCA 的专业资格考试大纲以国际会计准则委员会(IASC)颁布的国际会计准则和国际会计师联合会(IFAC)颁布的国际审计准则作为依据设计考试内容，以充分适应国际经济一体化的需要。ACCA 的目标在于培养复合型的高级管理人才，而非一般的记账员或审计员。

① 我国注册会计师业务恢复之初，曾经采取过选评的方式，1994 年以后，必须通过考试才能取得注册会计师资格。

② 相对于世界上一些发达国家，我国规定专科以上学历就可以参加注册会计师的考试比较宽松。德国规定成为注册会计师的教育要求是大学高级研究生学位。

③ 编者根据网络资料整理。

凡具有教育部承认的大专以上学历，即可报名成为ACCA的正式学员，教育部认可的高等院校在校生，只要提交学校出具的证明函及第一年所有课程考试合格的成绩单，即可报名成为ACCA的正式学员。学员注册后，在2~3月份或者8~9月份会收到ACCA的考试报名通知，学员根据考试规则和个人准备情况选择报考科目和考试地点。

ACCA在每年的6月和12月的第二周各举行一次考试，共3个部分14门课程，学员在报名注册后10年内考完。第一部分：基本会计原理，财会信息的作用和管理领域的主要问题，包括《财务报表编制》、《财务信息应用与管理》和《人力资源管理》3门课程；第二部分：专业财会人员应具备的专业核心技能、商业运作的法律环境、财会方面的关键技能，包括《信息系统》、《公司法与商法》、《企业税务》[①]、《财务管理与控制》、《财务报告》和《审计与内部控制》等6门课程；第三部分：着重于企业战略管理中财务人员的作用，包括《审计与认证业务》、《高级税务》、《业绩管理》、《企业信息管理》、《战略经营计划与开发》、《高级公司报告》和《战略财务管理》7门课程。其中，前4门选择2门，后3门为核心课程。

学员按照科目的先后次序报考，每次最多报考4门，第一、二部分和第三部分选择课程每科成绩合格(50分)予以保留，第三部分最后3门核心课程须同时报考，同时通过。

要取得ACCA会员资格，除了要通过以上14门考试外，还要在会计、财务管理、管理和审计等相关领域取得3年工作经验。学员取得会员身份，便拥有一项国际上认可的专业会计师资格，可用ACCA称衔。5年后，可进为资深会员采用FCCA称衔。

5.1.2 注册会计师职业规范的意义和特征

1. 注册会计师职业规范的意义

注册会计师职业规范是注册会计师在从事职业活动中应当遵循的业务标准和行为准则。它有两层含义：一是注册会计师在职业活动中必须遵守的基本准则，如注册会计师执业准则、注册会计师业务质量控制准则等；二是注册会计师在职业活动中应当尽量做到的标准，如注册会计师职业道德准则等。

制定并施行注册会计师职业规范，对发展市场经济和人们正确认识注册会计师起到了积极作用。

1) 可以促进审计质量的提高

质量是服务的生命，作为提供中介服务的注册会计师审计，它应以高质量的审计报告来取得委托者对它的信任，要衡量和控制审计业务的质量，必须依据一定的标准和尺度，这种标准和尺度就是注册会计师审计规范。注册会计师在执行审计业务的过程中，要严格按照执业规范的要求约束、规范自己的行为，保持独立状态，才有可能保证审计质量的提高。

2) 可以明确注册会计师的责任

注册会计师接受委托从事独立审计业务，应该对出具的审计报告负责，制定注册会计师审计规范，明确注册会计师的审计责任和被审计单位的会计责任，将注册会计师从随时有可能发生的诉讼中解脱出来，以维护自身的权益。

---

① 中国学员可以选择报考中国法律和中国税务方面的试卷。

3) 可以增强公众对注册会计师审计的信赖

注册会计师的基本职能是对企业财务报表的数据发表意见，在履行审查和鉴证职能时一个重要的前提就是其自身工作必须是可信的。注册会计师审计规范为注册会计师所从事的工作提供了最好的职业标准，使得注册会计师审计报告为公众所信任。

4) 有助于推进审计理论研究

审计执业规范(准则)是审计人员实践经验的总结和升华，是审计理论的重要组成部分。审计职业规范的制定、实施和发展，有助于推动审计理论研究，加强国际间审计交流。

2. 注册会计师职业规范的特征

概括地说，科学的注册会计师职业规范应该具备以下特征。

1) 实践性

注册会计师职业规范是用来规范注册会计师职业行为的，而注册会计师职业行为主要体现在业务工作中，因此，它与注册会计师的各项业务工作密切相关。

职业规范应来源于职业实践，根据职业实践的需要形成相应的规范。如果职业实践已经产生，而并未形成或制定相关的职业规范，则这种职业实践很可能是盲目的，因为没有相应的规范来约束而易产生审计失误或舞弊。例如，20 世纪末期我国上市公司逐渐增加，对上市公司的审计已成为注册会计师的一项重要工作，但相应的审计规范并未跟上，从而导致一系列重大的公司舞弊案。这些案例固然是由于企业弄虚作假造成，但缺乏强有力的审计规范来约束审计人员或审计人员无规范可循，也是一个重要原因。

我国发布的注册会计师执业准则和职业道德准则等，就是在总结国际和国内多年审计实践的基础上制定出来的审计规范，它使注册会计师在审计工作中更好地履行其职责有了遵循的依据，也对规范注册会计师的行为、明确其责任有了评判的标准。可以相信，这些审计规范出台以后，注册会计师的责任感会更强、审计的技能会更高，被审计单位会计报表发生重大错误和舞弊现象会大大减少。

注册会计师职业规范的实践性，还要求职业规范能切实地指导实务，而不仅仅是一套虚空的规章制度。要使职业规范真正地发挥作用，一定要有可操作性，能使审计人员具体遵守，否则，可能形同虚设。

2) 完整性

在职业实践中，要规范的内容很多，因此，注册会计师职业规范的内容也有很多。从广义上说，所有对审计进行规范的内容，均可列入职业规范的范畴，但从逻辑严密上讲，属注册会计师职业规范的内容应注意两方面：①注册会计师职业规范应只与职业活动有关，即只规范职业活动。前文所列的各种法规、规定等，均属职业规范的范畴。与职业工作无关的，不属于职业规范。例如，财政部制定的《注册会计师统一考试规则》、《会计师事务所会计核算办法》、《会计师事务所财务管理若干问题的暂行规定》，只规定注册会计师的资格考试和会计师事务所的内部核算，显然与注册会计师的职业活动无关，不能纳入职业规范的范畴。②注册会计师职业规范应只与注册会计师有关，如果某项法规主要规范其他主体，兼带规范审计主体，则该法规不能列入职业规范。例如，《会计法》主要是规范会计主体的，尽管其规范的内容与审计密切相关，且规定可对会计工作进行审计监督，但不属注册会计师审计规范。《公司法》是规范股份公司和有限责任公司的，《证券法》是规范证券的发行和交易的，它们尽管对注册会计师的职责也有规定，也不属注册会计师职业规范的范畴。

5.1.3 注册会计师职业规范的演变

1. 注册会计师审计准则在美国的演变

注册会计师审计也称独立审计，其业务有史料记载的最早可以追溯到 1720 年的查尔斯·史内尔对南海公司破产的调查，但审计准则的产生则晚得多。一般认为，19 世纪苏格兰法律对政府审计人员独立性的要求可视作审计准则(政府审计准则)的萌芽，而系统化独立审计准则的提出，则始于 20 世纪初的美国，美国的审计准则的特征已经由产生之初的强调程序，发展到今天的风险导向。美国审计准则的演变历史大致分 4 个阶段①。

1) 萌芽阶段

19 世纪末，美国在利用欧洲先进技术促进生产力发展的同时，大力引进外资，英国成为其最大的投资国，为了保护英国投资者的利益，英国的特许会计师将英国先进的独立审计制度基本框架和详细审计技术传入美国，为美国独立审计的发展奠定了基础。1913 年，美国宪法授权联邦政府征收企业和个人所得税，企业会计工作的地位得以一定程度的提高。在这一时期，由于联邦政府并未制定会计准则，当企业出现新的会计问题时，企业管理当局有了随意篡改会计报表的可能和现实。为此，联邦储备委员会(FRB)明文规定，凡是向加盟银行贴现的工商企业，必须提供经过审计的会计报表，以增强其可信性。1914 年联邦贸易委员会(FTC)的成立，更强化了规范会计核算，提高信息质量的迫切性，并明确提出有必要建立国家统一的会计制度。于是，会计职业界从提高审计工作质量、增强报表可信性出发，将审计准则提上了议事日程。

1917 年，美国会计师协会(AIA)制定了第一个关于审计范围的权威性公告《统一会计》，具体阐述了资产负债表应该如何编制，审计工作应该如何进行等问题。FRB 于 1918 年又将上述报告改名为《编制资产负债表的公认方法》并再版发行。《统一会计》在审计准则发展史中的意义非同一般，但其缺陷也相当明显。例如，该文件中规定只涉及资产负债表，其程序也难以揭示全部信息且难以适应不同的环境。有鉴于此，AIA 于 1929 年发表了第一份专门适用于审计的公告《财务报表验证》，1934 年，AIA、SEC、纽约证交所上市委员会又联合发布了《公司账目审计》，经若干修改后于 1936 年以《独立公共会计师对财务报表的检查》再次发布。这一公告明确指出，审计人员职责包括财务报表的检查，该公告还附带说明了审计师对内控制度的依赖以及财务报表理论的重要性和局限性等问题。这一系列文件的发布，标志着审计师对财务报表的审计已开始走向标准化、规范化的道路。

1938 年，麦克森·罗宾斯公司倒闭案件成了审计准则的催产剂。该案件暴露出审计程序和内部控制方面存在的问题。随后，SEC 立即颁布了改进报告。与此同时，审计职业界对 SEC 也做出了积极响应，并于 1939 年 1 月成立了审计程序委员会(CUAP)，负责审查审计程序和有关问题，正式颁布了《审计程序说明书》，指导审计师在运用程序过程中的合理判断。

① 前三个阶段参考了林钟高，尤雪英，徐正刚. 独立审计理论研究[M]. 上海：立信会计出版社，2002: 198.

这个阶段美国的审计准则强调以审计程序为中心，旨在规定一套标准的审计程序。

专栏 5-3

麦克森·罗宾斯公司破产案[①]

1938 年，美国爆发了注册会计师职业发展史上的最大案件——麦克森·罗宾斯(Mckesson&Robbins)公司破产事件。这一事件使当时注册会计师审计工作中的缺陷暴露无遗。

麦克森·罗宾斯公司是一家股票在纽约证券交易所上市的药材批发公司。十余年来，该公司的财务报表一直由一流的普赖斯·华特豪斯会计师事务所进行审计，且事务所一直对其财务状况和经营成果给予“正确、适当”的审计意见。1938 年年初，债权人米利安·汤普森在与该公司经济交往过程中，发现该公司盈利能力最强的经营部门——制药原料部门却没有任何现金积累，公司管理当局不得不对其进行直接重新投资；同时他还发现，公司董事会 4 个月前就决定减少存货金额，并要求现任经理菲利普·科斯特照办，然而到 1938 年末，公司存货非但未减，反而增加了 100 万美元。这自然引起汤普森对该公司存货真实性的满腹怀疑。于是，他便要求公司提供制药原料确实存在的证据，否则对其 300 万美元的债券拒绝承认，并不再发放给贷款。

问题“捅”出后，证券交易委员会立即开始对麦克森·罗宾斯公司进行立案调查。检察官发现：1937 年 12 月 31 日的合并资产负债表反映的总资产 8700 万美元中，有 1907.5 万美元是虚构的(其中存货 1000 万美元，应收账款 900 万美元，银行存款 7.5 万美元)；在 1937 年度的合并损益表上虚假的销售收入和毛利分别高达 1820 万美元和 180 万美元。此外，检察官还吃惊地发现，现任经理菲利普·科斯特是一位使用化名爬上公司领导岗位的有犯罪前科的诈骗犯，与他同谋的三位兄弟也使用化名，并在公司窃取了重要职位。他们利用公司内部控制的弱点，狼狈为奸，大肆贪污公款，使股东和债权人蒙受严重损失。

2) 诞生阶段

麦克森·罗宾斯公司破产案，充分说明了内部控制及审计程序的重要性，促进了审计准则的发展[②]。1941 年 2 月，作为调查麦克森·罗宾斯公司破产案的最终结果，SEC 发布了会计系列公告第 21 辑，并对财务报表规则 S-X 第 2 条第 2 项“审计证明书”和第 3 条第 7 项“会计原则和会计惯例”作了重要修改，修改后的第 2 条第 2 项规定：在审计报告的范围段，应该记载“审计是否根据在当时情况下适用的公认审计准则进行的。”这样，SEC 第一次明确提出了“公认审计准则”的概念。

在 S-X 规则中，SEC 虽然提出了“公认审计准则”的概念，但却没有具体解释。审计职业界围绕着“何为审计准则”，“是否需要审计准则”以及“如何制定审计准则”等本质问题掀起了审计史上著名的“审计准则大讨论”，最终审计准则赞成派占了上风，但由于第二次世界大战的影响，建立审计准则的计划未能及时付诸实施。第二次世界大战结束后，颁布审计准则立即被纳入议事日程。针对准则应该如何制定，SEC 提出了著名的“双重概

① 余玉苗，李国运，吴联生．以史为镜——注册会计师职业发展史[M]．北京：中国经济出版社，1997：53-54．

② [美]迈克尔·查特菲尔德．会计思想史[M]．文硕，董晓柏，等译．北京：中国商业出版社，1989：209．

念”指导思想，它包括两个方面：①审计准则指的是应由经过训练且具备职业能力的人来实施的审计程序；②审计准则是支配通过实施审计程序所收集的审计证据性质和范围的根本原则。在该思想的指导下，CUAP 起草了世界上最早的成套审计准则，并于 1947 年 10 月以《审计准则说明草案——其公认的意义和范围》的专题报告正式发布。该报告将审计准则分为审计人员准则，审计行为与报告准则两部分，提出了著名的 9 条公认审计准则(GAAS)。1948 年 9 月，该草案在美国注册会计师协会年会上获得通过。1954 年，CUAP 对其进行了修订，增加了一条报告准则。至此，被美国注册会计师们称为“圣经”的 10 条公认审计准则终于问世。其基本内容如下。

(1) 一般准则。①审计工作应由受过充分技术培训、并精通业务的审计师执行；②在一切与业务有关的事务中，审计人员应保持精神上的独立；③在实施审计和编写审计报告时，应尽到应有的职业关注。

(2) 现场工作准则。①审计工作应有充分的计划，若有助理人员，应予以适当督导；②审计师必须获得被审计单位及其环境(包括内部控制)的充分了解，以便评估财务报表中源自舞弊或错误的的重大错报风险，并设计进一步审计程序的性质、时间及范围；③审计人员应通过检查、监视、询问和函证的方法取得充分有力的审计证据，以便为对被审核的财务报表发表意见提供合理的依据。

(3) 报告准则。①报告应说明财务报表的编制是否遵循公认会计原则；②报告应指出本期所采用的会计原则是否与前期相一致；③除审计报告另有说明者外，财务报表中披露的信息均应是合理而充分的；④报告应对财务报表整体发表意见，或者声明不能发表意见。若不能提出整体意见，则应说明其理由。一旦审计人员在财务报表上签证后，审计报告应明确指出审计人员审查工作的性质和审计人员承担责任的程度。

3) 完善阶段

“10 条准则”的实施大大推动了美国乃至整个世界审计事业的发展，但审计准则的发展并没有到此为止。尤其是 20 世纪 60 年代几起涉及审计人员的巨额恶性倒闭案件的发生，公众又对“10 条准则”提出了强烈不满。在国会的干预下，1972 年 CUAP 改组为审计准则执行委员会(AUDSEC),《审计程序说明书》也改为《审计准则说明书》。这一改变充分表明职业界已意识到说明书主要是准则性的，所涉及的是审计质量的衡量依据。1972—1978 年，AUDSEC 先后发布了 23 辑审计准则说明，包括计划与督导、已审财务报表的报告、相关团体交易、审计人员发现错误或不正当行为的责任以及客户违法行为。

由于 10 条公认审计准则并没有被撼动，公众的需求并没有被满足，AICPA 于 1974 年又成立了旨在缩小公众期望与审计师能力之间差距的审计人员责任委员会。由于该委员会主席由 SEC 前主席曼纽尔·科恩担任，因此，也被称为科恩委员会。经过为期 3 年的广泛调查，科恩委员会提交了一份长达 195 页、分为 20 个部分的报告，并在该报告的第 10 部分“制定审计准则的过程”中，对 AUDSEC 提出了强烈批评，建议以一个更小的专业委员会取而代之。按照科恩委员会的建议，AICPA 于 1978 年解散了 AUDSEC，同时任命审计准则委员会(ASB)和会计及复核服务委员会(ARSC)分别负责发布《审计准则说明书》(SASs)、《SASs 的解释》和《会计和复核服务准则说明书》(SSARs)。

随着 20 世纪 80 年代一系列恶性舞弊案件的再度爆发，全美反欺诈财务报告委员会于 1985 年成立，负责研究管理舞弊和审计师在侦察这类舞弊时的责任。该委员会 1987 年的报告进一步扩大了审计人员的责任。随后，AICPA 于 1988 年 4 月发布或修订了第 53～61 号的 9 项被称为“期望差距”的审计准则说明。在为审计人员执行准则提供进一步指导的同时，对广受批评的“10 条准则”也作了两处较大的修改。修改的条款分别为原“外勤准则”的第 2 条和原“报告准则”的第 2 条。

在 1972—1997 年的 25 年期间，为阐发和引申 10 条准则，AUDSEC 和 ASB 先后发表了 82 辑审计准则说明书，AICPA 的各专业委员会也发布了一系列《审计指南》和《审计解释》，不断完善着当今世界上最为先进的审计准则体系。

通过这阶段的努力，美国审计准则已经由制度基础审计思想为主导，走向以风险导向审计思想为主导。

4) 深化和创新阶段

1988 年，美国审计署(GAO)对在 1985 至 1987 年期间倒闭的 11 家储蓄与贷款合作社的审计工作质量进行调查后。得出结论，其中 6 家审计质量不合格，因为注册会计师没有恰当地评估和处理审计风险。从中吸取的教训是，如果注册会计师要缩小期望差距和履行自身在发现重要错误与舞弊方面的责任，审计必须以风险为导向，而不能以程序为导向。1999 年，一些审计准则制定机构和来自英国、加拿大的学者成立了一个研究小组。2000 年，该研究小组得出结论:审计风险模型对财务报表审计仍然是有效和适当的，但其运用有待提高，以提高审计效果。该小组同时建议准则制定者根据研究结论修订现行审计准则。

2006 年，美国发布了审计风险系列准则。与原准则相比，审计风险系列准则有如下重大变化：

修改基本准则，突出风险导向审计思想在审计准则体系中的地位。ASB 对第 2 条外勤准则进行了重大修订，指出“注册会计师必须对被审计单位及其环境(包括内部控制)获取足够的了解，以评估无论是由错误还是舞弊引起的重大错报风险，并设计进一步审计程序的性质、时间和范围。”

对原有涉及风险导向审计内容的准则进行重新整合，突出围绕重大错报风险识别、评估和应对的审计新流程；强化风险导向审计的实务运用，细化对风险导向审计应用技术的指导；扩充审计证据的内涵；注重经营风险与审计风险之间的固有联系，注重用系统、联系的思维进行审计。体现了风险导向审计的发展和创新。

2. 我国注册会计师职业规范的沿革

1) 初步建立时期(新中国成立以前)

自 1918 年 6 月谢霖会计师事务所开业以后，我国正式开始注册会计师业务。1930 年 2 月和 9 月，国民政府工商部分别制定了《会计师审查规则》和《会计师条例实施细则》。

2) 恢复和发展时期(1949—1993 年)

新中国成立初期，政府为加强对会计师事务所的管理与监督，制定了一些行政规章，用以指导和约束其执业行为，其中最主要的是《核定会计师管理原则》。各会计师事务所根据国家要求、业务范围和长期积累的工作经验，制定了业务规范和工作制度。[①]

1980 年恢复注册会计师业务以后，国家开始恢复和制定注册会计师业务规范。1988 年 12 月 27 日，财政部印发《注册会计师检查验证会计报表规则(试行)》，这是我国制定的第一个注册会计师执业规范。此后，至 1993 年，中注协又陆续发布了《注册会计师验资规则》、《注册会计师查账验证计划规则》、《注册会计师工作底稿规则》、《注册会计师查账验证报告规则》、《注册会计师管理建议书规则》、《中国注册会计师职业道德守则(试行)》、《注册会计师教育要求和培训制度(试行)》等 7 个执业规范。这些规范对于我国注册会计师行业走向正规化、专业化和法制化起了积极的作用。

3) 基本形成科学体系时期(1994—2005 年)

1994 年 10 月，中注协成立了独立审计准则组，开始了研究和制定独立审计准则的工作，1995 年 12 月 25 日，中注协会发布了第一批《中国注册会计师独立审计准则》，截至 2003 年 5 月，共有 6 批独立审计准则陆续发布实施，具体包括《中国独立审计准则序言》、《独立审计基本准则》、《职业道德基本准则》、《质量控制基本准则》、《职业后续教育基本准则》，以及 28 个具体准则，10 个实务公告和 5 个执业规范指南。基本形成了以《独立审计基本准则》为统领、《独立审计具体准则》和《独立审计实务公告》为主体、《独立审计执业规范指南》为补充的适应独立审计业务开展的 3 个层次的准则体系。

4) 完善并与国际趋同时期(2005 年至今)

进入 21 世纪，尤其是我国加入 WTO 以后，为了适应经济全球化和注册会计师审计规范全球趋同的大趋势，加速实现我国审计准则的国际趋同，同时为了应对不断出现的审计风险，增强注册会计师审计的有效性，增进社会公众对注册会计师行业的信心，维护社会主义市场经济秩序，保护社会公众利益，中注协遵照“科学、民主、公开”的原则，对我国注册会计师审计规范体系进行了改进，新拟了 22 项准则，修订了 26 项准则，于 2006 年 2 月 15 日发布了新的注册会计师执业准则体系(48 项)，自 2007 年 1 月 1 日在境内会计师事务所施行。

为了推动注册会计师执业准则的贯彻实施，帮助注册会计师正确理解和运用准则，切实促进注册会计师审计实务的发展，中注协发布了《中国注册会计师执业准则指南》，大大提高了执业准则的可操作性，为 2007 年顺利实施新执业准则体系提供了有力的支撑。这一系列准则和指南的发布实施，标志着我国适应市场经济发展要求、与国际惯例趋同的注册会计师执业准则体系正式建立。对提升注册会计师执业质量，加强会计师事务所质量控制和防范审计风险，提高会计信息质量，有着重要的意义。

2010 年，根据国际审计准则的发展变化，我国对 2007 年发布的注册会计师审计准则及其指南进行了全面梳理，对其中的 38 项准则按照国际审计准则进行了修订，新制定了 1 项审计准则，重新发布了全套指南，体现了我国审计准则与国际审计准则趋同的新进展。

---

① 李金华．中国审计史・第三卷(下)[M]．北京：中国时代经济出版社，2005：142-144．

专栏 5-4

国际审计准则及其制定机构

国际审计准则(ISA)是在 1991 年 7 月 10 日由过去的国际审计指南(IAG)易名得来的，它的制定机构是国际审计实务委员会(IAPC)，2002 年 4 月 1 日起，国际审计实务委员会(IAPC)改组为国际审计与鉴证准则委员会(IAASB)。作为国际会计师联合会(IFAC)的专业技术委员会，IAASB 的工作就是建立高质量的审计、鉴证、质量控制及相关服务准则，以促进世界各地的职业会计实务工作的统一。其 18 名成员中，10 名由 IFAC 的成员团体推荐，5 名由国际会计师事务所论坛推荐，另 3 名来自 IFAC 成员团体中的非执业人士(公共人士)，这 3 位公共人士由个人或团体推荐。此外，还有一些人数有限的观察员，他们来自于与准则发布和签署有适当利益关系的团体，有权列席会议但无表决权。

自 2002 年起，国际审计与鉴证准则理事会(IAASB)制定的国际审计准则(ISA)、国际审阅业务准则(ISRE)、国际鉴证业务准则(ISAE)和国际相关服务准则(ISRS)共同被称为国际审计与鉴证理事会业务准则。目前，国际审计准则已被广泛接受。IFAC 的最新调查表明，已有 100 多个国家直接采纳或经过适当修改后采纳国际审计准则，或者使用与国际审计准则可比的国家审计准则以消除差异。[①]

图 5.1 是国际审计与鉴证准则技术公告结构。

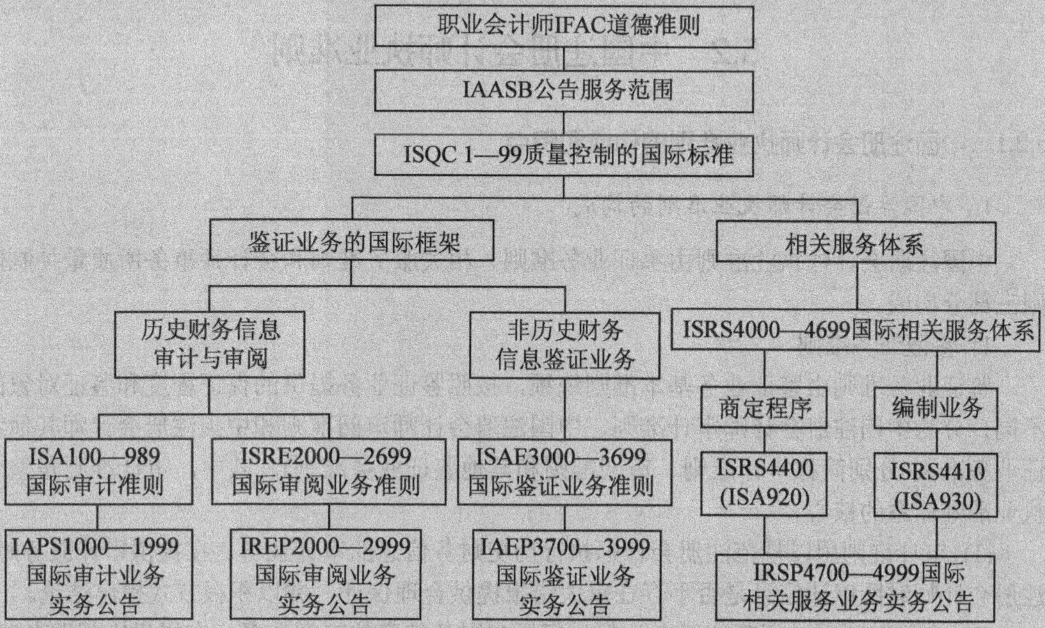

图 5.1 国际审计与鉴证准则技术公告结构

5.1.4 中国注册会计师职业规范体系的内容

2006 年我国发布 48 项注册会计师执业准则以及相关执业准则指南，经过 2010 年增补

① 谢盛纹．审计学[M]．大连：东北财经大学出版社，2008：37.

修订以后，我国注册会计师职业规范体系包括注册会计师执业准则、注册会计师执业准则指南和注册会计师职业道德准则 3 大组成部分，共 56 项准则。如图 5.2 所示。

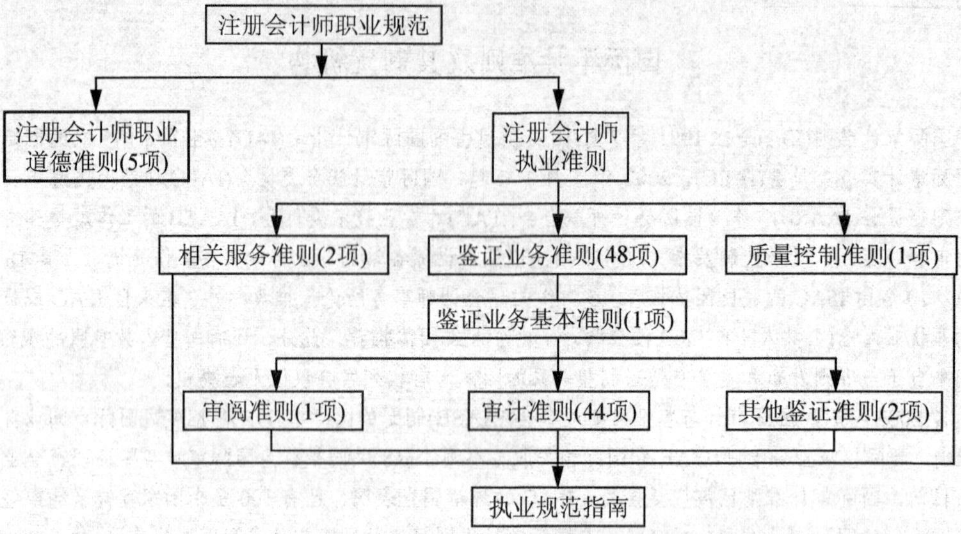

图 5.2　中国注册会计师职业规范体系

5.2　中国注册会计师执业准则

5.2.1　中国注册会计师执业准则的构成和特点

1. 中国注册会计师执业准则的构成

中国注册会计师执业准则由鉴证业务准则、相关服务准则和会计师事务所质量控制准则三部分构成。

1) 鉴证业务准则

鉴证业务准则由鉴证业务基本准则统领，按照鉴证业务提供的保证程度和鉴证对象的不同，分为中国注册会计师审计准则、中国注册会计师审阅准则和中国注册会计师其他鉴证业务准则(分别简称审计准则、审阅准则和其他鉴证业务准则)。其中，审计准则是整个执业准则体系的核心。

(1) 审计准则用以规范注册会计师执行历史财务信息的审计业务。在提供审计服务时，注册会计师对所审计信息是否不存在重大错报提供合理保证，并以积极方式提出结论。

(2) 审阅准则用以规范注册会计师执行历史财务信息的审阅业务。在提供审阅服务时，注册会计师对所审阅信息是否不存在重大错报提供有限保证，并以消极方式提出结论。

(3) 其他鉴证业务准则用以规范注册会计师执行历史财务信息审计或审阅以外的其他鉴证业务，根据鉴证业务的性质和业务约定的要求，提供有限保证或合理保证。

2) 相关服务准则

它用以规范注册会计师代编财务信息、执行商定程序，提供管理咨询等其他服务。在提供相关服务时，注册会计师不提供任何程度的保证。

3) 质量控制准则

质量控制准则用以规范会计师事务所在执行各类业务时应当遵守的质量控制政策和程序，是对会计师事务所质量控制做出的制度要求。

2. 中国注册会计师执业准则的特点

注册会计师执业准则的发布，标志着一套适应社会主义市场经济发展要求，顺应国际趋同大势，以风险导向审计思想为主导的中国注册会计师执业准则体系已经建立起来了。这套体系具有以下几个特点①。

1) 强化了行业维护社会公众利益的宗旨

执业准则作为规范注册会计师执业活动的标准，与社会公众的利益密切相关。与旧的审计准则相比，本准则体系更加突出了维护社会公众利益的宗旨，强化了注册会计师的执业责任，针对实务中暴露出的不足，程序更严格，要求注册会计师切实承担起保护社会公众利益的责任。例如，要求注册会计师在执业过程中保持职业怀疑态度，针对新形势下财务报表舞弊的特点，更加积极主动地识别和应对财务报表舞弊的风险；要求注册会计师应针对所有重大的各类交易、账户余额、列报和披露实施实质性程序以及对审计工作底稿的归档期限和保存年限等规定均体现了对社会公众利益的维护。

2) 符合国际趋同的要求

本准则体系在体系结构、项目构成和基本内容上实现了与国际准则的趋同。从体系结构看，我们按照国际趋同的要求，根据注册会计师提供服务性质的不同，对准则体系进行了重构，与国际审计准则体系保持了充分的一致。从项目构成看，我国的准则体系几乎涵盖了国际审计准则的所有项目。在内容上，我国充分采用了国际审计准则所有的基本原则和核心程序，在审计的目标与原则、风险的评估与应对、审计证据的获取和分析、审计结论的形成和报告，以及注册会计师执业责任的设定等所有重大方面，与国际审计准则保持一致。

3) 体现了经营风险导向审计的要求

经营风险导向审计作为一种重要的审计理论和方法，随着本世纪国内外一系列审计失败事件的爆发，而受到注册会计师行业内外人士的广泛关注②。最近几年，注册会计师面临的审计环境发生了很大的变化，复杂多变的市场环境、日新月异的科学技术、不断创新的经营模式和市场工具，增大了企业面临的经营风险，进而更容易导致注册会计师的审计风险，加之会计中估计与判断成分的不断增加、审计对象由有形资产向无形资产转变、信息技术的不断发展，所有这些变化都迫切要求注册会计师创新审计理念和技术，提高防范风险的能力。

借鉴国际审计理念研究和实务探索的先进成果，我国制定了包括“注册会计师的总体审计目标和审计工作的基本要求”、“通过了解被审计单位及其环境识别和评估评估重大错报风险”、“针对评估的重大错报风险实施的程序”和“审计证据”等审计风险准则项目。对于注册会计师加强对被审计单位及其环境的了解，要求注册会计师在审计的所有阶段都

① 陈毓圭．中国注册会计师执业准则体系的特点[J]．中国注册会计师，2006，(4)：4-7．

② 秦荣生．中国注册会计师执业准则的特点及其对实务的影响[J]．当代财经，2006，(11)：108-112．

要实施风险评估程序，将识别和评估的风险与实施的审计程序挂钩以及要求注册会计师将识别、评估和应对风险的关键程序形成审计工作记录，以保证执业质量，明确执业责任，起了重要的指导作用。

4) 强化了会计师事务所质量控制的要求

健全完善的质量控制制度是保证会计师事务所及其从业人员遵守法律法规、中国注册会计师职业道德规范及中国注册会计师执业技术准则的基础。新的注册会计师业务质量控制准则系统地总结了近些年审计失败的经验教训，要求会计师事务所制定全面的质量控制制度，树立质量至上的意识，培育以质量为导向的内部文化，建立以质量为导向的业绩评价、薪酬及晋升的政策和程序，要求主任会计师对质量控制制度承担最终责任。要求会计师事务所对所有上市公司财务报表审计实施项目质量控制复核等。

5) 重视与治理层、管理层沟通

新执业准则有专门的准则规定与治理层的沟通，还在很多章节中规定注册会计师应当与治理层和管理层沟通。沟通的事宜主要包括企业内部控制设计或执行方面是否存在重大缺陷、管理当局的正直性和舞弊有关的问题等。在我国目前公司治理机制存在较大缺陷，内部人控制和控股股东侵犯小股东利益等问题尚未能够很好地解决的前提下，注册会计师与治理层、管理层的沟通尚未形成良好的机制。能否通过与治理层、管理层沟通来达到控制审计风险、提高审计效率，需要建立健全公司治理机制。

6) 实现了形式和结构上的创新

为了适应我国注册会计师业务多元化发展的实际情况和国际趋同的要求，更好地规范注册会计师的执业活动，新的审计准则体系在准则框架、准则名称和准则编号等方面进行了诸多创新。

(1) 重构准则框架。形成了包括“鉴证业务准则”、“相关服务准则”和“会计师事务所质量控制准则”三部分在内的“中国注册会计师执业准则体系”(简称“审计准则”)。

(2) 改进执业准则名称。改变了原来以审计准则的名义规范其他业务类型的状况，借鉴国际通行做法，将非审计业务准则从执业准则体系中分离出来，按照其业务性质冠以适当的名称。

(3) 创新执业准则编号。为了克服原审计准则体系按时间顺序编号带来的弊端，我国借鉴会计科目编号原理，重新对准则的各个项目进行了分类编号。

新执业准则体系中，准则编号由 4 位数组成，其中千位数代表不同类别的准则：“1”代表审计准则，“2”代表审阅准则，“3”代表其他鉴证业务准则，“4”代表相关服务准则，“5”代表质量控制准则。百位数代表某一类别准则中的大类。十位数和个位数则分别代表其所属的小类及顺序号。

5.2.2 中国注册会计师鉴证业务准则

2006 年 2 月 15 日发布，经 2010 年修订的中国注册会计师鉴证业务准则共 48 项，由 1 项《中国注册会计师鉴证业务基本准则》、44 项《中国注册会计师审计准则》、1 项《中国注册会计师审阅业务准则》和 2 项《中国注册会计师其他鉴证业务准则》组成。

1. 中国注册会计师鉴证业务基本准则

1) 制定目的

制定发布《中国注册会计师鉴证业务基本准则》的目的在于规范注册会计师执行鉴证业务，明确鉴证业务的目标和要素，确定中国注册会计师审计准则、中国注册会计师审阅准则、中国注册会计师其他鉴证业务准则适用的鉴证业务类型。

2) 主要内容

《中国注册会计师鉴证业务基本准则》共9章60条，主要对鉴证业务的定义与目标、业务承接，以及鉴证业务的三方关系、鉴证对象、标准、证据、鉴证报告等鉴证业务的要素等方面进行阐述。

(1) 鉴证业务的定义与目标。鉴证业务也称“保证服务”、“认证业务”或“可信性保证业务”，是指注册会计师对鉴证对象信息(包括财务报表和内部控制制度等)提出结论，以增强除责任方之外的预期使用者对鉴证对象信息的信任程度的业务。鉴证对象信息是按照标准对鉴证对象进行评价和计量的结果。鉴证业务包括历史财务信息审计业务、历史财务信息审阅业务和其他鉴证业务。按照这个解释，传统的“审计”业务，可以看成是鉴证业务的一种。

鉴证业务的目标是为了增进鉴证对象的可信性。

(2) 业务承接。在接受委托前，注册会计师应当初步了解业务环境，然后考虑承接该业务是否符合独立性和专业胜任能力等相关职业道德规范的要求。

专栏5–5

注册会计师职业道德规范对专业胜任能力的设定①

胜任能力是指注册会计师能够在实务工作环境中按照设定的标准完成工作任务。胜任能力是以注册会计师的专业素质为基础的。专业素质是指注册会计师为实现胜任能力而应当具有的专业知识、职业技能、职业价值观、道德与态度。对处于不同职业阶段的注册会计师，其专业素质的水平存在差异，且需要通过终身学习加以培养、保持和提高。

(1) 专业知识，是指构成注册会计师知识主体的会计、审计、财务、税务、相关法律、组织和企业、信息技术以及其他相关知识。

(2) 职业技能，是指在职业环境中合理、有效地运用专业知识，并保持职业价值观、道德与态度的各种能力，包括智力技能、技术和应用技能、个人技能、人际和沟通技能、组织和企业管理技能等。

(3) 职业价值观、道德与态度，是指注册会计师作为本职业成员所特有的职业行为和特征，包括能够明显表现职业行为和特征的道德原则。

在初步了解业务环境后，只有认为符合独立性和专业胜任能力等相关职业道德规范的要求，并且拟承接的业务具备下列所有特征时，注册会计师才能将其作为鉴证业务予以承接：鉴证对象适当；使用的标准适当且预期使用者能够获取该标准；注册会计师能够获取

① 中注协．中国注册会计师胜任能力指南．2007年10月11日会协[2007]66号发布。

充分、适当的证据以支持其结论；注册会计师的结论以书面报告形式表述，且表述形式与所提供的保证程度相适应；该业务具有合理的目的。如果鉴证业务的工作范围受到重大限制，或者委托人试图将注册会计师的名字和鉴证对象不适当地联系在一起，则该项业务可能不具有合理的目的。当拟承接的业务不具备上述鉴证业务的所有特征，不能将其作为鉴证业务予以承接时，注册会计师可以提请委托人将其作为非鉴证业务(如商定程序、代编财务信息、管理咨询、税务咨询等相关服务业务)，以满足预期使用者的需要。

对已承接的鉴证业务，如果没有合理理由，注册会计师不应将该项业务变更为非鉴证业务，或将合理保证的鉴证业务变更为有限保证的鉴证业务。但当业务环境变化影响到预期使用者的需求，或预期使用者对该项业务的性质存在误解时，注册会计师可以应委托人的要求，考虑同意变更该项业务。但如果有迹象表明该变更要求与错误的、不完整的或者不能令人满意的信息有关时，注册会计师不应当认为该变更是合理的。

(3) 鉴证业务要素。鉴证业务要素是指鉴证业务的三方关系、鉴证对象、标准、证据和鉴证报告。

① 三方关系。三方关系人分别是注册会计师、责任方和预期使用者。责任方与预期使用者可能是同一方，也可能不是同一方。对责任方的界定与所执行鉴证业务的类型有关。三方之间的关系是注册会计师对由责任方负责的鉴证对象或鉴证对象信息提出结论，以增强除责任方之外的预期使用者对鉴证对象信息的信任程度。

② 鉴证对象。鉴证对象具有多种不同的表现形式，如财务或非财务的业绩或状况、物理特征、系统与过程、行为等。不同的鉴证对象具有不同特征，可能表现为定性或定量、客观或主观、历史或预测、时点或时期等。通常地，定量、客观、历史或时点的鉴证对象，评价和计量的准确性相对较高，注册会计师获取证据的说服力相对较强，对鉴证对象提供的保证程度相对地也较高。

③ 标准。标准即用来对鉴证对象进行评价或计量的基准，当涉及列报时，还包括列报的基准。

④ 证据。获取充分、适当的证据是注册会计师提出鉴证结论的基础。

⑤ 鉴证报告。注册会计师应当针对鉴证对象信息(或鉴证对象)在所有重大方面是否符合适当的标准，以书面报告的形式发表能够提供一定保证程度的结论。

3) 注册会计师相关业务比较

(1) 鉴证业务与非鉴证业务的区分。注册会计师提供的专业服务包括鉴证业务和相关服务，两者的区别主要体现在以下几个方面。

① 业务涉及的关系人不同。相关服务通常只涉及客户和提供相关服务的注册会计师两方关系人；而鉴证业务通常涉及责任方、预期使用者及提供鉴证业务的注册会计师三方关系人。

② 业务关注的焦点不同。相关服务关注的焦点主要是信息的生成、编制或对如何利用信息做出决策提供建议；而鉴证业务关注的焦点是适当保证和提高鉴证对象信息的质量，通常不涉及信息的利用。

③ 工作结果不同。相关服务的工作结果不对信息提供可信性保证；而鉴证业务的工作结果是注册会计师以书面形式提出结论，该结论对鉴证对象信息提供某种程度的可信性保证。

④ 独立性要求不同。相关服务通常不对提供服务的注册会计师提出独立性要求；而鉴证业务要求注册会计师必须独立于鉴证业务中其他两方。

下面分别以财务报表审计和代编财务信息作为鉴证业务和相关服务的例子，对两类业务进行比较，见表 5-1。

表 5-1　鉴证业务与相关服务的区别

业务类型 / 区别	鉴证业务(以财务报表审计为例)	相关服务(以代编财务信息为例)
业务关系人	涉及注册会计师、责任方(管理层)和预期使用者三方关系人	涉及注册会计师和责任方(管理层)两方关系人
业务关注焦点	财务信息的质量	财务信息的收集、分类和汇总
保证程度	对财务报表不存在重大错报提供合理保证	不对财务信息提供任何程度的保证
独立性要求	要求注册会计师从实质上和形式上保持独立	不对独立性提出要求，但如果不独立，应当在代编业务报告中说明
报告	以书面形式提供审计报告，并在报告中就财务报表是否存在重大错报提出鉴证结论	如果注册会计师的姓名与代编财务信息相关联，需要出具代编业务报告，但在报告中不提出鉴证结论

注册会计师在确定某项业务适合作为鉴证业务还是适合作为相关服务时，应当根据执业准则的要求，着重考虑客户寻求服务的目的。如果客户的要求只涉及信息的编制和利用或就某一事项寻求建议或意见，那么将此业务作为相关服务是恰当的。但是，如果客户需要注册会计师对特定事项以书面报告的形式提供保证，则此业务应当作为鉴证业务。

(2) 不同类型的鉴证业务的区分。鉴证业务按鉴证对象分为基于责任方认定的业务和直接报告业务。

在基于责任方认定的业务中，责任方对鉴证对象进行评价或计量，鉴证对象信息以责任方认定的形式为预期使用者获取，例如，财务报表审计等；在直接报告业务中，注册会计师直接对鉴证对象进行评价或计量，或者从责任方获取对鉴证对象评价或计量的认定，而该认定无法为预期使用者获取，预期使用者只能通过阅读鉴证报告获取鉴证对象信息。

基于责任方认定的业务和直接报告业务的主要区别表现在：①预期使用者获取鉴证对象信息的方式不同；②注册会计师提出结论的对象不同；③责任方的责任不同；④鉴证报告的格式和内容不同。

下面以预测性财务信息审核和 IT 系统鉴证为例，比较说明两者的区别，见表 5-2。

表 5-2　基于责任方认定的业务和直接报告业务的区别

业务类型 / 区别	基于责任方认定的业务(预测性财务信息审核)	直接报告业务(IT 系统鉴证)
预期使用者获取鉴证对象信息的方式	预期使用者不通过阅读预测性财务信息的审核报告，便可获取责任方认定，即企业的预测性财务信息	可能不存在责任方认定(管理层关于 IT 系统有效性进行评价的信息)，或虽然存在，但该认定无法为预期使用者获取；预期使用者只能通过系统报告鉴证获取上述信息

续表

业务类型 区　别	基于责任方认定的业务 (预测性财务信息审核)	直接报告业务(IT 系统鉴证)
提出结论的对象	鉴证对象信息，即对所审核的预测性财务信息进行评价	鉴证对象，即对 IT 系统可应用性、安全性、完整性和可维护性等方面控制有效性进行评价
责任方的责任	责任方对鉴证对象信息负责，即对预测性财务信息负责	责任方对鉴证对象负责，即对 IT 系统可应用性、安全性、完整性和可维护性等方面控制有效性负责
鉴证报告的格式和内容	明确提及责任方认定，如“我们审核后附的简称 ABC 公司编制的预测(列明预测涵盖的期间和预测的名称)”	直接提及鉴证对象和标准，无须提及责任方认定，如“我们对 C 公司 20×8 年×月×日至 20×9 年×月×日期间 IT 服务系统可应用性、安全性、完整性和可维护性等方面的控制有效性进行了审查”

鉴证业务按鉴证业务的保证程度分为合理保证和有限保证。合理保证业务和有限保证业务有以下区别：①鉴证业务目标不同；②证据收集程序不同；③所需证据数量不同；④鉴证业务风险不同；⑤鉴证对象信息的可信性不同；⑥提出结论的方式不同；⑦责任大小不同；⑧鉴证业务收费不同。

下面以财务报表审计和财务报表审阅为例，比较说明两者的区别，见表 5-3。

表 5-3　合理保证业务和有限保证业务的区别

业务类型 区　别	合理保证的鉴证业务 (财务报表审计)	有限保证的鉴证业务(财务报表审阅)
鉴证业务目标	在可接受的低审计风险下，以积极方式对财务报表整体发表审计意见，提供高水平的保证	在可接受的审阅风险下，以消极方式对财务报表整体发表审阅意见，提供有意义的保证水平。该业务水平低于审计业务的保证水平
证据收集程序	系统、全面，足以使风险降至可接受水平	有意识地加以限制，主要采用询问和分析程序
所需证据数量	较多	较少，不能提供审计中要求的所有证据
鉴证业务风险	较低	较高
鉴证对象信息的可信性	较高	较低
提出结论的方式	以积极的方式提出建议	以消极的方式提出结论
注册会计师责任	较大	较小
鉴证业务收费	较高	较低

4) 鉴证业务基本准则的特点

(1) 鉴证对象的扩展体现了审计功能的拓展。鉴证对象的内容和范围都扩大了，不再只局限于传统的财务报表的审计。审计功能的拓展是引起鉴证对象范围扩大的一个根本原因。

审计功能拓展空间维度中的拓展深度分为 3 个层次：①传统审计是审计功能拓展深度的基础层次；②鉴证服务领域，包括财务信息和非财务信息；③认证服务领域，包含鉴证服务领域，是独立审计师对客户相关信息(包括财务信息和非财务信息)的可靠性和相关性做出专业判断并进行认定，其认证的载体有多种形式，可以是书面认定、某项声明、某种活动、某种行为或某个虚拟个体等。

(2) 鉴证业务基本准则体现了“正当怀疑假设”。“正当怀疑假设”是指由于没有充分的理由完全信任受托人的责任履行过程是全面有效的，没有充分的理由完全信任受托人，为说明其责任履行状况的经济信息都是真实公允和可信的，必须对受托经济责任履行状况及其表达信息之可信性进行审计和认证。“正当怀疑假设”明确了鉴证的直接原因，为实施鉴证明确了目标，提供了依据。“正当怀疑假设”的运用是执业准则的一大亮点。

“正当怀疑假设”在执业准则中体现为“职业怀疑态度”的运用。鉴证业务基本准则指出，职业怀疑态度是指注册会计师以质疑的思维方式评价所获取证据的有效性，并对相互矛盾的证据，以及引起对文件记录或责任方提供的信息的可靠性产生怀疑的证据保持警觉。其具体运用表现如下。

① 以正当怀疑态度来审慎选择客户。审计师在接受委托前，需要从各个途径了解客户，具体体现为新审计准则中关于鉴证环境方面的规定：在接受委托前，审计师应当初步了解业务环境，具体包括业务约定事项、鉴证对象特征、使用的标准、预期使用者的需求、责任方及其环境的相关特征，以及可能对鉴证业务产生重大影响的事项、交易、条件和惯例等其他事项。

② 以正当怀疑态度来甄别获得的证据。对于取得的与拓展服务相关的证据应当本着正当怀疑的态度进行鉴证。具体体现为新审计准则中对鉴证证据方面的规定：在评价证据的充分性和适当性以支持鉴证报告时，注册会计师应当运用职业判断，并保持职业怀疑态度。

③ 以正当怀疑态度对待执业过程中遇到的问题。审计师在提供服务时应以专业怀疑眼光进行审查、分析、判断，及时、敏锐、准确地捕捉可疑点。具体体现为新审计准则中关于鉴证范围方面的规定：如果鉴证业务的工作范围受到重大限制，则该业务可能不具有合理的目的。关于鉴证程序方面的规定：注册会计师都应当负责确定鉴证业务程序的性质、时间和范围，并对鉴证业务中发现的可能导致对鉴证对象信息做出重大修改的问题进行跟踪。关于鉴证对象方面的规定：注册会计师应当以职业怀疑态度计划和执行鉴证业务，获取有关鉴证对象信息是否不存在重大错报的充分、适当的证据。鉴证对象信息应当恰当反映既定标准运用于鉴证对象的情况。如果没有按照既定标准恰当反映鉴证对象的情况，鉴证对象信息可能存在错报，甚至可能存在重大错报。

执业准则中之所以运用“正当怀疑假设”是基于以下两点考虑。

① 从企业组织的视角看，不可能对所有的控制点进行全面监控，随着审计功能的拓展，涉及的控制点越来越多，再加上受托人的主客观条件的限制(如认知能力、管理水平、会计理论知识和实践经验以及企业运营环境等)或是受托人存有故意的舞弊动机等原因，使得审计师必须对经济事项处理的合法性、公允性和效益、效率、效果保持适当的怀疑。

② 从审计师的视角看，由于条件限制，审计师获得的证据大多数是间接的，这些间接证据的可信程度较直接证据要低。另外，审计功能的拓展要求审计师接触更多的非财务信息，使得审计师面临更多不熟悉和可疑的环境。上述情况也决定了正当怀疑理念在审计师执业中必将得到广泛运用。

2. 中国注册会计师审计准则

中国注册会计师审计准则共包括 44 项，用以规范注册会计师执行历史财务信息的审计业务。它涉及审计业务的一般原则与责任、风险评估与应对、审计证据、利用其他主体的工作、审计结论与报告、特殊领域审计 6 个方面①。

1) 一般原则与责任

规范审计业务的一般原则与责任的准则具体包括 9 项。

(1)《中国注册会计师审计准则第 1101 号——注册会计师的总体目标和审计工作的基本要求》共 6 章 38 条，指出注册会计师的总体目标是，对财务报表整体是否不存在由于舞弊错误导致的重大错报获取合理保证，使得注册会计师能够对财务报表是否在所有重大方面按照适用的财务报告编制基础编制发表审计意见；按照审计准则的规定，根据审计结果对财务报表出具审计报告，并与管理层和治理层沟通。并且从定义、财务报表审计、总体目标、要求(与财务报表相关的职业道德要求，职业怀疑，职业判断，审计证据和审计风险，按照审计准则的规定执行审计工作)等方面进行了阐述。

(2)《中国注册会计师审计准则第 1111 号——就审计业务约定条款达成一致意见》共 5 章 22 条，主要对定义、目标、要求(审计的前提条件，就审计业务约定条款达成一致意见，连续审计，审计业务约定条款的变更，业务承接时的其他考虑)等方面进行了规范。

(3)《中国注册会计师审计准则第 1121 号——对财务报表审计实施的质量控制》的目的在于规范注册会计师对财务报表审计实施质量控制程序的具体责任，以及项目质量控制复核人员的责任。该准则共 5 章 41 条，主要从定义、目标、要求(对审计质量承担的领导责任，相关职业道德要求，客户关系和审计业务的接受与保持，项目组的工作委派，业务执行，监控，审计工作底稿)等方面对财务报表审计业务的质量控制进行了规范。

(4)《中国注册会计师审计准则第 1131 号——审计工作底稿》共 5 章 21 条，主要规范了定义、目标、要求(及时编制审计工作底稿，记录实施的审计程序和获取的审计证据，审计工作底稿的归档)。

(5)《中国注册会计师审计准则第 1141 号——财务报表审计中与舞弊相关的责任》共 5 章 52 条，对定义、目标、要求(职业怀疑，项目组内部的讨论，风险评估程序和相关活动，识别和评估舞弊导致的重大错报风险，应对评估的由舞弊导致的重大错报风险，评价审计证据，无法继续执行审计业务，书面声明，与管理层和治理层的沟通，向监管机构和执法机构报告，审计工作记录)方面进行了规范。

(6)《中国注册会计师审计准则第 1142 号——财务报表审计中对法律法规的考虑》旨在规范注册会计师在财务报表审计中对法律法规的考虑。该准则共 5 章 30 条，主要从对定义、目标、要求(注册会计师对被审计单位遵守法律法规的考虑，识别出或怀疑存在违反法律法规行为时实施的审计程序，对识别出的或怀疑存在的违反法律法规行为的报告，审计工作底稿)方面进行了规范。注册会计师接受专项委托，对被审计单位遵守特定法律法规进行单独测试并出具报告的鉴证业务不适用这一准则。

(7)《中国注册会计师审计准则第 1151 号——与治理层的沟通》共 5 章 25 条。该准则

① 本节主要参考了刘明辉，史德刚．审计(第四版) [M]．大连：东北财经大学出版社，2011：42-53．

主要对定义、目标、要求(沟通的对象，沟通的事项，沟通的过程和审计工作底稿)方面进行了规范。

(8)《中国注册会计师审计准则第 1152 号——通报内部控制的缺陷》旨在规范注册会计师向治理层和管理层恰当通报在财务报表审计中识别出的内部控制缺陷。该准则共 5 章 13 条，主要对定义、目标、要求作出了规范。

(9)《中国注册会计师审计准则第 1153 号——前后任注册会计师的沟通》旨在规范前任注册会计师和后任注册会计师在财务报表审计中的沟通责任。该准则共 5 章 19 条，分别对定义、目标、要求(接受委托前的沟通，接受委托后的沟通，发现前任注册会计师审计的财务报表可能存在重大错报时的处理)进行了规范。

2) 风险评估与应对

对风险评估与应对进行规范的审计准则共有 6 项。

(1)《中国注册会计师审计准则第 1201 号——计划审计工作》分 4 章 14 条，分别从目标、要求(项目组关键成员的参与、初步业务活动、计划活动、审计工作底稿、首次审计业务的补充考虑)等方面提供了指引。

(2)《中国注册会计师审计准则第 1211 号——通过了解被审计单位及其环境识别和评估重大错报风险》，共 5 章 36 条。该准则从定义、目标、要求(风险评估程序和相关活动，了解被审计单位及其环境，了解内部控制，识别和评估重大错报风险，审计工作底稿)方面进行了规范。

(3)《中国注册会计师审计准则第 1221 号——计划和执行审计工作时的重要性》旨在规范注册会计师在计划和执行财务报表审计工作时运用重要性概念。该准则共 5 章 15 条，分别从定义、目标、要求(计划审计工作时确定重要性和实际执行的重要性、审计过程中修改重要性水平、审计工作底稿)等方面进行了阐述。

(4)《中国注册会计师审计准则第 1231 号——针对评估的重大错报风险实施的程序》共 5 章 31 条，从定义、目标、要求(总体应对措施，进一步审计程序，控制测试，实质性程序，列报和披露的恰当性，评价审计证据的充分性和适当性，审计工作底稿)等方面进行了详细阐述。

(5)《中国注册会计师审计准则第 1241 号——对被审计单位使用服务机构的考虑》共 5 章 31 条，对定义、目标、要求(了解服务机构提供的服务，应对评估的重大错报风险，注册会计师的报告)等方面进行了阐述。

(6)《中国注册会计师审计准则第 1251 号——评价审计过程中识别出的错报》旨在规范注册会计师评价识别出的错报对审计的影响以及未更正错报对财务报表的影响。该准则共 5 章 17 条，对定义、目标、要求(累积识别出的错报，随着审计的推进考虑识别出的错报，沟通和更正错报，评价未更正错报的影响，书面声明，审计工作底稿)进行了规范。

3) 审计证据

审计证据是注册会计师发表审计意见的基础。与审计证据有关的审计准则共有 11 项。

(1)《中国注册会计师审计准则第 1301 号——审计证据》旨在规范财务报表审订中审计证据的构成，明确注册会计师设计和实施审计程序以获取充分、适当的审计证据的责任。该准则共 5 章 16 条，主要对定义、目标、要求(充分、适当的审计证据，用作审计证据的信息，选取测试项目以获取审计证据，审计证据之间存在不一致或对审计证据可靠性存有疑虑)进行了规范。

(2)《中国注册会计师审计准则第 1311 号——对存货、诉讼和索赔、分部信息等特定项目获取审计证据的具体考虑》旨在规范注册会计师在财务报表审计中对存货、诉讼和索赔、分部信息等特定项目的某些方面获取充分、适当的审计证据的具体考虑。该准则共 4 章 14 条对目标、要求(存货、诉讼和索赔、分部信息)进行了规范。

(3)《中国注册会计师审计准则第 1312 号——函证》旨在规范注册会计师按照《中国注册会计师审计准则第 1231 号——针对评估的重大错报风险采取的应对措施》和《中国注册会计师审计准则第 1301 号——审计证据》的规定使用函证程序，以获取相关、可靠的审计证据。该准则共 5 章 24 条，主要对定义、目标、要求(函证程序，管理层不允许寄发询证函，实施函证程序的结果，消极式函证，评价获取的审计证据)进行了规范。本准则不适用于注册会计师对被审计单位诉讼和索赔事项实施询问程序。

(4)《中国注册会计师审计准则第 1313 号——分析程序》共 5 章 8 条。该准则阐述了定义、目标、要求(实质性分析程序，有助于形成总体结论的分析程序，调查分析程序的结果)的规定。

(5)《中国注册会计师审计准则第 1314 号——审计抽样》共 5 章 25 条，旨在规范注册会计师在实施审计程序时使用审计抽样。该准则说明了定义、目标、要求(样本设计、样本规模和选取测试项目，实施审计程序，偏差和错报的性质与原因，推断错报，评价审计抽样结果)。

(6)《中国注册会计师审计准则第 1321 号——审计会计估计(包括公允价值会计估计)和相关披露》旨在规范注册会计师在财务报表审计中与会计估计(包括公允价值会计估计)和相关披露有关的责任。该准则共 5 章 29 条，对定义、目标、要求(风险评估程序和相关活动，识别和评估重大错报风险，应对评估的重大错报风险，实施进一步实质性程序以应对特别风险，评价会计估计的合理性并确定错报，与会计估计相关的披露，可能存在管理层偏向的迹象，书面声明，审计工作底稿)作出了规范。

(7)《中国注册会计师审计准则第 1323 号——关联方》旨在规范注册会计师在财务报表审计中对关联方及其交易的责任。本准则共 5 章 30 条，分别对定义、目标、要求(风险评估程序和相关工作，识别和评估与关联方关系及其交易相关的重大错报风险，针对与关联方关系及其交易相关的重大错报风险的应对措施，评价识别出的关联方关系及其交易的会计处理和披露，书面声明，与治理层的沟通，审计工作底稿)等方面进行了详细阐述。

(8)《中国注册会计师审计准则第 1324 号——持续经营》旨在规范注册会计师在财务报表审计中与管理层编制财务报表时运用持续经营假设相关的责任。该准则共 4 章 24 条，从目标、要求(风险评估程序和相关活动，评价管理层的评估，询问超出管理层评估期间的事项或情况，识别出事项或情况时实施追加的审计程序，审计结论与报告，与治理层沟通，严重拖延对财务报表的批准)等方面进行了规范。

(9)《中国注册会计师审计准则第 1331 号——首次审计业务涉及的期初余额》旨在规范注册会计师在执行首次审计业务时对期初余额的责任。该准则共 5 章 16 条，阐述了定义、目标、要求(审计程序，审计结论和审计报告)。

(10)《中国注册会计师审计准则第 1332 号——期后事项》共 5 章 21 条，旨在规范注册会计师在财务报表审计中对期后事项的责任。准则主要针对定义、目标、要求(财务报表日至审计报告日之间发生的事项，注册会计师在审计报告日后至财务报表报出日前知悉的事实，注册会计师在财务报表报出后知悉的事实)等方面进行了说明。

(11)《中国注册会计师审计准则第 1341 号——书面声明》共 5 章 20 条，从定义、目标、要求(提供书面声明的管理层，针对管理层责任的书面声明，其他书面声明，书面声明涵盖的日期和期间，书面声明的形式，对书面声明可靠性的疑虑以及管理层不提供要求的书面声明)方面进行了规范。

4) 利用其他主体的工作

涉及利用其他主体的工作的审计准则共有 3 项。

(1)《中国注册会计师审计准则第 1401 号——对集团财务报表审计的特殊考虑》旨在规范主审注册会计师执行集团审计时的特殊考虑，特别是涉及组成部分注册会计师的特殊考虑。该准则共 5 章 64 条，对定义、目标、要求(责任，集团审计业务的接受与保持，总体审计策略和具体审计计划，了解集团及其环境、集团组成部分及其环境，了解组成部分注册会计师，重要性，针对评估的风险采取的应对措施，合并过程，期后事项，与组成部分注册会计师的沟通，评价审计证据的充分性和适当性，与集团管理层和集团治理层的沟通，审计工作底稿)等方面进行了规范。

(2)《中国注册会计师审计准则第 1411 号——利用内部审计人员的工作》旨在规范注册会计师在获取充分、适当的审计证据时利用内部审计人员的工作，明确注册会计师利用内部审计人员的工作的责任。该准则共 5 章 14 条。该准则对定义、目标、要求(确定是否利用以及在多大程度上利用内部审计人员的工作，利用内部审计人员的特定工作、审计工作底稿)等方面进行说明。

(3)《中国注册会计师审计准则第 1421 号——利用专家的工作》共 5 章 17 条，对定义、目标、要求(确定是否需要利用专家的工作，审计程序的性质、时间安排和范围，专家的胜任能力、专业素养和客观性，了解专家的专长领域，与专家达成一致意见，评价专家工作的恰当性，在审计报告中提及专家)进行了规范。

5) 审计结论与报告

涉及审计结论与报告的审计准则共有 5 项。

(1)《中国注册会计师审计准则第 1501 号——审计报告》共 5 章 47 条，规范了注册会计师对财务报表形成审计意见，以及作为财务报表审计结果所出具的审计报告的格式和内容。准则说明了定义、目标、要求(对财务报表形成审计意见，审计意见的形式，审计报告，与财务报表一同列报的补充信息)。

(2)《中国注册会计师审计准则第 1502 号——在审计报告中发表非无保留意见》对注册会计师出具非无保留意见的审计报告进行了规范，共 5 章 30 条。该准则对定义、目标、要求(应当发表非无保留意见的情形，确定非无保留意见的类型，非无保留意见审计报告的格式和内容，与治理层的沟通)进行了规范。

(3)《中国注册会计师审计准则第 1503 号——在审计报告中增加强调事项段和其他事项段》旨在规范注册会计师在审计报告中增加强调事项段和其他事项段，以传递必要的补充信息。该准则共 5 章条，规范了定义、目标、要求(审计报告中的强调事项段，审计报告中的其他事项段，与治理层的沟通)。

(4)《中国注册会计师审计准则第 1511 号——比较信息：对应数据和比较财务报表》

旨在规范注册会计师在财务报表审计中对比较数据的责任，共5章23条。该准则主要从定义、目标、要求(审计程序，审计报告：对应数据，审计报告：比较财务报表)方面进行了规范。

(5)《中国注册会计师审计准则第1521号——注册会计师对含有已审计财务报表的文件中的其他信息的责任》共5章19条，用于规范定义、目标、要求(阅读其他信息，重大不一致，对事实的重大错报)。

6) 特殊领域审计

与特殊领域审计有关的审计准则共有10项，这些审计准则涵盖了对特殊行业、特殊性质的企业和企业特殊业务、特殊事项的审计。

(1)《中国注册会计师审计准则第1601号——对按照特殊目的框架编制的财务报表审计的特殊考虑》共5章16条，对定义、目标、要求(承接业务时的考虑，计划和执行审计工作的考虑，形成审计意见和出具报告时的考虑)进行了规范。

(2)《中国注册会计师审计准则第1602号——验资》以规范注册会计师执行验资业务、明确工作要求为目标，共5章36条。该准则从签订业务约定书，制订验资计划、实施审验程序和记录验资工作底稿，以及验资报告等方面进行了说明。准则指出，注册会计师在执行验资业务时不应孤立地使用该准则，而应当将该准则与相关审计准则结合使用。

(3)《中国注册会计师审计准则第1603号——对单一财务报表审计和财务报表的特定要素、账户或项目审计时的特殊考虑》共5章20条，对定义、目标、要求(业务承接时的考虑，计划和执行审计工作时的考虑，形成审计意见和出具报告时的考虑)进行了规范。

(4)《中国注册会计师审计准则第1604号——对简要财务报表出具报告的业务》共5章34条。该准则对定义、目标、要求(业务的承接，程序的性质，意见的格式，工作的时间安排和期后事项，对简要财务报表出具的审计报告，对审计报告分发或使用的限制，提醒阅读者关注编制基础，比较信息，与简要财务报表一同列报的未审计的补充信息，含有简要财务报表的文件中的其他信息，与注册会计师相关联)进行了规范。

(5)《中国注册会计师审计准则第1611号——商业银行财务报表审计》用于规范注册会计师执行商业银行财务报表审计业务，共7章56条。该准则从接受业务委托，计划审计工作，了解和测试内部控制，实质性程序，以及审计报告等多个环节对商业银行财务报表审计进行了说明。注册会计师在执行商业银行财务报表审计业务时，也应当将该准则与相关审计准则结合使用。

(6)《中国注册会计师审计准则第1612号——银行间函证程序》共5章14条，从询证函的编制与寄发、函证的内容、回函的评价等几个方面规范了注册会计师在商业银行财务报表审计中实施银行间函证程序。

(7)《中国注册会计师审计准则第1613号——与银行监管机构的关系》共6章37条，旨在明确在商业银行财务报表审计中商业银行治理层、管理层和注册会计师的责任，促进注册会计师与银行监管机构之间的理解与合作，提高审计的有效性。该准则重点说明了以下几个方面：商业银行治理层和管理层的责任，注册会计师的责任，注册会计师与银行监管机构的关系，协助完成特定监管任务时的补充要求。该准则既适用于注册会计师执行商业银行财务报表审计业务，也适用于接受银行监管机构委托执行专项业务。

(8)《中国注册会计师审计准则第1631号——财务报表审计中对环境事项的考虑》共

5 章 40 条，从实施风险评估程序时对环境事项的考虑，针对评估的重大错报风险实施审计程序时对环境事项的考虑，以及出具审计报告时对环境事项的考虑等方面，对注册会计师在财务报表审计中对被审计单位环境事项的考虑进行了规范。

(9)《中国注册会计师审计准则第 1632 号——衍生金融工具的审计》旨在规范注册会计师针对与衍生金融工具相关的财务报表认定计划和实施审计程序。该准则共 12 章 66 条，对衍生金融工具及活动，管理层和治理层的责任，注册会计师的责任，了解可能影响衍生活动及其审计的因素，了解内部控制，控制测试，实质性程序，对套期活动的额外考虑，管理层声明，以及与管理层和治理层的沟通等若干方面作出了规定。

(10)《中国注册会计师审计准则第 1633 号——电子商务对财务报表审计的影响》共 7 章 34 条，从知识和技能的要求，对被审计单位电子商务的了解，识别风险，对内部控制的考虑，以及电子记录对审计证据的影响等方面加以阐述，以规范注册会计师在财务报表审计中对被审计单位电子商务的考虑。

3. 中国注册会计师审阅准则

执业体系中只有 1 项审阅准则，即《中国注册会计师审阅准则第 2101 号——财务报表审阅》。该准则共 7 章 31 条，对审阅范围和保证程度、业务约定书、审阅计划、审阅程序和审阅证据、结论和报告等进行了重点说明，以规范注册会计师执行财务报表审阅业务。

5.2.3　中国注册会计师其他鉴证业务准则

其他鉴证业务准则包括两项。

(1)《中国注册会计师其他鉴证业务准则第 3101 号——历史财务信息审计或审阅以外的鉴证业务》。该准则共 10 章 77 条，旨在规范注册会计师执行历史财务信息审计或审阅以外的鉴证业务，即其他鉴证业务。准则从承接与保持业务、计划与执行业务、利用专家的工作、获取证据、考虑期后事项、形成工作记录、编制鉴证报告、其他报告责任等方面对注册会计师执行其他鉴证业务做出了规定。

(2)《中国注册会计师其他鉴证业务准则第 3111 号——预测性财务信息的审核》。该准则共 9 章 30 条，用于规范注册会计师执行预测性财务信息审核业务。它从保证程度、接受业务委托、了解被审核单位情况、涵盖期间、审核程序、列报和审核报告等方面进行了说明。

5.2.4　中国注册会计师相关服务准则

中国注册会计师执业准则体系中的相关服务准则有两项，即《中国注册会计师相关服务准则第 4101 号——对财务信息执行商定程序》和《中国注册会计师相关服务准则第 4111 号——代编财务信息》。

它们分别对注册会计师执行商定程序和代编信息这两项服务提供指引。两项准则分别从业务约定书，计划、程序与记录，报告等方面对注册会计师执行商定程序和代编财务信息业务进行了规范。注册会计师执行这两种相关服务都没有独立性要求，且出具的报告不发表任何鉴证意见。

5.2.5 会计师事务所质量控制准则

中国注册会计师执业准则体系中包括两项质量控制准则，即《会计师事务所质量控制准则第5101号——会计师事务所对执行财务报表审计和审阅、其他鉴证和相关服务业务实施的质量控制》和《中国注册会计师审计准则第1121号——对财务报表审计实施的质量控制》。

《会计师事务所质量控制准则第5101号——会计师事务所对执行财务报表审计和审阅、其他鉴证和相关服务业务实施的质量控制》系统地总结了近些年审计失败的经验教训，旨在规范会计师事务所建立并保持有关财务报表审计和审阅、其他鉴证和相关服务业务的质量控制制度。该准则共5章75条，包括定义、目标、要求(运用和遵守相关要求，质量控制制度的要素，对业务质量承担的领导责任，相关职业道德要求，客户关系和具体业务的接受与保持，人力资源，业务执行，监控，对质量控制制度的记录)。

1. 业务质量控制的目标

会计师事务所的目标是建立并保持质量控制制度，以合理保证：

(1) 会计师事务所及其人员遵守职业准则和适用的法律法规的规定；

(2) 会计师事务所和项目合伙人出具适合具体情况的报告。

2. 业务质量控制的要素

会计师事务所应当建立并保持质量控制制度，质量控制制度包括针对下列要素而制定的政策和程序，这些政策和程序应当形成书面文件，并传达到全体人员：

(1) 对业务质量承担的领导责任

会计师事务所应当制定政策和程序，培育以质量为导向的内部文化。这些政策和程序应当要求会计师事务所主任会计师或同等职位的人员对质量控制制度承担最终责任，并使受会计师事务所主任会计师或同等职位的人员委派具有充分、适当的经验和能力的人员负责质量控制制度运作，以及给予其必要的权限以履行其责任。

(2) 相关职业道德要求

会计师事务所应当制定政策和程序，以合理保证会计师事务所及其人员遵守相关职业道德要求，以及合理保证会计师事务所及其人员和其他受独立性要求约束的人员(包括网络事务所的人员)保持相关职业道德要求规定的独立性。会计师事务所应当每年至少一次向所有需要按照相关职业道德要求保持独立性的人员，获取其遵守独立性政策和程序的书面确认函。

(3) 客户关系和具体业务的接受与保持

会计师事务所应当制定有关客户关系和具体业务接受与保持的政策和程序，以合理保证只有在下列情况下，才能接受或保持客户关系和具体业务：①能够胜任该项业务，并具有执行该项业务必要的素质、时间和资源；②能够遵守相关职业道德要求；③已考虑客户的诚信，没有信息表明客户缺乏诚信。

如果在接受业务后获知某项信息，而该信息若在接受业务前获知，可能导致会计师事务所拒绝该项业务，会计师事务所应当针对这种情况制定保持具体业务和客户关系的政策和程序。这些政策和程序应当考虑：①适用于这种情况的职业责任和法律责任，包括是否要求会计师事务所向委托人报告或在某些情况下向监管机构报告；②解除业务约定或同时解除业务约定和客户关系的可能性。

(4) 人力资源

会计师事务所应当制定政策和程序，合理保证拥有足够的具有胜任能力和必要素质并承诺遵循道德基本原则的人员，以使：①会计师事务所按照职业准则和适用的法律法规的规定执行业务；②会计师事务所和项目合伙人能够出具适合具体情况的报告。

(5) 业务执行

会计师事务所应当制定政策和程序，以合理保证按照职业准则和适用的法律法规的规定执行业务，使会计师事务所和项目合伙人能够出具适合具体情况的报告。这些政策和程序应当包括：与保持业务执行质量一致性相关的事项，监督责任，复核责任。

(6) 监控

会计师事务所应当制定监控政策和程序，以合理保证与质量控制制度相关的政策和程序具有相关性和适当性，并正在有效运行。监控过程应当包括：持续考虑和评价会计师事务所质量控制制度；要求委派一个或多个合伙人，或会计师事务所内部具有充分、适当的经验和权限的其他人员负责监控过程；要求执行业务或实施项目质量控制复核的人员不参与该项业务的检查工作。

专栏 5-6

25 个地方协会全面完成 2007 年会计师事务所执业质量检查工作①

截至(2007 年)10 月 31 日，北京、天津、河北、山西、内蒙古、辽宁、吉林、黑龙江、江苏、浙江、安徽、福建、江西、山东、河南、广东、广西、海南、重庆、贵州、陕西、甘肃、青海、新疆、西藏等 25 个地方协会圆满完成了 2007 年会计师事务所执业质量检查工作，并向我会报送了检查工作总结。

2007 年是新准则实施的第一年，从检查的情况看，各地协会高度重视执业质量检查工作，严格按照我会《关于开展 2007 年会计师事务所执业质量检查工作的通知》开展检查工作，坚持“严格检查、严格惩戒”，检查工作卓有成效。

辽宁注协 2007 年继续坚持“严格惩戒”的原则，共惩戒了 31 家事务所和 30 名注册会计师，其中，对 13 家事务所和 30 名注册会计师给予公开谴责；对 12 家事务所给予行业内通报批评；对 6 家事务所给予训诫。辽宁注协还向有关行政主管部门移交了 31 家事务所，其中，因执业质量问题移交省财政厅 17 家事务所；因设立条件问题移交省财政厅 11 家事务所；因财务问题移交省财政厅、大连市国税局及地税局 3 家事务所。

北京注协 2007 年加大了惩戒力度，对检查中发现问题较严重的事务所给予了相应的行业惩戒，共惩戒了 7 家事务所和 8 名注册会计师。其中，对 1 家事务所和 3 名注册会计师给予公开谴责；对 2 家事务所和 5 名注册会计师给予行业内通报批评；对 4 家事务所给予训诫。

① 中国注册会计师协会. 行业执业质量检查工作动态. 2007. http://www.cicpa.org.cn/news/newsaffix/9038_200711977_1.doc.

广东注协于10月25日召开了惩戒委员会会议，根据惩戒委员会的决议，给予2名注册会计师撤销会员资格的行业惩戒；给予3家事务所和7名注册会计师公开谴责；给予9家事务所和24名注册会计师行业内通报批评；给予14家事务所和32名注册会计师训诫。广东注协将1家设立条件存在问题的事务所及2名存在严重违规行为的注册会计师移交省财政厅进一步处理。

5.2.6 中国注册会计师执业准则指南

为了帮助注册会计师正确理解和运用执业准则，中注协在注册会计师执业准则框架下，制定了覆盖所有准则项目的实施指南与中国注册会计师执业准则同步施行。指南为注册会计师正确理解和运用准则提供可操作性的指导意见，与注册会计师执业准则构成一个完整的注册会计师执业规范体系。

1. 中国注册会计师执业准则指南的特点

1) 内容全面

为了使注册会计师掌握不同类别准则的要旨，将所有准则转化为正确的执业理念和行为，针对每项准则，都发布了相应的指南。

2) 可操作性强

指南利用体例相对灵活的特点，对于具有概念框架功能的准则，系统阐述准则的理论基础、规范的理由和对执业的影响，指导注册会计师如何理解执业理念和方法论；对于具有实务操作功能的准则，重点阐述准则的核心程序和具体方法，增加大量的解释、说明、举例和图示，指导注册会计师如何正确运用程序的具体方法。

3) 贴近实务

如为了指导注册会计师正确运用审计风险准则，提高注册会计师识别、评估和应对重大错报风险的能力，指南通过举例方式系统讲解了注册会计师如何设计和实施风险评估程序、控制测试和实质性程序，以及如何通过工作底稿贯彻风险导向审计的理念，把重大错报风险评估与应对的过程用工作底稿进行钩稽。同时，指南中提供了大量范例，如新版的业务约定书、前后任注册会计师沟通函、各类询证函、管理层声明书、业务报告、风险评估程序工作底稿等，具有很强的实用性。

4) 坚持国际趋同的要求

执业准则在框架体系、项目构成和核心内容等方面体现了与国际准则趋同的要求。例如在审计准则的内容上，充分采用了国际审计准则所有的基本原则和核心程序，在审计的目标与原则、风险的评估与应对、审计证据的获取和分析、审计结论的形成和报告等所有重大方面，与国际审计准则保持一致。

2. 中国注册会计师执业准则指南的成果

指南以执业准则为依据，结合审计理论和实务成果，重点解决了注册会计师在运用准则时面临的问题。

1) 如何运用审计风险模型

审计风险准则确立了新的审计风险模型，以明确注册会计师识别、评估和应对财务报表重大错报风险的思路。审计风险模型构成了风险导向审计方法的基础，在审计实务中不易把握，指南详细阐述了注册会计师如何使用审计风险模型开展审计工作。

2) 如何计划审计工作

计划审计工作包括制定总体审计策略和具体审计计划两个层面。指南对总体审计策略进行了细化，对实务中如何确定审计范围、时间和方向列出了具体考虑因素。借助于风险评估程序和进一步审计程序工作底稿示例，指南详细演示了具体审计计划的制订。

3) 如何进行风险评估

对重大错报风险识别和评估是审计准则建设中新增的重点内容，也是一个难点。指南从 6 个方面系统阐述了注册会计师如何识别和评估重大错报风险，特别是利用审计程序举例的方式，详细讲解了进行风险评估的过程和关键环节。

4) 如何实施控制测试

由于我国内部控制理论和实践相对滞后，注册会计师在实施控制测试时或者不知从何下手，或者具有很大的盲目性，不能为审计提供有价值的基础。指南指导注册会计师从宏观层面和业务流程层面对内部控制进行测试，具有很强的适用性。同时，通过“认定”的概念和审计风险模型，把控制测试和实质性程序贯通起来。

5) 如何应对舞弊风险

指南以重大错报风险的识别、评估和应对为基础，系统阐述了企业管理层财务舞弊的动机和风险因素，针对新形势下财务舞弊的特点，有针对性地提供了应对舞弊风险的技巧、方法和案例，为注册会计师发现舞弊提供全方位的指导。

6) 如何编制工作底稿

风险导向审计方法重塑了审计流程，严格了审计程序，要求注册会计师对实施的风险评估程序、控制测试和实质性程序形成恰当的工作记录。针对这个问题，指南系统地讲解了风险导向审计模式下如何编制工作底稿，特别是如何建立风险评估结果与实施进一步审计程序的联系，风险评估工作底稿如何与进一步审计程序工作底稿相钩稽。

7) 如何运用重要性水平

重要性水平是衡量注册会计师出具恰当审计报告的依据，也是影响财务报表使用者正确决策的关键因素。在审计实务中，注册会计师从定量角度运用重要性水平比较到位，但从定性角度运用有所欠缺，指南细化了如何从定量角度运用重要性水平，并详细介绍了从定性角度运用重要性水平的原理。

8) 如何确定抽样规模

正确运用审计抽样原理，是注册会计师获取充分、适当审计证据的关键。指南系统阐述了在控制测试和实质性程序中如何确定恰当的样本规模，如何评价样本结果，以提高审计效率和效果。

9) 如何确定审计意见

指南总结最近几年证券市场审计意见存在的缺陷，系统阐述了注册会计师如何评价财务报表的合法性和公允性，如何针对具体情况确定恰当审计意见类型，防止随意调控审计意见，并列举了各种类型审计报告的参考格式。

10) 如何审计新兴和复杂领域

目前企业会计核算中判断和估计事项日益复杂，会计确认、计量和报告涉及领域日益宽广，针对公允价值、金融工具等新兴和复杂领域，指南提供了详细的应对程序和方法。

5.3 注册会计师职业道德准则

5.3.1 注册会计师职业道德的含义和职业道德规范的沿革

1. 注册会计师的职业道德的含义

注册会计师的职业道德是指注册会计师职业品德、职业纪律、专业胜任能力及职业责任等的总称。注册会计师的职业性质决定了他所担负的是对社会公众的责任，为了使注册会计师切实担负起这种神圣的责任，为社会公众提供高质量的、可信赖的专业服务，必须加强注册会计师职业道德教育和培养，树立强烈的职业道德意识。

2. 注册会计师的职业道德规范的沿革

不同于一般会计职业道德强调养成和自觉、不一定要制定成文的职业道德规范文件去遵照执行，注册会计师的道德水平是关系到整个行业生存和发展的大事，所以，凡是建立了注册会计师制度的国家，都制定了相应的职业道德规范。

1) 西方注册会计师的职业道德规范的沿革

1853 年苏格兰爱丁堡会计师公会的成立标志着注册会计师职业的正式诞生。1886 年 12 月，美国也成立了第一个会计职业团体——美国公共会计师协会，尽管这些会计职业团体在维护自身形象、纯洁注册会计师队伍上一直在努力，但由于经济发展水平较低，对注册会计师职业的需求也不旺盛，且早期的注册会计师也把他们的学科在本质上看成是道德的。所以，在注册会计师职业道德要求上，主要侧重于树立注册会计师个人职业道德理念来规范注册会计师行为以保护公众利益。

20 世纪初，美国从事注册会计师业务的人数剧增，大量不合格者自称注册会计师(审计师)，并广泛招揽业务，广告五花八门。因此，仅凭个人职业道德观念或口头合约已经无法约束注册会计师，就产生了规范的要求。1906 年，美国在公共会计师协会(AAPA，1916 年更名为 AIA，1957 年成为今天的 AICPA)内部成立了道德委员会，于 1907 年形成了“最初的五条禁令性的职业道德准则”。“它标志着注册会计师职业界对职业道德从一般道德概念的理解、内心的体悟、训诫性言辞，转而踏上制度化、规范化建设的轨道，具有重要意义”[①]。

1917 年美国会计师协会(AIA)通过了全国性的《职业道德准则》，这是美国第一份较为全面的职业道德文件。1929—1933 年经济危机以后，AIA 根据公众和政府的要求，检查修正了职业道德准则。1973 年，美国注册会计师协会(AICPA)全面修订颁布了《职业道德准则》，该准则提出了完整缜密的规范体系，提高了规则的权威性，并且第一次提出了注册会计师应努力达到的道德目标，向公众承诺提供高质量服务，该准则的发布实施，不仅在美国，而且在世界上造成了极大的影响，被称为是职业道德准则变迁过程中的一个里程碑[②]。许多国家的注册会计师职业组织纷纷效仿，制定类似的会计职业道德规范。

① 张俊民．商务伦理与会计职业道德[M]．上海：复旦大学出版社，2008：171.

② 陈汉文．审计理论[M]．北京：机械工业出版社，2009：35.

针对 20 世纪 80 年代以后注册会计师执业环境的变化，以及注册会计师行业诉讼爆炸的形势，1983 年，美国成立了专门的职业行为准则委员会(安德森委员会)，负责调查环境，评估职业道德准则。根据调查结果，1988 年，AICPA 全面修正了职业道德准则，更名为《职业行为准则》，内容包括职业行为准则的原则和职业行为准则的规则两个部分。1992 年 1 月 14 日，AICPA 又将其修订为《美国注册会计师协会职业行为准则》，适用于美国注册会计师协会的全体会员，为他们提供规则和指导。会员不论是执行公共业务，还是在企业、政府和教育部门中工作，均应遵守。会员在执行公共会计业务过程中，还应对与其相关的所有人员，包括其下属、合伙人或股东是否遵守准则负责。此后又多次进行了修订，使职业行为准则的具体规则更加详细，形成的规则导向的会计职业道德准则体系，得到了 SEC 的支持。

国际会计师联合会道德委员会自 1980 年开始，截至 1988 年年底，共制定了 12 项国际会计职业道德准则。国际会计师联合会的《职业道德规范》，是由联合会的道德委员会建立并经理事会批准颁布的。在与各国的规定不一致或相抵触时，按照国际会计师联合会宪章的要求，各成员团体应该在可行时和行得通的范围内设法贯彻该规范，但该规范是劝导性的，而非命令性的，是建议而不是要求。

20 世纪 80 年代末期至 90 年代初期，英国发生了一系列财务舞弊和审计合谋案。为此，英格兰与威尔士特许会计师协会(ICAEW)于 1996 年开始按照概念框架法修订和应用职业行为准则。1998 年，ICAEW 公布了核心(基本)原则。

安然事件发生后，各国都对本国的职业行为准则进行了审查。目前，英国政府、欧洲会计联合会(FEE)和国际会计师联合会(IFAC)已基本认可了 ICAEW 建立在概念框架法下的职业行为准则，并按该方法进行修订。IFAC 在于 2004 年 10 月再度发布的征求意见稿中将概念框架法全面、一致地运用于其职业行为准则。2003 年 5 月 12 日，美国 AICPA 理事会主席和执行总裁联合写给公众公司会计监管理事会(PCAOB)的公开信再次表明了 AICPA 将会按概念框架法对职业行为准则进行大幅度修订或重新制定。AICPA 的职业道德执行委员会 2004 年 1 月发布了一份按概念框架法与 ISB(2000)类似的《独立性准则之概念框架》，该框架规定了制定独立性准则所应赖以遵循的基本原则及对独立性风险进行识别与减轻的概念框架分析方法，这表明作为典型的以详细规则为导向的美国注册会计师职业行为准则也开始遵循了以概念框架法进行的合约条款的概念回归①。

2) 中国注册会计师的职业道德规范的沿革

中国注册会计师协会于 1992 年制定了《中国注册会计师职业道德守则》(试行)，在此基础上，于 1996 年 12 月 26 日发布了比较原则性的《中国注册会计师职业道德基本准则》，取代《中国注册会计师职业道德守则》(试行)。2002 年 6 月 25 日，中国注册会计师协会根据基本准则制定发布了《中国注册会计师职业道德规范指导意见》，作为注册会计师行业的自律规则发挥作用。

近几年来，注册会计师面临的执业环境发生了很大变化，社会各界对注册会计师职业道德提出了更高的要求，注册会计师职业道德规范建设面临新的任务。中注协借鉴国际职业会计师道德规范的最新成果，于 2009 年 10 月 18 日发布了《中国注册会计师职业道德守

① 陈汉文．审计理论[M]．北京：机械工业出版社，2009：37-38．

则》和《中国注册会计师协会非执业会员职业道德守则》，于 2010 年 7 月 1 日起施行。非执业会员是指加入中国注册会计师协会但未取得中国注册会计师证书的人员，通常在工业、商业、服务业、公共部门、教育部门、非营利组织、监管机构或职业团体从事专业工作。中国注册会计师协会会员职业道德守则规定了职业道德基本原则和职业道德概念框架，会员应当遵守职业道德基本原则，并能够运用职业道德概念框架解决职业道德问题。

5.3.2 《中国注册会计师职业道德守则》的主要内容

《中国注册会计师职业道德守则》包括 5 个组成部分，即《中国注册会计师职业道德守则第 1 号——职业道德基本原则》、《中国注册会计师职业道德守则第 2 号——职业道德概念框架》、《中国注册会计师职业道德守则第 3 号——提供专业服务的具体要求》、《中国注册会计师职业道德守则第 4 号——审计和审阅业务对独立性的要求》、《中国注册会计师职业道德守则第 5 号——其他鉴证业务对独立性的要求》。本章主要介绍第 1～3 号守则的基本内容。

1. 《中国注册会计师职业道德守则第 1 号——职业道德基本原则》

会员为实现执业目标，必须遵守一系列前提或一般原则。《中国注册会计师职业道德守则第 1 号——职业道德基本原则》共 8 章 31 条，指出注册会计师应遵循下列职业道德基本原则：诚信、独立、客观和公正、专业胜任能力和应有的关注、保密、良好职业行为。

1) 诚信

诚信就是诚实守信，它是市场经济的基石，也是注册会计师赖以存在的前提条件。诚信原则要求注册会计师应当在所有的职业关系和商业关系中保持正直和诚实，秉公处事、实事求是。注册会计师如果认为业务报告、申报资料或其他信息存在下列问题，则不得与这些有问题的信息发生牵连：含有严重虚假或误导性的陈述；含有缺乏充分根据的陈述或信息；存在遗漏或含糊其辞的信息。

注册会计师如果注意到已与有问题的信息发生牵连，应当采取措施消除牵连。在鉴证业务中，如果注册会计师依据执业准则出具了恰当的非标准业务报告，不被视为违反上述要求。

2) 独立性

独立性，是指不受外来力量控制、支配，按照一定之规行事。独立性是注册会计师执业的灵魂。独立性原则通常是对注册会计师而不是非执业会员提出的要求。在执行鉴证业务时，注册会计师必须保持独立性。如果注册会计师不能与客户保持独立性，而是存在经济利益、关联关系，或屈从于外界压力，就很难取信于社会公众。

传统观点认为，注册会计师的独立性包括两个方面——实质上的独立和形式上的独立。美国注册会计师协会和国际会计师联合会的职业道德守则也是这样要求的。实质上的独立性是一种内心状态，使得注册会计师在提出结论时不受损害职业判断的因素影响，诚信行事，遵循客观和公正原则，保持职业怀疑态度。形式上的独立性是一种外在表现，使得一个理性且掌握充分信息的第三方，在权衡所有相关事实和情况后，认为会计师事务所或审计项目组成员没有损害诚信原则、客观和公正原则或职业怀疑态度。

注册会计师执行审计和审阅业务以及其他鉴证业务时，应当从实质上和形式上保持独立性，不得因任何利害关系影响其客观性。会计师事务所在承办审计和审阅业务以及其他鉴证业务时，应当从整体层面和具体业务层面采取措施，以保持会计师事务所和项目组的独立性。

3) 客观和公正

客观，是指按照事物的本来面目去考察，不添加个人的偏见。公正，是指公平，正直，不偏袒。客观和公正原则要求注册会计师应当公正处事、实事求是，不得由于偏见、利益冲突或他人的不当影响而损害自己的职业判断。如果存在导致职业判断出现偏差，或对职业判断产生不当影响的情形，注册会计师不得提供相关专业服务。

4) 专业胜任能力和应有的关注

专业胜任能力和应有的关注原则要求注册会计师通过教育、培训和执业实践获取和保持专业胜任能力。注册会计师应当持续了解并掌握当前法律、技术和实务的发展变化，将专业知识和技能始终保持在应有的水平，确保为客户提供具有专业水准的服务。

注册会计师作为专业人士，在许多方面都要履行相应的责任，保持和提高专业胜任能力就是其中的重要内容。专业胜任能力是指注册会计师具有专业知识、技能和经验，能够经济、有效地完成客户委托的业务。注册会计师如果不能保持和提高专业胜任能力，就难以完成客户委托的业务。事实上，如果注册会计师在缺乏足够的知识、技能和经验的情况下提供专业服务，就构成了一种欺诈。一个合格的注册会计师，不仅要充分认识自己的能力，对自己充满信心，更重要的是，必须清醒地认识到自己在专业胜任能力方面存在的不足。如果注册会计师不能认识到这一点，承接了难以胜任的业务，就可能给客户乃至社会公众带来危害。

注册会计师在应用专业知识和技能时，注册会计师应当合理运用职业判断。专业胜任能力可分为两个独立阶段：①专业胜任能力的获取；②专业胜任能力的保持。注册会计师应当持续了解和掌握相关的专业技术和业务的发展，以保持专业胜任能力。持续职业发展能够使注册会计师发展和保持专业胜任能力，使其能够胜任特定业务环境中的工作。

应有的关注，要求注册会计师遵守执业准则和职业道德规范的要求，勤勉尽责，认真、全面、及时地完成工作任务。在审计过程中，注册会计师应当保持职业怀疑态度，运用专业知识、技能和经验，获取和评价审计证据。同时，注册会计师应当采取措施以确保在其授权下工作的人员得到适当的培训和督导。在适当情况下，注册会计师应当使客户、工作单位和专业服务的其他使用者了解专业服务的固有局限性。

5) 保密

注册会计师与客户的沟通，必须建立在为客户信息保密的基础上。保密原则要求注册会计师应当对在职业活动中获知的涉密信息予以保密，不得有未经客户授权或法律法规允许，向会计师事务所以外的第三方披露其所获知的涉密信息和利用所获知的涉密信息为自己或第三方谋取利益的行为。

注册会计师在社会交往中应当履行保密义务。注册会计师应当警惕无意泄密的可能性，特别是警惕无意中向近亲属或关系密切的人员泄密的可能性。另外，注册会计师应当对拟接受的客户或拟受雇的工作单位向其披露的涉密信息保密。在终止与客户或工作单位的关系之后，注册会计师仍然应当对在职业关系和商业关系中获知的信息保密。

注册会计师在下列情况下可以披露涉密信息：①法律法规允许披露，并且取得客户或工作单位的授权；②根据法律法规的要求，为法律诉讼、仲裁准备文件或提供证据，以及向有关监管机构报告发现的违法行为；③法律法规允许的情况下，在法律诉讼、仲裁中维护自己的合法权益；④接受注册会计师协会或监管机构的执业质量检查，答复其询问和调查；⑤法律法规、执业准则和职业道德规范规定的其他情形。

6) 良好的职业行为

注册会计师应当遵守相关法律法规，避免发生任何损害职业声誉的行为。注册会计师在向公众传递信息以及推介自己和工作时，应当客观、真实、得体、不得损害职业形象。

注册会计师应当诚实、实事求是，不得夸大宣传提供的服务、拥有的资质或获得的经验，也不得贬低或无根据地比较其他注册会计师的工作。

2. 《中国注册会计师职业道德守则第 2 号——职业道德概念框架》

《中国注册会计师职业道德守则第 2 号——职业道德概念框架》共 5 章 27 条。中国注册会计师职业道德守则提出职业道德概念框架，以指导注册会计师遵循职业道德基本原则，履行维护公众利益的职责。

1) 职业道德概念框架的内涵

职业道德概念框架是指解决职业道德问题的思路和方法，用以指导注册会计师：①识别对职业道德基本原则的不利影响；②评价不利影响的严重程度；③必要时采取防范措施消除不利影响或将其降低至可接受的水平。职业道德概念框架适用于注册会计师处理对职业道德基本原则产生不利影响的各种情形，其目的在于防止注册会计师认为只要守则未明确禁止的情形就是允许的。

在运用职业道德概念框架时，注册会计师应当运用职业判断。如果发现存在可能违反职业道德基本原则的情形，注册会计师应当评价其对职业道德基本原则的不利影响。在评价不利影响的严重程度时，注册会计师应当从性质和数量两个方面予以考虑。如果认为对职业道德基本原则的不利影响超出可接受的水平，注册会计师应当确定是否能够采取防范措施消除不利影响或将其降低至可接受的水平。

在运用职业道德概念框架时，如果某些不利影响是重大的，或者合理的防范措施不可行或无法实施，注册会计师可能面临不能消除不利影响或将其降至可接受水平的情形。如果无法采取适当的防范措施，注册会计师应当拒绝或终止所从事的特定专业服务，必要时与客户解除合约关系，或向其工作单位辞职。

2) 对遵循职业道德基本原则产生不利影响的因素及防范措施

注册会计师对职业道德基本原则的遵循可能受到多种因素的不利影响。不利影响的性质和严重程度因注册会计师提供服务类型的不同而不同。

(1) 对职业道德基本原则产生不利影响的因素。可能对职业道德基本原则产生不利影响的因素主要有以下 5 个方面。

① 自身利益导致的不利影响。如果经济利益或其他利益对注册会计师的职业判断或行为产生不当影响，将产生自身利益导致的不利影响。

② 自我评价导致的不利影响。如果注册会计师对其(或者其所在会计师事务所或工作单位的其他人员)以前的判断或服务结果做出不恰当的评价，并且将据此形成的判断作为当前服务的组成部分，将产生自我评价导致的不利影响。

③ 过度推介导致的不利影响。如果注册会计师过度推介客户或工作单位的某种立场或意见，使其客观性受到损害，将产生过度推介导致的不利影响。

④ 密切关系导致的不利影响。如果注册会计师与客户或工作单位存在长期或亲密的关系，而过于倾向他们的利益，或认可他们的工作，将产生密切关系导致的不利影响。

⑤ 外在压力导致的不利影响。如果注册会计师受到实际的压力或感受到压力(包括对注册会计师实施不当影响的意图)而无法客观行事，将产生外在压力导致的不利影响。

(2) 防范措施。防范措施是指可以消除不利影响或将其降至可接受水平的行动或其他措施。应对不利影响的防范措施包括下列两类：①法律法规和职业规范规定的防范措施；②在具体工作中采取的防范措施。

某些防范措施可以增加识别或制止不道德行为发生的可能性。由行业、法律法规、监管机构以及工作单位规定的这类防范措施包括：①由所在的工作单位、行业以及监管机构建立有效的公开投诉系统，使同行、工作单位以及社会公众能够注意到不专业或不道德的行为；②明确规定注册会计师有义务报告违反职业道德守则的行为或情形。

3) 道德冲突的解决

在遵循职业道德基本原则时，注册会计师应当解决遇到的道德冲突问题。在解决道德冲突问题时，注册会计师应当考虑下列因素：①与道德冲突问题有关的事实；②涉及的道德问题；③道德冲突问题涉及的职业道德基本原则；④会计师事务所或工作单位制定的解决道德冲突问题的程序；⑤可供选择的措施。

在考虑上述因素并权衡可供选择措施的后果后，注册会计师应当确定适当的措施。如果道德冲突问题仍无法解决，注册会计师应当考虑向会计师事务所或工作单位内部的适当人员咨询，寻求帮助解决问题。如果道德问题涉及注册会计师与某一组织的冲突或是组织内部的冲突，注册会计师还应当确定是否向该组织的治理层(如董事会)咨询。

如果某项重大冲突未能解决，注册会计师可以考虑向相关职业团体或法律顾问获取专业建议。如果以不提及相关方的方式与相关职业团体讨论所涉事项，或在法律特权保护下与法律顾问讨论所涉事项，注册会计师通常能够在不违反保密原则的条件下获得解决道德问题的指导。在考虑所有相关可能措施后，如果道德冲突仍未解决，注册会计师应当在可能的情况下拒绝继续与产生冲突的事项发生关联。注册会计师可视情况确定是否解除业务约定或退出某项特定任务，或完全退出该项业务，或向所在会计师事务所或者工作单位辞职。

3.《中国注册会计师职业道德守则第 3 号——提供专业服务的具体要求》

《中国注册会计师职业道德守则第 3 号——提供专业服务的具体要求》共 10 章 48 条。它指导注册会计师运用职业道德概念框架，解决提供专业服务时遇到的具体职业道德问题。

1) 专业服务委托

(1) 接受客户关系。在接受客户关系前，注册会计师应当确定接受客户关系是否会对职业道德基本原则产生不利影响。注册会计师应当考虑客户的主要股东、关键管理人员和治理层是否诚信，以及客户是否涉足非法活动(如洗钱)或存在可疑的财务报告问题等。

客户存在的问题可能对注册会计师遵循诚信原则或良好职业行为原则产生不利影响，注册会计师应当评价不利影响的严重程度，并在必要时采取防范措施消除不利影响或将其降低至可接受的水平。防范措施主要包括：①对客户及其主要股东、关键管理人员、治理层和负责经营活动的人员进行了解；②要求客户对完善公司治理结构或内部控制做出承诺。

如果不能将客户存在的问题产生的不利影响降低至可接受的水平，注册会计师应当拒绝接受客户关系。如果向同一客户连续提供专业服务，注册会计师应当定期评价继续保持的客户关系是否适当。

(2) 承接业务。注册会计师应当遵循专业胜任能力和应有的关注原则，仅向客户提供能够胜任的专业服务。在承接某一客户业务前，注册会计师应当确定承接该业务是否会对职业道德基本原则产生不利影响。如果项目组不具备或不能获得执行业务所必需的胜任能力，将对专业胜任能力和应有的关注原则产生不利影响。注册会计师应当评价不利影响的严重程度，并在必要时采取防范措施消除不利影响或将其降低至可接受的水平。防范措施主要包括：①了解客户的业务性质、经营的复杂程度，以及所在行业的情况；②了解专业服务的具体要求和业务对象，以及注册会计师拟执行工作的目的、性质和范围；③了解相关监管要求或报告要求；④分派足够的具有胜任能力的员工；⑤必要时利用专家的工作；⑥就执行业务的时间安排与客户达成一致意见；⑦遵守质量控制政策和程序，以合理保证仅承接能够胜任的业务。

当利用专家的工作时，注册会计师应当考虑专家的声望、专长及其可获得的资源，以及适用的执业准则和职业道德规范等因素，以确定专家的工作结果是否值得依赖。注册会计师可以通过以前与专家的交往或向他人咨询获得相关信息。

(3) 客户变更委托。如果应客户要求或考虑以投标方式接替前任注册会计师，注册会计师应当从专业角度或其他方面确定应否承接该业务。如果注册会计师在了解所有相关情况前就承接业务，可能对专业胜任能力和应有的关注原则产生不利影响。注册会计师应当评价不利影响的严重程度。

由于客户变更委托的表面理由可能并未完全反映事实真相，根据业务性质，注册会计师可能需要与前任注册会计师直接沟通，核实与变更委托相关的事实和情况，以确定是否适宜承接该业务。

注册会计师应当在必要时采取防范措施，消除因客户变更委托产生的不利影响或将其降低至可接受的水平。防范措施主要包括：①当应邀投标时，在投标书中说明，在承接业务前需要与前任注册会计师沟通，以了解是否存在不应接受委托的理由；②要求前任注册会计师提供已知悉的相关事实或情况，即前任注册会计师认为，后任注册会计师在做出承接业务的决定前，需要了解的事实或情况；③从其他渠道获取必要的信息。

如果采取的防范措施不能消除不利影响或将其降低至可接受的水平，注册会计师不得承接该业务。

注册会计师可能应客户要求在前任注册会计师工作的基础上提供进一步的服务。如果缺乏完整的信息，可能对专业胜任能力和应有的关注原则产生不利影响。注册会计师应当评价不利影响的严重程度，并在必要时采取防范措施消除不利影响或将其降低至可接受的水平。

采取的防范措施主要包括将拟承担的工作告知前任注册会计师，提请其提供相关信息，以便恰当地完成该项工作。

前任注册会计师应当遵循保密原则。前任注册会计师是否可以或必须与后任注册会计师讨论客户的相关事务，取决于业务的性质、是否征得客户同意，以及法律法规或职业道德规范的有关要求。

注册会计师在与前任注册会计师沟通前，应当征得客户的同意，最好征得客户的书面同意。前任注册会计师在提供信息时，应当实事求是、清晰明了。如果不能与前任注册会计师沟通，注册会计师应当采取适当措施，通过询问第三方或调查客户的高级管理人员、治理层的背景等方式，获取有关对职业道德基本原则产生不利影响的信息。

2) 利益冲突

注册会计师应当采取适当措施，识别可能产生利益冲突的情形。这些情形可能对职业道德基本原则产生不利影响。注册会计师与客户存在直接竞争关系，或与客户的主要竞争者存在合资或类似关系，可能对客观和公正原则产生不利影响。注册会计师为两个以上客户提供服务，而这些客户之间存在利益冲突或者对某一事项或交易存在争议，可能对客观和公正原则或保密原则产生不利影响。

注册会计师应当评价利益冲突产生不利影响的严重程度，并在必要时采取防范措施消除不利影响或将其降低至可接受的水平。在接受或保持客户关系和具体业务前，如果与客户或第三方存在商业利益或关系，注册会计师应当评价其所产生不利影响的严重程度。

注册会计师应当根据可能产生利益冲突的具体情形，采取下列防范措施。

(1) 如果会计师事务所的商业利益或业务活动可能与客户存在利益冲突，注册会计师应当告知客户，并在征得其同意的情况下执行业务。

(2) 如果为存在利益冲突的两个以上客户服务，注册会计师应当告知所有已知相关方，并在征得他们同意的情况下执行业务。

(3) 如果为某一特定行业或领域中的两个以上客户提供服务，注册会计师应当告知客户，并在征得他们同意的情况下执行业务。

如果客户不同意注册会计师为存在利益冲突的其他客户提供服务，注册会计师应当终止为其中一方或多方提供服务。

除采取上述防范措施外，注册会计师还应当采取下列一种或多种防范措施。

(1) 分派不同的项目组为相关客户提供服务。

(2) 实施必要的保密程序，防止未经授权接触信息。例如，对不同的项目组实施严格的隔离程序，做好数据文档的安全保密工作。

(3) 向项目组成员提供有关安全和保密问题的指引。

(4) 要求会计师事务所的合伙人和员工签订保密协议。

(5) 由未参与执行相关业务的高级员工定期复核防范措施的执行情况。

如果利益冲突对职业道德基本原则产生不利影响，并且采取防范措施无法消除不利影响或将其降低至可接受的水平，注册会计师应当拒绝承接某一特定业务，或者解除一个或多个存在冲突的业务约定。

3) 应客户的要求提供第二次意见

在某客户运用会计准则对特定交易和事项进行处理，且已由前任注册会计师发表意见的情况下，如果注册会计师应客户的要求提供第二次意见，可能对职业道德基本原则产生不利影响。

如果第二次意见不是以前任注册会计师所获得的相同事实为基础，或依据的证据不充分，可能对专业胜任能力和应有的关注原则产生不利影响。不利影响存在与否及其严重程度，取决于业务的具体情况，以及为提供第二次意见所能获得的所有相关事实及证据。

如果被要求提供第二次意见，注册会计师应当评价不利影响的严重程度，并在必要时采取防范措施消除不利影响或将其降低至可接受的水平。

防范措施主要包括以下几项。

(1) 征得客户同意与前任注册会计师沟通。

(2) 在与客户沟通中说明注册会计师发表专业意见的局限性。

(3) 向前任注册会计师提供第二次意见的副本。

如果客户不允许与前任注册会计师沟通，注册会计师应当在考虑所有情况后决定是否适宜提供第二次意见。

4) 收费

会计师事务所在确定收费时应当主要考虑专业服务所需的知识和技能、所需专业人员的水平和经验、各级别专业人员提供服务所需的时间和提供专业服务所需承担的责任。在专业服务得到良好的计划、监督及管理的前提下，收费通常以每一专业人员适当的小时收费标准或日收费标准为基础计算。

收费是否对职业道德基本原则产生不利影响，取决于收费报价水平和所提供的相应服务。注册会计师应当评价不利影响的严重程度，并在必要时采取防范措施消除不利影响或将其降低至可接受的水平。防范措施主要包括让客户了解业务约定条款，特别是确定收费的基础以及在收费报价内所能提供的服务、安排恰当的时间和具有胜任能力的员工执行任务。

在承接业务时，如果收费报价过低，可能导致难以按照执业准则和相关职业道德要求的要求执行业务，从而对专业胜任能力和应有的关注原则产生不利影响。如果收费报价明显低于前任注册会计师或其他会计师事务所的相应报价，会计师事务所应当确保在提供专业服务时，遵守执业准则和相关职业道德要求的要求，使工作质量不受损害并使客户了解专业服务的范围和收费基础。

或有收费可能对职业道德基本原则产生不利影响。不利影响存在与否及其严重程度取决于业务的性质、可能的收费金额区间、确定收费的基础和是否由独立第三方复核交易和提供服务的结果等因素。

除法律法规允许外，注册会计师不得以或有收费方式提供鉴证服务，收费与否或收费多少不得以鉴证工作结果或实现特定目的为条件。注册会计师应当评价或有收费产生不利影响的严重程度，并在必要时采取防范措施消除不利影响或将其降低至可接受的水平。防范措施主要包括以下几点。

(1) 预先就收费的基础与客户达成书面协议。

(2) 向预期的报告使州者披露注册会计师所执行的工作及收费的基础。

(3) 实施质量控制政策和程序。

(4) 由独立第三方复核注册会计师已执行的工作。

注册会计师收取与客户相关的介绍费或佣金，可能对客观和公正原则以及专业胜任能力和应有的关注原则产生非常严重的不利影响，导致没有防范措施能够消除不利影响或将其降低至可接受的水平。注册会计师不得收取与客户相关的介绍费或佣金。注册会计师为获得客户而支付业务介绍费，可能对客观和公正原则以及专业胜任能力和应有的关注原则产生非常严重的不利影响，导致没有防范措施能够消除不利影响或将其降低至可接受的水平。注册会计师不得向客户或其他方支付业务介绍费。

5) 专业服务营销

注册会计师通过广告或其他营销方式招揽业务，可能对职业道德基本原则产生不利影响。在向公众传递信息时，注册会计师应当维护职业声誉，做到客观、真实、得体。

注册会计师在营销专业服务时，不得有下列行为。

(1) 夸大宣传提供的服务、拥有的资质或获得的经验。

(2) 贬低或无根据地比较其他注册会计师的工作。

(3) 暗示有能力影响有关主管部门、监管机构或类似机构。

(4) 作出其他欺骗性的或可能导致误解的声明。

注册会计师不得采用强迫、欺诈、利诱或骚扰等方式招揽业务。注册会计师不得对其能力进行广告宣传以招揽业务，但可以利用媒体刊登设立、合并、分立、解散、迁址、名称变更和招聘员工等信息。

6) 礼品和款待

如果客户向注册会计师(或其近亲属)赠送礼品或给予款待，将对职业道德基本原则产生不利影响。注册会计师不得向客户索取、收受委托合同约定以外的酬金或其他财物，或者利用执行业务之便，谋取其他不正当的利益。

注册会计师应当评价接受款待产生不利影响的严重程度，并在必要时采取防范措施消除不利影响或将其降低至可接受的水平。如果款待超出业务活动中的正常往来，注册会计师应当拒绝接受。

7) 保管客户资产

除非法律法规允许或要求，注册会计师不得提供保管客户资金或其他资产的服务。注册会计师保管客户资金或其他资产，应当履行相应的法定义务。保管客户资金或其他资产可能对职业道德基本原则产生不利影响，尤其可能对客观和公正原则以及良好职业行为原则产生不利影响。

注册会计师如果保管客户资金或其他资产，应当符合下列要求。

(1) 将客户资金或其他资产与其个人或会计师事务所的资产分开。

(2) 仅按照预定用途使用客户资金或其他资产。

(3) 随时准备向相关人员报告资产状况及产生的收入、红利或利得。

(4) 遵守所有与保管资产和履行报告义务相关的法律法规。

如果某项业务涉及保管客户资金或其他资产，注册会计师应当根据有关接受与保持客户关系和具体业务政策的要求，适当询问资产的来源，并考虑应当履行的法定义务。如果客户资金或其他资产来源于非法活动(如洗钱)，注册会计师不得提供保管资产服务，并应当向法律顾问征询进一步的意见。

8) 对客观和公正原则的要求

在提供专业服务时，注册会计师如果在客户中拥有经济利益，或者与客户董事、高级管理人员或员工存在家庭和私人关系或商业关系，应当确定是否对客观和公正原则产生不利影响。

在提供专业服务时，对客观和公正原则的不利影响及其严重程度，取决于业务的具体情形和注册会计师所执行工作的性质。注册会计师应当评价不利影响的严重程度，并在必要时采取防范措施消除不利影响或将其降低至可接受的水平。防范措施主要包括以下几点。

(1) 退出项目组。

(2) 实施督导程序。

(3) 终止产生不利影响的经济利益或商业关系。

(4) 与会计师事务所内部较高级别的管理人员讨论有关事项。

(5) 与客户治理层讨论有关事项。

如果防范措施不能消除不利影响或将其降低至可接受的水平，注册会计师应当拒绝接受业务委托或终止业务。

在提供鉴证服务时，注册会计师应当从实质上和形式上独立于鉴证客户，客观公正地提出结论，并且从外界看来没有偏见、无利益冲突、不受他人的不当影响。在执行审计和审阅业务以及其他鉴证业务时，为了达到保持独立性的要求，注册会计师应当分别遵守《中国注册会计师职业道德守则第 4 号——审计和审阅业务对独立性的要求》和《中国注册会计师职业道德守则第 5 号——其他鉴证业务对独立性的要求》的规定。

本章小结

《注册会计师法》第二条规定："注册会计师是依法取得注册会计师证书并接受委托从事审计和会计咨询、会计服务业务的执业人员。"注册会计师是一种特有的职业形式，从事该职业的活动需要相当的训练，应具备特殊的职业道德要求，其业务范围除了传统的"审计"以外，已经扩大到鉴证业务和其他服务。我国注册会计师是采用通过全国统一考试方式来确认资格的。

注册会计师职业规范是注册会计师在审计工作中应当遵循的业务标准和行为准则。它有两层含义：一是注册会计师在职业活动中必须遵守的基本准则，如注册会计师执业准则、注册会计师业务质量控制准则等；二是注册会计师在职业活动中应当尽量做到的标准，如注册会计师职业道德准则等。制定并施行注册会计师职业规范，对市场经济的发展和人们正确认识注册会计师起到了积极作用。新中国成立后注册会计师职业规范得到长足的发展，1995 年开始发布《中国注册会计师独立审计准则》，1996 年 12 月 26 日发布《中国注册会计师职业道德基本准则》。2006 年 2 月 15 日发布了新的、与国际审计准则趋同的注册会计师执业准则体系，自 2007 年 1 月 1 日在境内会计师事务所施行。

我国注册会计师审计规范体系包括注册会计师执业准则、注册会计师执业准则指南和注册会计师职业道德准则三大组成部分。其中中国注册会计师执业准则是注册会计师职业准则的主体，由鉴证业务准则、相关服务准则和会计师事务所质量控制准则三部分构成。鉴证业务准则由鉴证业务基本准则统领，按照提供的保证程度和对象的不同，分为中国注册会计师审计准则、中国注册会计师审阅准则和中国注册会计师其他鉴证业务准则。中国注册会计师执业准则指南是为了使注册会计师掌握不同类别准则的要旨，将所有准则转化为正确的执业理念和行为，而针对每项准则发布的。

习 题

一、思考题

1．什么是注册会计师，其基本职业特征有哪些？
2．中国注册会计师资格是如何确认的？
3．美国注册会计师职业规范演变的大体过程是怎样的？
4．简述中国注册会计师职业规范体系。
5．简述中国注册会计师职业准则的构成和特点。
6．《中国注册会计师鉴证业务基本准则》的主要内容有哪些？
7．如何区别鉴证业务与相关服务？
8．如何区分合理保证业务与有限保证业务？
9．什么是“正当怀疑假设”，注册会计师从事鉴证业务为什么要有该假设？
10．注册会计师业务准则与质量控制准则的关系如何？
11．会计师事务所业务质量控制准则的主要内容有哪些？
12．《中国注册会计师职业道德守则》的主要内容有哪些？
13．简述注册会计师审计“独立”、“客观”和“公正”三原则的内涵。
14．简述注册会计师执业准则与职业道德规范的关系。
15．损害注册会计师独立性的因素有哪些，会计师事务所如何采取防范措施？

二、案例题

1. 资料一

ABC 会计师事务所对甲公司 2005 年年度财务报表进行了审计。2006 年，甲公司破产。监管部门调查发现，ABC 会计师事务所在审计过程中存在以下问题。

(1) 甲公司编制合并报表时，未抵消与子公司之间的关联交易，也未按股权协议的比例合并子公司，从而虚增巨额资产和利润。注册会计师未能发现或报告有关重大虚假问题。

(2) 注册会计师未能有效执行应收账款函证程序，审计过程中，将所有询证函交由甲公司发出，而并未要求公司债务人将回函直接寄达注册会计师处；对于无法执行函证程序的应收账款，注册会计师在运用替代程序时，未取得海关报关单、运单、提单等外部证据，仅根据甲公司内部证据便确认公司应收账款。

(3) 注册会计师未有效执行分析性程序，例如对于甲公司在 2005 年度主营业务收入大幅增长的同时，生产用电的电费费用却反而降低的情况没有发现或报告；面对甲公司 2005 年度生产卵磷脂的投入产出比率较 2004 年度大幅下降的异常情况，注册会计师既未实地考察，又没有咨询专家意见，而轻信甲公司管理层声称的“生产进入成熟期”。

(4) 在对甲公司的子公司进行审计时，审计项目负责人由非注册会计师担任，且注册会计师普遍缺乏外贸业务知识，不具备专业胜任能力。

(5) 对于甲公司不符合国家税法规定的异常增值税及所得税政策披露情况，注册会计师没有予以应有的关注。

(6) 在收集了真假两种海关报关单后未予以必要关注；对于境外销售合同的行文不符合一般商业惯例

的情况，未能予以关注；未收集或严格审查重要的法律文件；未关注重大不良资产；存在以预审代替年审、未贯彻三级复核制度等重大审计程序缺陷。

问题：

(1) 说明ABC会计师事务所在对甲公司2005年财务报表审计的过程中，哪些行为违背了注册会计师审计准则的要求，具体违背了哪些要求？

(2) 说明ABC会计师事务所在质量控制方面存在哪些问题？

2. 资料二

方志刚新任天华会计师事务所的总经理，他曾经做过保险营销工作，此番出任，斗志旺盛。方志刚上任后，一改前任天华创办人的稳健作风，以经营企业的策略和手段来经营会计师事务所，使事务所的业务快速扩展。

2007年中国证券市场异常活跃。有意申请股票上市的公司如雨后春笋。方志刚适时聘请了在证监会任要职的王先生做顾问，并大肆宣传。据说天华会计师事务所在各地签约承接了约80家极富发展潜力的大中型企业的审计业务。这些公司以前大都是中小事务所的客户。好不容易花了数年甚至十余年培养的客户，忽然被天华抢走，那些中小事务所对此极其不满。于是，指责天华事务所缺乏职业道德之声在业界此起彼落。

问题：

(1) 经营会计师事务所这一行业，是否如同经营其他的公司？是否能用广告或其他促销方式来扩大业务量？

(2) 招揽其他会计师事务所的长期客户是否合乎会计师事务所这一行业的职业道德？

3. 资料三

××银行拟申请公开发行股票，委托ABC会计师事务所审计其2004年度、2005年度和2006年度财务报表，双方于2006年年底签订审计业务约定书。

假定ABC会计师事务所及其审计小组成员与××银行存在以下情况。

(1) ABC会计师事务所与××银行签订的审计业务约定书约定：审计费用为150万元，××银行在ABC会计师事务所提交审计报告时支付50%的审计费用，剩余50%视股票能否发行上市决定是否支付。

(2) 2005年7月，ABC会计师事务所按照正常借款程序和条件，向××银行以抵押贷款方式借款1000万元，用于购置办公用房。

(3) ABC会计师事务所的合伙人A注册会计师目前担任××银行的独立董事。

(4) 审计小组负责人B注册会计师2003年曾担任××银行的审计部经理。

(5) 审计小组成员C注册会计师自2004年以来一直为××银行编制财务报表。

(6) 审计小组成员D注册会计师的妻子自2000年起一直担任××银行的统计员。

问题：

请分别就上述6种情况，判断ABC会计师事务所或相关注册会计师的独立性是否会受到损害，并简要说明理由。

(以上案例选自刘明辉. 审计与鉴证服务[M]. 北京：高等教育出版社，2007.)

4. 阅读下文，回答后面的问题

2006年7月16日，中国证监会对广东科龙电器股份有限公司及其责任人的证券违法违规行为做出行政处罚与市场永久性禁入决定。这是新的《证券市场禁入规定》自2006年7月10日施行以来，证监会做出的第一个市场禁入处罚。

科龙财务造假该打谁的板子？为其提供审计服务的会计师事务所自然难脱干系。

2002 年之前，科龙的审计机构是安达信。2001 年，ST 科龙全年净亏 15 亿多元人民币。当时的安达信“由于无法执行满意的审计程序以获得合理的保证来确定所有重大交易均已被正确记录并充分披露”给出了拒绝表示意见的审计报告。2002 年，安达信因安然事件颠覆后，其在我国内地和香港的业务并入普华永道。普华永道对格林柯尔和科龙这两个“烫手山芋”采取了请辞之举。之后，德勤走马上任，为科龙审计了 2002 年至 2004 年的年报。在对 ST 科龙 2002 年年报进行审计时，德勤认为“未能从公司管理层获得合理的声明及可信赖的证据作为其审计的基础。报表的上年数与本年数也不具有可比性”，所以出具了“保留意见”审计报告。此前安达信曾给出过拒绝表示意见的审计报告，在 2001 年年末科龙整体资产价值不确定的情况下，德勤 2002 年给出“保留意见”的审计报告显得有些牵强。在此基础上，2003 年德勤对科龙 2003 年的年报出具了无保留意见审计报告。2004 年德勤对科龙出具了保留意见审计报告。尽管在 2004 年年报披露之后德勤也宣布辞去科龙的审计业务，但它此前为科龙 2003 年年报出具的无保留意见审计报告，为 2002 年、2004 年年报出具的保留意见审计报告并没有撤回，也没有要求公司进行财报重述。既然科龙被证实有重大错报事实，德勤显然难以免责。据媒体透露，证监会基本完成了对德勤的调查。德勤对科龙审计过程中存在的主要问题包括：审计程序不充分，不适当；未发现科龙现金流量表重大差错等。

第一，在执行审计程序等方面，德勤的确出现了严重纰漏，对科龙电器的审计并没有尽职。例如，证监会委托毕马威所作的调查显示：2001 年 10 月 1 日至 2005 年 7 月 31 日期间，科龙电器及其 29 家主要附属公司与格林柯尔系公司或疑似格林柯尔系公司之间进行的不正常重大现金流出总额约为 40.71 亿元，不正常的重大现金流入总额约为 34.79 亿元，共计 75.5 亿元，而这些在德勤 3 年的审计报告中均未反映。《中华人民共和国注册会计师法》规定，注册会计师执行审计业务，必须按照执业准则、规则确定的工作程序出具报告。注册会计师出具无保留意见审计报告的条件之一，即须认为会计报表公允地反映了企业的现金流量。根据《独立审计具体准则第 7 号——审计报告》第十八条规定，意味着德勤认为科龙 2002 年、2003 年、2004 年的现金流量表是公允的。

第二，德勤对科龙电器各期存货及主营业务成本进行审计时，直接按照科龙电器期末存货盘点数量和各期平均单位成本确定存货期末余额，并推算出科龙电器各期主营业务成本。在未对成品进行有效测试和充分抽样盘点的情况下，德勤通过上述审计程序对存货和主营业务成本进行审计并予以确认，其审计方法和审计程序均不合理。

第三，德勤在存货抽样盘点过程中缺乏必要的职业谨慎，确定的抽样盘点范围不适当，审计程序不充分。德勤在年报审计过程中实施抽样盘点程序时，未能确定充分有效的抽样盘点范围，导致其未能发现科龙电器通过压库方式确认虚假销售收入的问题。存货监盘也是一项重要的审计程序，如果进行账实相符核查，科龙虚增的主营业务利润其实并不难发现。

第四，科龙销售收入确认问题，体现出德勤未能恰当地解释和应用会计准则，同时这也说明德勤未能搜集充分适当的审计证据。收入的确认应该以货物的风险和报酬是否转移为标准，一般来说仅以“出库开票”确认收入明显不符合会计准则。如果一项销售行为不符合收入确认原则，就不应确认为收入；未曾实现的销售确认为当期收入必然导致利润虚增。对较敏感的“销售退回”这一块，德勤也没有实施必要的审计程序，致使科龙通过关联交易利用销售退回大做文章，转移资产，虚增利润，这也是德勤所不能回避的错误。

第五，德勤审计科龙电器分公司时，没有对各年未进行现场审计的分公司执行其他必要审计程序，无法有效确认其主营业务收入实现的真实性及应收账款等资产的真实性。科龙有很多分公司、子公司，组织结构相当复杂。按照审计准则，会计师事务所应根据审计风险，即审计重要性水平来确认每年对哪些分公司进行现场审计。

问题：

在审计实务中，注册会计师应如何保持良好的职业操守和职业谨慎，以避免审计失败？

第6章 内部控制规范

教学目标

了解中西方内部控制的演变和发展过程，了解我国内部控制规范的结构体系，掌握《企业内部控制基本规范》的主要内容。

教学要求

知识要点	能力要求	相关知识
内部控制及其规范的演变	(1) 理解内部控制的含义 (2) 了解内部控制的演变和发展过程 (3) 熟悉我国内部控制规范的现状	(1) 内部控制及其发展阶段 (2) 我国内部控制规范现状
内部控制的功能和作用	理解内部控制的功能和作用	(1) 内部控制功能 (2) 内部控制作用
企业内部控制基本规范	掌握《企业内部控制基本规范》的主要内容	(1) 内部控制目标 (2) 内部控制原则 (3) 内部控制要素
企业内部控制指引	了解我国企业内部控制指引的构成和主要内容	(1) 内部控制应用指引 (2) 内部控制评价 (3) 内部控制鉴证

引 例

巴林银行倒闭案①

1763 年，弗朗西斯·巴林爵士在伦敦创建了巴林银行。里森于 1989 年 7 月 10 日正式到巴林银行工作。这之前，他是摩根·斯坦利银行清算部的一名职员。由于他富有耐心和毅力，善于逻辑推理，解决了以前未能解决的许多问题，被视为期货与期权结算方面的专家，巴林银行伦敦总部于 1992 年派他到新加坡分行任期货与期权交易部门经理兼交易员。

里森 1992 年到新加坡任期货交易员时，巴林银行原本有一个账号为“99905”的“错误账户”，专门处理交易过程中因疏忽所造成的错误。这原是一个金融系统运作过程中正常的错误账户。1992 年夏天，伦敦总部要求里森另设立一个“错误账户”，记录较小的错误，并自行在新加坡处理。这个错误账户为“88888”。几周之后，伦敦总部又打来电话，要求新加坡分行还是按老规矩行事，所有的错误记录仍由“99905”账户直接向伦敦总部报告。这样，“88888”错误账户刚刚建立就被搁置不用了，但它却成为一个真正的“错误账户”存于计算机之中。总部这时已经注意到新加坡分行出现的错误很多，但里森都巧妙地搪塞过去。“88888”这个被人忽略的账户，为里森日后制造假账提供了机会。如果当时取消这一账户，则巴林银行的历史可能就会重写。

里森将出现的错误记入“88888”账户是举手之劳的事情，但有 3 个问题困扰着他，一是如何弥补这些错误；二是将错误记入“88888”账户后如何躲避伦敦总部月末的内部审计；三是新加坡国际金融交易所(SIMEX)每天都要他们追加保证金，他们会计算出新加坡分行每天赔进多少。“88888”账户也可以被显示在 SIMEX 大屏幕上。为了赚回足够的钱来补偿所有损失，里森承担愈来愈大的风险。1993 年 7 月，他已将“88888”账户亏损的 600 万英镑转为略有盈余，当时他的年薪为 5 万英镑，年终奖金则将近 10 万英镑。如果里森就此停住，那么，巴林银行的历史也会改变。

1993 年下半年，用于清算记录的计算机屏幕故障频繁，无数笔交易的入账工作都积压起来。因为系统无法正常工作，交易记录都靠人力，等到发现各种错误时，里森在一天之内的损失便已高达 170 万美元。在无路可走的情况下，里森决定继续掩盖这些失误。到 1994 年，里森对损失的金额已经麻木了，“88888”账户的损失，由 2000 万英镑猛增到 5000 万英镑。1995 年 2 月 23 日，里森给巴林银行所带来的损失达到了 86000 万英镑的高点，最终导致巴林银行倒闭。

作为一名交易员，里森的本职工作是代巴林客户买卖衍生性金融商品，代客操作，风险由客户自己承担，交易员只是赚取佣金，而套利行为也只赚取市场间的差价。为防止交易风险太大，许可额度是有限制的。通过清算部门每天的结算工作，银行对其交易风险的情况可以有效掌握。但里森一人身兼交易与清算两个不相容的职务，掩盖了这些问题。

在损失达到 5000 万英镑时，巴林银行曾派人调查里森的账目。事实上，每天都有一张资产负债表，每天都有明显的记录，可看出里森的问题。在月底，里森为掩盖问题所制造的假账，也很容易被发现。里森伪造了 5000 万英镑的花旗银行存款，这 5000 万英镑被挪用来补偿“88888”账户中的损失了。查了一个月账，却没有人核对花旗银行账目，以致没有人发现花旗银行账户中并没有 5000 万英镑的存款。

1994 年第三季度，审计师们对巴林期货(新加坡)公司进行了内部审计。他们在开始前做了很好的准备工作，确定了要在新加坡调查的关键问题。审计报告指出，内部控制可能被置之不理，由此可能造成

① 程新生．企业内部控制[M]．北京：高等教育出版社，2008：15-16.

很大的风险，但有关部门未采取任何行动来纠正这种状况。内部审计报告指出，鉴于里森所进行的交易都是为巴林银行集团其他实体完成的，这些交易都应进行对账控制，因为这种控制可以减轻越轨行为，而实际上这种对账控制措施根本不存在。管理当局未采纳内部审计的成果。

思考：

(1) 巴林银行倒闭的原因是什么？

(2) 好的内部控制能否避免巴林银行的倒闭？

“巴林银行倒闭案”是众多内部控制的论著均要提及的，极具代表意义。很显然，巴林银行倒闭的原因是出在内部控制上。但事实上，作为 1763 年成立的老牌银行，200 多年的“老店”不可能没有内部控制制度，从一些报道中可以看到，巴林银行的内部控制曾经是英国其他银行学习的标杆。可是，问题还是发生了，这个黑色幽默的制造者抓住巴林银行总部在对境外分支机构内部控制把关不严的空子，既担任前台首席交易员，又负责管理后线清算，远离监督和稽核，铤而走险，致使问题越积越大，最终把总部拖入无可挽回的破产境地。这不能不引起人们的思考！有好的内部控制制度，如果不能认真执行，不去监督检查，还不如没有！

6.1 内部控制及其规范的演变

6.1.1 内部控制及其规范在国外的发展

国外内部控制及其规范的演变大致可分为 5 个阶段。

1. 内部牵制阶段(20 世纪 40 年代以前)

内部控制的思想源远流长，据史料记载，公元前 3600 年前美索不达米亚文化时期即出现了内部牵制的做法。根据《柯氏会计辞典》的解释，内部牵制是指：“以提供有效的组织和经营，并防止错误和其他非法业务发生的业务流程设计。其主要特点是以任何个人或部门不能单独控制任何一项或一部分业务权力的方式进行组织上的责任分工，每项业务通过正常发挥其他个人或部门的功能进行交叉检查或交叉控制。设计有效的内部牵制以便使各项业务能完整正确地经过规定的处理程序，而在这规定的处理程序中，内部牵制机能永远是一个不可缺少的组成部分。”

1) 内部牵制机能的执行分类

(1) 实物牵制：也称实物负责制，是指将财产物资的保管责任分别落实到特定的部门和人员头上，以达到保护其安全完整的目的。例如出纳之对现金、仓库保管人员之对库存物资的保管责任。

(2) 机械牵制：也称技术牵制，是指借助与专门的技术手段来进行的牵制，例如保险柜设置密码，计算机信息系统需要授权才能进入等。

(3) 体制牵制：也称分权牵制或职责分离，指采用分权和制衡的双重控制预防错误和舞弊的发生。不相容职务的分离就是典型的体制牵制。

(4) 簿记牵制：也称会计系统牵制，就是在账证、账账、账表和账实之间形成定期核对的关系，从而对会计事项进行正确而有效的核算和控制。

2) 内部牵制的基本设想

(1) 两个或两个以上的人或部门无意识地犯同样错误的机会是很小的。

(2) 两个或两个以上的人或部门有意识地合伙舞弊的可能性大大低于单独一个人或部门舞弊的可能性。实践证明这些设想是合理的，内部牵制机制确实有效地减少了错误和舞弊行为，因此在现代内部控制理论中，内部牵制仍占有重要的地位，成为有关组织机构控制、职务分离控制的基础。

内部牵制的主要内容是账目间的相互核对、岗位分离、职责分工，目的是确保账目准确无误和财产的安全完整。因此，内部牵制是随着资本与技术的发展逐步走向成熟，并与审计业务相结合。R.H.蒙哥马利在1912年出版的《审计——理论与实践》一书中认为，如果存在良好的内部牵制制度，审计人员就无需进行详细审计。1936年，美国会计师协会(AIA)在《注册会计师对财务报表的审查》的文告中首次提出“内部控制”的术语，指出：“注册会计师在制定审计程序时，应当考虑的一个重要的因素是审查企业的内部牵制和控制，企业的会计制度和内部控制越好，财务报表需要测试的范围则越小”①。可见，内部牵制在当时的会计职业界已经受到重视。

2. 内部控制制度阶段(20世纪40年代末至70年代)

1940年10月，美国证券交易委员会(SEC)正式要求审计师在签署审计报告时增加内部控制的内容。1947年，美国会计师协会的审计程序委员会颁发《审计准则暂行公告》，提出了内部控制是一项法定的审计程序。1949年，审计程序委员会在《内部控制：系统协调的要素及其对管理当局和公共注册会计师的重要性》的报告中，对内部控制首次作了权威性定义：“内部控制包括组织机构的设计和企业内部采取的所有相互协调的方法和措施。这些方法和措施都用于保护企业的财产，检查会计信息的准确性，提高经营效率，推动企业坚持执行既定的管理政策。” 此范围广泛的定义及其相应的解释，当时被普遍认为是对认识内部控制这一概念的重大贡献，因为在此之前内部控制概念从未受到如此的重视。

1958年10月审计程序委员会发布的第29号审计程序公告《独立审计人员评价内部控制的范围》，对内部控制定义重新进行表述，将内部控制划分为会计控制和管理控制。内部会计控制包括组织规划的所有方法和程序，这些方法和程序与财产安全和财物记录可靠性有直接的联系。这个控制包括授权与批准制度、从事财务记录和审核与从事经营或财产保管职务分离的控制、财产的实物控制和内部审计。内部管理控制包括组织规划的所有方法和程序，这些方法和程序主要与经营效率和贯彻管理方针有关，通常只与财务记录有间接关系。这些控制一般包括统计分析、时动研究即工作节奏研究、业绩报告、员工培训计划和质量控制。②

1972年的“水门事件”成为推动内部控制进一步发展的导火索，1973—1976年对该事件的调查使得美国有关立法与行政机构开始关注内部控制问题。水门案专案检察官办公室及美国证券交易委员会(SEC)所进行的调查分别显示，过去不少美国大公司进行了违法的国内捐款、可疑或违法的国外支付(包括贿赂外国政府官员)。针对这些调查的结果，美国国

① 转引自潘琰．内部控制[M]．北京：高等教育出版社，2008：4.

② 这种内部控制的“两分法”遭到了各界人士的批评与质疑，甚至有人认为，这是“将美玉击成了碎片”。

会于 1977 年颁布了《反国外贿赂法》(FCPA)，要求公开上市公司必须建立足以达到控制目的的内部会计控制。FCPA 通过立法之后，企业都陆续开始设立内部控制。很多职业团体及主管机关也就内部控制的不同层面进行研究，发布指南①。

3. 内部控制结构阶段(20 世纪 80 年代至 90 年代初)

20 世纪 70 年代以后，西方会计审计界对内部控制研究的重点逐步从一般含义向具体内容深化。1970 年日本会计研究学会提出内部控制是经营者为维护资产的安全完整，确保会计记录的正确性和可靠性，以及对经营活动进行综合的计划、协调和评定而制定的制度、组织、方法和程序的总称。1976 年加拿大特许会计师协会提出：内部控制由组织体制的设计和企业管理人员制定的所有协调制度所组成，就其实用方面而论是为了取得确定的管理目标，促进企业的业务有秩序和有效率地进行，保证资产的安全、会计记录的可靠和及时地提供准确的财务资料②。

随着 20 世纪 80 年代以后美国社会财务舞弊案及企业失败案的不断出现，探讨财务报告舞弊成为一段时间的热门话题。1985 年 6 月，美国注册会计师协会(AICPA)、美国会计学会(AAA)、国际内部审计人员协会(IIA)、财务经理协会(FEI)和管理会计学会(IMA)等团体共同发起成立了“反虚假财务报告全国委员会”，该委员会经过两年的调查与研究，于 1987 年发表了著名的《全国委员会关于反虚假财务呈报的报告》，指出其所调查的舞弊财务报告中有 50%源于内部控制失效。在该委员会的倡议下，COSO 委员会这一专门研究内部控制的组织宣告成立。

1988 年美国注册会计师协会(AICPA)发布第 55 号审计准则公告(SAS 55)《财务报表审计中对内部控制结构的关注》，从 1990 年 1 月起取代 1972 年发布的第 1 号审计准则公告。该公告首次以“内部控制结构”代替“内部控制”，指出“企业的内部控制结构包括为提供取得企业特定目标的合理保证而建立的各种政策和程序”。该公告认为，内部控制结构具体包括 3 个要素，它们是：控制环境、会计系统、控制程序。控制环境反映董事会、管理者、业主和其他人员对控制的态度和行为；会计系统规定各项经济业务的确认、归集、分类、分析、登记和编报方法；控制程序指管理当局制定的政策和程序，以保证达到一定的目的。

上述内部控制结构的内容正式将控制环境纳入内部控制范畴。刚开始人们只是将控制环境作为内部控制的外部因素来看待，但渐渐地人们认识到控制环境是内部控制的一个组成部分，它是由企业全体职工，主要是企业的管理者所造就的，是充分有效的内部控制体系得以建立和运行的基础及保证，因而是在企业的控制范围内的。二是不再区分会计控制与管理控制，而统一以要素表述内部控制，这是因为西方学术界在对会计控制与管理控制进行研究时，逐步发现这两者往往是不可分割的，是相互关系的。

4. 内部控制整合框架阶段(20 世纪 90 年代至 21 世纪初)

进入 20 世纪 90 年代后，对于内部控制的研究进入了一个新阶段。1992 年，COSO 委员会发布了研究报告《内部控制——整体框架》(简称 IC-IF)，该报告具有广泛的适用性。

① 吴水澎，陈汉文，邵贤弟．企业内部控制理论的发展与启示[J]．会计研究，2000，(5)：2-8．
② 陈宋生．内部控制历史沿革及企业应对策略[J]．审计与理财，2008，(10)：6-8．

报告指出，“内部控制是由董事会、经理层和其他员工实施的，为营运的效率效果、财务报告的可靠性、相关法令的遵循性等目标的达成而提供合理保证的过程”。COSO 报告归纳了内部控制的 3 大目标，并合理设置了内部控制的 5 大要素。同以往的内部控制理论及研究成果相比，COSO 报告提出了许多新的、有价值的观点。我国学者归纳了 10 个方面的表现[①]：①明确对内部控制的“责任”，该报告认为，不仅仅是管理人员、内部审计或董事会，组织中的每一个人都对内部控制负有责任；②强调内部控制应该与企业的经营管理过程相结合；③强调内部控制是一个“动态过程”；④强调“人”的重要性，只有人才可能制定企业的目标，并设置控制的机制；反过来，内部控制影响着人的行动；⑤强调“软控制”的作用，如高级管理阶层的管理风格、管理哲学、企业文化、内部控制意识等；⑥强调风险意识；⑦糅合了管理与控制的界限，管理和控制的职能与界限已经模糊；⑧强调内部控制的分类及目标；⑨明确指出内部控制只能做到“合理”保证；⑩成本与效益原则。COSO 报告明确指出，内部控制要建立在成本与效益原则的基础上。没有不花钱的内部控制，也不存在完美无缺的内部控制。

1996 年 AICPA 发布第 78 号审计准则公告(SAS 78)，全面接受 COSO 报告的内容，并从 1997 年 1 月起取代 1988 年发布的第 55 号审计准则公告(SAS 55)。准则将内部控制定义为：“由一个企业的董事长、管理层和其他人员实现的过程，旨在为下列目标提供合理保证：①财务报告的可靠性；②经营的效果和效率；③符合适用的法律和法规”。该准则将内部控制划分为 5 种成分，分别是控制环境、风险评估、控制活动、信息与沟通、监控。

上述 5 种成分实际上内容广泛，相互关联。控制环境是其他控制成分的基础，在规划控制活动时，必须对企业可能面临的风险有细致的了解和评估；而风险评估和控制活动必须借助企业内部信息有效的沟通；最后，实施有效的监控以保障内部控制的实施质量。

5. 基于企业风险管理整合框架的内部控制阶段(21 世纪以来)

经过 2001 年的“安然事件”和 2002 年的“世通公司舞弊案件”，美国 SEC 出台旨在加强公司内部控制的《萨班斯——奥克斯利法案》(SOX 法案)，其中第 404 条款“最终细则”要求，上市公司必须对内部控制制度进行自我评价，并同时在年报中公布经由事务所审计的内部控制评价报告。同时提到，COSO 框架可以作为评估企业内部控制的标准，并参照这一框架给出了“财务报告内部控制”的定义，美国学术界也全力拥护 COSO，其内部控制整合框架也受到全球的广泛认可。

但由于该框架未能够从企业全局与经营战略的角度考虑风险，使得其在日益复杂的市场和经济环境下无法面对风险，2004 年 10 月，COSO 委员会在吸收各方关于风险管理研究成果的基础上，结合 SOX 法案的要求，正式发布了《企业风险管理——整合框架》(简称 ERM-IF)的研究报告，它的发布，使得内部控制从一般的风险控制扩展到全面风险控制，成为企业加强管理、提高经营效率和效果，从而实现战略目标的有力手段[②]。COSO 委员会提出的企业风险管理整合框架是内部控制发展史上又一个重要的里程碑，它以组织战略作

---

① 吴水澎，陈汉文，邵贤弟．企业内部控制理论的发展与启示[J]．会计研究，2000，(5)：2-8.

② SOX 法案的“404”条款，由于其施行成本高，被认为是史上最昂贵的内控条款，SEC 曾经一度允许缓行。

为理论基础，增加了基于企业整体价值创造视角的战略目标，将内部控制提升到一个更高的层次。

COSO 的企业风险管理整合框架由 3 个维度构成：一是企业风险管理目标，包括战略目标、经营目标、报告目标和合规目标；二是企业风险管理要素，包括内部环境、目标设定、事项识别、风险评估、风险应对、控制活动、信息与沟通、监控 8 项；其中，内部环境、控制活动、信息与沟通和监控与五要素内部控制理论基本相同，不同的是五要素理论中的风险评估被细分为目标设定、事件识别、风险评估和风险应对；三是企业风险管理的各个层级，包括整个企业主体、各职能部门、各业务单元及下属各子公司。

与此同时，各国也纷纷制定或修订了与内部控制相关的法规和指南。例如，日本于 2003 年制定了类似的内部控制指南，欧盟考虑通过指令加强对上市公司内部控制的要求；英国于 2003 年公布已经修订的《公司治理综合守则》，2005 年重新修订了 Turnbull 报告；加拿大制定了新的内部控制标准——《风险管理和治理》，并对上市公司提出了相应的要求。可见，注重战略目标制定与风险管理要求已经开始成为内部控制发展的新趋势。

专栏 6-1

SOX 法案关于内部控制的条款

第 103 节　审计、质量控制和独立性准则及规定

按照第 404 节(b)的要求，在每份审计报告中说明审计师对发行证券的公司内部控制的构成及程序的测试范围，并在该审计报告或单独的报告中注明。

第 302 节　公司对财务报告的责任

要求编制定期报告的公司的签字官员：对建立及保持内部控制负责；设计了所需的内部控制，以保证这些官员能知道该公司及其并表子公司的所有重大信息，尤其是报告期内的重大信息；评价公司的内部控制在签署报告前 90 天内的有效性；在该定期报告中发布他们上述评价的结论。

签字官员已向公司的审计师及董事会下属的审计委员会(或担任同等职务的人员)披露了如下内容：内部控制的设计或执行中，对公司记录、处理、汇总及编报财务数据的功能产生负面影响的所有重大缺陷，以及向公司的审计师指出内部控制的重大缺点；在内部控制中担任重要职位的管理人员或其他雇员的欺诈行为，而不论该行为的影响是否重大。

签字官员应在报告中指明在他们对内部控制评价之后，内部控制是否发生了重大变化，或是其他可能对内部控制产生重要影响的因素，包括对内部控制的重大缺陷或重要缺点的更正措施。

第 404 节　管理层对内部控制的评价

(a)内部控制方面的要求——SEC 应当相应地规定，要求按《1934 年证券交易法》第 13 节(a)或第 15 节(d)编制的年度报告中包括内部控制报告，包括：

(1) 强调公司管理层建立和维护内部控制系统及相应控制程序充分有效的责任；

(2) 发行人管理层最近财政年度末对内部控制体系及控制程序有效性的评价；

(b) 内部控制评价报告——对于本节(a)中要求的管理层对内部控制的评价，担任公司年报审计的会计公司应当对其进行测试和评价，并出具评价报告。

6.1.2　内部控制及其规范在中国的发展

1. 早期的内部控制实践

我国很早就存在内部控制的实践活动，西周时期的庄园管理中也闪烁着内部牵制的思想，朱熹在《周礼・理其财之所出》中指出，“虑夫掌财用财之吏，渗漏乾后，或者容奸而肆欺……于是一毫财赋之出入，数人之耳目通焉”的语句，意思是考虑到掌管和使用财务的官吏，可能贪污盗窃，弄虚作假，因此每笔财赋的出入，要经过几个人的耳目，达到互相牵制的目的。[①] 在西周，周王朝为了加强财政收支的核算和控制，实施了分权控制方法、九府出纳制度和交互考核制度。这些构成了原始的内部牵制的基本制度。美国著名会计史学家迈克尔・查特菲尔德教授称赞道：“在内部控制、预算和审计程序方面，周代在古代是无与伦比的。”[②] 西汉时期，审计制度进一步完善，宋太祖时期实行了“官职分离”、“职差分离”等制度，起到了相互牵制、防止弊端、遏止分庭抗礼的作用。而《宋史》中提及的“主库吏三年一易”，则类似于现代的职务轮换制度，以防止弊端的发生。

由此可见，我国的内部控制雏形很早之前便已形成，并在实践中贯彻着钱、财、物分管的理念。然而，由于近代经济发展落后，我国对内部控制的理论研究长期陷于停滞状态。

2. 改革开放以来的内部控制及其规范发展

1) 起步阶段

新中国成立以后的相当长时期内，除了 1962 年 11 月 24 国务院通过的《会计人员职权试行条例》中提到会计人员的职责、权限以及会计人员的任免和奖惩的规定与内部控制有点关系外，我国重点关注的是会计核算制度的建设。[③]内部控制规范建设工作在改革开放以后才起步的。

1984 年，财政部颁布的《会计人员工作规则》中指出，单位应建立健全岗位责任制，并且提出“出纳人员不得兼管收入、费用、债权、债务账簿的登记工作以及稽核工作和会计档案保管工作”的规定。1985 年颁布的《会计法》第二十一条指出，单位会计机构内部应当建立稽核制度。出纳人员不得兼管稽核、会计档案保管和收入、费用、债权债务账目的登记工作。这是内部牵制制度首次在我国会计法律中提到。1996 年 6 月，财政部根据《会计法》的规定，在《会计基础工作规范》中明确提出单位要制定内部牵制制度等内部会计管理制度

2) 发展阶段

到了 20 世纪 90 年代中后期，贪污腐败、国有资产流失、虚假会计信息泛滥、企业经营风险日益增大等现象的出现，迫切要求我国尽快建立适合国情的内部控制规范体系，以促进企业的健康发展乃至整个社会经济的有序运行。政府、企业以及各类组织也越来越倾向于将内部控制作为治本的手段，政府及相关部门加大了对企业内部控制的立规，一些文件随之出台。

---

① 杨雄胜，夏俊．内部控制评价[M]．大连：大连出版社，2009：2．

② [美]迈克尔・查特菲尔德．文硕，董晓柏，等译．会计思想史[M]．北京：中国商业出版社，1989：8．

③ 陈汉文．审计理论[M]．北京：机械工业出版社，2009：330-331．

1996 年 12 月，财政部发布的中国注册会计师《独立审计准则第 9 号——内部控制和审计风险》从制度基础审计的角度要求对企业内部控制进行评价，它直接借鉴了 AICPA 在 1988 年提出的“内部控制结构”的概念，认为内部控制结构包括控制环境、会计系统和控制程序 3 个要素，并把内部控制定义为“被审计单位为了保证业务活动的有效进行、保护资产的安全和完整、防止、发现、纠正错误与舞弊，保证会计资料的真实、合法、完整而制定和实施的政策与程序”。1997 年 5 月，中国人民银行印发的《加强金融机构内部控制的指导原则》，1999 年中国证监会发布的《关于上市公司做好各项资产减值准备等有关事项的通知》等，均对内部控制提出了规范的要求。1999 年修订并于 2000 年 7 月实施的《会计法》，是新中国成立以来第一次对建立健全内部控制提出原则性要求的法律。

2000 年以来，国内外系列特大财务舞弊案件的发生，引发了各界对内部控制问题的高度关注，并促使人们不得不重新审视我国的内部控制制度的有效性。国务院国有资产监督管理委员会、中国证券监督管理委员会、中国银行业监督管理委员会、中国保险监督管理委员会、审计署以及上海证券交易所、深圳证券交易所等组织或机构也从不同角度对进一步加强企业内部控制提出了明确要求。如中国证监会发布的《证券公司内部控制指引(2001)》、中国人民银行发布的《商业银行内部控制指引(2002)》、中国内部审计协会发布的《内部审计准则——内部控制(2003)》以及审计署 2003 年 12 月发布的《审计机关内部控制测评准则》等，都在不同程度上体现了借鉴国外 COSO 委员会的内部控制整体框架思想来构建我国企业内部控制制度的努力。可以说，我国政府部门的强制力在推动内部控制的建设和实施中发挥着重要作用。

2001 年 6 月起，财政部连续制定发布了《内部会计控制规范——基本规范》等 7 项内部会计控制具体规范。

专栏 6-2

曲突徙薪亡恩泽，焦头烂额为上客[①]

客有过主人者，见其灶直突，傍有积薪。客谓主人，更为曲突，远徙其薪，不者且有火患。主人嘿然不应。俄而家果失火，邻里共救之，幸而得息。于是杀牛置酒，谢其邻人，灼烂者在于上行，余各以功次坐，而不录言曲突者。人谓主人曰：“乡使听客之言，不费牛酒，终亡火患。今论功而请宾，曲突徙薪亡恩泽，焦头烂额为上客耶？”主人乃寤而请之。

——班固《汉书·霍光传》

砌灶烟囱直通，且灶旁还堆有柴禾，容易使烟囱里的火星直落到灶门溅到柴草上引起火灾，是居家之大忌，偏偏主人听不进别人的劝告。等到真的失了火，却大肆犒赏救火“有功之人”，忘记了当初规劝他的智者。如果早一点听从别人的劝诫，事前做好防范措施，既避免了火灾，又不至于花费那么大的“后续成本”。好在主人后来醒悟了，把智者请来了，也许后来再也不会发生类似的事情了。尽管这是当时的上书者建议汉宣帝重用徐福所讲的故事，但实际上这种现象普遍存在。当年，徐福早就意识到霍光家族可能有问题，规劝汉帝及早警惕，防止其位高震主，尾大不掉，但汉帝根本就听不进去。及至霍光

① 班固. 汉书(九)·卷 68[M]. 北京：中华书局，1962：2958.

后裔造反，汉宣帝对镇压者均给予奖赏，就是没有奖励徐福，才有了这段谏言。这段话今天用在对内部控制的理解上再贴切也不过了。在中国古代，还有扁鹊回答魏文侯关于其兄弟三人谁的医术最高问题的故事，也可以用来说明事前控制的重要性。

魏文侯之问扁鹊，曰："子昆弟三人，其孰最善为医？"扁鹊曰："长兄最善，中兄次之，扁鹊最为下。"魏文侯曰："可得闻邪？"扁鹊曰："长兄于病视神，未有形而除之，故名不出于家。中兄治病，其在毫毛，故名不出于闾。若扁鹊者，镵血脉，投毒药，副肌肤间，而名出闻于诸侯。"

——《鹖冠子》世贤第十六①

扁鹊的大哥是在病人尚未感到不舒服时就发现病灶，而下药医治，许多人认为大哥多此一举，对无病之人看病，所以其名气不出家门。二哥是在病人得病之初采取措施而不至于使病情恶化，所以也只有本地人知道，人们认为二哥只能看看小病而已。由于没有产生对病人"起死回生"的效应，大哥和二哥不为外人所知晓和认可，没有留下盛名。在扁鹊看来，他们的大哥能防患于未然，治病于病情发作之前，医术最高；二哥治病于初发之时，不至于让小病拖成大病，医术第二。扁鹊认为自己之所以被世人所推崇，只不过是对危重病人动动手术，在皮肤上上点药，别人能够看得见而已。扁鹊认为，自己的医术在大哥二哥之下，所做的只不过是将病人的生命延长一些罢了，不能真正使人的疾病得到根治，因为已经失去了最好的机会。内部控制的直接目的就是防微杜渐，做好事前控制，把问题扼杀在摇篮之中，决不能等问题发生了、变严重了再去想办法解决。

为了进一步推动企业内部控制制度尤其是会计控制制度的建设，财政部从 2001 年 6 月起陆续颁布了《内部会计控制规范——基本规范》、《货币资金》、《销售与收款》、《采购与付款》、《工程项目》、《担保》、《对外投资》7 个试行规范和《预算》、《成本费用》、《固定资产》、《存货》及《筹资》5 个规范的征求意见稿。

《基本规范》和具体规范具有广泛的适用范围，构成了我国企业内部控制实践层次的标准。然而，这一《基本规范》仍然停留在"内部控制制度"二分法的阶段，将内部控制划分为内部会计控制和内部管理控制，并将内部会计控制定义为："单位为了提高会计信息质量，保护资产的安全、完整，确保有关法律法规和规章制度的贯彻执行等而制定和实施的一系列控制方法、措施和程序。"它是静态的制度性规范条款。

综观我国当时与内部控制有关的法律法规即可发现：指导性意见较多，强制性要求较少；原则性意见较多，具体性要求较少，在内部控制信息披露上主要处于自由披露阶段。而且，我国内部控制的法治化建设进程较为缓慢，对内部控制的重视程度相比国外尤其是美国尚存在较大差距。

3) 完善阶段

2004 年，COSO 委员会正式发布《企业风险管理——整合框架》，对我国内部控制的发展产生了重要影响。此时，我国市场结构处于转型期，对资本经营的关注和扩展，显著增大的资产损失或流失风险，难以控制的财务报告舞弊风险，以及大量的企业失败案例，处处显示出内部控制与企业风险管理的重要性与紧迫性。为此，有关部门先后出台了系列相关的制度及规范。例如，2005 年 10 月中国证券监督管理委员会发布的《关于提高上市公司质量意见》，2006 年 5 月中国证券监督管理委员会发布的第 32 号令——《首次公开发

① 张清华. 道经精华——鹖冠子[M]. 长春：时代文艺出版社，2003：247-248.

行股票并上市管理办法》[①]，2006 年上海证券交易所与深圳证券交易所分别发布的《上市公司内部控制指引》，国务院国有资产监督管理委员会颁布的《中央企业全面风险管理指引》等。

2006 年 7 月 15 日，经国务院批准，由财政部牵头发起，证监会、国资委等 6 部委共同参与成立的中国企业内部控制标准委员会(CICSC)正式在北京成立，标志着中国内部控制制度建设进入了有组织、有规划、跨部门、讲协作、求实效的新阶段。2007 年 3 月，《企业内部控制规范——基本规范》和 17 项具体规范的征求意见稿问世。

2008 年 5 月 22 日，财政部会同证监会、审计署、银监会和保监会共 5 个部委联合制定发布了《企业内部控制基本规范》。《企业内部控制基本规范》的发布标志着我国企业内部控制标准体系建设取得了阶段性成果，对于加强和规范企业内部控制，提高企业经营管理水平和风险防范能力，促进企业可持续发展，维护社会主义市场经济秩序和社会公众利益具有重要意义。

2010 年 4 月 5 日，财政部等五部委联合出台了《内部控制应用指引》、《内部控制评价指引》和《内部控制审计指引》，要求从 2011 年 1 月 1 日起在境内外同时上市的公司施行，2012 年 1 月 1 日起在上交所、深交所主板上市公司施行，同时鼓励非上市大中型企业提前执行。

为了使注册会计师更好地从事内部控制审计业务，提高服务质量，2011 年 10 月，中注协发布了《企业内部控制审计指引实施意见》[②]，对注册会计师执行内部控制审计指引的各个关键环节的要求进行补充和细化。2012 年，内部控制审计制度在主板上市公司实施以后，中注协结合内部控制审计实务中的问题，于 2013 年启动了内部控制审计问题解答制订工作，至 2013 年底，已经发布了六项问题解答和七项问题解答的征求意见稿[③]。

6.1.3 中国企业内部控制规范

1. 中国企业内部控制规范体系结构

2007 年 3 月，财政部在发布《企业内部控制规范——基本规范》和 17 项具体规范的征求意见稿时曾提出，我国的内部控制规范将包括基本规范、具体规范和应用指南等，以形成一个较为完整的中国企业内部控制体系。这种按照由一般到具体再到详细的范式，在我国会计准则体系和注册会计师审计准则体系的构建上已有先例。但是，内部控制规范不同于前两种准则规范，它的作用范围和执行主体比较特别，如果在基本规范以外采用“打包”的方法将全部内部控制规范分为“具体规范”和“应用指南”两个层次加以表现，

① 该办法第 29 条规定：“发行人的内部控制在所有重大方面是有效的，并由注册会计师出具了无保留结论的内部控制鉴证报告。”这是证监会首次对上市公司的内部控制提出具体要求。

② 该意见发布以后，业内戏称中注协“手把手”地教注册会计师进行内部控制审计。

③ 六项正式问题解答包括：职业怀疑、函证、存货监盘、收入确认、重大非常规交易和关联方。七项征求意见的问题解答包括：会计分录测试、重要性及评价错报、项目质量控制复核、集团财务报表审计、会计估计、货币资金审计和持续经营。

一方面在把握这两个层次的边界上存在困难，弄不好会形成具体规范不具体，应用指南支离破碎不系统的尴尬局面；另一方面，各个不同的执行主体面对的是同样一套“具体规范”和“应用指南”，它需要根据各自所应当履行的职责在规范中选择其所适用的，如果不是对全部内部控制规范体系烂熟于心，则会增加内部控制规范实施过程中的困难，降低其实效。

目前，我国正式的企业内部控制规范是一个在《企业内部控制基本规范》统领下的，以《企业内部控制评价指引》、《企业内部控制应用指引》和《企业内部控制审计指引》为支撑的制度体系(图 6.1)。

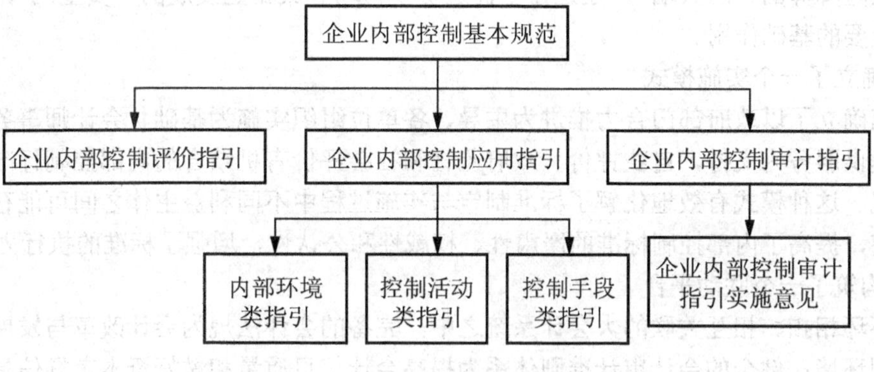

图 6.1　中国企业内部控制规范体系图

2. 内部控制规范发布的意义

1) 构建了一个标准框架

内部控制规范体系的发布实施，科学构建了一套内部环境优化、风险评估科学、控制措施得当、信息沟通迅捷、监督制约有力的内部控制框架，初步形成了由基本规范、评价指引、应用指引和审计指引 4 个部分组成的层次分明、内容完整、衔接有序的内部控制标准体系，有效解决了政出多门、要求不一、企业无所适从的问题。相关内部控制审计意见和问题解答的出台，为注册会计师从事内部控制审计提供了具体的“技术路线图”，有利于避免审计风险，提高服务质量，提高内部控制监管效率、降低监管成本。继而有利于优化企业管理和增强企业竞争实力，保障经济安全、维护资本市场稳定。

2) 强化了一种内部控制理念

内部控制不仅是一套技术和方法，更是一种文化和理念。规范以促进企业可持续发展、维护社会主义市场经济秩序和社会公众利益为宗旨，倡导“爱岗敬业、进取创新、团队协作、遵纪守法”的职业精神，强调“建立健全教育、制度与监督并重，惩防并举、重在预防”的反舞弊长效机制，要求企业将有效实施内部控制纳入绩效考评体系，进一步强化了企业的社会责任感和风险防范意识，实现了由内部牵制、单一会计控制向全面、全员、全程的风险控制的观念转变，对深化企业改革，推进金融改革，健全现代市场体系和构建和谐社会具有重要推动作用。

3) 建立了一套内部控制措施

控制措施是企业实施内部控制的具体方式，是企业管理的载体和手段。规范借鉴国际内部控制理论与实践最新成果，扎根于我国企业鲜活实际，总结提炼出一套理念先进、方法科学、操作有效的内部控制措施，对授权审批控制、会计系统控制、财产保护控制、预算控制、运营分析控制和绩效考评控制以及内部控制自我评价和审计等提出了严格规范的要求，进一步强化了对财务报告信息和其他管理信息的约束，提高了企业资源管理与利用的安全性和有效性，为维护投资者和社会公众利益提供了有力支持。

4) 夯实了一个制度基础

规范的制定实施，既是促进企业会计准则体系和其他有关法规制度有效执行的配套制度安排，同时也是推动企业内部各项规章制度令行禁止的重要机制保障。这无论对巩固企业防范风险舞弊的“防火墙”，还是铸牢促进资本市场健康稳定发展的“安全网”，都将发挥十分重要的基础作用。

5) 确立了一个实施模式

规范确立了以政府部门合力推进为主导、各单位组织实施为基础、会计师事务所等中介机构提供服务为支持，自我评价、政府监管和社会评价有机结合的内部控制标准建设与实施模式。这种模式有效地化解了标准制定与实施过程中不同利益主体之间可能存在的矛盾和冲突，提高了内部控制标准的严肃性、权威性和公认性，增强了标准的执行力。

6) 构筑了一个联动平台

在环环相扣、相互关联的大会计系统之中，完备的会计法规为会计改革与发展创造良好的法制环境；健全的会计审计准则体系为提高会计信息质量和做好资本市场信息披露工作提供制度基础；统一的内部控制规范体系为确保会计审计准则有效实施和维护社会公众利益构筑一道“防火墙”；协调的会计监管为促进会计审计、内部控制目标实现提供机制保障；科学的会计信息化标准和业务规范为会计工作现代化提供技术支撑。会计、审计、内部控制、监管、评价、信息化之间紧密联动、相互支撑。规范的制定发布，构筑了一个联动的平台。有了这个平台，我们可以系统地开展联动研究，将联动研究引向深入，还可以创出自己的特色，让中国会计准则、审计准则、内部控制规范、监管规则和信息化标准越来越多、越来越大地影响国际规则的制定。

6.2 内部控制的功能和作用

6.2.1 内部控制的功能[①]

1. 内部控制是企业实现可持续发展的基础

一个企业如果没有健全而有效的控制制度将是无法生存和发展的。第一，企业所拥有的各种经济要素，如资金、设备、人员等，只有依靠一套完善的制度才能融合在一起并形成真实的生产能力。从这种意义上讲，内部控制制度就像一种黏合剂一样可以把这种生产要素有机、有序地组合在一起。假如没有内部控制制度，那么所有的生产要素都只能是一种潜在的生产能力，无法在企业内部合理地安排和使用，当然这样的企业就很难生存下去。

① 本节主要参考了李连华．内部控制理论结构[M]．厦门：厦门大学出版社，2007：7～23．

第二，健全、有效的内部控制是防范和规避经营风险的重要手段，可以说是一道有效的风险“防火墙”。在市场经济环境下，任何企业无论是大企业还是小企业都存在着经营风险。而风险一旦爆发，轻则影响企业的发展，重则导致企业倒闭。所以，历史上所有的企业对于风险防范都非常重视，只是采用的防范手段不同而已。反之，不重视内部控制和风险防范的企业都无法长期存在下去，更不要说发展壮大了。考察、分析内部控制的运行机制和功能，归结到一点其实都是保持企业具有可持续发展的能力。如保证资产安全是为了保持实现可持续发展的物质基础；保证会计信息真实可靠是为了规避财务风险，避免对可持续发展能力造成损害；确保有关法规得到遵守是为了避免因为违法而受到起诉，同样也是为了使企业具有可持续发展的潜力。在上述功能基础上，内部控制还有 3 个运行机制，即预防机制、纠错机制和激励机制。这 3 个机制结合在一起就形成了一个有助于企业实现其可持续发展的保证机制。

2. 内部控制是管理效率和生产效率的保证

效率是对工作过程和工作结果的一种评价。通常意义上，高效率意味着可以在相同的时间内完成更多的工作量，低效率则正好相反。健全而有效的内部控制也可以产生管理和生产上的高效率，而且内部控制还是其他效率源泉发生作用的制度基础。因为如果没有健全、有效的内部控制，先进的科技手段未必就能够提高工作效率。第一，健全有效的内部控制，可以合理地测算工作量、科学地划分作业程序，并在此基础上合理地设定工作岗位，使工作岗位正好满足工作，避免出现岗位设置过多，造成人浮于事，或者岗位设置过少，影响工作进程的现象；第二，健全有效的内部控制，可以合理地划分每个岗位的工作职责和权力边界，使得所有人员都知道自己应该做什么，不应该做什么，从而避免相互推诿、“踢皮球”等现象的发生；第三，健全有效的内部控制，可以提高工作中的协调性，尽可能避免相互之间的不协调所造成的损耗和效率损失；第四，健全有效的内部控制，可以在分工基础上产生专业化优势，提高工作中的熟练性，并由熟练而带来效率的提高；第五，健全有效的内部控制，对低效率设计了相应的惩处机制，对高效率设计了相应的奖励机制，从而可以引导员工的行为走向高效率的方向。

3. 内部控制是企业资产安全的保障

按照管理和控制的要求，企业为了资产的安全和完整需要制定一系列管理制度，比如，制定资产交接制度、资产入库制度、资产出库制度、限制接近资产制度、资产的盘点清查制度、丢失资产的罚款制度、保管员的选聘制度、保管员的激励制度等，通过这些制度的有效实施来确保资产不被侵害和挪用。在上述 3 条解决问题的思路中，这种思路无疑是最全面、最可靠的，可以说是企业资产安全和完整的最重要的一道防线。第一，它可以通过选聘制度、盘点制度和罚款制度解决保管员的监守自盗问题；第二，它可以通过限制接近制度、出入库制度等避免保管员之外的人员盗取资产。同时，保管员为了履行职责，避免资产在自己手上丢失而被处罚，也必然会积极主动地购置必要的保管设备和工具，从而使技术措施相应地得到落实。所以，技术设施和人员管理都只是补充，只有健全有效的内部控制制度才是解决资产安全问题的根本之道。

专栏 6-3

邯郸农业银行金库盗窃案剖析①

河北邯郸农业银行金库保管员任晓峰与马向景从2007年3月16日第一次盗取金库5万元现金开始，连续作案17天20余次。2007年4月2日到4月14日，二人变本加厉，肆无忌惮，仅13天时间，累计从金库盗取了5095.6万余元的巨款，成为新中国成立以来涉案金额最大的银行金库监守自盗案。

据悉，任晓峰在深刻反省自己没有经得起金钱诱惑的同时，也反思了银行在规章制度上的不健全、不严密、不规范、存在严重漏洞等问题，并就这些问题挥笔写下了12条建议。这真是不无幽默的一个插曲。事实上，农行邯郸分行确实存在着巨大的管理漏洞，基本的规章制度无处可寻。

(1) 金库钥匙、密码管理混乱。缺少必要的制约环节，加上检查监督不力，客观上给违法犯罪分子以可乘之机。管库员之间钥匙、密码的交接混乱，库房钥匙登记簿与实际情况不符。

(2) 电子监控制度落实不到位。金库监管失控，电子监控系统的监视器没有定人定时看守。自4月2日至4月16日案发，该行金库的监控系统一直处于瘫痪状态，始终无人修复。

(3) 金库保卫制度落实不到位。按照规定，在非工作时间，金库应进行设防。但是由于此项工作落实不力，任晓峰、马向景的多次作案就是在非工作时间金库没有设防的情况下进行的。

(4) 查库制度落实不到位。按照《中国农业银行河北省分行现金业务操作规程》的规定，营业机构的值班主任每旬查库一次，营业机构负责人每月查库一次，支行会计部门负责人每季度查库一次，主管行长每半年至少进行一次全面查库。但是该行在查库制度的落实上存在严重问题，查库制度流于形式。比如2007年3月20日张强已经不是管库员，但当天查库登记簿“管库员”栏有张强的签章。同年3月29日的查库登记簿“管库员”栏没有任何人签章。

(5) 营业部规章制度落实不到位。部分营业人员原则性不强，责任意识差，不能严格按照规定办事，使犯罪分子的犯罪行为轻而易举得以完成。比如2007年4月12日该行直属营业部会计主管、柜员严重违反现金操作程序，在没有收到任何现金的情况下，为任晓峰办理了95万元的存款手续。

(6) 门岗、门卫形同虚设，外单位车辆、人员可随意出入。比如在任晓峰案中，犯罪嫌疑人毕利田开车直接进入银行后院，没有作任何登记。任晓峰曾多次携带大量赃款经过门岗和押运公司的值班室，但竟无一人过问。

此外，任晓峰等人的犯罪暴露出岗位责任授权不明、追究不利的弊端。该行现金管理中心的领导，违法将查库权力下放给部门的普通工作人员，造成权力的失控。据调查，任晓峰等人到人民银行送款、给各基层机构调拨配款根本不需领导审批。尤其在案发前近一个星期的时间内，任晓峰等人根本没有到人民银行送款，但是主管领导竟丝毫没有觉察。

4. 内部控制是会计信息质量的保证

会计信息要发挥在企业管理、资本市场和社会经济中的作用，就必须具有一定的质量特征。会计信息使用者是一个以外部使用者为主的利益相关者群体，这样会计信息就具有非常强的社会意义和外部性。因为，一旦会计信息虚假或者不及时等，无论是企业故意所

① 郑洪涛，张颖．企业内部控制学[M]．大连：东北财经大学出版社，2009：56-57.

为还是客观原因造成的，都会对用户的经济利益带来很大的损失。所以，对会计信息提出质量要求，不仅是企业利益相关者的经济利益之所系，也是维持经济社会中的正常信任关系和保证社会经济系统顺利运行的重要基础之一。除了会计信息的生成过程中需要遵循一定的会计规范外，还可以通过设计内部控制制度来规范会计行为，避免出现无意的或有意的错误，以此保证会计信息的质量。这是会计信息质量得以保证的制度基础。健全、有效的内部控制，可以在如下 3 个方面对会计信息质量的提高发挥作用：第一，它通过不相容岗位的分离，可以防止虚假会计信息行为；第二，它通过对账制度、资产清查制度等，可以发现虚假会计信息行为；第三，它通过惩罚制度等，可以防止其他人模仿提供虚假会计信息的行为。

5. 内部控制是人本管理的基础

制度管理和人本管理是两种不同的管理思想和管理风格。其中，制度管理是以内部控制等作为管理手段而进行的管理，一般具有强制性和惩罚性的特征。人本管理是以人为本的一种管理方式，通常具有非强制性、激励性和自我管理的特征。制度管理和人本管理虽然是两种不同的管理思想和管理方式，但是，二者是相互依赖和补充的。这种依存关系表现在：第一，人本管理需要以制度管理为基础，强调人本管理，提倡员工自我管理，不是不要执行制度，而是恰恰相反，需要更好地执行制度；第二，人本管理需要以高素质的员工为条件，而高素质的员工是在良好的制度管理环境下形成的，离开良好的制度管理环境，很难有高素质的员工；第三，制度管理需要以人本管理作为补充，人本管理是为了弥补制度管理的缺陷而出现的。

6. 内部控制是注册会计师规避职业风险的重要手段

内部控制发展的动力之一是注册会计师规避风险的职业需求。历史地看，内部控制和审计在很长时间内是沿着各自的轨迹平行发展，并不存在明显的交叉性。内部控制的产生与发展主要根源于组织的复杂化、专业化和由此所带来的如何提高工作效率的问题，可以说，是由于人类社会对于管理效率和工作效率的诉求，导致了内部控制的产生与发展。而审计则是产生于所有权和管理权的分离，以及由此所出现的受托责任问题，也即由于受托责任的出现，以及出于对受托责任履行结果审查的需求而产生了审计。19 世纪末和 20 世纪初期时，应社会经济发展和实践的需要，内部控制和审计学开始走到一块，融合在了一起。随着两权分离为标志的股份公司的出现，审计成本变得很高，效率却越来越低，但审计风险越来越大。在这种经济背景下，审计师开始将视野转向了内部控制。因为审计师发现，内部控制是会计信息可靠的制度基础和保证，如果企业建立和实施了比较有效的内部控制管理，那么这个企业的会计信息在理论上就不会存在太大的问题。此时，审计师只需进行少许的抽查验证，即可对企业会计信息的真实性和可靠性做出合理的评价，既节约了审计成本，又保证了审计结论的可靠性。也正是从这个时候开始，内部控制开始成为审计的重要支柱，并在审计的推动下得到了快速发展。从此，审计特别是注册会计师审计，成为推动内部控制发展中最重要的一支力量。内部控制被引入审计之后，大大地节约了审计成本而且又提高了审计效率，使审计职业在当时的困境下得以解脱。

7. 内部控制是政府实施廉政建设的有效手段之一

法律虽然是预防腐败的有效手段，但是并不能完全保证腐败舞弊不会发生。因为，法律只是一种事后的监控机制，是通过对腐败分子的惩处以儆效尤。所以，法律是一种威慑力量，而且法律的威慑力和法律的严酷程度成正比。此外，法律的威慑力还和法律的严密程度有着很大的关联性。如果法律比较严密，漏洞少，则法律的效力就比较大，效果比较好；反之，如果法律不健全，漏洞比较多，则法律的效果就会大打折扣。内部控制制度等于在法律的基础上再为预防腐败加上一把有用的保险锁。内部控制在预防腐败方面有着法律所不能替代的作用。法律的功效是惩罚腐败者，防止其他人效仿，所以，在法律之下，总是有一些人作为牺牲品，成为“坏榜样”或“坏典型”。而内部控制的功效是，在单位的日常交易和财务收支中进行严密的相互控制，让腐败者无机可乘，使其即使有腐败之心，也无腐败之机，从而在事前和事中把腐败事项控制住。在国外，美国正是看到了内部控制在预防腐败方面的重要作用，才在 1977 年颁布的《反国外贿赂法案》中引入了内部控制的管理机制，以便防范贿赂行为，保证经济秩序的正常进行。因此，政府加强廉政建设，必须重视内部控制。

6.2.2 内部控制的主要作用

(1) 为公开发行股票、债券的公司披露内部控制情况提供了直接依据，必将大大促进证券市场的健康发展。

中国证监会在其《公开发行证券的公司信息披露内容与格式准则第 1 号——招股说明书》第一百二十二条规定，“发行人应披露公司管理层对内部控制制度完整性、合理性及有效性的自我评估意见。注册会计师指出以上‘三性’存在重大缺陷的，应予披露并说明改进措施”。发行人进行自我评估最直接最权威的标准就是内部控制规范。

(2) 为注册会计师评审单位内部控制情况提供了评价标准，丰富和发展了注册会计师执业范围和服务领域。

早在 1996 年，财政部就发布了《独立审计准则第 9 号——内部控制与审计风险》，要求注册会计师应当审查企业的内部控制情况。但由于缺乏一整套科学严密的评价标准，多年来注册会计师对单位内部控制的评审更多地出于一种审计程序和审计效率的考虑，而对内部控制本身的健全性、有效性关注不够，对如何提升内部控制的实际效能较少提出建设性意见或建议。《企业内部控制审计指引》等内部控制规范的出台，为解决这一问题提供了极为有利的条件。它对注册会计师制订内部控制审计计划、履行审计程序、评价控制缺陷、最终出具审计报告等做出详细规定。毋庸置疑，为支持、规范注册会计师开展内部控制审计工作提供了依据和准则，注册会计师的业务范围也将得以进一步拓展，服务领域进一步扩大。

(3) 为各部门、各单位完善治理结构、提升管理水平提供了法律依据，必将增强单位防范、控制风险的能力和市场竞争实力，为保证国民经济持续健康发展和平稳运行奠定了基础。

健全有效的内部控制机制，以合理划分人权、事权、监督检查权为制度内核，以保护单位资产安全完整、保证会计信息真实可靠、保障国家法律、法规、规章和单位内部经营管理目标实现为终极目的，是单位规避风险、趋利避害的“安全阀”，也是整个社会经济安全运行的重要屏障。因此，财政部加快推进内部控制体系建设，虽着手于细微之处，却作用于安邦之道。

6.3　企业内部控制基本规范

6.3.1　《企业内部控制基本规范》概况

2008 年 5 月 22 日，财政部、证监会、审计署、银监会和保监会联合发布了《企业内部控制基本规范》(以下简称《基本规范》)，自 2009 年 7 月 1 日起先在上市公司范围内施行，鼓励非上市的其他大中型企业执行。基本规范共 7 章 57 条，各章分别是：总则、内部环境、风险评估、控制活动、信息与沟通、内部监督和附则。

基本规范坚持立足我国国情、借鉴国际惯例，确立了我国企业建立和实施内部控制的基础框架，并取得了重大突破。它将有助于约束并统一市场主体的行为选择，减少舞弊和欺诈、建立安全的市场秩序、实现社会和谐、经济持续发展。

专栏 6-4

来自美国科索委员会的贺信①

美国科索委员会主席　拉瑞·瑞腾博格博士

(2008 年 6 月 14 日)

在《企业内部控制基本规范》发布之际，我谨向你们和中国财政部、证监会、审计署、银监会和保监会表示热烈祝贺！我很高兴有机会与你们一起审阅该规范的各次草稿，并与你们当面讨论我们对该规范的一些意见和建议。

《企业内部控制基本规范》阐述简明有力，并且与包括美国科索委员会发布的《内部控制——整体框架》在内的世界领先的内部控制框架在所有主要方面保持了一致。科索委员会坚信，良好的内部控制有益于一个组织的成功和企业的可持续发展。我们赞赏你们鼓励企业努力实现这一目标。我个人同样坚信，强有力的内部控制将帮助中国企业茁壮成长，在未来，它还将引导所有其他组织取得更大的成功。

科索委员会和中国内部控制标准委员会都认识到在中国市场经济快速发展以及全球化的背景下，强化企业内部控制系统将有助于防止和管理风险、提高运营的效率和效果、确保财务报告的可靠性、提高企业实现战略目标的能力并维护投资者的合法权益。有效的风险管理和内部控制对中国人民和中国的各类组织进一步改进运营、提高标准将会有一个更好的指导。

非常高兴与你们一起工作。在向你们取得的巨大成就表示祝贺的同时，我承诺将继续与你们一起工作，推动中国内部控制标准体系的建设，进一步激励企业在风险管理和内部控制中形成有效的方法和途径。

再次对你们付出努力并取得巨大成功表示我最美好的祝愿！

① 《企业内部控制基本规范》发布会暨首届企业内部控制高层论坛文件。

6.3.2 内部控制的意义

1. 内部控制的内涵

《基本规范》第三条指出："内部控制是由企业董事会、监事会、经理层和全体员工实施的、旨在实现控制目标的过程。"这是一个比较接近 COSO 报告的定义，它树立的是一种全面、全员、全过程控制的理念。

内部控制是动态的管理过程，而不是静态的管理制度。因此，企业内部控制不仅仅要制定完善的管理制度，更重要的是要使这些制度得到执行，通过管理制度的执行来保证经营目标的实现。从企业来说，内部控制不仅仅是下属员工的事，也不仅仅是企业经理层等执行层面的事，而是包括企业董事会、监事会、公司经理以及企业全体员工的事，他们在内部控制上承担着不同的职责。人人都是控制者。因此，公司管理层不能认为内部控制仅仅是企业内部员工的事情，而将自身置于内部控制之外，置于内部控制之上。

2. 有关方面在内部控制中的职责作用

《基本规范》指出企业董事会、监事会、经理层和全体员工是企业内部控制的责任者，实际上在企业内部还可能存在其他一些对内部控制的建立和实施有重大影响的单位，它们在企业内部控制中担任的角色各不相同，各有其侧重点。

1) 董事会

董事会直接影响控制环境这一控制基础，其在内部控制中的重要职责表现为：科学选择恰当的管理层并对其进行监督；清晰了解管理层实施有效的风险管理和内部控制的范围；知悉并同意单位的最大风险承受能力；及时知悉最重大的风险以及管理层是否恰当地予以应对。董事会负责单位内部控制的建立健全和有效实施。

2) 审计委员会

审计委员会是董事会下设的专业委员会，其在内部控制中的职责一般包括：审查内部控制的设计，监督内部控制有效实施和单位开展内部控制自我评价情况，协调内部控制审计及其他相关事宜等。审计委员会负责人应当具备相应的独立性、良好的职业操守和专业胜任能力。

3) 管理层

管理层直接对一个单位的经营管理活动负责。总经理在内部控制中承担重要责任，其职责包括：为高级管理人员提供领导和指引；定期与主要职能部门——营销、生产、采购、财务、人力资源等部门的高级管理人员进行会谈，以便对他们的职责，包括他们如何管理风险等进行核查。管理层负责组织领导单位内部控制的日常运行。

4) 风险管理部门

风险管理部门及其人员的职责包括：建立风险管理政策；确定各业务单元对于风险管理的权利和义务；提高整个单位的风险管理能力；指导风险管理与其他经营计划和管理活动的整合；建立一套通用的风险管理语言；帮助管理人员制定风险管理报告规程；向董事会或管理层等报告单位风险管理进展和暴露的问题。

5) 财务部门

单位的财务活动应当贯穿单位经营管理全过程。财务部门负责人在制定目标、确定战略、分析风险和做出管理等决策时应扮演一个关键的角色。管理层应当赋予财务部门及其负责人参与决策的权力，并支持其关注经营管理的更广范畴，局限财务负责人的关注领域和知悉范围，会削弱、制约单位的管理能力。

6) 内部审计部门

内部审计部门及其人员在评价内部控制的有效性，以及提出改进建议方面起着关键作用。单位应当授予内部审计部门适当的权力以确保其审计职责的履行；对内部审计部门负责人的任免应当慎重；内部审计部门负责人与董事会及其审计委员会应保持畅通沟通；应当赋予内部审计部门追查异常情况的权力和提出处理处罚建议的权力。

7) 单位员工

所有员工都在实现内部控制中承担相应职责并发挥积极作用。管理层应当重视员工的作用，并为员工反映诉求提供信息通道。

6.3.3　内部控制的目标

《基本规范》第三条同时指出，内部控制的目标是合理保证单位经营管理合法合规、资产安全、财务报告及相关信息真实完整，提高经营效率和效果，促进单位实现发展战略。

1. 促进企业经营管理合法合规

所谓合法合规就是通过内部控制，使国家有关法律法规在企业经营活动中得到有效执行，使企业的各项经营活动符合国家法律法规的要求。守法和诚信是单位健康发展的基石。逾越法律的短期发展终将付出沉重代价。内部控制要求单位必须将发展置于国家法律法规允许的基本框架之下，在守法的基础上实现自身的发展。因此，遵守国家法律法规是企业的法定义务也是企业经营活动正常进行不断发展壮大的基本前提。

2. 促进维护资产安全

资产安全完整是投资者、债权人和其他利益相关者普遍关注的重大问题，是单位可持续发展的物质基础。良好的内部控制，应当为资产安全提供扎实的制度保障。

3. 促进提高信息报告质量

通过内部控制合理保证企业信息报告的可靠，能够支持管理层的决策和对营运活动及业绩监控，也有利于提升单位的诚信度和公信力，维护良好的声誉和形象。这里的信息既包括财务信息，也包括非财务信息；既包括对内提供的信息，也包括对外提供的信息。必须注意的是，财务报告的可靠性仅仅是企业内部控制目标的一个方面，有效的内部控制可以为财务报告的可靠性提供保障，而存在重大缺陷的内部控制则难以保证财务报告的可靠性。

4. 促进提高经营效率和效果

它要求单位结合自身所处的特定的经营、行业和经济环境，通过健全有效的内部控制，不断提高营运活动的盈利能力和管理效率。内部控制实质上属于企业内部管理的一个组成部分，通过内部控制使内部制定的规章制度得以执行，使各项管理措施得到落实，使企业的各项经济业务按照预期顺利进行，从而达到促进提高经营效率和效果的目的。

5. 促进实现发展战略

这是内部控制的终极目标。它要求单位通过内部控制，强化风险管理，将近期利益与长远利益结合起来，在单位经营管理中实施相应的控制措施，努力做出符合战略要求、有利于提升可持续发展能力和创造长久价值的策略选择。

《基本规范》从组织最根本的目标出发，充分考虑投资者、债权人、管理者的要求，以提高企业战略管理和自我引导能力为目的，判断现有的内部控制方法、控制对象与控制目标是否相容，及其之间存在的对应关系，这些目标的不同层面，每个层面作用的特定控制要素，相应的配套措施；考虑了哪些目标层面的可控性更强，哪些目标层面而受其他系统的影响更多等具有循序渐进、适合国情的特点。

6.3.4 建立和实施内部控制的原则

《基本规范》第四条提出了企业建立与实施内部控制应当遵循的 5 条原则。

1. 全面性原则

内部控制应当贯穿决策、执行和监督的全过程，覆盖企业及其所属单位的各种业务和事项，实现全过程、全员性控制，不存在游离于内部控制之外的单位和经济事项。

2. 重要性原则

内部控制应当在兼顾全面的基础上，关注重要业务事项和高风险领域，并采取更为严格的控制措施，确保不存在重大缺陷。如在世通公司舞弊案中，公司通过将费用化的支出列为资本性支出的手法虚增利润，费用支出的列支就属于一个重要的事项。目前，中央在国企推行的“三重一大”也是重要性原则的重要体现。重要性原则的应用需要一定的职业判断，企业应当根据所处行业环境和经营特点，从业务事项的性质和涉及金额两方面来考虑是否及如何实行重点控制。

3. 制衡性原则

内部控制应当在治理结构、机构设置及权责分配、业务流程等方面形成相互制约、相互监督，同时兼顾运营效率。制衡性原则要求企业完成某项工作必须经过互不隶属的两个或两个以上的岗位和环节，这样才能减少产生错误和舞弊的可能性；同时，制衡性还要求履行内部控制监督职责的机构或人员具有良好的独立性。

4. 适应性原则

内部控制应当与企业经营规模、业务范围、竞争状况和风险水平等相适应，并随着情况的变化加以调整。适应性原则是管理学上“权变理论”的体现，建立内部控制制度不可能一劳永逸，也不应当脱离单位实际，这样的内部控制制度，要么无法实施、要么失之简单，均有可能被束之高阁，成为摆设。因此，要求企业建立与实施内部控制应当具有前瞻性，适时地对内部控制系统进行评估，发现可能存在的问题，并及时采取措施予以补救。

5. 成本效益原则

内部控制应当权衡实施成本与预期效益，以适当的成本实现有效控制。内部控制的成本主要包括制度设计成本、实施成本和鉴证成本。成本效益原则要求企业内部控制建设必须统筹考虑投入成本和产出效益之比。不计成本、不分主次本身就有违内部控制初衷。对成本效益原则的判断需要从企业整体利益出发，尽管某些控制会影响工作效率，但可能会避免整个企业面临更大损失，此时仍应实施相应控制。

6.3.5　内部控制要素

《基本规范》第五条明确提出了建立和实施有效的内部控制应当考虑的 5 个元素。它们是“内部环境”、“风险评估”、“控制活动”、“信息与沟通”和“内部监督”，基本借鉴了 COSO 报告的要素架构，是一种比较成熟的内部控制框架。这 5 项内部控制要素相互关联，贯穿于企业管理过程始终。《基本规范》从第二到第六章的核心内容也是围绕这 5 个要素，以内部环境为重要基础、以风险评估为重要环节、以控制活动为重要手段、以信息与沟通为重要条件、以内部监督为重要保证展开的。

1. 内部环境

内部控制的内部环境是指企业内部的、对内部控制有直接或间接影响的要素总和，是企业实施内部控制的基础。《基本规范》规定企业内部控制的内部环境包括公司治理结构、机构设置及权力配置、内部审计、人力资源政策、企业文化等。

1) 公司治理结构

《基本规范》第十一条规定，企业应当根据国家有关法律法规和企业章程建立规范的公司治理结构和议事规则，明确决策、执行、监督等方面的职责权限，形成科学有效的分工和制衡机制。第十二条强调了企业董事会、监事会和经理层在内部控制结构中的职责，并规定企业应当成立专门机构具体负责组织协调内部控制的建立、实施及日常工作。

2) 机构设置和权力配置

企业的组织结构是指为公司活动提供计划、执行、控制和监督职能的整体框架，对于组织内的全部活动要合理有效地分配职责和权限，并为执行任务和承担职责的组织成员特别是关键岗位的人员提供和配备所需的资源并确保他们的经验和知识与职责权限相匹配。

3) 内部审计

内部审计是组织内部的一种独立客观的监督和评价活动，内部审计控制是内部控制的一种特殊形式，它通过审查和评价经营活动及内部控制的适当性、合法性和有效性来促进组织目标的实现。《基本规范》第十五条规定，企业应当加强内部审计工作，保证内部审计机构设置、人员配备和工作的独立性。内部审计机构对监督检查中发现的内部控制缺陷，应当按照企业内部审计工作程序进行报告；对监督检查中发现的内部控制重大缺陷，有权直接向董事会及审计委员会、监事会报告。

4) 人力资源政策

《基本规范》第十六条规定，企业应当制定和实施有利于企业可持续发展的人力资源政策。内部控制是由人来进行操纵并受人的因素影响，保证组织所有成员具有一定水准的诚信、道德观，是使内部控制有效的关键因素之一。它具体包括：有完善的招聘与选拔方针及操作程序；对新员工进行企业文化和价值观的导向性培训；对违反行为准则的任何事项制定纪律约束与处罚措施；对业绩良好的员工制订具有奖励和激励作用的薪酬计划；根据阶段性的业绩评估结果，对员工予以晋升、指导以及奖罚。

《基本规范》第十七条规定，企业应当将职业道德修养和专业胜任能力作为选拔和聘用员工的重要标准，切实加强员工培训和继续教育，不断提升员工素质。企业当按照内部控制对各类人才知识、能力和素质的要求，合理安排员工培训，分层次考核，以实现提高企业整体绩效的目的。

5) 企业文化

一个企业的企业文化、价值观和社会责任感是影响企业决策和经营活动的最基础要素，企业文化又是企业人本管理的重要视角，更影响企业的内部控制。《基本规范》第十八条规定，企业应当加强文化建设，培育积极向上的价值观和社会责任感，倡导诚实守信、爱岗敬业、开拓创新和团队协作精神，树立现代管理理念，强化风险意识。董事、监事、经理及其他高级管理人员应当在企业文化建设中发挥主导作用，企业员工应当遵守员工行为守则，认真履行岗位职责。

6) 法律环境

在法制社会中，企业的一切活动都应该以法律为准绳，牢固树立法制观念，企业在实施内部控制时，更应强调法制观念。这是实现企业内控目标、控制企业可能面对的法律风险的必然要求。《基本规范》第十九条对企业加强法制教育、增强各类人员的法制观念，严格依法决策、依法办事、依法监督，以及建立健全法律顾问制度和重大法律纠纷案件备案制度等做出了规范。

2. 风险评估

每个企业都会面临来自内部和外部的不同风险，内部控制的目的就是要控制这些风险。管控风险首要的就是对风险加以识别、评估，在此基础上实施风险应对策略。

1) 风险识别

企业要进行风险管理，首先必须明确风险在哪里，否则就无法分析及预测企业面临或潜在的危机，当然也无从制定对策以控制风险。所以，风险识别是风险管理的第一个步骤，也是最重要的过程。在这过程中，将使企业明确面对的风险的性质和程度。《基本规范》第二十一条规定，企业开展风险评估应当准确识别与实现控制目标相关的内部风险和外部风险，确定相应的风险承受度。

2) 风险评估

风险评估是在风险识别的基础上对风险进行计量、分析、判断、排序的过程，是风险应对的主要依据。在风险得到识别以后对风险进行分析评估，管理层就能根据被识别的风险的重要性来计划如何管理，即通过风险管理来识别和分析风险并采取减弱风险影响的行动。

3) 风险应对策略

在风险识别、风险评估之后，就是要选择合适的策略来有效地控制这些风险。风险应对可以从改变风险后果的性质、风险发生的概率和风险后果三方面提出多种策略，分别是风险规避、风险降低、风险分担和风险承受四类。《基本规范》第二十六条指出，风险规避是企业对超出风险承受度的风险，通过放弃或者停止与该风险相关的业务活动以避免和减轻损失的策略；风险降低是企业在权衡成本效益之后，准备采取适当的控制措施降低风险或者减轻损失，将风险控制在风险承受度之内的策略；风险分担是企业准备借助他人力量，采取业务分包、购买保险等方式和适当的控制措施，将风险控制在风险承受度之内的策略；风险承受是企业对风险承受度之内的风险，在权衡成本效益之后，不准备采取控制措施降低风险或者减轻损失的策略。

值得注意的是风险规避措施尽管可以将风险事故发生的概率控制在零水平上，但有些风险是无法规避的，且企业选择某种具有风险的策略时，也有可能放弃了获得收益的机会。因此它是在其他措施的成本超过期望收益，或者选择其他措施不能将影响降低到可接受水平时才可以使用。

3. 控制活动

内部控制的核心部分就是要根据风险评估的结果，依据风险应对的策略采取各种控制措施实施内部控制。《基本规范》第二十九至第三十五条指出了常见的风险控制措施：不相容职务分离控制、授权审批控制、会计系统控制、财产保护控制、预算控制、运营分析控制、绩效考评控制等。

1) 不相容职务分离控制

所谓不相容职务，是指那些如果由一个人担任既可能发生错误和舞弊行为，又可能掩盖其错误和舞弊行为的职务。不相容职务一般包括：授权批准与业务经办、业务经办与会计记录、会计记录与财产保管、业务经办与稽核检查、授权批准与监督检查等。对于不相容的职务如果不实行相互分离的措施，就容易发生舞弊等行为。不相容职务分离的核心是“内部牵制”，因此，单位在设计、建立内部控制制度时，首先应确定哪些岗位和职务是不相容的；其次要明确规定各个机构和岗位的职责权限，使不相容岗位和职务之间能够相互监督、相互制约，形成有效的制衡机制。

2) 授权审批控制

授权审批批准是指单位在办理各项经济业务时，必须经过规定程序的授权批准。授权审批形式通常有常规授权和特别授权之分。常规授权是指单位在日常经营管理活动中按照既定的职责和程序进行的授权，用以规范经济业务的权力、条件和有关责任者，其时效性一般较长。特别授权是指单位对办理例外的、非常规性交易事件的权力、条件和责任的应急性授权。单位必须建立授权审批体系，明确：①授权审批的范围；②授权审批的层次；③授权审批的程序；④授权审批的责任。单位对于重大业务和事项，应当实行集体决算审批或者联签制度，任何个人不得单独进行决策或者擅自改变集体意见。

3) 会计系统控制

会计系统控制主要是通过对会计主体所发生的各项能用货币计量的经济业务进行记录、归集、分类、编报等而进行的控制。其内容主要包括：①依法设置会计机构，配备会计从业人员。从事会计工作的人员，必须取得会计从业资格证书，会计机构负责人应当具备会计师以上专业技术职务资格。大中型企业应当设置总会计师或者财务总监，设置总会计师或者财务总监的单位，不得设置与其职权重叠的副职。②建立会计工作的岗位责任制，对会计人员进行科学合理的分工，使之相互监督和制约。③按照规定取得和填制原始凭证。④设计良好的凭证格式。⑤对凭证进行连续编号。⑥规定合理的凭证传递程序。⑦明确凭证的装订和保管手续责任。⑧合理设置账户，登记会计账簿，进行复式记账。⑨按照《会计法》和会计准则与制度的要求编制、报送、保管财务会计报告。

4) 财产保护控制

财产保护控制主要包括：①财产记录和实物保管。关键是要妥善保管涉及资产的各种文件资料，避免记录受损、被盗、被毁。对重要的文件资料，应当留有备份，以便在遭受意外损失或毁坏时重新恢复，这在计算机处理条件下尤为重要。②定期盘点和账实核对。它是指定期对实物资产进行盘点，并将盘点结果与会计记录进行比较。盘点结果与会计记录如不一致，可能说明资产管理上出现错误、浪费、损失或其他不正常现象，应当分析原因、查明责任、完善管理制度。③限制接近。它是指严格限制未经授权的人员对资产的直接接触，只有经过授权批准的人员才能接触该资产。限制接近包括限制对资产本身的接触和通过文件批准方式对资产使用或分配的间接接触。一般情况下，对货币资金、有价证券、存货等变现能力强的资产必须限制无关人员的直接接触。

5) 预算控制

预算控制的内容涵盖了单位经营活动的全过程，单位通过预算的编制和检查预算的执行情况，可以比较、分析内部各单位未完成预算的原因，并对未完成预算的不良后果采取改进措施，确保各项预算的严格执行。在实际工作中，预算编制不论采用自上而下或自下而上的方法，其决策权都应落实在内部管理的最高层，由这一权威层次进行决策、指挥和协调。预算确定后由各预算单位组织实施，并辅之以对等的权、责、利关系，由内部审计部门等负责监督预算的执行。预算控制的主要环节有：①确定预算的项目、标准和程序；②编制和审定预算；③预算指标的下达和责任人的落实；④预算执行的授权；⑤预算执行过程的监控；⑥预算差异的分析和调整；⑦预算业绩的考核和奖惩。

6) 运营分析控制

运营分析控制要求单位建立运营情况分析制度，管理层应当综合运用生产、购销、投资、融资、财务等方面的信息，通过因素分析、对比分析、趋势分析等方法，定期开展运营情况分析，发现存在的问题，及时查明原因并加以改进。

7) 绩效考评控制

绩效考评控制要求单位科学设置考核指标体系，对单位内部各职能部门和全体员工的业绩进行定期考核和客观评价，并将考评结果作为确定员工薪酬以及职务晋升、评优、降级、调岗和辞退等的依据。

4. 信息与沟通

信息与沟通是企业及时、准确地收集、传递与内部控制相关的信息，确保信息在企业内部、企业与外部之间进行有效沟通，是实施内部控制的重要条件。《基本规范》第三十八条规定企业应当建立信息与沟通机制明确内部控制相关信息的收集、处理和传递程序，确保信息及时沟通促进内部控制的有效运行。沟通是信息系统的一部分，是组织中的信息交流，没有信息交流，组织的运转将会受到阻碍。信息与沟通的要件主要包括：信息收集、信息传递、信息系统、反舞弊机制。

(1) 信息收集。信息是企业各类业务事项属性的标识，是确保企业经营管理活动顺利开展的基础。企业日常生产经营需要收集各种内部信息和外部信息，并对这些信息进行合理筛选、核对、整合，提高信息的有用性。企业可以通过财务会计资料、经营管理资料、调研报告、专项信息、内部刊物、办公网络等渠道，获取内部信息；还可以通过行业协会组织、社会中介机构、业务往来单位、市场调查、来信来访、网络媒体以及有关监管部门等渠道，获取外部信息。

(2) 信息传递。信息的价值必须通过传递和使用才能体现。企业应当建立信息沟通制度，将内部控制相关信息在企业内部各管理级次、责任单位、业务环节之间，以及企业与外部投资者、债权人、客户、供应商、中介机构和监管部门等有关方面之间进行沟通和反馈。重要信息须及时传递给董事会、监事会和经理层。

(3) 信息系统。为提高控制效率，企业可以运用信息技术加强内部控制，建立与经营管理相适应的信息系统，促进内部控制流程与信息系统的有机结合，实现对业务和事项的自动控制，减少或消除人为操纵因素。企业利用信息技术对信息进行集成和共享的同时，还应加强对信息系统开发与维护、访问与变更、数据输入与输出、文件储存与保管、网络安全等方面的控制，保证信息系统安全稳定运行。

(4) 反舞弊机制。舞弊是指企业董事、监事、经理、其他高级管理人员、员工或第三方使用欺骗手段获取不当或非法利益的故意行为，它是需要企业重点加以控制的领域之一。企业应当建立反舞弊机制，坚持惩防并举、重在预防的原则，明确反舞弊工作的重点领域、关键环节和有关机构在反舞弊工作中的职责权限，规范舞弊案件的举报、调查、处理、报告和补救程序。反舞弊工作的重点包括：①未经授权或者采取其他不法方式侵占、挪用企业资产，牟取不当利益；②在财务会计报告和信息披露等方面存在虚假记载、误导性陈述或者重大遗漏等；③董事、监事、经理及其他高级管理人员滥用职权；④相关机构或人员串通舞弊。为确保反舞弊工作落到实处，企业应当建立举报投诉制度和举报人保护制度，设置举报专线，明确举报投诉处理程序、办理时限和办结要求，确保举报、投诉成为企业有效掌握信息的重要途径。举报投诉制度和举报人保护制度应当及时传达至全体员工。

5. 内部监督

内部监督是企业对内部控制建立与实施情况进行监督检查，评价内部控制的有效性，对于发现的内部控制缺陷，及时加以改进，是实施内部控制的重要保证。《基本规范》第四十四条要求企业应当制定内部控制监督制度，明确内部审计机构(或经授权的其他监督机构)和其他内部机构在内部监督中的职责权限，规范内部监督的程序、方法和要求。内部监督包括日常监督和专项监督。

(1) 日常监督。日常监督是指企业对建立与实施内部控制的情况进行常规、持续的监督检查。日常监督的常见方式包括：①在日常生产经营活动中获得能够判断内部控制设计与运行情况的信息；②在与外部有关方面沟通过程中获得有关内部控制设计与运行情况的验证信息；③在与员工沟通过程中获得内部控制是否有效执行的证据；④通过账面记录与实物资产的检查比较对资产的安全性进行持续监督；⑤通过内部审计活动对内部控制有效性进行持续监督。

(2) 专项监督。专项监督是指在企业发展战略、组织结构、经营活动、业务流程、关键岗位员工等发生较大调整或变化的情况下，对内部控制的某一或某些方面进行有针对性的监督检查。专项监督的范围和频率根据风险评估结果以及日常监督的有效性等予以确定。专项监督应当与日常监督有机结合，日常监督是专项监督的基础，专项监督是日常监督的补充，如果发现某专项监督需要经常性地进行，企业有必要将其纳入日常监督之中。

日常监督和专项监督情况应当形成书面报告，并在报告中揭示存在的内部控制缺陷。内部监督形成的报告应当有畅通的报告渠道，确保发现的重要问题能及时送达至治理层和经理层；同时，应当建立内部控制缺陷纠正、改进机制，充分发挥内部监督效力。企业应当在日常监督和专项监督的基础上，定期对内部控制的有效性进行自我评价，出具自我评价报告。内部控制自我评价的方式、范围、程序和频率，除法律法规有特别规定的，一般由企业根据经营业务调整、经营环境变化、业务发展状况、实际风险水平等自行确定。

6.4 企业内部控制指引

企业内部控制规范是一个体系，包括基本规范和指引两个层次，其中指引又有应用指引、评价指引和鉴证指引 3 个方面。整个内部控制规范体系，以基本规范为统领，以评价指引、应用指引和鉴证指引等配套办法为补充，以法制为推动，以企业实施为主体，以政府监管和社会评价为保障，以各方面积极参与为促进，共同构成企业内部控制的标准及实施体系。

6.4.1 《企业内部控制应用指引》

《基本规范》规定内部控制的基本目标、基本要素、基本原则和总体要求，是内部控制的总体框架，在内控标准体系中起统驭作用，但内控体系的有效实施，还需要一些具有可操作性的具体应用规范。

2010 年 4 月 26 日五部委联合发布的《内部控制应用指引》共 18 个具体项目，可以划分为三类，即内部环境类指引、控制活动类指引、控制手段类指引，基本涵盖了企业资金流、实物流、人力流和信息流等各项业务和事项。

1. 内部环境类指引

内部环境是企业实施内部控制的基础，支配着企业全体员工的内控意识，影响着全体员工实施控制活动和履行控制责任的态度、认识和行为。内部环境类指引有 5 项，包括组织架构、发展战略、人力资源、企业文化和社会责任等指引。

1) 组织架构

组织架构是企业按照国家有关法律法规、股东(大)会决议和企业章程，结合本企业实际，明确股东(大)会、董事会、监事会、经理层和企业内部各层级机构设置、职责权限、人员编制、工作程序和相关要求的制度安排。企业要实施发展战略，必须要有科学的组织架构，主要包括治理结构和内部机构设置。如果企业治理结构形同虚设，缺乏科学决策、良性运行机制和执行力，就可能发生经营失败；此外，如果内部机构设计不科学，权责分配不合理，也可能导致机构重叠、职能交叉或缺失，运行效率低下。

因此，应当根据国家有关法律法规的规定，合理设计内部治理结构，明确董事会、监事会和经理层的职责权限、任职条件、议事规则和工作程序等，企业的决策权、执行权和监督权应当相互分离，形成制衡，并在实践中遵照执行。合理设置内部职能机构，明确各机构的职责权限，按照不相容职务相互分离的要求，对各机构的职能进行科学合理的分解，确定具体岗位的名称、职责和工作要求等。定期对组织架构设计与运行的效率和效果进行全面评估，发现组织架构设计与运行中存在缺陷的，及时充分听取董事、监事、高级管理人员和其他员工的意见，优化调整按照规定的权限和程序进行决策审批。

2) 发展战略

发展战略是指企业在对现实状况和未来趋势进行综合分析和科学预测的基础上，制定并实施的长远发展目标与战略规划。企业作为市场经济的主体，要想求得长期生存和持续发展，关键在于制定并有效实施适应外部环境变化和自身实际情况的发展战略。在实践中有些企业缺乏明确的发展战略或发展战略实施不到位，结果导致企业盲目发展，难以形成竞争优势，丧失发展机遇和动力；也有些企业发展战略过于激进，脱离企业实际能力或偏离主业，导致过度扩张、经营失控甚至失败；还有一些企业发展战略频繁变动，导致资源严重浪费，最后危及企业的生存和持续发展。

为此，企业应当制定切合自身实际的发展目标，根据发展目标制定战略规划，董事会应当严格审议战略委员会提交的发展战略方案，重点关注其全局性、长期性和可行性，发现问题及时进行调整。企业应当重视发展战略的宣传工作，及时根据战略规划，制订年度工作计划，编制全面预算，采取各种措施保证发展战略的有效实施，企业还要加强对发展战略实施情况的监控和评估，定期收集和分析相关信息，对于明显偏离发展战略的情况，应当及时进行内部报告；由于经济形势、产业政策、技术进步、行业状况以及不可抗力等因素发生重大变化，确需对发展战略作出调整的，应当按照规定程序调整发展战略。

3) 人力资源

人力资源是指企业组织生产经营活动而录(任)用的各种人员，包括董事、监事、高级管理人员和全体员工。现代企业竞争的关键在于人力资源的竞争。人力资源对实现企业发展战略起到重要的智力支持作用，实现人力资源的合理配置，可以全面提升企业核心竞争力。如果人力资源缺乏或过剩、结构不合理、开发机制不健全，企业发展战略可能难以实现；如果人力资源激励约束制度不合理、关键岗位人员管理不完善，则可能导致人才流失、经营效率低下；而如果人力资源退出机制不当，又可能导致法律诉讼或企业声誉受损。

所以，企业应当根据人力资源总体规划，结合实际需要，制订年度人力资源需求计划，对各类人力资源的引进、培训、使用和退出确定合理的制度，完善人力资源的激励约束机制，制定各级管理人员和关键岗位员工定期轮岗制度，明确轮岗范围、轮岗周期、轮岗方式等，形成相关岗位员工的有序持续流动，全面提升员工素质。

4) 企业文化

企业文化是指企业在生产经营实践中逐步形成的、为整体团队所认同并遵守的价值观、经营理念和企业精神，以及在此基础上形成的行为规范的总称。企业文化是企业的灵魂，渗透于企业的一切经营管理活动之中，是推动企业持续发展的不竭动力。企业文化建设不能停留在企业最高层，不能停留在文本上，不能停留在泛泛地宣贯上，不能脱离生产经营过程，不能背离发展战略，而应融入企业的肌体、汇入企业的血脉。

5) 社会责任

社会责任是指企业在经营发展过程中应当履行的社会职责和义务，主要包括安全生产、产品质量(含服务)、环境保护、资源节约、促进就业、员工权益保护等。企业认真履行社会责任，对于实现其与社会、环境的全面协调可持续发展具有重要的促进作用。

因此，企业应当设立安全管理部门和安全监督机构，建立严格的安全生产管理体系、操作流程规范、事故处理和应急预案，并加强员工的安全教育和安全检查，强化安全生产责任追究制度，切实做到安全生产。重视生态保护、资源节约和资源保护，建立环境保护与资源节约制度，加大对环保工作的投入和支持，定期开展监督检查，发现问题，及时采取措施予以纠正。依法保护员工的合法权益，加强职工代表大会和工会组织建设，积极履行社会公益方面的责任和义务，关心帮助社会弱势群体，支持慈善事业。

2. 控制活动类指引

企业在改进和完善内部环境控制的同时，还应对各项具体业务活动实施相应的控制。控制活动类应用指引包括资金活动、采购业务、资产管理、销售业务、研究与开发、工程项目、担保业务、业务外包、财务报告 9 个。

1) 资金活动

资金活动是指资金流入与流出企业，以及资金在企业内部流转的总称，包括筹资、投资和资金营运等活动。资金是企业生产经营循环的血液，是企业生存和发展的基础，决定着企业的竞争能力和可持续发展能力。企业资金活动中可能存在的风险无一不是重要风险，一旦转变为现实，危害重大。概括讲，企业资金活动面临的重要风险包括：筹资决策不当，引发资本结构不合理或无效融资，可能导致企业筹资成本过高或债务危机；企业投资决策失误，引发盲目扩张或丧失发展机遇，可能导致资金链断裂或资金使用效益低下；资金调度不合理、营运不畅，可能导致企业陷入财务困境或资金冗余；资金活动管控不严，可能导致资金被挪用、侵占、抽逃或遭受欺诈。

因此，企业应从筹资、投资和资金营运活动等方面加强控制。企业应当根据筹资战略目标和规划，结合年度全面预算，拟订筹资方案，对筹资方案进行科学论证并进行严格审批，严格按照规定权限和程序筹集资金，按照方案确定的用途使用资金。严格执行筹资合同约定的条款。根据投资目标和规划，合理安排资金投放结构，科学确定投资项目，拟定投资方案，并进行可行性研究，按照规定的权限和程序进行审批。重大投资项目，应当实行集体决策或者联签制度。投资方案发生重大变更的，应当重新进行可行性研究并履行相应审批程序。应根据批准的投资方案，与被投资方签订投资合同或协议，按规定的权限和程序审批后履行。企业要指定专门机构或人员对投资项目进行跟踪管理，发现异常情况，应当及时报告并妥善处理。加强投资收回和处置环节的控制，对投资收回、转让、核销等决策和审批程序作出明确规定。企业应加强资金营运的过程管理，严格按照预算要求组织协调资金调度，定期组织召开资金调度会或资金安全检查，加强对营运资金的会计系统控制，严格规范资金的收支条件、程序和审批权限。办理资金业务，应当遵守现金和银行存款管理的有关规定，不得由一人办理货币资金全过程业务，严禁将办理资金业务的相关印章和票据集中一人保管。

2) 采购业务

采购是指购买物资(或接受劳务)及支付款项等相关活动。实际工作中，部分企业在办理采购业务时不同程度地存在采购计划安排不合理，市场变化趋势预测不准确，造成库存短缺或积压，导致企业生产停滞或资源浪费；供应商选择不当，采购方式不合理，招投标或定价机制不科学，授权审批不规范，致使采购物资质次价高，出现舞弊或遭受欺诈；采购验收不规范，付款审核不严，造成采购物资、资金损失或信用受损等问题。

为此，企业应当结合实际情况，全面梳理采购业务流程，建立和完善采购业务相关的管理制度，统筹安排采购计划，审慎选择供应商，合理选择采购方式、确定采购价格，明确请购、审批、购买、验收、付款、采购后评估等环节的职责和审批权限，按照规定的审批权限和程序办理采购业务，定期检查和评价采购过程中的薄弱环节，加强对采购活动的会计系统控制，采取有效措施，确保物资采购满足企业生产经营需要。

3) 资产管理

资产，是指企业拥有或控制的存货、固定资产和无形资产。加强各项资产管理，保证资产安全完整，提高资产使用效能，有利于维持企业正常生产经营，有利于促进企业发展战略的实现。当前，在企业存货、固定资产和无形资产等资产的管理实务中，存在着诸如存货积压或短缺，固定资产更新改造不够、使用效能低下、维护不当、产能过剩，无形资产缺乏核心技术、权属不清、技术落后、存在重大技术安全隐患等问题，需要企业采用先进的存货管理技术和方法，规范存货管理流程，加强存货的会计核算，建立存货盘点清查制度。加强固定资产的管理，重视固定资产的技术升级和更新改造，强化对生产线等关键设备运转的监控，严格执行固定资产投保政策，规范固定资产抵押管理，确定固定资产抵押程序和审批权限，对固定资产的处置加强监控。加强对品牌、商标、专利、专有技术、土地使用权等无形资产的管理，促进无形资产有效利用，充分发挥无形资产对提升企业核心竞争力的作用。

4) 销售业务

销售是指企业出售商品(或提供劳务)及收取款项等相关活动。在销售活动中，企业容易出现销售政策和策略不当、市场变化预测不准确、销售渠道管理不当、虚假销售、客户信用调查不到位、销售款项回收困难甚至造成坏账等问题。企业应当全面梳理销售业务流程，建立和完善销售业务相关的管理制度和办法，加强市场调查，确定良好的销售政策和策略，明确销售、发货、收款等环节的职责和审批权限，按照规定的审批权限和程序办理销售业务，定期检查分析销售过程中的薄弱环节，应当加强应收款项坏账的管理，采取有效控制措施，确保实现企业销售目标。

5) 研究与开发

研究与开发是指企业为获取新产品、新技术、新工艺等开展的各种研发活动，是企业进行自主创新的重要手段。企业通过研发新产品和新技术，创造新工艺，能够增强核心竞争力，促进发展战略实现。企业应重视研发的可行性研究，按照规定的权限和程序进行审批，加强对研究过程的管理，合理配备专业人员，严格落实岗位责任制，委托外单位研究或与其他单位合作研究，应签订外包合同或合作研究合同，规范研究过程和结果处理，建立和完善研究成果验收制度，加强研发骨干人员的管理，加强研究成果的开发与保护，形成科研、生产、市场一体化的自主创新机制，促进研究成果转化为实际生产力。建立研发活动评估制度，加强对立项与研究、开发与保护等过程的全面评估，总结研发管理经验，分析存在的薄弱环节，不断改进和提升研发活动的管理水平。

6) 工程项目

工程项目是企业自行或者委托其他单位所进行的建造、安装活动。工程项目通常与企业发展战略密切相关，周期较长，并涉及大额资金及物资的流转，存在较大的不确定性和风险。为此，企业应当指定专门机构归口管理工程项目，强化对工程建设全过程的监控，制定和完善工程项目各项管理制度，全面梳理各个环节可能存在的风险点，明确相关机构和岗位的职责权限，规范工程立项、招标、造价、建设、验收等环节的工作流程及控制措施，做到项目招标公开、透明，可行性研究与决策、概预算编制与审核、项目实施与价款支付、竣工决算与审计等不相容职务相互分离，强化工程建设全过程的监控，加强工程造价管理，实行严格的概预算管理和工程监理制度，保证工程项目的质量和进度。按照国家有关档案管理的规定，及时收集、整理工程建设各环节的文件资料，建立完整的工程项目档案等，企业还应当建立完工项目后评估制度，重点评价工程项目预期目标的实现情况和项目投资效益，并以此作为绩效考核和责任追究的依据。

7) 担保业务

担保是企业按照公平、自愿、互利的原则向被担保人提供一定方式的担保并依法承担相应法律责任的行为。对外担保涉及被担保人和提供担保人(企业)。如果企业对担保申请人的资信状况调查不深，审批不严或越权审批，可能导致企业担保决策失误或遭受欺诈；如果对被担保人在担保期内出现财务困难或经营陷入困境等状况监控不力，应对措施不当，又可能会导致企业承担法律责任；如果被担保人和提供担保人在担保过程中存在舞弊行为，则会导致经办审批等相关人员涉案或企业利益受损。为此，一般情况下，企业应当严格限制担保业务活动，如确需对外提供担保的，应当在担保业务政策及相关管理制度中明确担保的对象、范围、方式、条件、程序、担保限额和禁止担保等事项，规范调查评估、审核批准、担保执行等环节的工作流程及控制措施，加强对担保业务的会计系统控制，加强对反担保财产的管理，定期检查担保政策的执行情况及效果，建立担保业务责任追究制度，确实防范担保业务风险。

8) 业务外包

业务外包是指企业利用专业化分工优势，将日常经营中的部分业务委托给本企业以外的专业服务机构或其他经济组织(简称承包方)完成的经营行为。目前，业务外包活动已经广泛应用于电信、手机、金融等各行各业，为企业优化资源配置、加速业务重组、提高经营效率提供了活力。外包业务通常包括：研发、资信调查、可行性研究、委托加工、物业管理、客户服务、IT服务等。企业应当建立和完善业务外包管理制度，规定业务外包的范围、方式、承包方选择、条件、程序、外包监控和实施等相关内容，合理确定外包价格，严格控制业务外包成本，做好与承包方的对接工作，明确相关部门和岗位的职责权限，根据国家统一的会计准则制度，加强对外包业务的核算与监督，强化业务外包全过程的监控，防范外包风险，充分发挥业务外包的优势。

9) 财务报告

财务报告是反映企业某一特定日期财务状况和某一会计期间经营成果、现金流量的文件，它是企业财务信息对外报告的重要形式之一。上市公司财务报告是投资者进行决策的重要依据，为政府进行经济决策时关注的重要信息来源。为有效防范财务报告过程中的风险，企业编制财务报告时，要重点关注会计政策和会计估计；对财务报告产生重大影响的交易和事项的处理，还要按照规定的权限和程序进行审批。按照国家统一的会计准则制度规定编制和报送财务报告，明确相关工作流程和要求，落实责任制，重视财务报告分析工作，定期召开财务分析会议，确保财务报告合法合规、真实完整和有效利用，不断提高经营管理水平。

3. 控制手段类指引

控制手段类指引偏重于“工具”性质，往往涉及企业整体业务或管理。此类指引有 4 项，包括全面预算、合同管理、内部信息传递和信息系统等指引。

1) 全面预算

全面预算是企业对一定期间经营活动、投资活动、财务活动等作出的预算安排。全面预算作为一种全方位、全过程、全员参与编制与实施的预算管理模式，通过编制科学合理的预算，严格执行并加以考核，将企业的资金流与实物流、信息流相整合优化了企业的资源配置，提高了资金的使用效率。然而，企业要想使全面预算管理达到预期的效果，必须要特别关注和防范预算管理中的风险，加强全面预算工作的组织领导，明确预算管理体制以及各预算执行单位的职责权限、授权批准程序和工作协调机制的基础上，着重做好预算的编制、报批、执行和反馈考核等工作。

2) 合同管理

合同是企业与自然人、法人及其他组织等平等主体之间设立、变更、终止民事权利义务关系的协议。在市场经济环境下，合同已成为企业最常见的契约形式，甚至可以说，市场经济就是合同经济。然而，合同管理往往又是企业内部控制中最为疏忽和薄弱的环节之一。如果企业未订立合同、未经授权对外订立合同、合同对方主体资格未达要求、合同内容存在重大疏漏和欺诈，会导致企业合法权益受到侵害；如果合同未全面履行或监控不当，又可能导致企业诉讼失败，经济利益受损；如果合同纠纷处理不当，则会损害企业利益、信誉和形象。为此，要有针对性地进行合同的科学管理。

企业应当加强合同管理，确定合同归口管理部门，明确合同拟定、审批、执行等环节的程序和要求，企业财会部门应当根据合同条款审核后办理结算业务，定期检查和评价合同管理中的薄弱环节，采取相应控制措施，促进合同有效履行，切实维护企业的合法权益。

3) 内部信息传递

内部信息传递是企业内部各管理层级之间通过内部报告形式传递生产经营管理信息的过程。如果企业内部报告系统缺失、功能不健全，内容不完整，可能会影响生产经营有序运行；如果内部信息传递不通畅、不及时，则可能导致企业决策失误、相关政策措施难以落实；如果内部信息传递中泄露商业秘密，则会削弱企业核心竞争力。针对这些重要风险，内部信息传递应用指引要求企业建立科学的内部信息传递机制，明确内部信息传递的内容、保密要求及密级分类、传递方式以及各管理层级的职责权限等，促进内部报告的有效利用，充分发挥内部报告的作用。

4) 信息系统

信息系统是信息内部传递和信息对外报告的技术手段，是企业利用计算机和通信技术，对内部控制进行集成、转化和提升所形成的信息化管理平台。如果企业信息系统缺乏或规划不合理，系统开发不符合内部控制要求，授权管理不当，系统运行维护和安全措施不到位，就会给企业信息系统开发、运行与维护过程中带来风险。企业应当重视信息系统在内部控制中的作用，根据内部控制要求，结合组织架构、业务范围、地域分布、技术能力等因素，制订信息系统建设整体规划，加大投入力度，有序组织信息系统开发、运行与维护，优化管理流程，防范经营风险，全面提升企业现代化管理水平。同时也应意识到，信息系统自身也存在风险，需要加强管理和控制。

需要说明的是，由于企业所面临的客观环境和自身的经营管理活动比较复杂，企业在建设与实施内部控制的过程中，应当遵循内部控制的基本原则，从企业战略和经营目标出发，全面识别和评估相关风险，梳理关键业务流程，根据风险评估的结果，制定和执行相应控制措施。

6.4.2 《企业内部控制评价指引》

在企业内部控制实务中，内部控制评价是极为重要的一环。内部控制评价最初是赋予在独立审计师身上的一项针对企业财务报告可靠性的评价行为，这一概念最早是由美国会计师协会(AIA)在 1929 年提出的[①]，此后，在多项《审计准则公告》中，美国均要求注册会计师对企业的内部控制进行评价，并将结果向企业管理当局、董事会或其下属的审计委员会传达，但一直遭到抵制，直到安然事件发生后，内部控制的评价和报告规定才得以明确。1996 年，中注协发布了《独立审计具体准则第 9 号——内部控制和审计风险》，要求注册会计师评价企业的内部控制。《萨班斯法案》发布以后，企业内部控制评价就分为两个方面进行，注册会计师对企业内部控制的外部评价即内部控制审计和企业管理层的内部控制自我评价，二者的侧重点有所不同。我国《内部控制评价指引》中所规范的内部控制评价属于后者。

1. 内部控制评价的含义

《企业内部控制评价指引》第二条指出，内部控制评价是指企业董事会或类似决策机构对内部控制有效性进行全面评价、形成评价结论、出具评价报告的过程。《企业内部控制评价指引》的制定发布，为企业开展内部控制自我评价提供了一个共同遵循的标准，为参与国际竞争的中国企业在内部控制建设方面提供了自律性要求，有利于提高投资者、社会公众乃至国际资本市场对中国企业素质的信任度。

内部控制有效性是指企业建立与实施内部控制对实现控制目标提供合理保证的程度，包括内部控制设计的有效性和内部控制运行的有效性。

设计有效性是指为实现控制目标所必需的内部控制要素都存在并且设计恰当。评价内部控制设计的有效性，应充分考虑：①是否为防止、发现并纠正财务报告重大错报而设计了相应的控制；②是否为合理保障资产安全而设计了相应的控制；③相关控制的设计是否能够保证企业遵循适用的法律法规；④相关控制的设计是否有助于企业提高经营效率和效果，实现发展战略。

运行有效性是指现有内部控制按照规定程序得到了正确执行。评价内部控制运行的有效性，应充分考虑：①相关控制在评价期内是如何运行的；②相关控制是否得到了持续一致的运行；③实施控制的人员是否具备必要的权限和能力；④相关控制运行的方式，一般包括人工控制和自动控制、预防性控制和发现性控制。

2. 内部控制评价的原则

企业对内部控制设计与运行的有效性实施评价，应当遵循下列原则。

1) 全面性原则

内部控制评价应当包括内部控制的设计与运行，涵盖企业及其所属单位的各种业务和事项，对实现控制目标的各个方面进行全面、系统、综合评价。

---

① 程新生. 内部控制理论与实务[M]. 北京：清华大学出版社，北京交通大学出版社，2008：262.

2) 重要性原则

内部控制评价应当在全面评价的基础上，以风险为导向，根据风险发生的可能性及其对实现控制目标的影响程度，确定需要评价的重要业务单位、重大业务事项和高风险领域。

3) 客观性原则

内部控制评价应当结合企业的行业环境、发展阶段、经营规模、业务特点等经营实际，准确揭示经营管理中的风险状况，以事实为依据，如实反映内部控制设计与运行的有效性，确保评价结果有充足且适当的证据支持。

3. 内部控制评价的内容与核心指标

发达市场经济国家或地区的通行做法一般要求企业对与财务报告相关的内部控制有效性进行自我评价，评价指引在此基础上更进一步要求企业根据基本规范、应用指引以及本企业的内部控制制度，围绕内部环境、风险评估、控制活动、信息与沟通、内部监督等要素，对内部控制有效性进行全面评价，包括财务报告内部控制有效性和非财务报告内部控制有效性。具体的内部控制评价内容可以通过设计内部控制评价指标体系来确定。下面以表格形式对内部控制评价的内容和核心指标体系作一直观、概要的介绍，[①]见表 6-1。

表 6-1　内部评价内容与指标

评价内容与核心指标	业务描述	有效性(缺陷)	评价记录
一、内部环境			
(一) 组织架构			
1. 董事会及各专门委员会、监事会和经理层的职责权限、任职资格和议事规则是否明确			
2. 是否科学界定了董事会、监事会、经理层在建立与实施内部控制中的职责分工			
3. 董事会是否采取必要的措施促进和推动企业内部控制工作			
4. 组织机构设置是否与企业业务特点相一致并符合内部控制的要求			
5. 是否明确了权责分配、制定了权限指引并保持权责行使的透明度			
6. 是否定期梳理、评估企业治理结构和内部机构设置，发现问题及时采取措施加以优化调整			
(二) 发展战略			
1. 企业是否制订科学合理的发展目标和战略规划			
2. 是否对发展战略进行可行性研究和科学论证，并报董事会和股东(大)会审议批准			
3. 是否制订年度工作计划，编制全面预算，确保发展战略的有效实施			
4. 是否采取有效方式将发展战略及其分解落实情况传递到内部各管理层级和全体员工			
5. 是否及时监控发展战略实施情况，并根据环境变化及时对发展战略做出调整			

① 编写组．高级会计实务科目应试指南(2011)[M]．北京：经济科学出版社，2011：248-252.

续表

评价内容与核心指标	业务描述	有效性(缺陷)	评价记录
(三) 人力资源政策			
1. 人力资源政策是否有利于企业可持续发展和内部控制的有效执行			
2. 是否制定并实施关于员工聘用、培训、辞退与辞职、薪酬、考核、健康与安全、晋升与奖惩等方面的管理制度			
3. 是否对关键岗位员工有强制休假制度或定期轮岗制度等方面的安排			
4. 是否对掌握国家秘密或重要商业秘密的员工离岗有限制性的规定			
5. 是否将有效执行内部控制纳入企业绩效考评体系			
(四) 社会责任			
1. 是否建立严格的安全生产管理体系、操作规范和应急预案，切实做到安全生产			
2. 是否建立严格的产品质量控制和检验制度，并妥善处理消费者提出的投诉和建议			
3. 是否采取措施促进环境保护、生态建设和资源节约并实现节能减排目标			
4. 是否依法保护员工的合法权益，保持工作岗位相对稳定，积极促进充分就业			
(五) 企业文化			
1. 企业是否重视文化建设、法制教育、员工培训等工作并采取措施予以落实			
2. 企业董事、监事、经理及其他高级管理人员是否在文化建设和履行社会责任中起到表率作用			
3. 企业是否制定高级管理人员职业道德准则和员工行为守则			
4. 是否建立法律顾问制度和重大法律纠纷案件备案制度，并在企业重大经营业务事项及其合同协议等签订、履行过程中有效发挥法制部门的作用			
(六) 内部审计			
1. 内部审计的独立性是否得以保障，审计委员会和内部审计机构是否独立、充分地履行监督职责			
2. 审计委员会成员履行监督职责的意见表述是否客观并有据可查			
3. 内部审计机构是否按照审计计划完成内部审计工作并提出审计意见			
二、风险评估			
(一) 风险识别			
1. 是否建立健全风险评估机制，根据设定的控制目标，全面系统持续地收集相关信息			

续表

评价内容与核心指标	业务描述	有效性(缺陷)	评价记录
2. 是否运用适当的技术和工具，准确、持续识别影响战略目标实现的内外部风险			
3. 是否结合企业的风险偏好，确定相应的风险承受度			
(二) 风险分析			
1. 是否运用适当的方法和技术分析风险发生的可能性和影响程度，评估其固有风险和剩余风险			
2. 是否对评估的风险进行排序，确定重点关注和优先控制的风险			
3. 是否运用适当的方法和技术对风险进行持续监控，及时对风险进行再识别和再评估			
(三) 风险应对			
1. 是否结合剩余风险与风险承受度，权衡风险与收益，确定风险应对策略			
2. 对于相互关联的风险，是否从风险组合观出发，综合制定风险应对措施			
3. 是否分析、掌握董事、经理及其他高级管理人员、关键岗位员工的风险偏好，并采取适当的控制措施			
4. 是否持续收集与风险变化相关的信息，进行风险识别和分析，及时调整风险应对策略			
三、控制活动			
(一) 控制活动的设计			
1. 是否综合运用手工控制与自动控制、预防性控制与发现性控制等方法，对各类业务事项的主要风险和关键环节设置了必要的控制措施			
2. 各项控制措施的设计是否与风险应对策略相适应			
(二) 控制活动的运行			
1. 针对各类业务事项的主要风险和关键环节所制定的各类控制方法和控制措施是否得以有效实施			
2. 对不相容职务应分离而未分离的情形，是否采取了替代控制措施予以弥补			
3. 是否存在超越权限或不按程序和权限办理业务事项的情况			
4. 特别授权是否履行相应程序并及时予以确认			
5. 企业重大决策、重大事项、重要人事任免及大额资金支付业务等是否实行集体决策审批或者会签制度			
(三) 特殊性控制活动			
1. 企业是否针对非常规性、非系统性业务事项制定相应的控制措施，并定期对其执行情况进行检查分析			

续表

评价内容与核心指标	业务描述	有效性(缺陷)	评价记录
2. 是否建立重大风险预警机制和突发事件应急处理机制，相关应急预案的处置程序和处理结果是否有效			
四、信息与沟通			
(一) 信息质量			
1. 企业是否及时、准确、充分地获取与经营管理和内部控制相关的信息			
2. 是否采取措施确保内部信息与外部信息的有用性			
(二) 沟通制度			
1. 企业是否建立科学规范的信息沟通制度，信息的收集、处理和传递程序是否透明高效			
2. 信息在企业内部各层级之间、企业与外部有关方面之间的沟通是否有效			
3. 董事会、监事会和经理层是否能够及时掌握经营管理和内部控制的重要信息并进行应对			
4. 员工诉求是否有顺畅的反映渠道			
(三) 信息系统			
1. 企业是否建立与经营管理相适应的信息系统，利用信息技术提高对业务事项的自动控制水平			
2. 在信息系统的开发过程中，是否对信息技术风险进行识别、评估和防范			
3. 信息系统的一般控制是否涵盖信息系统开发与维护、访问与变更、数据输入与输出、文件储存与保管、网络安全、硬件设备、操作人员等方面，确保信息系统安全稳定运行			
4. 信息系统的应用控制是否紧密结合业务事项进行，达到利用信息技术固化流程、提高效率、减少或消除人为操纵因素的目的，确保业务事项运行的规范性和科学性			
5. 信息系统是否建立并保持相关信息交流与沟通的记录			
(四) 反舞弊机制			
1. 企业是否建立健全并有效实施反舞弊机制			
2. 举报投诉制度和举报人保护制度是否及时准确传达至企业全体员工			
3. 对舞弊事件和举报所涉及的问题是否及时妥善地作出处理			
五、内部监督			
(一) 内部监督制度			
1. 企业是否建立内部监督制度，通过日常监督和专项监督相结合的方法促进内部控制的有效运行			

续表

评价内容与核心指标	业务描述	有效性(缺陷)	评价记录
2. 是否制定内部控制自我评价办法和考核奖惩办法，明确评价主体、职责权限、工作程序和有关要求，定期组织开展内部控制自我评价工作并按规定报送内部控制自我评价报告			
(二) 内控缺陷认定			
1. 企业是否制定科学的内部控制缺陷认定标准并予以一贯的执行			
2. 是否对控制缺陷进行全面、深入地研究分析，提出并实施整改方案			
3. 是否及时向董事会、监事会或经理层报告内部控制重大缺陷并按规定予以披露			
4. 对发现的内部控制重大缺陷，是否追究相关责任单位和责任人的责任			
5. 是否建立内部控制缺陷信息数据库，并对历年发现的内部控制缺陷及其整改情况进行跟踪检查			
(三) 控制文档记录			
1. 是否采取书面或其他适当方式对内部控制的建立与实施情况进行记录			
2. 是否妥善保存内部控制相关记录和资料，确保内部控制建立与实施过程的可验证性			
3. 对暂未建立健全的有关内部控制文档或记录，是否有证据表明确已实施了有效控制或者替代控制措施			

4. 内部控制评价的组织

内部控制评价工作能否有效实施，很大程度上取决于企业是否具备强有力的组织领导体制。为切实指导企业做好该项工作，评价指引专门就内部控制评价的组织领导体制作出明确要求。企业开展内部控制评价工作，一般程序为：设置内部控制评价部门、制定评价工作方案、组成评价工作组、实施现场测试、汇总评价结果、编报评价报告等。

1) 设置内部控制评价部门

企业通常授权内部审计部门或者其他专门机构作为内部控制评价部门，负责内部控制评价的具体组织实施工作。内部控制评价部门必须具备一定的设置条件：①能够独立行使对内部控制系统建立与运行过程及结果进行监督的权力；②具备与监督和评价内部控制系统相适应的专业胜任能力和职业道德素养；③与企业其他职能机构就监督与评价内部控制系统保持沟通协调，在工作中相互配合、相互制约，在效率上满足企业对内部控制系统进行监督与评价所提出的有关要求；④能够得到企业董事会和经理层的支持，有足够的权威性来保证内部控制评价工作的顺利开展。

2) 制定评价工作方案

内部控制评价部门应当根据企业实际情况和管理要求，分析企业经营管理过程中的高风险领域和重要业务事项，制定科学合理的评价工作方案，经董事会批准后实施。评价工作方案应当明确评价主体范围、工作任务、人员组织、进度安排和费用预算等相关内容。评价工作方案既可以全面评价为主，也可以根据需要采用重点评价的方式，一般而言，内部控制建立与实施初期，实施全面综合评价有利于推动内部控制工作的深入有效开展；内部控制系统趋于成熟后，企业可在全面评价的基础上，更多地采用重点评价或专项评价，以提高内部控制评价的效率和效果。

3) 组成评价工作组

评价工作组在内部控制评价部门领导下，具体承担内部控制检查评价任务。内部控制评价部门根据经批准的评价方案，挑选具备独立性、业务胜任能力和职业道德素养的评价人员，组成评价工作组，具体实施内部控制评价工作。评价工作组成员应当吸收企业内部相关机构熟悉情况的业务骨干参加。实施评价工作前，评价人员需要接受相关培训，培训内容一般包括内部控制专业知识及相关规章制度、评价工作流程、检查评价方法、工作底稿填写要求、缺陷认定标准、评价人员的权利义务、纪律要求及评价中需重点关注的问题等。

4) 实施现场测试

评价工作组根据评价工作方案确定的内部控制评价范围，入驻被评价单位，实施现场测试。现场测试的一般步骤为：首先充分了解被评价单位经营业务范围、评价期间内生产经营计划和预算完成情况、组织机构设置及职责分工、领导层成员构成及分工、财务管理及会计核算体制、内部控制工作概况、最近一次内部控制评价(或审计)发现问题的整改情况等。在此基础上进一步确定评价范围、检查重点和抽样数量，并结合评价人员的专业背景进行合理分工(检查重点和分工情况可以根据需要进行适时调整)。然后根据评价人员分工，综合运用各种评价方法对内部控制设计与运行的有效性进行现场检查测试，按要求填写工作底稿、记录相关测试结果，并对发现的内部控制缺陷进行初步认定，形成现场评价报告。最后评价工作组将评价结果及现场评价报告向被评价单位进行通报，由被评价单位相关责任人签字确认后，提交企业内部控制评价部门。

5) 汇总评价结果

内部控制评价部门汇总各评价工作组的评价结果，对工作组现场初步认定的内部控制缺陷进行全面复核、分类汇总，对缺陷的成因、表现形式及风险程度进行定量或定性的综合分析，按照对控制目标的影响程度判定缺陷等级。对于认定的内部控制缺陷，内部控制评价部门应当提出整改建议，要求责任单位及时整改，并跟踪其整改落实情况；已经造成损失或负面影响的，企业应当追究相关人员的责任。

6) 编报评价报告

内部控制评价部门以汇总的评价结果和认定的内部控制缺陷为基础，综合内部控制工作整体情况，客观、公正、完整地编制内部控制评价报告，并报送企业经理层、董事会和监事会，由董事会最终审定后对外披露或以其他形式加以合理利用。

5. 内部控制评价的方法

《内部控制评价指引》第十五条规定，企业在开展内部控制检查评价工作过程中，应当根据评价内容和被评价单位具体情况，综合运用个别访谈、调查问卷、专题讨论、穿行测试、实地查验、抽样和比较分析等方法，充分收集被评价单位内部控制设计和运行是否有效的证据。评价方法的选择应当有利于保证证据的充分性和适当性。证据的充分性是指获取的证据能够为形成内部控制评价结论提供合理保证；证据的适当性是指获取的证据与相关控制的设计与运行有关，并能可靠地反映控制的实际状况。

1) 个别访谈法

个别访谈法主要用于了解企业及其所属单位内部控制的基本情况，在企业层面及业务层面评价阶段经常使用。评价人员在访谈前应根据内部控制评价目标和要求形成访谈提纲，如有必要可先提供被访谈人员进行准备，被访谈人员主要为单位领导、相关机构负责人或一般岗位员工。评价人员在访谈工作结束后应撰写访谈纪要，如实记录访谈的内容。

2) 调查问卷法

调查问卷法主要用于企业层面评价。调查人员应当事先设计问卷，确定被调查的范围及人员，设计所要调查的问题。问卷的题目尽量简单易答，如答案只需答"是"、"否"、"有"、"没有"等。必要时设"备注"以对被调查内容进行补充或解释。

3) 专题讨论法

专题讨论法通常用于控制活动评价，是指通过召集与业务流程相关的管理人员就业务流程的特定环节或某类具体问题进行讨论及评估的一种方法。专题讨论法既是一种常见的控制评价方法，也是形成缺陷整改方案的重要途径。对于同时涉及财务、业务、信息技术等方面的控制缺陷，往往需要由内部控制专职机构组织召开专题讨论会议，综合内部各机构、各方面的意见，研究确定缺陷整改方案。

4) 穿行测试法

穿行测试法是指在内部控制系统中任意选取一笔交易作为样本，追踪该交易从最初起源直到最终在财务报表或其他经营管理报告中反映出来的过程，即该流程从起点到终点的全过程，以此来了解整个业务流程状况，识别出其中的关键控制环节，评估相关控制设计与运行的有效性。

5) 实地查验法

实地查验法是指企业对财产进行盘点、清查，以及对存货等实物资产的出入库环节进行现场查验，主要用于对资产安全性目标的实现情况所作的评价。实地查验法通常应与抽样法结合运用。企业对财产进行实地查验，需要制定统一的测试工作表，并从特定的样本库中抽取若干测试样本，与业务记录、财务单证等进行核对验证，以此判断与资产安全目标相关的各项控制的有效性。

6) 抽样法

抽样法是控制测试的常用方法，分为随机抽样和其他抽样。随机抽样是指按随机原则从样本库中抽取一定数量的样本；其他抽样是指人工任意选取或按某一特定标准从样本库中抽取一定数量的样本。应用抽样法时应注意样本库须包含符合测试要求的所有样本，测试人员首先应对样本库的完整性进行确认。抽样法是指企业针对具体的业务流程，按照业务发生频率及固有风险的高低，从确定的样本库中抽取一定比例的业务样本，对业务样本的控制水平进行判断，进而对整个业务流程的内部控制有效性作出评价。

7) 比较分析法

比较分析法是指通过分析、比较数据间的关系、趋势或比率等来取得评价证据的方法。企业可以将评价过程中取得的数据与历史数据、行业标准数据或最优数据等进行比较，找出其中异常波动的情形，并重点对异常区间的内部控制有效性进行检查评价。

6. 内部控制缺陷的认定

内部控制缺陷是评价内部控制有效性的负向维度，如果内部控制的设计或运行无法合理保证内部控制目标的实现，即意味着存在内部控制缺陷。内部控制缺陷按其成因分设计缺陷与运行缺陷；按性质分重大缺陷、重要缺陷与一般缺陷；按对财务报告目标和其他内部控制目标实现影响的表现分财务报告内部控制缺陷与非财务报告内部控制缺陷。

对于财务报告内部控制缺陷，可由该缺陷可能导致财务报表错报的重要程度来确定，这种重要程度主要取决于两方面因素：一是该缺陷是否具备合理可能性导致内部控制不能及时防止、发现并纠正财务报表错报；二是该缺陷单独或连同其他缺陷可能导致的潜在错报金额的大小。因此，财务报告内部控制缺陷一般可以通过定量的方式予以确定。

1) 重大缺陷

如果一项内部控制缺陷单独或连同其他缺陷具备合理可能性导致不能及时防止、发现并纠正财务报表中的重大错报，就应将该缺陷认定为重大缺陷。合理可能性是指大于微小可能性(几乎不可能发生)的可能性，对合理可能性的理解涉及评价人员的职业判断，且这种判断在不同评价期间应保持一致。重大错报中的“重大”，涉及企业确定的财务报表的重要性水平。一般而言，企业可以采用绝对金额法(如规定金额超过 10000 元的错报应当认定为重大错报)或相对比例法(例如，规定超过净利润 5%的错报应当认定为重大错报)来确定重要性水平。如果企业的财务报告内部控制存在一项或多项重大缺陷，就不能得出该企业的财务报告内部控制有效的结论。

2) 重要缺陷

如果一项内部控制缺陷单独或连同其他缺陷具备合理可能性导致不能及时防止、发现并纠正财务报表中虽然未达到和超过重要性水平、但仍应引起董事会和经理层重视的错报，就应将该缺陷认定为重要缺陷。重要缺陷并不影响企业财务报告内部控制的整体有效性，但是应当引起董事会和经理层的重视。对于这类缺陷，应当及时向董事会和经理层报告，因此也称为“应报告情形”。

3) 一般缺陷

不构成重大缺陷和重要缺陷的财务报告内部控制缺陷，应认定为一般缺陷。

相对而言，非财务报告内部控制缺陷的认定很难形成统一的标准，企业可以根据自身的实际情况，参照财务报告内部控制缺陷的认定标准，合理确定非财务报告内部控制缺陷的定量和定性认定标准。其中：定量标准，既可以根据缺陷造成直接财产损失的绝对金额制定，也可以根据缺陷的直接损失占本企业资产、销售收入或利润等的比率确定；定性标准，可以根据缺陷潜在负面影响的性质、范围等因素确定。非财务报告内部控制缺陷认定标准一经确定，必须在不同评价期间保持一致，不得随意变更。

企业内部控制评价部门应当编制内部控制缺陷认定汇总表，结合日常监督和专项监督过程中发现的内部控制缺陷及其持续改进情况，对内部控制缺陷及其成因、表现形式和影响程度进行综合分析和全面复核，提出认定意见，按照规定的权限和程序进行审核后予以最终认定。

7. 内部控制评价报告

企业应当根据年度内部控制评价结果，结合内部控制评价底稿和内部控制缺陷汇总表等资料，按照规定的程序和要求，及时编制内部控制评价报告。企业在评价报告中至少披露以下内容：一是董事会对内部控制报告真实性的声明，实质就是董事会全体成员对内部控制有效性负责；二是内部控制评价工作的总体情况，即概要说明；三是内部控制评价的依据，一般指基本规范、评价指引及企业在此基础上制定的评价办法；四是内部控制评价的范围，描述内部控制评价所涵盖的被评价单位，以及纳入评价范围的业务事项；五是内部控制评价的程序和方法；六是内部控制缺陷及其认定情况，主要描述适用本企业的内部控制缺陷具体认定标准，并声明与以前年度保持一致，同时，根据内部控制缺陷认定标准，确定评价期末存在的重大缺陷、重要缺陷和一般缺陷；七是内部控制缺陷的整改情况及重大缺陷拟采取的整改措施；八是内部控制有效性的结论，对不存在重大缺陷的情形，出具评价期末内部控制有效结论，对存在重大缺陷的情形，不得作出内部控制有效的结论，并需描述该重大缺陷的成因、表现形式及其对实现相关控制目标的重要程度。

8. 内部控制评价报告的披露或报送

评价指引要求，内部控制评价报告应当报经董事会或类似权力机构批准后对外披露或报送相关部门。企业应当以 12 月 31 日作为年度内部控制评价报告的基准日，并于基准日后 4 个月内报出内部控制评价报告。对于基准日至内部控制评价报告发出日之间发生的影响内部控制有效性的因素，企业应当根据其性质和影响程度对评价结论进行相应调整。

专栏 6-5

青岛啤酒公司内部控制工作[①]

1. 青岛啤酒公司简介

青岛啤酒公司成立于 1903 年，是一家有着百年历史的专业啤酒酿造公司，生产享誉世界的青岛啤酒。1993 年，青岛啤酒股份有限公司在上海和香港两地上市。公司目前拥有 53 家啤酒生产基地，分布在全国 19 个省市，啤酒产量超过 500 万千升，是世界十大啤酒公司之一。

青岛啤酒公司对内控工作的认识有一个由浅入深、由分散到集中的过程。过去的内控工作表现在：重财务，轻业务；重货币，轻实物；重市场理论，轻内控理论，这样一种低层次的状态。在内控管理上处于一种分散的就事论事的管理状态，比如，没有预算管理控制，就出台一个预算管理办法；出现大量赊销，形成大量坏账，就发文不允许赊销；出现对外担保行为，就发文不允许对外提供担保；资金分散管理，影响资金效率，存在资金风险，就实行资金收支两条线的集中管理等。

近几年来，公司根据监管机构的监管要求，对公司内控工作的认识逐步提高，内控管理工作由被动向主动转变，由不自觉向自觉转变，由低层次的分散管理逐步向高层次的系统化集中管理转变。

2. 内部控制环境

内部控制环境决定了企业的基本基调，影响到员工的意识、行为，影响到企业的目标设定、对待风

① 《企业内部控制基本规范》发布会暨首届企业内部控制高层论坛文件。

险的态度、内控制度的设计和实施以及监控行为等。良好的内部控制环境是实现内控目标的基础和重要保证。青岛啤酒公司一直以来非常重视内部控制环境的建设，这里仅从4个方面进行简单介绍。

(1) 诚信和道德观。“诚信”是青岛啤酒公司的核心价值观(诚信、和谐、开放、创新)之一，是公司管理层一贯保持的管理基调。公司通过文化灌输、制度约束和监督等手段来保证诚信和道德观的落实。

文化宣传：公司通过培训、内部刊物、IT系统等渠道不断向广大员工宣传公司的文化。

制度约束和考核：公司制定了《青岛啤酒公司员工行为规范》、《员工手册》等规范和制度，对员工行为做出规定。与管理层签署《廉洁从业承诺书》，并每年进行民主评议，以保证管理层严格遵循公司的诚信和道德观要求。

监督：公司建立了纪检监察制度，并建立了畅通的信息沟通渠道，以充分发挥内外部人员的监督作用。

(2) 法人治理结构。青岛啤酒公司依法设立股东大会、董事会和监事会，分别作为公司的权力机构、执行机构、监督机构。现届董事会11名成员中执行董事5人，由AB公司提名的非执行董事2人，由中国大陆和中国香港知名的金融、法律、会计专家出任的独立董事4人。独立董事占董事会人数1/3以上，既广泛参与决策也对管理层形成监督制约。在人员任职设置上，青岛啤酒公司实行了公司董事长、总裁、监事会主席三人分设、不得兼职的做法，形成了良好的权力制衡及监督机制。公司设立了审计与财务委员会，负责审计和内部控制工作，该委员会由独立董事和AB公司的1位非执行董事构成，具有很好的独立性、职业操守和胜任能力。公司依法制定并实施了《股东大会议事规则》、《董事会议事规则》、《监事会工作实施细则》、《总裁工作细则》等规章制度，明确界定了公司股东大会、董事会、监事会、总裁的职责、权限、议事程序等，从而使公司权力机构、执行机构和监督机构相互独立、相互制衡、权责明确、精简高效，实现规范化运作。

(3) 组织结构和职能划分。为了保证公司所有单位像一家公司一样运作，青岛啤酒建立了集中化管理、一体化运行的组织结构，加强总部的规划、控制和监督职能，提高各经营单位执行的效率和灵活性，保证战略目标的实现，有效控制经营风险。公司在机构设置和岗位安排上充分考虑了不相容职务的相互分离问题，从而保证了不同机构和岗位之间权责明确、相互制约、相互监督。

(4) 人力资源政策。青岛啤酒公司的人才观是：合适的人干合适的事。公司通过一系列的人力资源管理政策和管理制度来保证人才观得到切实地贯彻实施。

招聘：公司制定了《外部招聘管理制度》，建立了严格的招聘流程和科学的人员评价方法，保证招聘到素质和能力最为合格的员工。

培训：公司制定了《新进员工始业培训管理程序》、《员工培训实施管理程序》等培训制度，不断灌输公司的道德标准，提高员工胜任能力。

评价激励：公司制定了《组织绩效管理规定》和《员工绩效考评程序》等绩效评价和激励制度，通过科学的方法对员工的素质能力和业绩进行评价，根据评价结果决定员工的培训、提升、奖惩和去留。

人员流动：公司制定了《轮岗交流管理办法》，对关键岗位实施定期轮岗；制定了员工待岗和离职管理制度，对不胜任员工的去留做出恰当安排。

3. 风险辨识评估

作为一家有着百年历史的企业，青岛啤酒公司一直保持着稳健而又不失创新和激情的经营风格，在中国啤酒行业发展的每个阶段都起到了引领潮流的作用。青岛啤酒公司之所以能在历经百年，历经从计划经济到市场经济的痛苦转折，历经从“大规模并购”到“内部整合”再到“整合和扩张并举”的战略转折后，仍保持行业领先者的地位，其中一个非常重要的原因就是公司高度重视对风险的管理。近年来，随着国外先进风险管理理念和技术的引入，青岛啤酒公司也在不断尝试运用这些理论和工具来提高自己的风险管理水平。

风险辨识评估是实施风险管理和内部控制的基础，青岛啤酒公司的风险辨识评估工作主要试图回答 3 个问题：青岛啤酒公司现在面临的风险是什么，这些风险是如何分布的，各项风险的重要性和管理改进迫切性如何。通过运用科学的风险辨识评估流程和方法，对公司面临的风险进行了全面的评估，建立了风险档案(图 6.2)，落实了风险管理责任(图 6.3)，并绘制了风险图谱(图 6.4)。

风险编号	CGNPC-001	风险名称	战略决策风险									
风险定义	因集团战略决策机制不健全或决策过程存在疏漏，造成战略决策失当 的风险。											
风险状态	影响程度	高	发生可能性	中			管理改进迫切性		中			
风险事件	事件描述	责任部门										
		发展计划部	资产经营部	财务部	法律事务部	人力资源部	生产技术部	审计部	研究中心	党组工作部	办公厅	
	1．集团战略决策时对企业内外部环境的分析不够充分。	★	☆	☆	☆			☆	★	☆	☆	
	2．集团的资源无法有效保障未来集团发展战略的顺利实施。		★	★		★	☆	☆	☆	☆	☆	
	3．集团的战略决策机制不够健全和完善。	☆	☆			☆		☆	☆	☆	☆	
	4．其他。											

图 6.2　风险库

编号	QDPJ 105	名称	原材料风险	责任部门																
风险定义	原材料价格及其供应变化对企业成本、产品供应产生影响的风险			董事会秘书室	总裁办公室	监事办	战略发展总部	人力资源总部	技术质量管理部	财务总部	管理推进部	信息管理总部	法律事务部	营销管理总部	审计总部	公共关系管理部	海外事业总部	运营管理总部	行政中心	党群工作部
风险状态	影响程度得分	发生可能性得分	管理改进迫切性得分																	
	3.9	3.8	3.7																	
	1．大麦、啤酒花等原材料价格的上涨或供应不足					☆		☆	★	☆	☆							★		
	2．啤酒包装材料价格的上涨						☆		☆	☆								★		
	3．上游原材料市场的整合提高其整体讨价还价能力						☆		☆	☆								★		
	4．包装物及能源供应市场价格上涨或供应不足						☆		☆	☆								★		
	5．运输成本增加					☆	☆		☆	☆	☆			☆			☆	★		

图 6.3　风险管理责任矩阵

为了对风险进行有效分类，公司创造性地使用了价值链的思想，将内部风险放到公司的价值链上，从而明确了风险在价值链各个环节的分布，明确了管理控制的重点环节，如图 6.5(风险名称略)所示。

完成风险辨识评估后，很重要的一点是如何使用这些工作的成果。目前，在青岛啤酒公司对这些成果的使用主要体现在以下几个方面。

(1) 统一风险认识和风险语言。

(2) 为风险预警及监督考核奠定基础。

(3) 明确各职能部门风险管理责任。

(4) 快捷方便地把握风险状况。

(5) 为管理层提供决策依据和支持。

(6) 满足监管机构合规要求等。

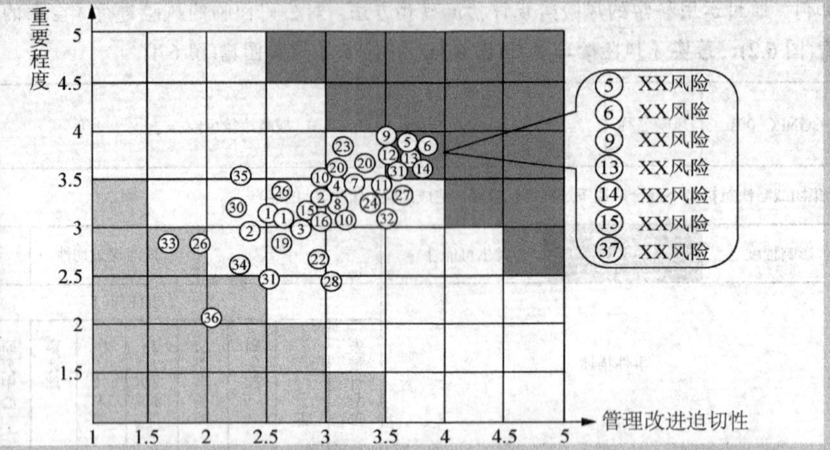

图 6.4　风险图谱

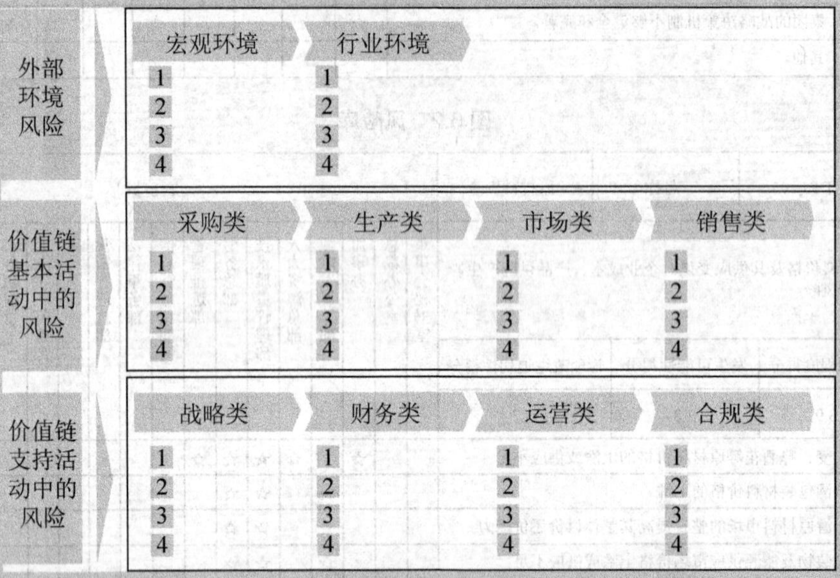

图 6.5　青岛啤酒公司层面风险分类

4. 建立健全内部控制制度和内部控制机制

(1) 内部控制制度建设。近年青岛啤酒公司不断深化组织变革，加强内部管理，相继建立和完善了 200 余项内部管理制度，190 余项操作流程，内部管理制度基本上已经涵盖了生产经营的各个方面，较好地保证了控制目标的实现。但是公司缺乏一个系统的框架来梳理、评价和完善这些内控制度。为此，公司从 2006 年开始研究如何进一步完善公司的内部控制制度和体系问题，主要做了三方面工作：建立内部控制框架；对青岛啤酒公司的内部控制进行系统评估；建立内控合规工作机制，保证内控工作长效运转。

(2) 明确工作总体目标，确定内控合规工作内容。公司的总体工作目标是：建立内部控制体系长效运转机制，不断提高公司的内部控制水平，保证公司控制目标的实现。围绕这一目标，需要开展如下工作：明确内部控制框架及其要素具体要求；实施内部控制评估，找出内控缺陷和差距；制定内部控制完善提升计划和路线图；组织实施内控整改和配置资源；制定内部控制自我评估程序和方法；监督检查和信息披露；制定合规工作程序和机制。

(3) 搭建青岛啤酒公司内部控制框架。确立内部控制框架是开展内控工作的前提。青岛啤酒公司的内部控制框架(图 6.6)参考了财政部发布的《企业内控基本规范》征求意见稿，考虑了 COSO(I)、COSO(II)的要素要求，并涵盖公司治理以及风险管理对企业管理变革的要求，具有一定的扩展性和延续性。此外，为了使该框架更为贴近业务流程的实际运行，对 COSO 框架内的要素进行提炼和重新归类，形成了一个包含 5 个大方面 20 个子要素的内控框架。

(4) 实施内部控制评估和整改。对公司内部控制的评估主要在两个层面展开：一是公司整体层面的评估，主要是根据上面所说的“青岛啤酒公司内部控制框架”中各要素的要求对公司的实际做法进行检查、测试和评价；二是对具体业务环节的评估，主要是根据《财政部内部会计控制规范》和《企业内部控制规范(征求意见稿)》等的要求，对具体业务环节内控制度的制定和执行情况进行检查、测试和评价。

在完成评估后，公司对自身的内部控制情况有了一个总体的认识，查找出了内部控制中存在的缺陷。对每一个需要改进之处，公司均根据内部控制的合规要求提出了整改措施建议，各责任部门根据建议，提出具体的整改落实计划，并依据完成时间要求，由内控部跟踪整改完成情况。整改完毕后，将为青岛啤酒内部控制合规提供合理的保证。

(5) 制定合规工作机制方案及具体办法。为了使内控工作持续有效地开展下去，保证公司目标的实现，并满足监管机构的要求，公司建立了一套内控合规工作机制和工作办法，主要包括以下几个方面：①确定了内控合规的工作和任务；②确定了青岛啤酒公司内部控制框架的内容和要求；③规定了青岛啤酒内控监督检查的组织职责、工作程序、工作方法和时间要求；④规定了青岛啤酒内部控制信息披露的组织职责、工作程序、披露内容和时间安排等；⑤建立了《青岛啤酒内部控制指引》、《青岛啤酒内部控制自我评价管理办法》和《青岛啤酒内部控制自我评价实施细则》。

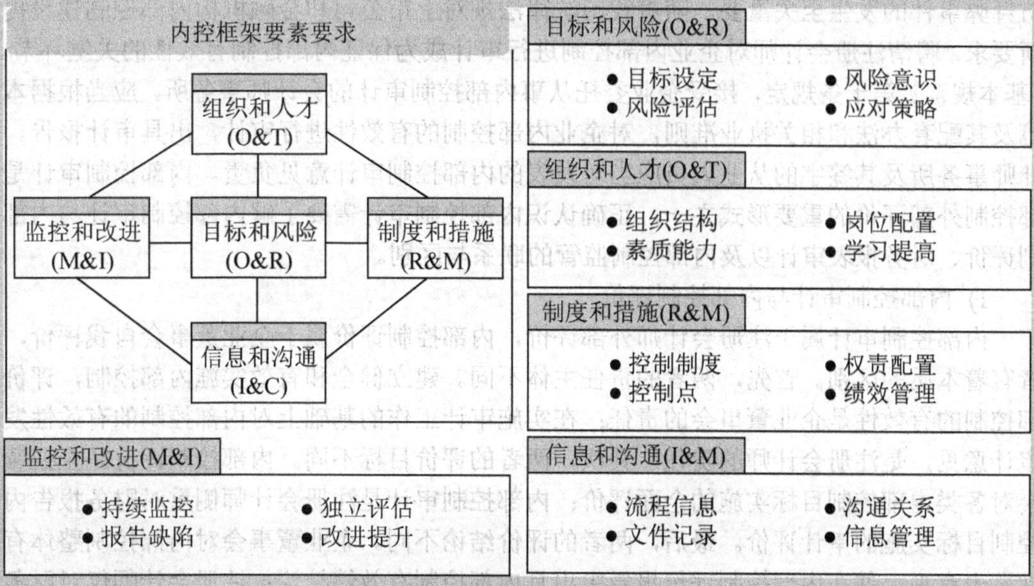

图 6.6 青岛啤酒公司内部控制框架

5. 持续规范运行的保障

内部控制机制和内控制度建立起来后不等于内控工作就做好了，事实上最为重要的工作还在后面。如何保证内控机制的持续运转，内控制度的有效贯彻执行，以及在实施中不断完善提高才是最为关键的。

青啤公司主要通过以下4个方面的工作来保证内控机制和制度的持续规范运行。

(1) 董事会的重视：青岛啤酒公司董事会高度重视内部控制工作，一直在督促和关注公司内部控制工作的开展情况。

(2) 组织保障：公司建立了内控部，负责经济责任审计、管理审计和内部控制工作，向董事会负责。

(3) 持续的经济责任审计和管理审计：公司每年都会对各业务单位开展经济责任审计和管理审计，以保证财务报告数据的真实、完整、准确，保证管理制度的落实。

(4) 每年的内部控制自我评价：青岛啤酒公司从2006年已经开始对自身的内部控制情况进行自我评价，并逐步将这项工作纳入了公司的年度工作计划，持续开展下去。

最近，财政部、证监会、审计署、银监会、保监会五部委联合发布了《企业内部控制基本规范》，要求上市公司在2009年7月1日起开始实施。基本规范的发布实施必将对防范企业风险，规范公司管理，促进企业健康、稳定、持续发展产生深远的影响和积极的推动作用。公司将根据基本规范的要求，进一步规范和完善公司的内控管理，促进公司又好又快地发展。

(青岛啤酒股份有限公司副总经理兼总会计师　孙玉国)

6.4.3 《内部控制审计指引》

1. 内部控制审计的含义

内部控制审计是指会计师事务所接受委托，对特定基准日内部控制设计与运行的有效性进行审计。它是企业内部控制规范体系实施中引入的强制性要求，既有利于促进企业健全内部控制体系，又能增强企业财务报告的可靠性。

国内外一系列公司财务报表舞弊事件发生后，人们认识到健全有效的内部控制对于预防舞弊事件的发生至关重要。随着我国法律法规对上市公司和金融机构内部控制建设提出新要求，聘请注册会计师对企业内部控制进行审计成为保证内部控制有效性的关键环节。[①]《基本规范》第十条规定，接受企业委托从事内部控制审计的会计师事务所，应当根据本规范及其配套办法和相关执业准则，对企业内部控制的有效性进行审计，出具审计报告。会计师事务所及其签字的从业人员应当对发表的内部控制审计意见负责。内部控制审计是内部控制外部评价的重要形式之一，正确认识内部控制审计需要了解内部控制审计与内部控制评价、财务报表审计以及内部控制监管的联系与区别。

1) 内部控制审计与内部控制评价

内部控制审计属于注册会计师外部评价，内部控制评价属于企业董事会自我评价，两者有着本质的区别。首先，两者的责任主体不同。建立健全和有效实施内部控制，评价内部控制的有效性是企业董事会的责任；在实施审计工作的基础上对内部控制的有效性发表审计意见，是注册会计师的责任。其次，两者的评价目标不同。内部控制评价是企业董事会对各类内部控制目标实施的全面评价；内部控制审计是注册会计师侧重对财务报告内部控制目标实施的审计评价。最后，两者的评价结论不同。企业董事会对内部控制整体有效性发表意见，并在内部控制评价报告中出具内部控制有效性结论；注册会计师仅对财务报告内部控制的有效性发表意见，对内部控制审计过程中注意到的非财务报告内部控制的重大缺陷，在内部控制审计报告中增加“非财务报告内部控制重大缺陷描述段”予以披露。

① 李心合．企业内部控制基本规范导读[M]．大连：大连出版社，2009：16.

虽然内部控制审计与内部控制评价具有上述区别，但两者往往依赖同样的证据，遵循类似的测试方法，使用同一基准日，因此也必然存在一些内在的联系。在内部控制审计过程中，注册会计师可以根据实际情况对企业内部控制评价工作进行评估，判断是否利用企业内部审计人员、内部控制评价人员和其他相关人员的工作以及可利用程度，从而相应减少本应由注册会计师执行的工作。

2) 内部控制审计与财务报表审计

内部控制审计与财务报表审计的目标不同。前者是对被审计单位内部控制设计与运行的有效性进行审计，并重点就财务报告内部控制的有效性发表审计意见；后者是对财务报表是否按照国家统一的会计准则制度的规定编制、是否在所有重大方面公允反映被审计单位的财务状况、经营成果和现金流量发表审计意见。审计目标的不同导致两者在审计程序上也有着较大区别。但由于两者均关注财务报告质量和审计风险，审计过程中形成的审计证据又可以相互支持、相互利用，为此，注册会计师在计划和执行内部控制审计工作时，可以根据实际情况将内部控制审计与财务报表审计进行整合，以降低审计成本、提高审计质量。在整合审计中，注册会计师应当对内部控制设计与运行的有效性进行测试，以同时实现两类目标：①获取充分、适当的证据，支持其在内部控制审计中对内部控制有效性发表的意见；②获取充分、适当的证据，支持其在财务报表审计中对控制风险的评价结果。

3) 内部控制审计与内部控制监管

内部控制监管是指政府监管部门根据国家有关法律法规和监管要求，以《企业内部控制基本规范》及其配套指引为依据，对企业内部控制建立与实施情况进行监督检查和评价。内部控制监管与内部控制审计作为内部控制外部评价的两种主要形式，相互支持，相互促进，共同保障企业内部控制的有效建立与实施。比如，财政部门可以从规范公司治理、健全内控机制，加强会计监督、提高信息质量等角度，对企业内部控制设计与运行的有效性提出监管要求。同时，可以会同国家审计机关对行政事业单位和国有企业使用财政资金过程中的内部控制情况实施监管评价。

聘请会计师事务所开展内部控制审计是建设与实施内部控制的重要环节，是检验内部控制有效性的重要手段和有力保证。需要强调的是，内部控制审计是一项区别于财务报告审计的独立业务，企业应就该项业务与会计师事务所签订单独的业务约定书。只有当内部控制审计的前提条件得到满足，并且会计师事务所符合独立性要求，具备专业胜任能力时，会计师事务所才能接受或保持内部控制审计业务。同时，企业也应权衡审计成本与审计效益，在业务约定书中明确有关费用标准，并对会计师事务所审计资源的投入和审计质量提出明确要求。内部控制审计费用是企业实施内部控制规范体系应当承担的成本，企业应安排相应经费确保审计工作的及时、有效开展。

2. 内部控制审计的程序

1) 计划审计工作

注册会计师应当贯彻风险导向审计的思路，恰当地计划内部控制审计工作，制订总体审计策略和具体审计计划。计划审计工作时，注册会计师应当评价有关事项对内部控制及其审计工作的影响，计划审计工作时，注册会计师应当评价有关事项对内部控制及其审计工作的影响，充分认识风险评估在计划审计工作中的作用，以风险评估为基础，选择拟测试的控制，确定测试所需收集的证据。内部控制的特定领域存在重大缺陷的风险越高，给予该领域的审计关注应越多。

影响内部控制及其审计工作的有关事项有：①与企业相关的风险；②相关法律法规和行业概况；③企业组织结构、经营特点和资本结构等相关重要事项；④企业内部控制最近发生变化的程度；⑤与企业沟通过的内部控制缺陷；⑥重要性、风险等与确定内部控制重大缺陷相关的因素；⑦对内部控制有效性的初步判断；⑧可获取的、与内部控制有效性相关的证据的类型和范围。

在计划审计阶段，注册会计师应当对企业董事会的内部控制评价工作进行评估，判断是否在内部控制审计工作中利用企业内部审计人员、内部控制评价人员和其他相关人员的工作以及可利用的程度，相应减少可能应由注册会计师执行的工作。

2) 实施审计工作

注册会计师按照自上而下的方法实施审计工作，将企业层面控制和业务层面控制的测试结合进行。

(1) 测试企业层面控制。注册会计师测试企业层面的控制，在把握重要性原则的基础上，一般关注：①与内部环境相关的控制；②针对董事会、经理层凌驾于控制之上的风险而设计的控制；③企业的风险评估过程；④ 对内部信息传递和财务报告流程的控制；⑤对控制有效性的内部监督和自我评价。

(2) 测试业务层面控制。注册会计师测试业务层面的控制，在把握重要性原则的基础上，结合企业实际、内部控制相关法律法规要求和企业层面控制的测试情况，重点对企业生产经营活动中的重要业务与事项的控制进行测试。注册会计师需关注信息系统对内部控制及风险评估的影响。

(3) 测试与舞弊风险相关的控制。注册会计师在测试企业层面控制和业务层面控制时，应评价内部控制是否足以应对舞弊风险。

(4) 测试内部控制设计与运行的有效性。如果某项控制由拥有必要授权和专业胜任能力的人员按照规定的程序与要求执行，能够实现控制目标，表明该项控制的设计是有效的；如果某项控制正在按照设计运行，执行人员拥有必要授权和专业胜任能力，能够实现控制目标，表明该项控制的运行是有效的。

(5) 获取内部控制有效设计与运行的证据。为确保证据的充分性和适当性，注册会计师通常需对测试时间安排进行权衡，既要尽量在接近企业内部控制自我评价基准日实施测试，又要保证实施的测试能够涵盖足够长的期间。注册会计师对于内部控制运行偏离设计的情况(即控制偏差)，应确定该偏差对相关风险评估、需要获取的证据以及控制运行有效性结论的影响。在连续审计中，注册会计师有必要考虑以前年度执行内部控制审计时了解的情况，以合理确定测试的性质、时间安排和范围。

3) 评价控制缺陷

注册会计师对内部控制缺陷的分类和认定标准与企业内部控制自我评价中内部控制缺陷的分类和认定标准类似，相对而言，注册会计师更关注财务报告内部控制缺陷的认定。注册会计师在对内部控制设计与运行的有效性进行测试的基础上，需评价其识别的各项内部控制缺陷的严重程度，以确定这些缺陷单独或组合起来，是否构成重大缺陷并影响其审计结论。在确定一项内部控制缺陷或多项内部控制缺陷的组合是否构成重大缺陷时，注册会计师还应评价补偿性控制(替代性控制)的影响。

(1) 财务报告内部控制缺陷。表明企业财务报告内部控制可能存在重大缺陷的迹象，主要包括：①注册会计师发现董事、监事和高级管理人员舞弊；②企业更正已经公布的财务报表；③注册会计师发现当期财务报表存在重大错报，而在内部控制运行过程中未能发现该错报；④企业审计委员会和内部审计机构对内部控制的监督无效。

(2) 非财务报告内部控制缺陷。注册会计师对在审计过程中注意到的非财务报告内部控制缺陷，区别具体情况予以处理：①注册会计师认为非财务报告内部控制缺陷为一般缺陷的，应当与企业进行沟通，提醒企业加以改进，但无需在内部控制审计报告中说明；②注册会计师认为非财务报告内部控制缺陷为重要缺陷的，应当以书面形式与企业董事会和经理层沟通，提醒企业加以改进，但无需在内部控制审计报告中说明；③注册会计师认为非财务报告内部控制缺陷为重大缺陷的，应当以书面形式与企业董事会和经理层沟通，提醒企业加以改进；同时应当在内部控制审计报告中增加非财务报告内部控制重大缺陷描述段，对重大缺陷的性质及其对实现相关控制目标的影响程度进行披露，提示内部控制审计报告使用者注意相关风险。

4) 完成审计工作

(1) 取得书面声明。注册会计师完成审计工作后，需取得经企业签署的书面声明。书面声明通常包括下列内容：①企业董事会认可其对建立健全和有效实施内部控制负责；②企业已对内部控制的有效性作出自我评价，并说明评价时采用的标准以及得出的结论；③企业没有利用注册会计师执行的审计程序及其结果作为自我评价的基础；④企业已向注册会计师说明识别出的所有内部控制缺陷，并单独说明其中的重大缺陷和重要缺陷；⑤企业对于注册会计师在以前年度审计中识别的重大缺陷和重要缺陷，是否已经采取措施予以解决；⑥企业在内部控制自我评价基准日后，内部控制是否发生重大变化，或者产生对内部控制具有重要影响的其他因素。

企业如果拒绝提供或以其他不当理由回避书面声明，注册会计师应将其视为审计范围受到限制，解除业务约定或出具无法表示意见的内部控制审计报告。

(2) 沟通控制缺陷。注册会计师应与企业沟通审计过程中识别的所有控制缺陷，重大缺陷和重要缺陷须以书面形式与董事会和经理层沟通。注册会计师认为企业审计委员会和内部审计机构对内部控制监督无效的，应以书面形式直接与董事会和经理层沟通。书面沟通需在注册会计师出具内部控制审计报告之前进行。

(3) 形成审计意见。注册会计师对获取的证据进行评价，形成对内部控制有效性的意见，出具审计报告。

3. 审计报告

指引要求注册会计师出具的审计报告涉及财务报告内部控制和非财务报告内部控制两大方面；同时，还提供了 4 种内部控制审计报告参考格式，分别是：标准内部控制审计报告、带强调意见段的无保留意见内部控制审计报告、否定意见内部控制审计报告和无法表示意见审计报告。

标准内部控制审计报告包括下列要素：①标题；②收件人；③引言段；④企业对内部控制的责任段；⑤注册会计师的责任段；⑥内部控制固有局限的说明段；⑦财务报告内部控制审计意见段；⑧非财务报告内部控制重大缺陷描述段；⑨注册会计师的签名和盖章；⑩会计师事务所的名称、地址及盖章；⑪报告日期。

专栏 6-6

标准内部控制审计报告基本格式。

内部控制审计报告

××股份有限公司全体股东:

按照《企业内部控制审计指引》及中国注册会计师执业准则的相关要求，我们审计了××股份有限公司(以下简称××公司)××年×月×日的财务报告内部控制的有效性。

一、企业对内部控制的责任

按照《企业内部控制基本规范》、《企业内部控制应用指引》、《企业内部控制评价指引》的规定，建立健全和有效实施内部控制，并评价其有效性是企业董事会的责任。

二、注册会计师的责任

我们的责任是在实施审计工作的基础上，对财务报告内部控制的有效性发表审计意见，并对注意到的非财务报告内部控制的重大缺陷进行披露。

三、内部控制的固有局限性

内部控制具有固有局限性，存在不能防止和发现错报的可能性。此外，由于情况的变化可能导致内部控制变得不恰当，或对控制政策和程序遵循的程度降低，根据内部控制审计结果推测未来内部控制的有效性具有一定风险。

四、财务报告内部控制审计意见

我们认为，××公司按照《企业内部控制基本规范》和相关规定在所有重大方面保持了有效的财务报告内部控制。

五、非财务报告内部控制的重大缺陷

在内部控制审计过程中，我们注意到××公司的非财务报告内部控制存在重大缺陷[描述该缺陷的性质及其对实现相关控制目标的影响程度]。由于存在上述重大缺陷，我们提醒本报告使用者注意相关风险。需要指出的是，我们并不对××公司的非财务报告内部控制发表意见或提供保证。本段内容不影响对财务报告内部控制有效性发表的审计意见。

××会计师事务所　　　　中国注册会计师：×××(签名并盖章)
(盖章)　　　　中国注册会计师：×××(签名并盖章)
中国××市　　　　××年×月×日

对非财务报告内部控制缺陷的处理，指引分别对不同情况特别提出如下要求：注册会计师认为非财务报告内部控制缺陷为一般缺陷的，应当与企业进行沟通，提醒企业加以改进，但无需在内部控制审计报告中说明；注册会计师认为非财务报告内部控制缺陷为重要缺陷的，应当以书面形式与企业董事会和经理层沟通，提醒企业加以改进，但无需在内部控制审计报告中说明；注册会计师认为非财务报告内部控制缺陷为重大缺陷的，应当以书面形式与企业董事会和经理层沟通，提醒企业加以改进；同时应当在内部控制审计报告中增加非财务报告内部控制重大缺陷描述段，对重大缺陷的性质及其对实现相关控制目标的影响程度进行披露，提示内部控制审计报告使用者注意相关风险。

本章小结

内部控制在西方经历了内部牵制、内部控制制度、内部控制结构、内部控制整合框架以及基于企业风险管理整合框架的内部控制5个阶段。在这5个阶段中，对内部控制规范影响最大的是美国证券交易委员会(SEC)、审计程序委员会(CUAP)和科索委员会(COSO)。

我国很早就存在内部控制的实践活动，直到1986年，财政部颁布的《会计基础工作规范》，提出内部会计控制的要求，才开始进行内部控制规范的制定工作。财政部、中国人民银行、证监会、银监会、保监会、审计署以及上海、深圳证券交易所等组织或机构均从不同角度对加强企业内部控制提出了相关的规范。2008年5月22日，财政部会同证监会、审计署、银监会、保监会共5个部委联合制定发布了《企业内部控制基本规范》，于2009年7月1日起首先在上市公司范围内施行。《企业内部控制基本规范》的发布标志着我国企业内部控制标准体系建设取得了阶段性成果，对于加强和规范企业内部控制，提高企业经营管理水平和风险防范能力，促进企业可持续发展，维护社会主义市场经济秩序和社会公众利益具有重要意义。

中国企业内部控制规范是一个在《企业内部控制基本规范》统领下的，以《企业内部控制评价指引》、《企业内部控制应用指引》和《企业内部控制审计指引》为支撑的制度体系。

习　题

一、思考题

1. 什么是内部控制，它经历了哪几个发展阶段？
2. 内部控制对企业管理有什么重要意义？
3. 我国将建立怎样的内部控制规范体系？
4. 简述我国发布《企业内部控制基本规范》的意义。
5. 阐述影响企业内部控制环境的主要要素。
6. 公司治理与内部控制有什么关系？
7. 阐述董事会、监事会和经营层在内部控制中的地位和作用。
8. 如何进行风险的评估？
9. 良好的信息与沟通机制在内部控制中的重要作用有哪些？
10. 内部监督如何在内部控制中发挥作用？
11. 我国《企业内部控制应用指引》主要包括哪些内容？
12. 如何进行内部控制自我评价？
13. 内部控制审计与财务报表审计有什么区别和联系？

二、案例题

1. 中航油倾覆之谜

2004年11月30日，中国航油(新加坡)股份有限公司(以下简称“中航油”)发布了一个震惊世界的消息：因其从事石油衍生品交易造成5.54亿美元巨额亏损，严重资不抵债，已向新加坡高等法院申请破产保护。中航油曾在6年间创下资产增值800倍的商业奇迹，业务从单一的进口航油采购业务逐步扩展到国际石油现货和期货贸易，公司2001年在新加坡交易所主板上市，2002年被评为新加坡“最具透明度”的上市公司，同时被誉为中国企业“走出去”战略棋盘上的“过河尖兵”明星国企。然而，短短一年之后中航油就濒临破产边缘，中航油事件被称为新版“巴林事件”！

随着该事件调查的深入，许多问题开始浮出水面：2003 年起，中航油擅自从事我国政府明令禁止的石油期权投机业务，从最初的 200 万桶发展到出事时的 5200 万桶，并且一直未向母公司——中国航油集团公司报告，母公司也没有发现。直到保证金支付问题难以解决导致经营难以为继时，中航油才向母公司报告。在中航油内部，原总裁陈久霖把持着公司业务决策的“绝对权力”，可以擅自决定从事明显违反国家规定的投机业务，进行场外交易，并使交易总量超过现货交易。在投机业务出现亏损之际陈久霖可以擅自决定斩仓、持有还是增仓头寸，而不必通过董事会的讨论和批准，他同时进行决策管理和决策控制。当陈久霖经常以“赌徒心态”经营公司，谋划“发展”之时，在中航油危机显山露水之日，陈久霖的疯狂举动并没能受到制止。中航油的风险控制哪里去了？它是否缺乏内部控制制度？非也，中航油拥有国际著名会计师事务所安永为其量身定制的风险管理办法，并采用了当今世界最先进的风险管理系统——Kiodex Risk Workbench 系统。那么，中航油悲剧值得人们痛切反思的又是什么呢？

问题：

(1) 中航油先进的内部控制制度为什么没能阻止其翻船？

(2) 运用基于 ERM 框架的内部控制的原理，对中航油事件进行初步分析。

2. 甲公司为一家以饮品生产和销售为主业的上市公司。2011 年，甲公司根据财政部等五部委联合发布的《企业内部控制基本规范》及其配套指引，结合自身经营管理实际，制定了《企业内部控制手册》(以下简称《手册》)，自 2012 年 1 月 1 日起实施。为了检验实施效果，甲公司于 2012 年 7 月成立内部控制评价工作组，对内部控制设计与运行情况进行检查评价。内部控制评价工作组接受审计委员会的直接领导，组长由董事会指定，组员由公司各职能部门业务骨干组成。2012 年 9 月，甲公司审计委员会召集公司内部相关部门对检查情况进行讨论，要点如下。

(1) 关于内部环境：内部控制评价工作组在对内部环境要素进行测试时，发现缺乏足够的证据说明企业文化建设和实施取得较好实效，人事部门负责人表示，公司领导对企业文化建设的重视是无形的，难以量化，且人事部门已制定并计划宣传贯彻《员工行为守则》，可以说明企业文化建设和实施有效。

(2) 关于风险评估：甲公司于 2012 年 1 月支付 2000 万元，成为伦敦奥运会的赞助商；于 2012 年 7 月支付 500 万元，捐助西北某受灾地区。内部控制评价工作组在对公司风险评估机制进行评价时，发现上述事项均未履行相应的风险评估程序，建议予以整改。风险管理部门负责人表示，赞助伦敦奥运会对提升企业形象有利而无害，不存在风险；财务部门负责人认为，对外捐助属于履行社会责任，不需要评估风险。

(3) 关于控制活动：内部控制评价工作组对公司业务层面的控制活动进行了全面测试，发现《手册》中有关资金投放、资金筹集、物资采购、资产管理和商品销售等环节的内部控制设计可能存在缺陷，有关资料如下。

① 资金投放环节。为提高资金使用效率，《手册》规定，报经总会计师批准，投资部门可以从事一定额度的投资，但大额期权期货交易，必须报经总经理批准。

② 资金筹集环节。为降低资金链断裂的风险，《手册》规定，总会计师在无法正常履行职权的情况下，应当授予其副职在紧急状况下进行直接筹资的一切权限。

③ 物资采购环节。《手册》规定，当库存水平较低时，授权采购部门直接购买。

④ 资产管理环节。为应对突发事件造成的财产损失风险，《手册》规定，公司采取投保方式对财产进行保全，财产保险业务全权委托外部专业机构开展，公司不再另行制定有关投保业务的控制规定。

⑤ 商品销售环节。为提高经营效率和缩短货款回收周期，《手册》规定，指定商品的销售人员可以直接收取货款，公司审计部门应当定期或不定期派出监督人员对该岗位的运行情况和有关文档记录进行核查。

(4) 关于信息与沟通，内部控制评价工作组检查发现，所有风险信息均经由总经理向董事会报告。建议确认为控制缺陷并加以整改，风险管理部门负责人表示，风险管理部门对总经理负责，符合公司组织结构、岗位职责与授权分工的规定，不应认定为控制缺陷。

(5) 关于内部监督，内部审计部门负责人表示，年度内部控制评价工作组是由公司各部门抽调人员组成的临时工作团队，缺乏独立性，建议由内部审计部门承担相应的职责。内部控制评价工作组负责人认为，工作组成员均接受过专业培训，接受审计委员会领导，有足够的专业胜任能力和权威性来承担内部控制评价工作，而审计部门人手少、力量弱，现阶段无法有效承担年度评价职责。

要求：

1. 根据资料(1)(2)(4)(5)，针对内部环境、风险评估、信息与沟通、内部监督要素评价过程中的各种意见分歧，假如你是公司审计委员会主席，逐项说明是否赞同内部控制评价工作组的意见，并逐项说明理由。

2. 根据《企业内部控制基本规范》及其配套指引的要求，逐项判断资料(3)中各项内部控制设计是否有效，并逐项说明理由。

(资料来源：2012 年高级会计实务考试题)

3. 2010 年 4 月，财政部，证监会和审计署等五部委联合发布了《企业内部控制配套指引》，连同 2008 年 5 月发布的《企业内部控制基本规范》，构建了我国企业内部控制规范体系。自 2011 年 1 月 1 日起先在境内外同时上市的公司施行，鼓励非上市大中型企业提前执行，A 公司作为境内外同时上市的公司，决定抢抓机遇，早作准备，全面启动内部控制体系实施工作，并指定财务总监负责拟定实施方案，该方案要点如下。

(1) 加强领导，健全组织。为了提升内控工作的权威性，成立内部控制体系实施领导小组，由董事长亲自挂帅担任组长，总经理担任第一副组长，财务总监和各位副总经理担任副组长。同时，领导小组下设办公室，办公室设在财务部，相关部门参与其中。由财务部经理兼任办公室主任。办公室主要负责组织协调内部控制的建立、实施以及其他日常工作。待时机成熟，成立专门的内控部。

(2) 梳理业务流程，完善内控制度。聘请负责本公司财务报表审计的 B 会计师事务所提供咨询，对照《企业内部控制基本规范》和《企业内部控制配套指引》的要求，结合公司实际；全面梳理现有各项业务流程，识别主要风险和关键控制点。在此基础上，制定《公司内部控制手册》。在梳理流程、完善《公司内部控制手册》过程中，应当只要围绕内部控制五要素中的风险评估和控制活动展开，切实加强对各项经营业务的风险控制。

(3) 狠抓宣传培训，统一思想认识。利用举办培训班、开设网络课堂、编发专题资料等多种形式开展宣传培训，力争在 3 个月内将公司所有员工轮训一遍，全面掌握《企业内部控制基本规范》、《企业内部控制配套指引》和《公司内部控制手册》。

(4) 升级信息系统，优化控制手段。为促进内部控制流程与信息系统的有机结合，实现业务和事项的自动控制，请本公司 ERP 系统提供商根据《企业内部控制基本规范》、《企业内部控制配套指引》和《公司内部控制手册》，协助制定信息系统建设和升级整体规划，经本公司信息网络中心批准后实施。

(5) 开展试运行，做好全面实施准备。2010 年 11 月，选择本公司部分职能部门、分公司和子公司开展内部控制试运行，及时发现和解决试运行中存在的问题，积累经验，为 2011 年 1 月 1 日起全面实施做好充分准备。

(6) 强化内部审计，增强监督效能。董事会下设的审计委员会负责审查内部控制、监督内部控制的有效实施等工作，并由审计部经理兼任审计委员会主席；审计部调整职责定位，在开展传统财务审计、经济责任审计的同时，对内部控制的建立与实施进行监督检查和评价。

(7) 组织内部控制评价，监督整改落实。2011 年年底；开展全公司范围内的内部控制评价工作，全面检查内部控制制度的运行情况，特别要将下属分、子公司作为重中之重，切实提高本公司总部对分、子公司的管控能力。

(8) 借助专业力量，引入外部审计。鉴于B会计师事务所近年来在本公司的财务报表审计中体现出良好的专业素质，根据促进内部控制规范体系有效实施的要求，聘请B会计师事务所同时承担财务报表审计和内部控制审计工作，以便于沟通协调、整合审计。

(9) 实施绩效考评，落实奖惩制度。建立公司激励约束制度，将公司各责任单位和全体员工建立和实施内部控制的情况纳入绩效考评体系。对经评价、审计发现重大缺陷的责任单位及其负责人和直接负责人，要严肃处理。

上述实施方案报董事会批准后实施。

要求：根据《企业内部控制基本规范》和《企业内部控制配套指引》，逐项判断A公司实施方案中的(1)至(9)项工作安排是否存在不当之处；存在不当之处的，请逐项指出不当之处，并逐项简要说明理由。

(资料来源：2011年高级会计实务考试题)

第7章

会计职业道德规范

教学目标

理解会计职业道德的内涵和作用，熟悉会计职业道德的主要内容，理解会计职业道德教育的意义、内容及途径。

教学要求

知识要点	能力要求	相关知识
道德、职业道德和会计职业道德	(1) 了解职业道德的内涵及特征 (2) 理解会计职业道德的内涵和作用	(1) 道德与职业道德 (2) 会计职业道德内涵和作用
会计职业道德内容	熟悉会计职业道德的主要内容	会计职业道德内容：爱岗敬业；诚实守信；廉洁自律；客观公正；坚持准则；提高技能；参与管理；强化服务
会计职业道德培养和教育	(1) 理解会计职业道德教育的意义、内容及途径 (2) 树立正确的职业道德观念，培养优良的会计职业道德习惯	(1) 会计职业道德教育 (2) 会计职业道德修养

引　　例

提倡和遵循会计职业道德的楷模

潘序伦先生是江苏宜兴人，1893 年出生，他是中国现代杰出的会计学家和著名教育家，是提倡和遵循会计职业道德的楷模。

潘序伦先生 1919 年破格进入上海圣约翰大学，于 1921 年提前毕业，后留学美国，先后获得哈佛大学企业管理硕士和哥伦比亚大学经济学博士学位。1924 年秋潘先生回到祖国，在国立暨南大学、上海商科大学等校任教，致力于引进并传授西方先进的会计知识与技术达 60 多个春秋，他一生“以仁者的担当、勇者的无畏和智者的拓展”为现代会计的发展奠定了坚实的基础，从而成为中国现代会计学界的泰斗。

他在 1927 年创办了“潘序伦会计师事务所”，后借用《论语》中“民无信不立”之意，将其更名为“立信会计师事务所”，以公正服务、建立信用为宗旨。立信会计师事务所迅速在社会上确立起良好的声誉。设立会计师事务所以后，潘序伦先生感到会计制度革新和专业会计人员培训非常重要。因此，他一面创立会计学校，一面编印《立信会计丛书》，把开展会计师业务、培养会计专业人才、进行会计学术研究、编辑会计著作教材融合起来，逐步形成了学校、事务所、出版社三位一体的立信会计事业。

会计人员的职业道德和执业操守，是潘序伦先生毕生关注的问题。

1933 年，潘先生为《立信会计季刊》(第 2 卷第 1 期)撰写了“中国之会计师职业”一文，文章首先对会计师的资格从学识、经验和才能三方面进行了考察，然后着重论述了会计师的职业道德：“夫学识经验及才能，在会计师固一项可缺，然根本上究不若道德之重要。因社会环境，千变万化，利诱威胁，无所不及。会计师苟无强固之道德观点，则在执行职务之际，在可以代人舞弊，在可以为己舞弊。然会计师之为职业，实为工商企业保障信用而设，苟有不道德行为，而自丧其信用，则此项职业，即失其根本存在之理由，殊背国家社会期望之厚意，可不慎哉。”①

直到晚年，潘序伦先生仍然孜孜不倦地进行会计人员的职业道德问题的研究，而且见解更加深刻。在上海会计学会 1983 年年会上，他深有体会地指出，会计人员必须树立良好的职业道德。他认为：会计人员的职业道德应该包括品德、责任和业务技术三个方面的内容。他说，品德方面应该做到：守纪守法，以身作则；坚持原则，廉洁奉公；忠诚老实，毋忘立信。责任方面是指会计工作要按政策办事，按计划办事。业务技术方面的要求是记账、算账、报账都做到百分之百的正确。

思考：

从潘序伦先生身上我们看到了什么？

在中国会计界，没有人不知道潘序伦。20 世纪 20～30 年代，潘先生力主推行西式簿记，与中式改良簿记的倡导者徐永祚先生进行过轰轰烈烈的“西化与改良”之争，并取得官方支持，有着“中国现代会计之父”的美誉。正如王军先生所言，潘先生一生拥有“仁者的担当、勇者的无畏和智者的拓展”。人们从他身上看到了一个勇于面对困难，从不退缩、永不言弃的会计大师的形象，他的“三位一体”立信会计事业至今仍在发扬光大，潘先生对会计职业道德执著的追求和宣传，并身体力行，堪称“提倡和遵循会计职业道德的楷模”。

①《潘序伦文集》编委会．潘序伦文集[M]．上海：立信会计出版社，2008：40.

现阶段我国会计领域不乏会计职业道德的模范遵循者，但也有相当多的会计人员违反会计职业道德，在贪婪和欲望面前不能自持，最后走上犯罪道路。因此，会计人员应当以潘序伦先生为榜样，树立正确的人生观和价值观，洁身自好，廉洁自律，常在河边走，就要不湿脚！

7.1　道德、职业道德和会计职业道德

道德作为一种意识形态，经历了一个从萌芽到形成、从少数人的明确意识到为多数人所意识的漫长的历史发展过程。在不同历史阶段，道德有不同的内容、特征和职能，但在调整人们的各种社会关系和社会活动、形成良好的社会环境和氛围等方面都发挥着重要的影响。

会计职业道德是职业道德的一个分支，是会计领域中因会计活动引起的道德现象以及由此归纳出来的道德理论的总称。会计道德与会计行为密切相关，本身具有自己的特征和作用，同时兼有职业道德的一般特征。遵守会计职业道德是对每一个会计从业人员的基本要求。①

7.1.1　道德和职业道德

1. 道德内涵

“道德”一词由来已久。在我国古代典籍中，“道”与“德”是作为两个概念使用的，各有不同的含义。“道”一般表示事物运动变化的规则和做人的规矩，也指事物的道理和规范；“德”则是依据一定的原则去规范行为，有品质、德行的意思，也用来表示人的情操和道德境界。《论语·述而》曾有“志于道，据以德”的论述，其意思是说内心得“道”且施于人便具有“德”。但把“道德”二字连起来作为一个概念，则是出自《荀子·劝学篇》。荀子说：“故学至乎礼而止矣，夫是之谓道德之极。”其意思是说，如果人们做到使自己的一切言行都符合“礼”的规则，就算达到了道德的最高境界。一般来说，道德是在社会发展过程中形成的一种思想意识形态，它包含与特定社会阶段相适应的一系列价值标准和行为规范，因而在中国思想史上，道德除了指调整人们相互关系的行为准则外，也包含人的道德意识、道德情感、道德品质，以及对人的善恶评价等内容，而这些对维系人类社会的生存发展起了重要作用。

在马克思主义伦理学科学体系中，道德反映了人类社会的一种特殊现象。人们在社会生活中进行着各种各样的活动，形成了错综复杂的社会关系，为了调整人们之间的关系，必须对个人的行为加以约束，以保障社会生活的正常秩序，除了依靠政治、法律等手段以外，还必须依靠一定阶级利益引申出来的行为原则和规范，即属于阶级的道德。由此，马克思主义伦理学对道德做出了科学的解释，认为道德是由一定社会经济关系决定的，依靠社会舆论、传统习俗和内心信念的约束力量来实现调整人们之间以及个人与社会之间的行为规范的总和。道德通过善与恶、是与非、荣与辱、正义与邪恶、诚实与虚伪等概念来评

① 本章主要参考了项怀诚．会计职业道德[M]．北京：人民出版社，2003．

价人们的各种行为，通过道德教育和道德修养等社会道德实践活动以及社会舆论的力量使人们逐步形成正确的思想观念，养成良好的行为习惯和道德品质，并推动社会整体道德的发展。

2. 职业道德的含义

职业道德与职业密切相关。要了解职业道德，有必要先了解什么是职业；社会发展的进程表明，职业并非从来就有的，而是社会分工及其发展的结果，是一个历史范畴。同样，职业也不是永恒不变的，它随历史产生并随社会历史条件的变化而不断变化。自从社会出现分工以后，人们一经进入社会生活，便分别终身地或较长时期地从事某一种具有专门业务和特定职责的社会活动，并以此作为自己获得生活资料的主要来源。因此，一般来说，职业就是人们由于社会分工和生产内部的劳动分工，而长期从事的具有专门业务和特定职责，并以此作为主要生活来源的社会活动。

职业作为人的社会关系的一个重要方面，对人们的道德意识和道德行为，对整个社会的道德风俗和道德传统，产生着重大影响。个人以一定方式从事活动，进行物质生产，因而在一定的物质的及不受他们任意支配的界限、前提和条件下能动地表现着自己，这就形成了一定的职业道德。当然，各种职业间的相互交往及其表现的道德意识和道德行为，往往因职业不同而呈现出种种差别。

一般来说，人们各种职业生活的实践，主要从 3 个方面影响着人们的道德心理的特殊倾向，制约着道德调解的特殊方向。

①职业的分工不同，从事不同职业的人们对社会所承担的责任不同，影响着人们对生活目标的确立和对人生道路的具体选择，以至不同程度地影响着人们的人生观和道德理想。虽然认识道路的选择会受多种因素影响，但更多的是来自本身长期直接从事的某一特定的职业实践及其所积累的生活经验。②不同职业的不同利益和义务造成人们不同的职业良心。不同职业所具有的不同利益和义务，直接影响着人们的道德信念，及其用以评价行为的道德标准，从而造成人们之间不同的职业良心。长期从事特定职业的人有其特定的职业地位和职业利益。他们对一定职业的整体利益的认识，就是他们对具体社会义务的自觉，这种自觉可以逐步升华为职业良心。其中人们的职业活动方式及其对职业利益和义务的认识，对职业良心的形成有着决定作用。③职业活动的不同影响着人们的情趣、爱好以及性格和作风。职业活动的环境、内容和方式，强烈影响着人们的情趣、爱好以及性格和作风，这些都不同程度地反映着从事一定职业的人在道德品质和道德境界上的特殊性。由此可见，各种职业集团或个人道德调节的特殊方向比较稳定地影响着人们在一定职业活动范围内的具体道德关系和道德行为，甚至影响到人们整个品质和人格的形成。

综上所述，职业道德就是同人们的职业活动紧密联系的、具有自身职业特征的道德准则和规范的总和。恩格斯指出，在社会生活中，“实际上，每一个阶级，甚至每一个行业，都有各自的道德”。长期从事某种职业的人，由于特殊的活动方式，受过特殊的职业训练，往往便具有特殊的职业兴趣、爱好、习惯等心理传统，形成特殊的职业责任心、职业荣誉感和职业纪律，并在此基础上逐步建立起本职业人员应遵守的职业道德。职业道德的推行，一方面可以协调本职业和社会各方面的关系，满足社会各方面对本职业的需要；另一方面，可以协调本职业内部的相互关系，解决内部矛盾和纠纷，共同完成职业工作，履行职业责任。

3. 职业道德的特征

要全面理解职业道德的含义，人们应必须了解职业道德的特征。一般来说，职业道德突出的特征体现在以下 3 个方面。

1) 多样性和具体性

社会上有多种多样的职业，它们各有自己的特殊活动方式和特点，在社会生活中起着不同的作用。不同的职业道德必须鲜明地表达本职业的职业义务和职业责任，以及职业行为上的道德准则，这样就形成了各种职业特定的道德传统和道德习惯，以及从事不同职业的人所特有的道德心理和道德品质，从而形成了职业道德的多样性和具体性。每个行业都有各自的业务内容、具体利益和应当履行的义务。

同时，一种职业道德只在一定的职业范围内起作用，只能是约束从事这种职业的人员，对从事其他职业的人员一般没有约束力，正如救死扶伤是对医生道德的要求，而不能要求一位工人去治病救人。

2) 稳定性和连续性

职业的形成是一个漫长的历史过程。人们在长期的职业实践活动和职业生活方式中，形成了一定的职业兴趣、爱好、情操和作风，形成了一定的职业习惯和职业心理。这些都会作为传统，在本职业中世代相传，从而使得从事同一职业的人们有着相似的道德面貌。虽然随着社会的进步每种职业道德的内容都会不断丰富和深化，但它的总方向和一些基本内容是不会变的，在这个基础上产生的职业道德就具有了连续性和稳定性。例如，从古希腊名医希波克拉底到我国唐代名医孙思邈，再到现代世界医生联合会制定的《日内瓦誓约》，都主张医德是对病人一视同仁、救死扶伤等。虽然各时代医德的具体内容有所不同，但有一些基本内容是继承发展的，有连续性，也是相对稳定的。

3) 适应性和实用性

职业道德的要求不是千篇一律的，而是因职业而异的。各行各业都根据本行业的特点、具体的职业条件，以及从事职业人员的能力，采取简单易行、容易接受的生动而明确的形式，制定一些条款、规章，把职业道德具体化和通俗化，从而使人们易于把握、便于践行。职业道德的要求是适应职业活动来表达的，并在此过程中体现出其适应性和实用性。

职业道德是随社会实践的发展而不断丰富和发展的，我们应在实践中，动态把握职业道德的内涵，用发展的眼光去认识职业道德的特征。

4. 职业道德的作用

职业道德不仅有特殊的道德要求，也有特殊的社会作用。职业道德要求的特殊性决定了职业道德社会作用的特殊性。职业道德的社会作用主要有以下几个方面。

1) 职业道德是推动物质文明建设的重要力量

物质文明的建设需要各行各业的人相互协作，自觉做好本职工作，为物质文明的发展尽职尽力。各行各业的人们只有确立了相应的职业道德观念，并将其转化为自己内心的信念、良心、义务和荣誉感，形成高尚的思想觉悟和精神境界，才能正确地认识和处理个人与社会之间、本职业集体与他职业集体之间的关系，才能激发出强烈的工作热情，在本职工作岗位上尽职尽责，使国家和民族的物质文明建设蓬勃发展。否则，如果一个社会的公民职业道德观念淡薄甚至不讲职业道德，就不能完全履行自己的职责，物质文明建设也会出现停滞、僵化的局面。

2) 职业道德能够促进良好社会道德风尚的形成与发展

在整个社会生活中，各行各业都以自己的职业活动与整个社会发生着联系。一方面，通过职业活动创造物质财富，另一方面为建设精神文明承担自己应尽的义务。人们在自己的职业活动中，能否遵守职业道德，对社会风尚的培养有着直接的关系。如果人人都具备高尚的职业道德，就能自觉按照职业道德的要求去处理各种职业关系，正确使用职业权力，努力履行职业义务，就能遵守职业道德规范，在创造物质财富的同时，培养出良好的社会关系和社会风尚。否则，如果人们不讲职业道德，就可能滥用自己的职业权力，违背职业道德规范，从而自觉不自觉地形成尔虞我诈、制假贩假、追名逐利等种种不良社会风气。

3) 职业道德能促使人们优良品质的养成

职业道德的内容丰富，包括职业认识的提高、职业情感的培养、职业意志的锻炼、职业理想的树立，以及良好的职业行为和习惯的养成等。人们在职业生活实践中进行学习和锻炼，职业道德时刻影响着人们的思想和行为。职业道德规定了具体职业的社会责任，指导人们在具体的职业岗位上，确立具体的职业生活目标，选择具体的职业生活道路，形成具体的人生观和职业理想，培养具体的职业道德品质。一个人能否成才的一个重要原因是是否注重职业道德的修养。职业生活中虚伪、浮躁、狭隘、狡诈、推诿、固执、虚荣等往往导致一个人碌碌无为、一事无成或误入歧途；而职业生活中勤奋、诚实、谦虚、守信、细心、勇敢、宽厚等优良品质，则会使人在人生和事业的道路上不断前进，取得成功。所以，一个人在职业生活中努力培养、锻炼各种优良品质，形成高尚的职业道德理想和职业道德情操，对自身和社会都有重要的意义。

4) 职业道德可以推动道德体系的完善

在社会中道德要求的普遍性表现较强，只有当它结合各个职业或行业的特点具体化为职业道德，才能真正渗透到社会生活中去。例如，党和政府为了加速发展生产力，促进社会主义现代化建设，号召各行各业紧密地围绕着这一中心任务履行自己的职责，如要求全国人民同心同德，克服困难；发扬中华民族勤劳勇敢、艰苦朴素的传统等。具体到职业道德中，就是要求大家不计个人得失、勇于牺牲个人利益而维护国家利益。所以，职业道德弥补了公共道德原则化的不足，使国家的道德体系和内容更加完善，以维护国家政治、经济秩序的安定。

7.1.2 会计职业道德

会计职业道德是指在会计职业活动中应遵循的、体现会计职业特征的、调整会计职业关系的职业行为准则和规范。

1. 会计职业道德的含义

会计职业道德的含义包括以下几个方面。

1) 会计职业道德是调整会计职业活动利益关系的手段

在市场经济条件下，会计职业活动中的各种经济关系日趋复杂，这些经济关系的实质是经济利益关系。在我国社会主义市场经济建设中，各经济主体的利益与国家利益、社会公众利益时常发生冲突。会计职业道德可以配合国家法律制度，调整职业关系中的经济利益关系，维护正常的经济秩序。会计职业道德允许个人和各经济主体获取合法的自身利益，但反对通过损害国家和社会公众利益而获取违法利益。

2) 会计职业道德具有相对稳定性

会计是一门实用性很强的经济学科，是为加强经营管理、提高经济效益、规范市场经济秩序、维护社会公众利益服务的。市场经济的客观性是通过价值规律表现出来的。任何社会和个人，对于客观经济规律，只能在认识的基础上，去主动适应、掌握和运用它，而不能去改造它，更不能违背它。在市场经济活动中，作为对单位经济业务事项进行确认、计量、记录和报告的会计，会计标准的设计、会计政策的制定、会计方法的选择，都必须遵循其内在的客观经济规律和要求。正由于人们面对的是共同的客观经济规律，因此，会计职业道德主要依附于历史继承性和经济规律，在社会经济关系不断的变迁中，保持自己的相对稳定性。没有任何一个社会制度能够容忍虚假会计信息，也没有任何一个经济主体会允许会计人员私自向外界提供或者泄露单位的商业秘密，会计人员在职业活动中诚实守信、客观公正等是会计职业的普遍要求。

3) 会计职业道德具有广泛的社会性

会计职业道德是人们对会计职业行为的客观要求。从受托责任观念出发，会计目标决定了会计所承担的社会责任。尤其是随着企业产权制度改革的不断深化，会计不仅要为政府机构、企业管理层、金融机构等提供符合质量要求的会计信息，而且要为投资者、债权人及社会公众服务。医生职业道德的优劣影响的是一个或几个患者，而会计因其服务对象涉及社会的方方面面，提供的会计信息是公共产品，所以会计职业道德的优劣将影响国家和社会公众的利益。银广厦会计造假丑闻就是一个典型例子。该上市公司通过伪造购销合同、伪造出口报关单、虚开增值税专用发票、伪造免税文件和伪造金融票据等手段，虚构巨额利润 7.45 亿元。该公司的股票在其会计造假丑闻败露后股价大幅下跌，使广大股东遭受了巨大的损失，严重干扰了社会经济的正常秩序。可见，会计信息质量直接影响着社会经济的发展和社会经济秩序的健康运行，会计职业道德必将受到社会关注，具有广泛的社会性。

2. 会计职业道德的作用

会计职业道德的作用，主要体现在以下几个方面。

1) 会计职业道德是对会计法律制度的重要补充

会计法律制度是会计职业道德的最低要求，会计职业道德是对会计法律规范的重要补充，其作用是其他会计法律制度所不能替代的。例如，会计法律只能对会计人员不得违法的行为做出规定，不宜对他们如何爱岗敬业、提高技能、强化服务等提出具体要求，但是，如果会计人员缺乏爱岗敬业的热情和态度，没有必要的职业技能和服务意识，则很难保证会计信息达到真实、完整的法定要求。很显然，会计职业道德可以对此起到很重要的辅助作用和补充作用。

2) 会计职业道德是规范会计行为的基础

动机是行为的先导，有什么样的动机就有什么样的行为。会计行为是由内心信念来支配的，信念的善与恶将导致行为的是与非。会计职业道德对会计的行为动机提出了相应的要求，如诚实守信、客观公正等，引导、规劝、约束会计人员树立正确的职业观念，遵循职业道德要求，从而达到规范会计行为的目的。

3) 会计职业道德是实现会计目标的重要保证

从会计职业关系角度讲，会计目标就是为会计职业关系中的各个服务对象提供有用的会计信息。能否为这些服务对象及时提供相关的、可靠的会计信息，取决于会计职业者能否严格履行职业行为准则。如果会计职业者故意或非故意地提供了不充分、不可靠的会计信息，会严重背离会计目标，造成会计信息严重失真，使服务对象的决策失误，甚至导致社会经济秩序混乱。因此，会计职业道德规范约束着会计人员的职业行为，是实现会计目标的重要保证。

4) 会计职业道德是会计人员提高素质的内在要求

社会的进步和发展，对会计职业者的素质要求越来越高。会计职业道德是会计人员素质的重要体现。一个高素质的会计人员应当做到爱岗敬业、提高专业胜任能力，这不仅是会计职业道德的主要内容，也是会计职业者遵循会计职业道德的可靠保证。倡导会计职业道德，加强会计职业道德教育，并结合会计职业活动，引导会计职业者进一步加强自我修养，提高专业胜任能力，有利于促进会计职业者整体素质的不断提高。

专栏 7-1

缺乏会计职业道德的十种表现①

第一种：在会计业务中，不敢坚持原则、政策和法制，怕得罪人，当老好人。

第二种：唯领导意图是从，怕穿小鞋，明知不对，少说为佳，既不抵制，也不解释，照抄照办，放弃原则。

第三种：事不关己，高高挂起，有法不依，执法不严，违法不究。

第四种：办事圆滑，讨好群众。慷公家之慨，不执行费用开支标准，扩大成本开支范围，乱挤成本。

第五种：对违反财经纪律的人和事，采取睁只眼、闭只眼的办法，助长了不正之风的滋长和蔓延。

第六种：财权在手，搞亲疏关系。对至亲好友、同乡和同学高抬贵手；对一般工人群众有意刁难。

第七种：不热爱本职工作，做一天和尚撞一天钟，账目混乱，家底不清，情况不明，心中无数。

第八种：无视法纪，挖国家，肥集体，化大公为小公，实际上也是一种损公肥私的行为。

第九种：想歪点子，出馊主意，弄虚作假，瞒天过海。

第十种：从小团体利益出发，逃税截利。搞突击花钱，滥发钱物。

7.2 会计职业道德的内容

会计职业道德规范八项内容包括：爱岗敬业；诚实守信；廉洁自律；客观公正；坚持准则；提高技能；参与管理；强化服务。

① 俞安昌．缺乏会计职业道德的几种表现[J]．财务与会计，1987，(12)：17.

7.2.1　爱岗敬业

1．爱岗敬业的含义

爱岗就是会计人员热爱本职工作，安心本职岗位，并为做好本职工作尽心尽力、尽职尽责。它是会计人员的一种意识活动，是敬业精神在其职业活动方式上的有意识的表达。这种表达可概括为一个“忠”字，即忠于职守，具体表现为会计人员对自己应承担的责任和义务所表现出的一种责任感和义务感。会计人员的这种责任感和义务感一旦形成，便成为一种巨大的精神力量，在履行自己的职责时，能够将“不得不为”的行为转变为“自觉自为”的行为，形成主动干好本职工作的一种动力。一个有很强责任感的会计人员会千方百计地干好工作，去履行自己的使命和责任；而一个责任感不强或没有责任的人，就会把工作当儿戏，也谈不上做好本职工作。这种爱岗意识所形成的责任感和义务感包含两方面的内容，即社会或他人对会计人员规定的责任和会计人员对社会或他人所负的道义责任。

敬业是指人们对其所从事的会计职业或行业的正确认识和恭敬态度，并用这种严肃恭敬的态度，认真地对待本职工作，将身心与本职工作融为一体。对会计职业的不同认识和采取不同的态度可以直接导致不同的职业行为及其后果。会计职业道德中的敬业，就是从事会计职业的人员充分认识到会计工作在国民经济中的地位和作用，以从事会计工作为荣，敬重会计工作，具有献身于会计工作的决心。

爱岗敬业是爱岗与敬业的总称。爱岗和敬业，互为前提，相互支持，相辅相成。“爱岗”是“敬业”的基石，“敬业”是“爱岗”的升华，“敬”由“爱”生，“爱”由“敬”起。

2．爱岗敬业的基本要求

1) 正确认识会计职业，树立爱岗敬业的精神

会计人员的爱岗敬业精神，自始至终都是以他们对职业的认识程度以及所采取的态度作为行动的指导并体现在实际工作中。如果会计人员对所从事的职业缺乏正确的认识，认为会计不过是“写写算算”、“收收支支”、“琐琐碎碎”的工作，或者认为会计是人人必求的工作，或认为“会计难当，职权难用，成绩难见，违纪难免”，这就必然会自觉不自觉地反映到其职业行为之中，或迟或早地会表现出“懒”、“惰”、“拖”的不良行为，给会计职业及其声誉造成不良影响。

2) 热爱会计工作，敬重会计职业

如果做了会计，就应该热爱会计工作，敬重会计职业。“爱”是“敬”的源泉，只有热爱会计职业，才会有职业乐趣，即使对会计职业并不感兴趣，只要树立了“干一行爱一行”的职业思想，就会发现会计职业中的乐趣。只有树立“干一行爱一行”的思想，才会刻苦钻研会计业务技能，才会努力学习会计业务知识，才会发现在会计核算、企业理财领域中有许多值得人们去研究、探索的东西。只有做到热爱会计工作，敬重会计职业，才会全身心地投入会计事业。

3) 安心工作，任劳任怨

安心本职工作，以从事会计工作为“乐”，而不是“这山望着那山高”。只有安心本职工作，才能潜下心来“勤学多思，勤问多练”，才能真正做到敬业，才能成为真正的行家里手。任劳任怨，要求会计人员具有不怕吃苦，不计较个人得失的思想境界，具有“对工作

极端负责任”的敬业精神和方便群众、勤奋工作的工作态度。任劳任怨是安心本职工作的具体表现。只有安心本职工作，才有可能做到任劳任怨；只有任劳任怨，才能安心本职工作。

4) 严肃认真，一丝不苟

会计工作是一项严肃细致的工作，没有严肃认真的工作态度和一丝不苟的工作作风，就可能出偏差。对一些损失浪费、违法乱纪的行为和一切不合法、不合理的业务开支，要严肃认真地对待，把好关，守好口。

5) 忠于职守，尽职尽责

忠于职守主要表现为 3 个方面，即忠实于服务主体、忠实于社会公众、忠实于国家。

(1) 单位会计人员要忠实于所服务的主体，不仅要客观真实地记录反映服务主体的经济活动状况，负责其财产安全，还应负责其资金的有效运作，积极参与经营和决策。

(2) 要忠实于社会公众，正确真实地对外提供有关服务主体的会计信息，以便让投资者、债权人及其他社会公众获取客观真实的财务信息，进行正确判断和经济决策。

(3) 要忠实于国家，实际上是对社会整体利益负责。

7.2.2 诚实守信

1. 诚实守信的含义

诚实是指言行跟内心思想一致，不弄虚作假、不欺上瞒下，做老实人、说老实话、办老实事。信，即信用、信任、真实可靠。守，是指遵循、依照。守信就是遵守自己所做出的承诺，讲信用，重信用，信守诺言，保守秘密。

一般来说，诚实即为守信，守信就是诚实。它们是职业道德的两种不同表现形式。诚与信是一而二，二而一。“诚”从何来？“信”从何立？“诚”从“心”起，“信”从“行”立。诚实守信要求会计人员在执业活动中讲求信用，保守秘密，以实际发生的经济业务进行真实、完整的会计核算。

信用是市场经济社会赖以生存的基石。江泽民同志指出：“没有信用，就没有秩序，市场经济就不能健康发展。”朱镕基同志在 2001 年视察北京国家会计学院时，为北京国家会计学院题词：“诚信为本，操守为重，坚持准则，不做假账。”这是对广大会计人员和注册会计师最基本的要求。《公民道德建设实施纲要》明确要求在全社会大力倡导以“明礼诚信”为主要内容之一的基本道德规范和以“诚实守信”为主要内容之一的职业道德规范。

2. 诚实守信的基本要求

1) 做老实人，说老实话，办老实事，不搞虚假

做老实人，要求会计人员言行一致，表里如一，光明正大。说老实话，要求会计人员说话诚实，是一说一，是二说二，不夸大，不缩小，不隐瞒，如实反映和披露单位经济业务事项。办老实事，要求会计人员工作踏踏实实，不弄虚作假，不欺上瞒下。会计人员诚实守信的道德观念如何，将直接影响会计信息的真实性和完整性。

当前，会计信息质量不高，假凭证、假账簿、假报表比较普遍，已经成为影响社会经济秩序正常运行的突出问题。

2) 保密守信，不为利益所诱惑

在市场经济中，秘密可以带来经济利益，而会计人员因职业特点经常接触到单位和客

户的一些秘密。因而，会计人员应依法保守单位秘密，这也是诚实守信的具体体现。

会计人员如果泄露本单位的商业秘密，不仅会对单位的利益产生威胁，同时也将会损害会计人员自身的形象和利益。首先，会计人员是单位里的一分子，泄露单位的商业秘密后会使单位利益受损，单位的损失最终将会不同程度地反映到每位员工身上，会计人员因此也会身受其害。其次，泄露商业秘密属于违法行为，一旦查出，泄露秘密的会计人员将承担法律责任。最后，会计人员泄露商业秘密将对整个会计职业的社会声誉产生负面影响，使会计职业信誉“受到怀疑”，整个行业的利益将会蒙受损失。在这一点上，对注册会计师的影响尤其显著。注册会计师的工作特点决定了其有机会接触并知悉当事人大量的商业秘密。而注册会计师与当事人之间是一种委托关系，而这种委托关系的基础就是相互信任，只有当事人对注册会计师充分地信任，当事人才会积极配合其执业，将商业秘密毫无保留地告诉注册会计师。如果注册会计师不能够很好地保守商业秘密，甚至泄露了商业秘密，特别是上市公司的商业秘密，不仅严重损害了当事人的利益，而且对广大投资者、债权人、社会公众，甚至整个资本市场就会造成严重的后果，也会严重损害注册会计师在社会公众心目中的形象。

我国有关法律制度对会计人员保守秘密作了相关的规定。如《注册会计师法》第十九条规定“注册会计师对执行业务中知悉的商业秘密，负有保密义务”，《会计基础工作规范》第二十三条规定：“会计人员应当保守本单位的商业秘密。除法律规定和单位领导人同意外，不能私自向外界提供或者泄露单位的会计信息。”

任何商业秘密对特定的对象均具有重要的商业价值，可以带来巨大的经济利益。会计人员不仅要做到不在工作岗位以外的场所谈论、评价企业的经营状况和财务数据，而且要抵制住各种各样的利益诱惑，除法律规定或经单位规定程序批准外，不得以任何借口和形式向其他单位或个人提供单位内部的会计数据和相关资料。此外，会计人员也应保持必要的警惕，防止无意泄密。

3) 执业谨慎，信誉至上

诚实守信，要求注册会计师在执业中始终保持应有的谨慎态度，对客户和社会公众尽职尽责，形成“守信光荣，失信可耻”的氛围，以维护职业信誉。首先，注册会计师在选择客户时应谨慎，不要一味地追求营业收入，迎合客户的不正当要求，接受违背职业道德的附加条件。其次，注意评估自身的业务能力，正确判断自身的知识、经验和专业能力能否胜任所承担的委托业务。再次，严格按照独立审计准则和执业规范、程序实施审计，对审计中发现的违反国家统一的会计制度及国家相关法律制度的经济业务事项，应当按照规定在审计报告中予以充分反映。最后，在接受委托业务后，应积极完成所委托的业务，认真履行合同，维护委托人的合法权益，不得擅自终止合同、解除委托，不得超出委托人委托范围从事活动，以免当事人的利益受到损害。

7.2.3　廉洁自律

1. 廉洁自律的含义

“不受曰廉，不污曰洁”，不收受贿赂、不贪污钱财，就是廉洁。清廉是为政之本、为官之德。

"自律"，是指自律主体按照一定的标准，自己约束自己、自己控制自己的言行和思想的过程。其主要特征在于"律"，即将一定的具体标准作为具体行为或言行的参照物，进行自我约束、自我控制，使具体的行为或言论达到至善至美。

自律的核心就是用道德观念自觉地抵制自己的不良欲望。对于整天与钱财打交道的会计人员来说，经常会受到财、权的诱惑，若会计人员职业道德观念不强，自律意志薄弱，很容易成为权、财的奴隶，走向犯罪的深渊。

2. 廉洁自律的基本要求

会计活动直接涉及和影响国家、单位、投资者、债权人等各方的经济利益。如果会计人员不能做到清正廉洁，客观公正，其职业活动必然会损害或影响第三者的利益；如果会计人员在职业活动中不能严格自律、自我约束、抵制不正当的思想和行为，也难以做到客观公正、清正廉洁。廉洁自律是会计职业道德的前提，这既是会计职业道德的内在要求，也是会计职业声誉的"试金石"。

会计工作的特点决定了廉洁自律是会计职业道德的内在要求，是会计人员的行为准则。

会计职业自律包括两层含义：会计人员自律和会计行业自律。会计人员的自我约束，也即会计人员自律，是一个个体概念。会计人员的自我约束是靠其科学的价值观和人生观来实现的。可以说，会计人员自律是会计职业道德的最高境界，因为这是一种自觉的行为，无须强制。会计人员的自律是会计职业自律的基础和保证，每个会计人员的自律性强，则整个会计行业的自律性也强。但行业自律性强，不等于每个会计人员自律性都强。会计行业自律是一个群体概念，是会计职业组织对整个会计职业的会计行为进行自我约束、自我控制的过程。目前，中国会计职业的行业自律机制尚不健全，对违反会计职业道德的会计人员和会计师事务所惩处力度还不够。所以，必须建立健全会计职业团体自律性监管机制，确保会计职业的健康发展。

会计职业组织和会计人员的廉洁是会计职业道德自律的基础，而自律是廉洁的保证。会计人员必须既廉洁又自律，二者不可偏废。

会计职业的社会声望既关系到行业是否健康发展，也关系到会计从业人员的切身利益。会计职业声望高，说明社会对会计行业认可程度高。如果会计人员不能廉洁自律，必然会损害第三者的利益，人们就会失去对会计职业的信任。

专栏 7-2

国家自然科学基金委会计卞中贪污挪用公款案

2004年10月18日，北京市第一中级人民法院开庭审理国家自然科学基金委会计卞中贪污挪用公款一案。据检察机关查实，在过去的8年间，犯罪嫌疑人卞中在担任基金委财务局经费管理处会计期间，利用掌管国家基础科学研究的专项资金下拨权，采用谎称支票作废、偷盖印鉴、削减拨款金额、伪造银行进账单和信汇凭证、编造银行对账单等手段贪污、挪用公款人民币2亿余元。卞中的作案手段采用最多的便是退汇重拨和伪造进账单。从1995年作案至案发，他所有共计26笔贪污和挪用犯罪绝大多数以此法炮制。其案件的受害单位包括多家科研机构和一些著名高校，如南开大学、西安交通大学、上海交通大学、复旦大学、南京大学等。卞中曾经骄傲地向女友宣称自己是“中国首富”。他利用贪污、挪用的钱购买了多套豪宅和多辆高级轿车。

7.2.4 客观公正

1. 客观公正的含义

对于会计职业和会计工作而言，客观主要包括以下含义：一是真实性，即以客观事实为依据，真实地记录和反映实际经济业务事项；二是可靠性，即会计核算要准确，记录要可靠，凭证要合法。

对于会计职业和会计工作而言，公正主要包括以下含义：一是国家统一的会计制度，即会计准则、制度要公正；二是执行会计准则、制度的人，即公司、企业单位管理层和会计人员在履行会计职能时，要摒弃单位、个人私利，公正公平、不偏不倚地对待相关利益各方；三是注册会计师在进行审计鉴证时应以超然独立的姿态，进行公平公正的判断和评价，出具客观、适当的审计意见。

客观是公正的基础，公正是客观的反映。

2. 客观公正的基本要求

1) 端正态度

坚持客观公正原则的基础是会计人员的态度、专业知识和专业技能。

注册会计师进行审计的对象是被审单位的经济活动和会计资料，而这些审计对象都是经过单位会计人员加工过的二手资料和信息，因而要求注册会计师在执业过程中必须一切从实际出发，注重调查研究，对这些资料和会计信息进行鉴定。只有深入了解实际，才能求得主观与客观一致，做到审计结论有理有据。

2) 依法办事

依法办事，认真遵守法律法规，是会计工作保证客观公正的前提。当会计人员有了端正的态度和知识技能基础之后，他们在工作过程中必须遵守各种法律、法规、准则和制度，依照法律规定进行核算，并做出客观的会计职业判断。会计人员记账、算账、报账和进行财产清查，需要熟悉并依据《会计法》和《企业会计准则》等法律、法规和制度进行业务处理。注册会计师开展独立审计时，应依据《会计法》、《注册会计师法》以及独立审计准则等法律法规的规定实施审计活动。总之，只有熟练掌握并严格遵守会计法律法规，才能客观公正地处理会计业务。

3) 实事求是，不偏不倚

客观公正贯穿于会计活动的整个过程：一是会计核算过程的客观公正，即指会计人员在具体进行业务处理时，或需要进行职业判断时，应保持客观公正的态度，实事求是、不偏不倚；二是最终结果公正，是指会计人员对经济业务的处理结果是公正的。

客观公正，是会计工作和会计人员追求的目标，通过不断提高专业技能，正确理解、把握并严格执行会计准则、制度，不断消除非客观、非公正因素的影响，做到最大限度的客观公正。

会计职业特征是维护国家和社会公众利益。会计人员编制的财务会计报告与国家和社会公众的经济利益密切相关。

注册会计师对单位经济活动进行审计是一种社会监督，其职业特征也是维护国家和社会公众利益。注册会计师在进行职业判断时，将会涉及多方的利益，对这种复杂的利益关系处理绝不能采取折中的态度和方法。企业是集多方利益于一体的经营实体，企业管理层希望利润越多越好，投资者希望投资效果最佳但更需要掌握真实的信息以防范投资风险，潜在的投资者和债权人希望真实地了解企业的财务状况和经营成果。因此，注册会计师应始终站在第三者的独立立场上，不偏不倚地对待有关利益各方，不以牺牲一方利益为条件而使另一方受益，超然独立地对企业遵守会计准则、制度的具体情况进行客观公正的评价并做出恰当的审计意见。

4) 保持独立性

会计是经济管理工作的基础，这就要求会计核算要客观公正。会计人员是会计准则、制度的执行者。会计人员应以会计准则、制度为准绳，对实际发生的经济业务事项进行核算。真实客观是会计信息的本质要求。客观公正是会计职业者的一种工作态度。它要求会计人员对会计业务的处理，对会计政策和会计方法的选择，以及对财务会计报告的编制、披露和评价必须独立进行职业判断，做到客观、公平、理智、诚实。

保持独立性，对于注册会计师行业尤为重要。[①]

7.2.5 坚持准则

1. 坚持准则的含义

坚持准则，要求会计人员在处理业务过程中，严格按照会计法律制度办事，不为主观或他人意志左右。这里所说的“准则”不仅指会计准则，而且包括会计法律、国家统一的会计制度以及与会计工作相关的法律制度。会计法律是指《会计法》、《注册会计师法》；国家统一的会计制度是指，由国务院授权财政部制定发布或财政部发布的关于会计核算标准、会计基础工作以及会计人员管理的有关规定、制度和办法。会计人员应当熟悉和掌握准则的具体内容，并在会计核算中认真执行，对经济业务事项进行确认、计量、记录和报告的全过程应符合国家统一的会计制度，为国家、企业、债权人、投资人和其他相关当事人提供真实、完整的会计信息。

会计人员在进行核算和监督的过程中，只有坚持准则，才能以准则作为自己的行动指南，在发生道德冲突时，应坚持准则，以维护国家利益、社会公众利益和正常的经济秩序。注册会计师在进行审计业务时，应严格按照独立审计准则的有关要求和国家统一会计制度的规定，出具客观公正的审计报告。

现实中经常会出现单位、社会公众和国家利益发生冲突的情况。面对不同的情况会计人员应如何处理，国际会计师联合会发布的《职业会计师道德守则》提出了如下建议。

(1) 如遇到严重的职业道德问题时，职业会计师首先应遵循所在组织的已有政策加以解决；如果这些政策不能解决道德冲突，则可私下向独立的咨询师或会计职业团体寻求建议，以便采取可能的行动步骤。

① 关于注册会计师的职业道德规范，本书在第 5 章中专门作了阐述，本章不再赘述。

(2) 若自己无法独立解决，可与最直接的上级一起研究解决这种冲突的办法。

(3) 若仍无法解决，则在通知直接上级的情况下，可请教更高一级的管理层。若有迹象表明，上级已卷入这种冲突，职业会计师必须和更高一级的管理当局商讨该问题。

(4) 如果在经过内部所有各级审议之后道德冲突仍然存在，那么对于一些重大问题，如舞弊，职业会计师可能没有其他选择。作为最后手段，他只能诉诸辞职，并向该组织的适当代表提交一份信息备忘录。

我国会计人员如果遇到道德冲突时，首先要对发生的事件做出“是”、“非”判断，如涉及严重的道德冲突时，应对法律负责，维护国家和社会公众利益。

2. 坚持准则的基本要求

1) 熟悉准则

熟悉准则是指会计人员应了解和掌握《会计法》和会计制度及与会计相关的法律制度，这是遵循准则、坚持准则的前提。只有熟悉准则，才能按准则办事，才能遵纪守法，才能保证会计信息的真实性、完整性。

会计人员不仅要熟练掌握，正确领会会计法律法规、会计准则、会计制度，而且也应根据自己的实际需要，了解和熟悉与会计相关的经济法律制度，如税收、金融、证券、票据、合同等法律制度。此外，还要熟悉本部门、本单位内部制定的管理制度，如内部控制制度、财务管理制度等。只有熟悉准则，才有可能提高会计人员的守法能力，这是做好会计工作的前提。

2) 遵循准则

遵循准则即执行准则。准则是会计人员开展工作的外在标准和参照物。会计人员在会计核算和监督时要自觉地严格遵守各项准则、自律在先，同时也要求他人遵守准则，将单位具体的经济业务事项和经济行为与会计法律和国家统一的会计制度相对照，先做出是否合法合规的判断，对不合法的经济业务不予受理。在实际工作中，由于科技的发展和社会环境的变化，经济业务也在发展变化，会计业务日趋复杂，因而准则规范的内容也会不断变化和完善。这就要求会计人员不仅要经常学习、掌握准则的最新变化，了解本部门、本单位的实际情况，准确地理解和执行准则，还要在面对实际经济生活中出现的新情况、新问题以及准则未涉及的经济业务或事项时，通过运用所掌握的会计专业理论和技能，做出客观的职业判断，予以妥善地处理。

3) 坚持准则

市场经济是利益经济。在企业的经营活动中，国家利益、集体利益与单位、部门以及个人利益时常发生冲突。为了保证会计信息的真实性和完整性，明确单位会计责任主体，《会计法》规定，单位负责人对本单位会计信息的真实性和完整性负责。也就是说，单位的会计责任主体是单位负责人。会计人员坚持准则，不仅是对法律负责，对国家、社会公众负责，也是对单位负责人负责。

在实际工作中，会计人员坚持准则，行使会计监督职权时常会遇到挑战。一些单位负责人为了自身的利益或小集团的利益对会计人员施压，如果会计人员坚持准则，往往会受到单位负责人和其他方面的阻挠、刁难甚至打击报复。为了切实维护会计人员的合法权益，《会计法》强化了单位负责人对本单位会计工作和会计资料真实、完整的责任，改善了会计人员的执法环境。《会计法》还规定：会计人员必须按照国家统一的会计制度的规定对原始凭证进行审核，对不真实、不合法的原始凭证有权不予以接受，并向单位负责人报告；对记载不准确、不完整的原始凭证予以退回，并要求按照国家统一会计制度的规定更正。会计人员对违反《会计法》和国家统一的会计制度规定的会计事项，有权拒绝办理或者按照职权予以纠正。会计人员应认真执行国家统一的会计制度，依法履行会计监督职责，发生道德冲突时，应坚持准则，对法律负责，对国家和社会公众负责，敢于同违反会计法律法规和财务制度的现象作斗争，确保会计信息的真实性和完整性。

7.2.6 提高技能

1. 提高技能的含义

会计人员是会计工作的主体。会计工作质量的优劣，一方面受会计人员技能水平的影响，包括会计人员对会计原则、制度的理解、掌握的程度，对客观事物的判断能力等；另一方面受会计人员道德品行的影响，包括对会计工作的认识态度，工作作风，对道德冲突的正确解决等。会计人员的道德品行是会计职业道德的根本和核心，会计人员的技能水平是会计人员职业道德水平的保证。作为一名会计工作者必须不断地提高其业务技能，这既是会计人员的义务，也是做好会计工作的需要。

2. 提高技能的基本要求

提高技能，要求会计人员提高职业技能和专业胜任能力，以适应工作需要。职业技能，也可称为职业能力，是人们进行职业活动，承担职业责任的能力和手段。就会计职业而言，它包括会计理论水平，会计实务能力，职业判断能力，自动更新知识能力，提供会计信息的能力，沟通交流能力以及职业经验等。提高技能，是指会计人员通过学习、培训和实践等途径，持续提高上述职业技能，以达到和维持足够的专业胜任能力的活动。

会计专业理论主要包括会计原理、成本会计、管理会计、会计发展史、财务管理、审计理论以及相关的税收、金融、证券、法律知识等。

会计实务操作能力包括会计人员的专业操作能力、操作的创新能力等。

自动更新知识的能力，是指会计人员自己获取会计专业知识的能力，包括会计人员自觉地学习专业知识，学习时代发展的新知识，学习与会计相关的经济理论和法律知识，学习更新会计法律、制度知识的能力。

提供会计信息的能力，主要包括会计信息的收集、组织、处理和传输等技术能力。

沟通交流能力，是指会计人员在特定的环境下与他人相互交往与交流的能力，包括适应环境能力、吸收信息能力、表达能力。

职业判断能力，也是会计人员提高技能的一个重要方面。它是指建立在专业知识和职业经验基础之上的判断能力，而不是主观随意地猜测，是职业胜任能力的综合体现。职业判断需要职业经验来支撑。

职业经验，是职业实践的积累和升华。现实生活是复杂多变的，各个单位、各个不同的时期以及各种不同的环境条件下，经济业务的性质、会计处理的方式、方法都不尽相同。这不仅需要会计人员将所学的知识举一反三，还需要对实践进行总结提高。

会计之道，就是会计的职业技能和技术，没有娴熟的会计之道，会计之德也就失去了依托。因此，遵守会计职业道德客观上需要不断提高会计职业技能。

会计人员只有不断地学习，才能保持持续的专业胜任能力、职业判断能力和交流沟通能力，不断地提高会计专业技能，以适应我国深化会计改革和会计国际化的要求。

7.2.7　参与管理

1. 参与管理的含义

参与管理，简单地讲就是间接参加管理活动，为管理者当参谋，为管理活动服务。无论是管理论者还是信息论者，他们都揭示了这样一个命题，就是会计或会计工作并不能够直接进行企业生产经营活动的管理或决策。会计工作或会计人员与管理决策者在管理活动中分别扮演着参谋人员和决策者的角色，承担着不同的职责和义务。

会计人员在参与管理过程中并不直接从事管理活动，只是尽职尽责地履行会计职责，间接地从事管理活动或者说参与管理活动，为管理活动服务。

2. 参与管理的基本要求

会计人员要树立参与管理的意识，积极主动地当好参谋。经常主动地向领导反映经营管理活动中的情况和存在的问题，主动提出合理化建议、协助领导决策、参与经营管理活动，不能消极被动地记账、算账和报账。具体说，应积极主动做好以下几方面的工作。

(1) 努力钻研业务，熟悉财经法规和相关制度，提高业务技能，为参与管理打下坚实的基础。会计人员应当努力钻研业务，使自己的知识和技能适应所从事工作的要求。钻研业务、提高技能，首先要求会计人员要有扎实的基本功，做好会计核算的各项基础性工作，确保会计信息真实、完整。同时要充分利用掌握的大量会计信息去分析单位的管理，从财务会计的角度渗透到单位的各项管理中，找出经营管理中的问题和薄弱环节，提出改进意见和措施，把管理结合在日常工作之中。从而使会计的事后反映变为事前的预测分析，真正起到当家理财的作用，成为决策层的参谋助手。

(2) 熟悉服务对象的经营活动和业务流程，使参与管理的决策更具针对性和有效性。会计人员应当熟悉本单位的生产经营、业务流程和管理情况，掌握单位的生产经营能力、技术设备条件、产品市场及资源状况等情况，结合财会工作的综合信息优势，积极参与预测。根据预测情况，运用专门的财务会计方法，从生产、销售、成本、利润等方面有针对性地拟订可行性方案，参与优化决策。对计划、预算的执行，要充分利用会计工作的优势，积极协助、参与监控，为改善单位内部管理、提高经济效益服务。

7.2.8　强化服务

1. 强化服务的含义

强化服务是要求会计人员具有文明的服务态度、强烈的服务意识和优良的服务质量。

会计人员服务的态度直接关系到会计行业的声誉和全行业运作的效率，会计人员服务态度好、质量高，做到讲文明、讲礼貌、讲信誉、讲诚实，坚持准则，严格执法，服务周到，就能提高会计职业的信誉，增强会计职业的生命力；反之，就会影响会计职业的声誉，甚至直接影响到全行业的生存和发展。

强化服务的关键是提高服务质量。单位会计人员和注册会计师的服务内容各有侧重，其服务效果的表现也不同。单位会计人员服务的内容就是客观、真实地记录、反映单位的经济业务活动，为管理者提供真实正确的经济信息，当好参谋；为股东真实地记录财产的变动状况，确保股东资产完整与增值，当好股东的管家。因此，强化单位会计人员的服务就是真实、客观地记账、算账和报账，积极主动地向上级领导者反映经营活动情况和存在的问题，提出合理化建议，协助领导决策，参与经营管理活动。注册会计师(或会计师事务所)与委托人发生的经济交往关系就是一种服务与被服务的关系。因而，其强化服务的内容就是以客观、公正的态度正确评价委托单位的经济财务状况，为社会公众及信息使用者服好务。

会计职业强化服务的结果，就是奉献社会。如果说爱岗敬业是会计职业道德的出发点，那么，强化服务、奉献社会就是会计职业道德的归宿点。

2. 强化服务的基本要求

强化会计职业服务的基本要求就是会计人员要有强烈的服务意识，服务要文明，质量要上乘。

1) 强化服务意识

会计人员要树立强烈的服务意识，不论是为经济主体服务，还是为社会公众服务，都要摆正自己的工作位置。会计职业受社会尊重是因为会计职业在社会上的信誉高、服务质量好。会计人员要在内心深处树立服务意识，为管理者服务、为所有者服务、为社会公众服务、为人民服务。

文明服务要求会计人员做到态度温和，语言文明，尊重同事，尊重事实，谦虚谨慎，彬彬有礼，团结协作，互相支持。文明用语，礼貌待人，以理服人，是会计人员道德规范的基本要求。

会计工作是一个协作的工作，制单、记账、审核、报表、出纳、库存各个环节都紧密相连。任何一个环节出错或延迟，都会影响整个会计信息的真实、客观和及时地传输。因此，会计人员不仅要自觉地培养团结协作、互相支持的道德观念，并以此来规范自己的言行，而且还要严以律己、宽以待人；同时，要正确处理各部门之间以及上下级之间的关系。

2) 提高服务质量

质量上乘，并非无原则地满足服务主体的需要，而是在坚持原则、坚持会计准则的基础上尽量满足用户或服务主体的需要。服务不仅要文明，还要讲质量，更要不断开拓创新，利用会计数据、会计信息，满足不同对象的需要。

7.3 会计职业道德培养和教育

会计职业道德教育是指为了促使会计人员正确履行会计职能，而对其施行有目的、有计划、有组织、有系统的道德教育活动。

7.3.1 会计职业道德教育的意义

会计职业道德教育是公民教育的一个重要组成部分，其意义表现在以下几个方面。

1. 会计职业道德教育有利于提高会计职业道德水平

会计职业道德教育是根据会计人员从事的工作的特点，有目的、有组织、有计划地对其进行系统的职业道德培养，促使其形成优良的职业道德观念和良好的职业行为，最大限度地发挥好会计人员的主观能动作用。在市场经济条件下，会计人员处于多元利益主体的中心，肩负着客观公正处理各方利益的职责，需要按照会计职业道德的要求处理好各方面的利益关系。会计职业道德的形成，教育是根本。只有加强会计职业道德教育，才能使会计人员树立诚信观念，从心理上对职业道德规范有正确的认识；只有从总体上提高会计职业道德水平，会计信息才有可能真实可靠。

2. 会计职业道德教育有利于培养会计人员会计职业道德情感

会计职业道德教育是一种教育性道德影响活动，它通过一定的教育方式和方法，把会计职业道德观念灌输到会计人员的头脑中，逐渐培养其职业道德情感。会计职业道德情感的培养包括对会计职业的荣誉感、责任感的培养及对服务对象的热情等的陶冶。会计职业道德规范中的“爱岗敬业”即是会计职业情感的核心内容。会计人员对所从事的会计工作如果没有热情，不敬业，不热爱，见异思迁，就不会珍惜会计工作，维护会计职业的声誉，也难以做到刻苦钻研业务，忠于职守，主动更新业务知识，提高业务技能。因此，应通过教育手段，运用会计行业涌现出的先进模范人物的典型案例，晓之以理，动之以情，增强会计人员的荣誉感、责任感。

3. 会计职业道德教育有利于树立会计职业道德信念

我国社会主义市场经济的建立和发展需要有公正、公平的竞争原则，也需要人们发扬奉献社会、顾全大局、互相尊重、诚实守信等精神，而这些需要有高尚的社会公德和职业道德来维系，而好的会计职业道德信念的形成离不开会计职业道德教育。随着市场经济的发展，人们的观念也在不断变化。在会计领域，因对物质利益的过度追逐，致使一些部门、单位或个人账外设账、隐瞒收入、偷漏税款、损公肥私、贪污受贿等违法行为时有发生。针对经济生活中存在的上述问题，必须通过会计职业道德教育，培养会计职业情感，树立会计职业道德信念，引导会计人员加强自我修养，将法制的外在约束和道德的内在约束结合起来，共筑法律和道德的防线。

7.3.2 会计职业道德教育的内容

会计职业道德教育的内容主要包括以下几个方面。

1. 职业道德观念教育

《公民道德建设实施纲要》指出：“社会是进行公民道德教育的大课堂。党政各部门、社会各方面以及城市社区、农村基层组织在公民道德教育中，有着义不容辞的责任。要结合各自的工作职能，运用多种形式和手段，大力宣传基本道德知识、道德规范和必要礼仪，使之家喻户晓、人人皆知。”普及会计职业道德基础知识，是会计职业道德教育的基础，也是重要的一环。应广泛宣传会计职业道德基本常识，使广大会计人员懂什么是会计职业道德，它对社会经济秩序、会计信息质量有何重要影响；懂得一旦违反会计职业道德，除了受到良心和道义上的谴责外，还会受到行业惩戒和处罚。把会计职业道德教育同社会教育、学校教育、家庭教育结合起来。采取广播电视、报纸杂志等媒介普及会计职业道德知识，形成会计人员遵守职业道德光荣、不遵守职业道德可耻的社会氛围。

2. 职业道德规范教育

职业道德规范教育是指对会计人员开展以会计职业道德规范为内容的教育。会计职业道德规范的主要内容是爱岗敬业、诚实守信、廉洁自律、客观公正、坚持准则、提高技能、参与管理和强化服务等。这是会计职业道德教育的核心内容，涵盖的内容非常广泛，应贯穿于会计职业道德教育的始终。

3. 职业道德警示教育

职业道德警示教育是指通过开展对违法会计行为典型案例的讨论，给会计人员以启发和警示。根据不同的教育对象，选择一些违法会计行为的典型案例和违反会计职业道德行为的典型案例，开展广泛深入的讨论，从而可以提高会计人员的法律意识和会计职业道德观念，提高会计人员辨别是非的能力。

7.3.3 会计职业道德教育的途径

会计职业道德教育的途径主要有会计学历教育、会计继续教育和自我教育。

1. 会计学历教育中的会计职业道德教育

1) 会计学历教育在会计职业道德教育中的基础地位

在大专院校会计类专业就读的学生，是会计队伍的预备人员，他们当中大部分将进入会计队伍，从事会计工作。在大专院校的学习阶段是他们的会计职业情感、道德观念、是非善恶判断标准初步形成的时期，所以会计专业类大专院校是会计职业道德教育的重要环节，是会计人员岗前教育的主要场所，在会计职业道德教育中具有基础性地位。据统计，我国每年有10万名左右的学生进入会计队伍的行列。为保证进入到会计队伍的新鲜血液具有良好的职业道德观念，会计职业道德教育必须从会计学历教育抓起。在会计学历教育中开展会计职业道德教育，可以促使会计队伍预备人员将会计职业道德要求转化为内在的会计职业道德品质，把会计职业道德规范变成未来职业活动中遵循的信念和标准，从而对潜在会计人员职业道德水准起着基础性作用。

2) 会计职业道德教育在会计学历教育中的目标

会计学历教育不仅要对学生进行专业知识教育，而且也要对学生进行职业道德教育，使学生不断提高思想品质和道德情操，其具体目标主要包括以下几个方面：①使学生了解会计职业道德内容，树立职业道德观念；②使学生了解会计职业面临的道德风险，提高运用道德标准判断是非的能力；③培养学生树立会计职业情感和观念，为今后从事会计工作，并在职业活动中自觉遵守职业道德规范奠定基础。

3) 会计职业道德教育在会计学历教育中的措施

为了实现会计职业道德教育在会计学历教育中的目标，可以采取以下几个方面的措施。

(1) 设置“会计职业道德”课程。

(2) 开展会计职业道德建设活动。

(3) 进行会计职业道德教育效果的测试和评价。

2. 会计继续教育中的会计职业道德教育

会计人员继续教育是指会计从业人员在完成某一阶段专业学习后，重新接受一定形式的、有组织的、知识更新的教育和培训活动。继续教育是强化会计职业道德教育的有效形式。会计人员继续教育中会计职业道德教育的内容主要如下。

1) 形势教育

这是会计职业道德教育的重要内容。通过形势教育，让会计人员了解国家政治、经济、科技发展形势，正确理解党的路线、方针、政策，把握会计工作和理论发展趋势，引导会计人员正确认识会计职业，深刻领会会计工作在整个国民经济发展中的重要作用，立志改革，艰苦奋斗，脚踏实地地做好本职工作。教育的重点是要贯彻“以德治国”的重要思想和“诚信为本，操守为重，坚持准则，不做假账”的指示精神，进一步全面、系统地加强会计职业道德培训，提高广大会计人员的政治水平和思想道德意识。

2) 品德教育

这是最基础的会计职业道德教育，是会计职业道德原则和规范的必要补充。品德教育主要包括会计职业信念教育、会计职业义务教育、会计职业荣誉教育、会计职业尊严教育和会计职业节操教育。目的是培养会计人员热爱祖国、爱岗敬业、勇于创新、不断进取的良好品德。加强爱国主义、集体主义、社会主义教育，增强会计人员对党、对祖国、对社会主义制度的深厚感情，增强职业责任感和社会责任感，大力开展以为人民服务为核心、以集体主义为原则的社会主义道德教育，树立与社会主义市场经济相适应的道德观念和道德行为，正确处理国家、集体、个人三者的利益关系。教育的重点是引导会计人员自觉地应用会计职业道德规范指导和约束自身的行为，提高职业道德自律能力，最终形成良好的、稳定的道德品行。

3) 法制教育

我国所有的会计规范是以法律法规的形式制定、颁布和执行的。也就是说，会计人员是在会计法律法规的指导和约束下从事会计工作的，他们从事会计工作不仅承担法律责任，而且同样也享有法定权利。会计人员仅有良好的思想品德和勇于创新的精神是不能成为一名合格的、称职的会计工作者的，还必须要熟悉并了解不同历史时期的会计法律法规政策，会运用法律的手段处理会计事务。

3. 会计职业道德中的自我教育与修养

会计职业道德教育中的自我教育是会计人员继续教育的一种重要形式，会计职业道德品质的形成过程，最终是在会计人员自我教育中得到升华。会计职业道德教育要取得成效，不能脱离自我教育。自我教育是会计职业道德的职能和社会作用得以顺利实现的重要环节。其重要性表现在 5 个方面：一是有利于形成正确的会计职业道德认识；二是有利于进一步培养会计职业道德情感；三是锻炼坚强的会计职业道德意志；四是树立坚定的会计职业道德信念；五是能够养成良好的会计职业道德行为，从而凝结成会计职业道德品质。自我教育的内容主要有以下几方面。

1) 职业义务教育

会计人员自我教育的目的，就在于提高会计人员对本职工作社会责任的认识，使会计人员具有强烈的职业道德义务感，能做到在没有社会舆论压力、没有他人监督的情况下，都能很好地履行自己应尽的职业道德义务。会计人员职业道德义务和社会义务不完全等同，并不是所有社会义务都是道德义务。只有被会计人员无私地、自愿地接受，并同自己在工作中对社会、同事等的个人道德责任感有机地融合起来的社会义务，才能真正成为会计人员职业道德义务。会计职业客观地要求会计人员承担起本职工作对所服务对象，甚至对社会和国家的道德使命与职责，并在对道德使命与职责的深刻理解和体验中，产生一种职业义务感。

2) 职业荣誉教育

所谓荣誉，就是指人们履行了社会义务之后应当得到的道德上的褒奖和赞许。职业荣誉包括两个方面的含义：一是指一定阶段、一定社会用以评价各种职业价值的尺度；二是指职工对履行职业道德义务社会价值的自我意识。对于会计人员来说，个人荣誉的大小是由他履行职业道德责任的成绩决定的。这种荣誉是公正的、科学的、合理的。职业道德教育的一个重要任务就是要增强职业荣誉感，使会计人员能充分认识到本职工作的重要社会地位和真正的职业价值，从而逐步培养对自己所从事职业的自尊心、自爱心和廉耻感，并使之逐渐发展成职业光荣感、自豪感、幸福感。

3) 职业节操教育

节操，也叫志气、气节，反映的是政治上和道德上的坚定性与坚韧性。会计职业节操，就是要不畏压力，不为利诱，在任何时候、任何情况下都要诚信为本、坚持准则、廉洁自律，严格把关，尽职尽责，一尘不染。

7.3.4 会计职业道德修养

无论是职业道德规范，还是职业道德教育，都表现为外在的道德要求。它以职业义务为核心，表现为一定的应该负担的职业道德责任，并往往以政府行政监管、行业自律性监管和社会舆论监督作为后盾，体现出道德作用的他律性。这种他律教育灌输，是职业道德形成的不可逾越的首要阶段。它使从业人员将这种职业规则看做是外在的、不受内心支配的东西，而被动地去遵守、服从。在职业道德建设初期，这种遵守和服从是必要的，也有其合理性，因而应用也最为普遍。

但他律教育并不必然使这种外在要求转化为从业人员的内在要求，也难以让人们自觉地产生符合道德要求的道德行为和道德情感，它应该向以职业良心为特征的自律型职业道德发展。职业良心是对职业责任的自觉意识，是认识和情感、意志和信念的统一，它不仅会使从业人员表现出强烈的道德责任感，而且能够使其依据一定的职业道德原则和规范自觉地选择和决定其行为，成为从业人员发自内心的巨大精神动力，在从业人员的行为过程中起主导作用。实施这种转换的途径，就是开展会计人员的职业道德修养。

职业道德修养是指人们依照职业道德原则进行的自我教育、自我改造、自我锻炼、自我提高的活动。会计职业道德修养要求会计人员学习职业道德的知识，培养自己的职业情感，在履行义务时，克服困难障碍，磨炼职业道德意志，树立坚定的职业道德信念。只有具有坚定职业道德信念的人，才能有持之以恒、坚韧不拔的精神和对工作精益求精的态度，才能敢于排除一切干扰和阻力，以职业道德标准去鉴定、评价他人和本人职业道德行为的善恶。职业道德修养的最终目的，在于把职业道德原则和规范逐步地转化为自己的职业道德品质，从而将职业实践中对职业道德的意识情感和信念上升为职业道德习惯，使其贯穿于职业活动的始终。这种职业道德习惯是一个人职业道德高度自觉性的表现，是职业道德教育所达到的最高成就，此时，会计人员对职业道德规范的遵守，已成为自己的职业本能。

本章小结

会计职业道德是指在会计职业活动中应遵循的、体现会计职业特征的、调整会计职业关系的职业行为准则和规范。它是调整会计职业活动利益关系的手段，是对会计法律制度的重要补充，是规范会计行为的基础，是实现会计目标的重要保证，同时也是会计人员提高素质的内在要求具有相对稳定性和广泛的社会性的特征。

会计职业道德规范主要包括 8 项内容：爱岗敬业；诚实守信；廉洁自律；客观公正；坚持准则；提高技能；参与管理；强化服务。

树立正确的职业道德观念，培养优良的会计职业道德习惯，是对每一个从业人员的基本要求。会计职业道德教育主要包括职业道德观念教育、职业道德规范教育和职业道德警示教育等内容，具体可以通过会计学历教育中的会计职业道德教育、会计继续教育中的会计职业道德教育和会计职业道德中的自我教育与修养来进行。

习　　题

一、思考题

1．什么是会计职业道德，它有哪些作用？

2．阐述会计职业道德规范的主要内容及要求。

3．如何才能树立正确的会计职业道德观念？

4．怎样培养优良的会计职业道德习惯？

二、案例题

1．资料一

据《大连晚报》2006 年 2 月 15 日转载《南京晨报》的报道《新任“老实”会计三天吞 38 万公款》。

平时领导面前老实敬业的记账员，在出纳会计请假时，代为保管公司的银行卡和存折、现金。可就在上任第三天，这位表面“老实”的会计一口吞下 38 万公款，用两年多时间游山玩水，独自一人体验了一把“有钱人”的生活。

王林，37 岁，安徽六安人。事发前，他担任南京某有限责任公司的记账员，公司领导对王林的工作一直比较满意。2003 年 7 月 26 日，公司财务部出纳会计因家务事请假。领导临时决定由平时表现不错的王林暂时代理出纳会计一职，正是这样一个轻率的决定，让公司付出了惨重的代价。

2003 年 7 月 29 日，财政大权在握的王林，在担任代理出纳会计的第三天，就利用自己代为负责保管的金穗卡、中国工商银行活期存折及现金支票，从银行提取了 31.6 万元现金，加上公司收取的 7 万余元货款现金，在短短一天时间内，38.6 万余元现款被王林装入自己腰包。

王林在携款外逃的两年 3 个月的时间里，一个人游山玩水，去过青岛、大连、上海、苏州、无锡、浙江等地，每次都住高档酒店，常流连在高级酒吧、夜总会等消费场所，一到夜幕降临，就是他一掷千金奢靡买醉的时刻。两年中，他没回过一次家，也从没有向家里寄过一分钱，独自一人将 38 万余元赃款挥霍殆尽，体验了一把“有钱人”的生活。2005 年 10 月 12 日，王林终于在北京被抓获。经法院一审判决，王林犯职务侵占罪判处有期徒刑 8 年，没收财产 10 万元，其用赃款购买的 SONY 数码照相机被退还公司。

问题：

分析王林行为的危害，说明会计职业道德的重要性。

2. 资料二

据2002年7月1日《长江日报》报道，武汉某高等院校一大学讲师曾在大学生课堂“吹嘘”了两年多的“做假”经验，将自己在社会做“兼职会计”时的假账手法“传授”给学生。

该讲师出入有车，除了学校的房子，在汉口还有一栋别墅，该讲师有注册会计师(CPA)证，给私营企业老板做账，同时又给该校大二学生讲授财务管理。

该讲师在课堂上对学生大讲自己实战经历：如何利用有关会计制度漏洞，什么时候将利润做高，什么时候做低，高多少为宜，低多少为妙，如何为老板从银行获得300万元的贷款。

他在课堂分析要向银行贷款，最重要的是企业要有良好的收益。如何做出收益，要根据贷款计划书中的资金流量、公司发展运行概况、负债率三项要求来考虑做账，利用各种技术处理，把负债率降低；资产很大，就虚增利润，直到达到要求。这样的讲述随着年级推移，影响了该校大二、大三经济专业的学生。

问题：

高校应当如何加强大学生的职业道德教育？

3. 资料三

2002年4月中旬，有关媒体报道了黑龙江商学院会计系的一个祖籍山东阳谷的本科毕业生，人们称之为“反假斗士”的刘士泉。他毕业4年换了4家单位，都是因为对做假账坚决说“不”。他也因此成为不被企业领导欣赏的会计。

该学生常说：“我感觉疲惫，在谋生与守法间做出选择太难。几年来，最让我感到失望的就是企业诚信。”他有时候也想，假如自己留在先前公司做假账，也许会做得很好，也不至于沦落到今天这个地步。

此外，有些反假会计还受到威胁和恐吓，被炒鱿鱼、穿小鞋，甚至被调离原工作岗位，打入冷宫。

就毕业大学生不愿做假账跳槽一事，记者对武汉部分高校大学生进行了调查，被调查者说：毕业意味着做假账是不争的事实，但自己如果能有其他的谋生手段，还是愿意对得起“良心”。有学生表达了如果真的承受不了做假账的道德底线，自己会选择跳槽或者转行，甚至暂时性失业。

中南民族大学管理学院会计专业2000级女生林枚(化名)说，如果公司要我做假账，一时很难讲，这在会计行业是心照不宣的事，口口声声不做，你那么有原则，那总得活下去，领导说你不听话，轻的发配做记录，重的将你扫地出门，你肯定不会得到重用。

林枚说，听说会计一般要做3本账：一本给老板看，一本给税务看，一本给审计看。

林枚说，听说注册会计师不受老板约束，而且“注会”做假账的比较少，很想考“注会”，但“中奖率”很低，今后为保住“饭碗”也许会屈从，如果自己能不受制于人，是不会从事会计职业的。

中南财经政法大学会计学院大三学生周月(化名)则说，选择会计专业不后悔，即使一些单位提出不合理的要求，我还是会根据自己的底线来处理。

一名牌大学会计专业毕业生说，老师讲课曾有个精辟“见解”：只要做假账，就有“破绽”。为什么很多会计还在做假账，就是在学校缺乏诚信方面的教育……抵制假账出路在哪里？

中南民族大学会计专业一大二学生称：“如果拒做假账，单位给小鞋穿，个人生存、发展空间受阻，我想很多人都会屈服。”

2002年6月11日，中南财经政法大学会计学院2002届毕业生发出倡议书——诚信待人，辐射社会；慎思笃行，恪守诺言。

此前，武汉工业学院经贸管理学院2002届毕业生已率先宣誓不做假账。

(资料来源：摘自《长江日报》，2002年7月1日)

问题：

大学生的困惑带给人们哪些思索？

第8章

资本市场信息披露规范

教学目标

掌握资本市场信息披露的意义，了解资本市场会计信息披露的发展简史，理解资本市场会计信息披露的各种理论内涵，熟悉并掌握我国资本市场会计信息披露的规范体系及具体要求。

教学要求

知识要点	能力要求	相关知识
信息披露与资本市场	(1) 理解信息披露与资本市场的关系 (2) 掌握资本市场信息披露的意义	(1) 信息、信息披露与资本市场 (2) 资本市场信息披露的意义
资本市场会计信息披露	(1) 了解资本市场会计信息披露的发展简史 (2) 熟悉我国上市公司信息披露的结构	(1) 资本市场会计信息披露的4个发展阶段 (2) 我国上市公司信息披露的结构
资本市场会计信息披露理论	理解资本市场会计信息披露的理论	(1) 有效市场假说 (2) 信息不对称理论 (3) 博弈论 (4) 自愿披露与强制披露
资本市场信息披露规范	(1) 熟悉我国资本市场会计信息披露的规范体系 (2) 掌握我国资本市场会计信息披露规范关于年度报告、中期报告以及临时报告的具体要求	(1) 我国资本市场会计信息披露的规范体系 (2) 年度报告、中期报告和临时报告规范

引　例

顾雏军案终审维持原判

2009年4月9日，广东省高级人民法院对广东科龙电器股份有限公司原董事长顾雏军案做出终审裁定，驳回上诉、维持原判。

2008年1月30日，广东省佛山市中级人民法院对该案做出一审判决，顾雏军因犯有虚报注册资本罪，违规披露、不披露重要信息罪，挪用资金罪，被判决执行有期徒刑10年，并处罚金680万元。顾雏军、姜宝军、刘义忠等五人不服，向广东高院提出上诉。

广东高院二审查明，2001年11月，顾雏军为收购科龙电器法人股，成立了注册资本为12亿元的顺德格林柯尔企业发展有限公司。其中，顾雏军无形资产出资占注册资本总额的75%，而当时公司法规定无形资产出资不得超过注册资本的20%。2002年4月，工商部门不予顺德格林柯尔年检。为将无形资产降到法定比例，顾雏军指使刘义忠等人通过来回转账的方式制造了天津格林柯尔向顺德格林柯尔投资6.6亿元的假象，并提交虚假资料通过会计师事务所的验资，从而骗取了原顺德市工商局对顺德格林柯尔的变更登记。

另查明，2000年和2001年，科龙电器连续两年亏损，被证交所戴上“ST”的帽子。为防止科龙电器在2002年继续亏损而退市，2002年至2004年间，顾雏军指使姜宝军等人以加大2001年的亏损额、压货销售、本年费用延后入账、作假废料销售等方式虚增利润。2003年，顾雏军还指使成立了两家公司专门来操作压货销售增加利润额。通过这些措施，科龙电器2002年、2003年公布的虚假财务报告显示，其利润分别达1亿余元、2亿余元。

法院还查明，2003年，顾雏军为收购扬州亚星客车股份有限公司，指示张宏等人以顾雏军父子的名义申请设立注册资本为10亿元的扬州格林柯尔创业投资有限公司。为筹集8亿元的现金出资，顾雏军指示以江西科龙、江西格林柯尔为操作平台，调拨8亿元资金经天津格林柯尔转入扬州格林柯尔。2005年3月至4月间，顾雏军、姜宝军在未经扬州亚星客车董事会同意的情况下，起草了《付款通知书》，要求扬州机电资产经营管理有限责任公司将应付给亚星客车的股权转让款及部分投资分红款共6300万元支付到扬州格林柯尔的账户。

广东高院终审认为，顾雏军、刘义忠、姜宝军、张细汉等8人分别构成虚报注册资本罪，违规披露、不披露重要信息罪，挪用资金罪。原审判决事实清楚、证据确实充分、定罪准确、量刑适当、程序合法，依法裁定驳回上诉，维持原判。

思考：

1. 查阅相关资料，了解顾雏军案的始末，指出本案例中判决的合理、合法性。
2. 谈谈你对资本市场会计信息披露合规性的认识。

顾雏军案并不很复杂，但是很有影响。因为案件的主人公当年和香港中文大学的学者郎咸平教授围绕国有资产流失问题，有过交锋，在国内形成了“挺顾派”和“挺郎派”。其实，中国有两句大家所熟知的成语——“口说无凭”和“白纸黑字”，口水仗终究在事实面前要见分晓，“改革”不是为所欲为的托词，顾雏军之流违规经营，不按规范披露会计信息，终会受到法律的严惩。从十几年内不断出现上市公司虚假会计信息披露的大案要案以及网络披露的疑似案件中，我们得到一个深刻的认识：资本市场上的信息披露必须符合规范。

8.1 信息披露与资本市场①

8.1.1 信息、信息披露与资本市场

1. 信息与资本市场

1) 信息的含义

信息，英文为“information”，该词源自拉丁文“informare”，有“通知”、“报告”等含义。信息本身是非实体的，必须依附于一定形式的物质即信息载体，在证券市场中信息的载体主要是说明书、报告、公告等有关的文件。1993 年 6 月中国证券监督管理委员会(以下简称“证监会”)发布的《公开发行股票公司信息披露实施细则(试行)》第四条规定：“必须公开披露的信息包括招股说明书、上市公告书、定期报告和临时报告等。”很明显，《披露实施细则》所指的“信息”其实是信息载体，事实上，信息具有丰富的外延。各国法律一般都赋予证券监管机关一定的裁量权，即在特定的条件下决定信息披露的范围、要求公司做进一步说明的权力。

2) 信息在资本市场中的地位

资本市场与一般的商品市场不同，它本质上是一个信息市场。信息在资本市场中处于枢纽和核心地位，这可以从两个方面来理解。

首先，资本市场运行机制的实质，就是信息的流动机制。这是因为：证券发行公司从投资者手中获得融资，就要对投资者负责，表现为发行公司的信息披露，在证券交易市场上投资者行为是对公司信息的消化和反映；证券交易市场上投资者的交易行为不仅是对公司披露信息的反映，更是对宏观经济基础信息的反映，因为这些信息会对公司的经营和赢利能力产生根本性影响，并最终将反映在股票价格和股指上。证券信息传递如图 8.1 所示。

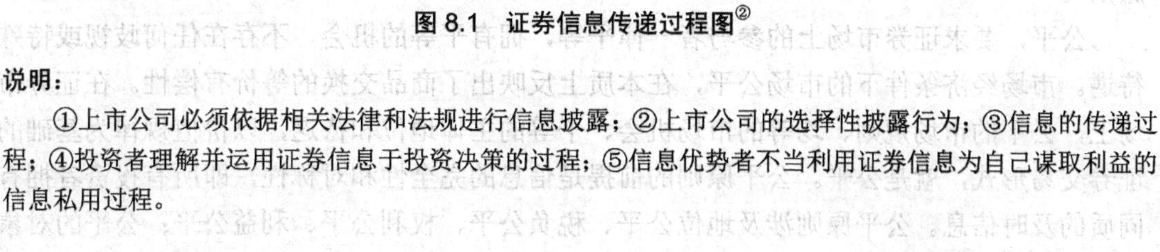

图 8.1 证券信息传递过程图②

说明：

①上市公司必须依据相关法律和法规进行信息披露；②上市公司的选择性披露行为；③信息的传递过程；④投资者理解并运用证券信息于投资决策的过程；⑤信息优势者不当利用证券信息为自己谋取利益的信息私用过程。

---

① 本节部分内容录自蒋顺才，刘雪辉，刘迎新. 上市公司信息披露[M]. 北京：清华大学出版社，2004：6-10，30-40.

② 尹晨. 探寻阳光下的理性繁荣——中国证券市场信息监管研究[M]. 南京：南京大学出版社，2004：4.

其次，从证券市场的经济功能看，其根本功能就在于信息功能，一般来说，证券市场有直接融资、企业监控、资源配置三大经济功能。深入分析会发现，三大经济功能都是证券市场信息功能的外在经济表现。直接融资的效率取决于证券市场信息功能的完善与否；证券市场对企业评价与监控的有效性取决于股票价格的有效性；股票价格的有效形成取决于信息对价格的形成机制；如果股票价格的信息含量较高，投资者根据股票信息所做出的投资决策就会引导资金及资源向需要融资的公司流动，其实质就是资源的有效配置。

2. 信息披露与资本市场

披露是通过一定的媒介载体向社会公众发表或公布他人尚未得知的信息。英文为“disclosure”，又可译为“公开”、“公示”等。因而信息披露制度又称为“信息公开制度”、“信息公示制度”、“公开披露制度”。日本学者又将其称为“企业经营内容公开”，尽管称谓有所不同，其实质内容都是指证券发行公司于发行与流通诸环节中，依法将与其证券有关的一切真实信息予以公开，以供投资者作证券投资判断参考的法律制度。

信息是证券市场的枢纽与内核，证券市场中的信息纷繁复杂。有的学者将证券市场信息分为两类，即披露信息和反映信息。凡是能对股票市场产生影响的信息都可以归为信息披露的范围，包括政策、法规信息、上市公司信息、新闻中介信息、证券经营机构信息等；狭义上讲，披露信息是指法律强制性要求上市公司披露的信息，这种狭义上的信息是研究的重点。另一类是反映信息，是那些股票价格消化吸收了诸多能引起股价变动的因素而反映出来的信息，包括股价对公司经营状况的反映和股指对国民经济综合水平的反映。由此可以看出，披露信息具有事前性，反映信息具有事后性。

8.1.2 资本市场信息披露的意义

Samuel Johnson 曾经说过：“秘密或者神秘开始的地方，堕落或者欺诈已经离我们不远了。”① 从信息披露制度的实际效用出发，确立信息披露制度在资本市场上的核心地位具有重要意义。

1. 信息披露制度体现证券市场的“三公”原则

我国《证券法》第三条指出，“证券的发行、交易活动，必须实行公开、公平、公正的原则”。

公平，要求证券市场上的参与者一律平等，拥有平等的机会，不存在任何歧视或特殊待遇。市场经济条件下的市场公平，在本质上反映出了商品交换的等价有偿性。在证券市场上，公平的市场规则、均等的市场机会、平等的主体地位和待遇，以价值规律为基础的证券交易形式，就是公平。公平原则的前提是信息的完全性和对称性，即所有投资者拥有同质的及时信息。公平原则涉及地位公平、税负公平、权利公平、利益公平；公平的对象主要是社会公众，也包括其他市场参与主体。机会均等和公平竞争是证券市场正常运行的前提。

① 转引自齐斌．证券市场信息披露法律监管[M]．北京：法律出版社，2000：1．

公正，要求证券监管者公正无私地进行市场管理和对待市场参与者。公正原则的内容包括立法公正、执法公正、仲裁公正。公正原则是以法律框架实现市场所有参与者之间的平衡与秩序的关键，并构成对管理者、立法者、司法者权利的赋予与制约。

公开，要求证券市场上的各种信息向市场参与者公开披露，任何市场参与者不得利用内幕信息从事市场活动。公开原则是实现市场公平和公正的必要条件，也是证券法律的精髓。正如美国著名法学家布兰代斯在其著作《别人的钱》中所描述："公开原则有如太阳，是最佳的防腐剂；有如电灯，是最有效的警察。"公司一旦如实公开自己的真实情况，就得接受社会大众的监管，而不愿去做那些使自己陷入困境的事。

信息披露制度有利于上市公司自身改善经营管理，防治证券市场中的不法行为，促进上市公司业务开展。为了筹资上市和进行市场竞争，发行公司必然要争取以最佳的形象出现在社会上，并时刻受到广大股东和社会公众的监督，这就促使其全面加强经营管理，提高经济效益，自我约束、自我完善。

专栏 8-1

公平披露法规①

2000 年 8 月，美国证券交易委员会(SEC)通过选择性披露和内线交易法规，旨在规范上市公司披露非公开实质性信息的原则和程序，同时也重新确立有关内线交易规定的一些原则。由于它是第一部试图确保所有投资者公平地同时获得上市公司信息的法规，通常也被简称为公平披露法规。

公平披露法规，顾名思义就是规范上市公司的非公开实质性信息的披露行为，确保对于所有投资者都公平的方式。公平披露法规有两个基本的披露要求。第一，上市公司或者任何代表公司的人员的任何有意识披露的实质性非公开信息都必须以向大众公开的方式或者同时向其他所有人士开放的公开沟通方式进行。所谓有意识披露指在信息披露之前，披露者知道或者应该知道(不知道的话则属于疏忽)他所要沟通的信息为实质性和非公开的信息。第二，如果上市公司发觉它已经无意识地选择性披露了实质性非公开信息，则它必须迅速地向大众公开这一信息。"迅速"一词指尽一切合理可行的手段立即披露，但绝不能超出 24 小时(如果无意识的选择性披露发生在星期五，作为特例，SEC 允许上市公司在下星期一的同一时间之前向公众公开信息)。

2. 信息披露制度是投资决策的前提

投资者只有对证券发行公司不断变动的财务、经营等状况有全面真实的了解，才能据以做出理性的投资决策，实现预期投资收益。如果只有少数知情人知悉公司经营状况的变化，他们可以利用预先获知的信息从事非法的投机活动，操纵市场，扭曲市场信号，攫取暴利，使一般投资者因为信息的劣势而致利益受损。因此，应当排除一切旨在引起证券价格剧烈波动的人为操纵因素。最有效的办法就是消除证券市场的信息垄断、封锁，使投资者能公平合理地获悉有关公司的信息。可见，信息披露制度是投资者决策理性的前提。

① 吴谦立．公平披露：公平与否[M]．北京：中国政法大学出版社，2005：1，74．

3. 信息披露制度是中小投资者的利益保障基础

在证券市场上，发行公司与证券经营机构居于主动强者的地位，极易形成对市场交易信息的垄断；而投资者处于弱者的地位，如果没有信息披露制度，很难获得其正常投资所需的充分信息。虽然有的公司愿意主动披露信息，但不能排除虚假的可能，有的公司甚至虚张声势，故意传播虚假或者误导性信息，诱使投资者上当受骗。这种不公平、不合理的状况，将威胁到公众对证券市场的信心乃至退出证券市场，从而危及证券市场的存在。所以，投资者作为证券市场中的“上帝”，需给予特殊保护。而信息披露制度要求发行公司全面、真实、准确、及时地披露影响其证券价格的一切重要信息，使投资者在平等的条件下获取信息，弥补其弱势地位。这是防止内幕交易和证券欺诈行为，保护投资者的关键。对此，SEC 曾于 1963 年证券市场特别报告中，以“为大众所持有的证券发行人的义务”为题，做如下论述：“联邦证券立法的全部构造中枢，在于企业内容的公开。利用有关其即将投资或已投资证券的适当的财务状况资料或其他信息，使投资者能做出明智的投资判断，同时也是防止证券欺诈的最好方法。”

4. 信息披露制度是证券市场监管的核心

证券监督管理机构通过对证券发行人公布的信息资料进行监督和审查，如实反映上市公司资产和收益质量，维护投资者利益，使投资者对证券市场充满信心，促进证券市场高效运营，更好地发挥证券市场对整个国民经济的促进功能。从证券监管的实践来看，信息披露制度也是每一个国家证券监管制度不可分割的组成部分，世界上任何一个国家的证券法规都赋予证券产品的发行者在发行证券产品时以及发行证券产品后某种持续性信息披露的义务，即一切已经上市的和即将募股上市的股份有限公司都负有公开、公正、公平、及时地向全体投资者和潜在的投资者披露一切有关其公司重要信息的持续性责任。可见，信息披露制度是以法律制度的形式制定的一种证券市场游戏规则，是证券产品的发行者所必须承担的义务，也是整个证券市场监管制度的核心。

8.2 资本市场会计信息披露

8.2.1 资本市场会计信息披露的历史发展

信息披露起源于复式簿记，在其漫长的发展变迁中大致历经了账簿披露时代、财务报表披露时代、财务报告披露时代以及多层次信息披露时代 4 个阶段。一般认为，前两个阶段为会计信息披露阶段，而第三个阶段财务报告披露时代，因为披露内容中增加了非会计数据信息，因此称之为财务信息披露阶段。第四个阶段则在定期报告披露的基础上增加了临时披露的内容。

1. 账簿披露时代

复式簿记起源于意大利。在 12～15 世纪的意大利，会计信息披露进入账户时代，曾先后经历了“佛罗伦萨式”簿记、“热那亚式”簿记和“威尼斯式”簿记 3 个阶段。在这一时期，信息披露主要采用账簿披露的方式进行，见表 8-1。

表 8-1　账簿披露 3 个发展阶段比较

阶　段	记账方法	记账对象	记录形式
“佛罗伦萨式”簿记	转账	仅限于债权债务(人名账户)	叙述式(借贷上下连续登记)
“热那亚式”簿记	复式	债权、债务(人名账户)，商品、现金(物名账户)	左借右贷账户对照式(两侧型账户)
“威尼斯式”簿记	复式	债权、债务、现金(人名账户与物品账户)，损益与资本(损益账户与资本账户)	账户式

12 世纪，佛罗伦萨的商业十分发达，造就了一批资产规模达到足够在外地开设分支机构的家族企业，商人们开始将经营活动延伸到世界各地，造成经营者和所有者在空间上的分离。为了解和监督外地分支机构的财务状况，所有者要求分支机构汇总会计数据并定期向总部提供以文字叙述为主的总账，以反映其经营状况及财产状况，这就是会计信息披露的最早原因。这个时期，由于分支机构无论在所有权上还是在管理上完全从属于总部，所以会计信息的披露还是一种内部的会计行为，披露没有格式，也没有特定的范围，事实上只是将分录账的记录抄到总账账户，而不是对数据进行整理。其内容主要包括给予者、收受者、给予物以及接受物 4 个部分。

14 世纪“热那亚式”簿记的主要特征为官厅簿记，在这种簿记模式下，会计披露的内容发生了一些变化。热那亚市政厅长官为了掌握市政财务收支情况，成立了专门机构，具体负责财务收支的记录与汇报工作。汇报(即会计披露)采用文字叙述方式，其结构大致包括日期、每笔经济业务的性质、相关者、金额、与其他总账的对照检索等。

15 世纪“威尼斯式”簿记的形成得益于短期冒险合伙交易的发展，作为出资者的投资合伙人将商品委托给执行合伙人，这些执行人冒着航海的危险进行海外贸易，返回时再作详细的报告。执行合伙人设置航海账户，投资人设置商品账户，每次航海结束后执行合伙人向投资人披露航海账户，并与投资人的商品账户进行比较，以确定损益。由于不同的航海其成功的概率不同，所以会计披露以每次交易为对象进行。这个时期，会计信息的披露开始形成一定的格式，但仍然没有特定的范围，也并不存在定期报告的实践。

2. 财务报表披露时代

当会计职业者出现后，会计的理论研究逐渐兴起，会计再也不是处于简单无序的实务摸索阶段，会计作为一门学科，开始了系统的创新过程。就世界范围来看，这一时期信息披露先后经历了几次大的变革，这一变革也是从意大利开始的。

1494 年，卢卡·帕乔利所著的《算术·几何·比与比例概要》一书在威尼斯正式出版，这是最早的系统论述复式簿记的经典著作。他在书中强调了编制“财产盘存目录”的重要性，认为财产目录是簿记记录的出发点。同时他还指出，可以通过“试算表”来反映财产目录而不是直接通过账户本身向使用者提供会计信息的思想。会计学术界普遍将此作为研究和探讨会计思想与会计理论发展最合适的起点，标志着会计信息披露报表时代的开端。

财产盘存目录和试算表的思想迅速从意大利传播到欧洲大陆，并有了新的发展。德国人施瓦茨在《簿记第一手记》和《第二手记》中改进了帕乔利的试算表。他认为，“试算表”

只是一种验证分类账账户余额正确与否的手段，而一种用于排列所有总账的借方余额和贷方余额的账户——余额账户则能够提供会计主体经营损益和财务状况的有关信息，这是信息披露实践的又一重大创新。

与德国人相比，荷兰人当时对会计的研究则更有成效。荷兰会计学者西蒙·斯蒂文在《数学惯例法》中提出编制“资本状况表”，该表将资产与负债并列，并通过期末、期初资本余额的比较，确定会计期间的净收益。与此同时，为了检验“资本状况表”的正确性，斯蒂文提出应将虚账户的余额进行汇总并编制“损益证明表”。“资本状况表”和“损益证明表”已经具备了现代资产负债表和损益表的基本雏形，这为信息披露方式由账簿披露向财务报表披露转变提供了必要的理论支持。

应该看到，信息披露的实践虽然先后经历了上述几次转变，但这些都仅仅是对原有账簿披露方式边际的、局部的调整。会计信息披露实践的真正变革发生于19世纪。在英国产业革命的推动下，企业的组织形式得到创新，出现了大量公司制企业，公司制特别是股份公司的产生推动了信息披露的根本变革。公司制的出现，使得经营权和所有权真正分离，同时，在股份公司制下作为所有者的股东不再是具体的某个人，股东可以随时出售自己的股份而失去其股东的身份，反过来，任何人都可以方便地通过购买股份而成为公司的股东。这就使得股份公司的会计信息的披露不再是针对某些特定的人，而是针对股东或潜在的股东。简而言之，股份公司有了对社会披露会计信息的义务，会计信息的披露才能真正成为对外披露。

为满足社会对会计信息的需求，1844年英国颁布了《公司法》，对会计信息披露的形式——资产负债表做出了明确的规定；随后于1856年修订的《公司法》又对资产负债表的标准格式予以规范，从此，会计信息披露全面进入财务报表披露时代。

1) 资产负债表时代(19世纪中叶至20世纪20年代)

在这一时期，会计信息披露是通过会计信息生产者向会计信息使用者提供资产负债表的方式来实现的，当时之所以采用该会计信息披露模式，是外部环境因素影响的结果。

(1) 外部使用者对资产安全保障的关注。投资者首先关注的是自己所投入资产的安全性问题。在此前提下，他们才会进一步考虑资产的收益性问题，这就决定了投资者必然倚重资产负债表所披露的信息；20世纪20年代以前，由于股东缺乏有效的途径实施对企业的监管，银行家成为对企业施加影响的最重要的外部人。出于债权人地位的需要，银行家强调资产的安全性，关注企业的偿债能力。通过资产负债表，银行家可以及时获取企业资本结构、偿债能力的相关信息，并对其相应债权的安全度做出评价；供应商通过比较、分析资产负债表中有关往来项目，可以对企业信用状况做出评价，进而选择不同的结算方式。

(2) 政府对资产负债表的重视。那个时期，政府主要借助资产负债表实现其征税目的，而财产税是主要的税种。政府也借助资产负债表加强对企业的管制。整个社会都比较重视资产负债表，当然资产负债表也就成为那个时期会计信息披露的中心。但是就不同地区和国家而言，对资产负债表的不同部分侧重点则有所不同。英国侧重于流动性较大的流动资产，而美国比较重视长期资产的价值。

(3) 利益冲突各方对资产负债表的依赖。合伙人与合伙人、债权人与债务人、所有者与经营者、所有者与债权人、企业兼并者与被兼并者之间经常会发生矛盾和冲突。这种矛盾和冲突集中表现在资产计价和财务责任的公平分摊方面。为了协调各方面的矛盾，就必然依赖资产负债表所提供的信息。

2) 损益表时代(20 世纪 30 年代至 70 年代)

进入 20 世纪，世界经济中心转移到美国，会计的发展中心也随之转移。会计理论有所发展，美国会计环境发生了重大变化，导致信息披露的重心由资产负债表转向损益表。

(1) 会计理论的发展。20 世纪 30 年代，随着对会计理论研究的深入，以迪克西为首的一大批会计学家注重持续经营假设。在这个假设下，人们对资产安全性的重视让位于对资产营利性的重视，认为企业的价值不在于其资产的历史成本，而在于其资产的未来营利性。

(2) 企业主要筹资方式发生变化。20 世纪 30 年代以后，美国企业的主要筹资方式由银行贷款融资转向通过发行股票和长期债券融资。由于长期证券的安全保障更多地取决于企业的赢利能力，投资者对损益表的关注就成为必然结果。例如，人们确立了折旧是成本费用化的过程，而不是对资产的重新计价。

(3) 政府对股利分配政策的管制。为了防止企业将资产重新计价所获得的盈余用于发放股利，美国政府在 20 世纪 30 年代做出规定，企业股利的发放限于经营盈余，严禁将资产重估计价所产生的盈余作为计算股利的依据，这一规定促使报表使用者越来越多地关注企业赢利，进而将注意力由资产负债表转向损益表。

(4) 所得税征收对收入实现原则的依赖。与资产负债表时代的确立一样，在损益表时代的确立过程中，税法也起了不可或缺的作用。第一次世界大战以后，所得税逐步发展成为政府财政收入的主要来源之一。为了正确、及时地计算企业应纳税所得额，以美国为代表的各国政府改变了原来以年初、年末资产盘存余额为基础确定收入的方法，开始在税收实践中推广收入实现原则，经营者与税收当局关注的焦点也集中于收入确认的时点与金额上。这一变化带来的直接结果就是会计报表披露的重心逐步由资产负债表转向损益表。

3) 三表并重时代(20 世纪 70 年代至 80 年代)

20 世纪 70 年代，随着对资本市场的研究的兴起，人们对定价模型研究越来越感兴趣。通过研究，人们发现，企业的市场价格应该等于其所能收到的未来现金流量的现值，基于此，甚至有人提出“现金至尊”的口号。再加上 20 世纪 70 年代后的石油危机使得美国等国家出现滞胀，这些国家普遍缺少现金，实务界也呼吁重视现金流量表。

1971 年，APB 发表了第 19 号意见书，要求企业编制财务状况变动表。同年，IASC 公布了第 7 号国际会计准则，正式把财务状况变动表作为财务报表体系不可或缺的组成部分。通过该表，可以向会计信息使用者传递企业在一定期间财务状况变动及其形成原因以及企业未来的资金预算计划。至此，会计信息披露方式进入资产负债表、损益表、财务状况变动表三表并重的发展阶段。

随着人们对企业现金流动信息的日益重视，FASB 于 1987 年 11 月发布了第 95 财务会计准则公告，规定从 1988 年 7 月起，以“现金流量表”替代“财务状况变动表”，作为一种新的会计披露方式，与资产负债表一同向有关信息使用者传递着企业的各种会计信息。

3. 财务报告披露时代

随着社会会计水平的提高，人们已经越来越不满足于简单的数字，而是把更多的注意力放在会计报表的附注上。1978 年 FASB 提出了一种扩大会计信息披露的新思路，即将财务报表扩大为财务报告。1980年，该委员会发表了题为《财务报表和其他财务报告手段》的邀请评论书，详细阐明了财务报表与财务报告的关系；在理论和实务的双重推动下，会计信息披露进入财务报告披露时代。

1) 会计信息供给的推动

20世纪60年代后，以鲍尔和布朗为代表，掀起了实证会计研究的浪潮。[①]早期实证研究的结果促进了信号理论的产生和有效市场假说[②]的发展。有效市场假说认为市场仅仅对信息(而不是简单的会计数字)有反应，换句话说，市场不仅关心会计利润，而且更关心会计利润是怎么计算出来的。所以，会计信息不仅要反映会计数字，还要全面反映其所采用的会计政策和会计估计，以及其他有信息含量的非数字信息。在这个假设前提下，会计信息披露不再是三张报表，而是必须做充分披露，只有努力提高会计信息的质量和含量才能增强企业在资本市场上的竞争力。

专栏8-2

信号理论

信号理论(也称信号发送理论)是由2001年诺贝尔经济学奖得主之一斯宾塞提出的，1973年，斯宾塞在其博士论文《劳动力市场信号发送》中认为，具有较强能力的人比能力较低的人能以较低成本获得学历证书，所以学历是劳动力市场上求职者显示自身能力的一个信号。但他同时也指出，如果一个公司在招聘时只根据教育程度来衡量应聘者的“价值”，有可能会错过许多真正有潜力的人才。

1986年，休格斯第一次将信号理论运用到公司的会计信息披露上，发现质量较好的公司为在资本市场上更好地显示自我，有动力自愿地披露更多的信息。信号理论是与通过公认会计原则的持续改进以消除公司会计选择是相对的。[③]

2) 会计信息需求的推动

20世纪70年代以来经济的发展，特别是现代股份制企业和证券市场的日趋成熟，使得市场竞争全球化加剧，单个企业所面临的风险变大。为了更好、更及时地衡量企业的财务状况，信息使用者对会计披露提出了更高、更严的要求。人们不仅要求披露财务信息，还要求更多地披露非财务信息，如经营战略信息；不仅要求披露定量信息，还要求更多地披露定性信息，如主要指标数据变动的原因；不仅要求披露确定的信息，还要求更多地披

---

① 1968年鲍尔和布朗通过对纽约证券交易所1957—1965年间261家上市公司的样本，研究了这样一个问题：“股票市场上的非正常报酬率是否与初始年度报告中披露的每股盈余数字有关？”研究答案是：投资者发现，盈余数据是“有用的”，盈余预测误差或者盈余创新与非正常报酬之间存在显著相关关系。参见菲利普·布朗．杨松令，等，译．资本市场会计研究导论[M]．北京：中国人民大学出版社，2004．鲍尔和布朗开创了会计上的资本市场实证研究的先河，他们的论文不仅提供了一种范例性指导，而且对那些希望更好地理解财务报告决策有用性的人起到了鼓励作用。参见威廉姆·R.司可脱．陈汉文，等，译．财务会计理论[M]．北京：机械工业出版社，2000：86.

② 见本章8.3资本市场会计信息披露理论分析。

③ 威廉姆·R. 司可脱．陈汉文，等，译．财务会计理论[M]．北京：机械工业出版社，2000：273-274.

露不确定的信息，如金融工具利率和信用风险信息；不仅要求披露历史信息，还要求适度地披露未来信息，如财务预测报告等。

3) 会计确认标准的限制

凡是进入财务报表以内的会计信息，必须符合相关会计准则的要求并按严格的确认标准予以确认。这些标准包括：可定义性、可计量性、相关性和可靠性，这就使得大量有用但不符合确认标准的信息排除在财务报表之外。因此在不根本改变现行的财务会计运行系统的前提下，为满足使用者日益增长的会计信息需求，必须在财务报表之外构造一个全新的会计信息披露系统。通过这一系统将那些对使用者决策相对重要但又不完全满足确认标准的会计信息汇集起来，传递给有关的信息使用者。

4) 新型会计业务的出现

随着经济的发展，现有的会计确认和计量原则以及方法受到了巨大冲击，如人力资本、金融工具及金融衍生工具等显然是与企业价值相关但目前却无法全部合理、统一计量的会计业务。对这些信息，尽管各国的会计准则制定机构及国际会计准则委员会(国际会计准则理事会)都在不断努力，力图将其部分表内化，但是其中部分信息目前只能做到表外列示，以附注的形式对外披露，而不能在表内加以揭示。①

财务报告披露由财务报表披露和其他财务报告披露两部分构成。其中财务报表披露依然居于主导地位，而其他财务报告披露则构成了必要的补充。其他财务报告包括辅助资料和财务报告的其他手段，主要向企业外界提供某些相关的但不完全满足会计确认标准的会计信息，如社会责任报告、财务预测报告、简化年度报告以及财务状况说明书等。

4. 多层次信息披露时代

定期的报告披露制度尽管较之以前的信息披露具有明显的进步，但在瞬息万变的现代社会中，定期报告的信息披露仍显滞后，在反映公司经营发展情况方面缺乏及时性，往往不能适时报道影响股价的重大事件，及时公开发行公司的重大信息，以利于投资者做出适时适当的判断。随着经济现代化、国际化进程的加快，技术开发、产业结构调整处于急速变化之中，企业在激烈竞争中为寻求发展，必须适应外部环境才有可能开拓新事业、开发新产品，而投资者必须掌握企业内容随时发生变化的情况才能做出合理的投资判断。

为了保证市场的公平、公正、公开原则，上市公司在经营期间发生任何重大事件，可能影响投资者对其证券的投资判断、造成市场价格波动时，都应该做信息披露。因此，包括临时报告在内的多层次信息披露制度弥补了定期报告信息滞后的缺陷，是向大众投资者传达信息最迅速的方法，可有效地弥补定期披露之不足。多层次信息披露还能避免投资者获得信息资料的不平等，有效防止不公正交易行为，维护投资者对证券市场的信心，促进证券市场的健康发展。因此，它满足了投资者对公司信息披露及时性与迅速性的需要。

① 尽管随着公允价值会计的运用，金融衍生工具的表内反映问题似乎已经基本解决，但是从美国次贷危机引起的金融危机在全球蔓延以来，政府、一些组织和人士尤其是金融界猛烈抨击公允价值会计，他们认为，正是由于公允价值计量，有意无意夸大了投资损失，导致投资者对金融界的不信任，而使金融危机愈演愈烈。然而会计人员却认为，正是由于公允价值会计客观、透明地反映了金融产品的真实价值，才使得激进的放贷政策和失败的风险管理问题暴露出来，挤压了投资泡沫。公允价值会计不应当受到责难，相反地应当继续坚持，完善发展。

8.2.2 我国资本市场信息披露结构

我国上市公司信息披露包括两个方面：上市前信息披露和上市后信息披露，分别如图 8.2、图 8.3 所示①。

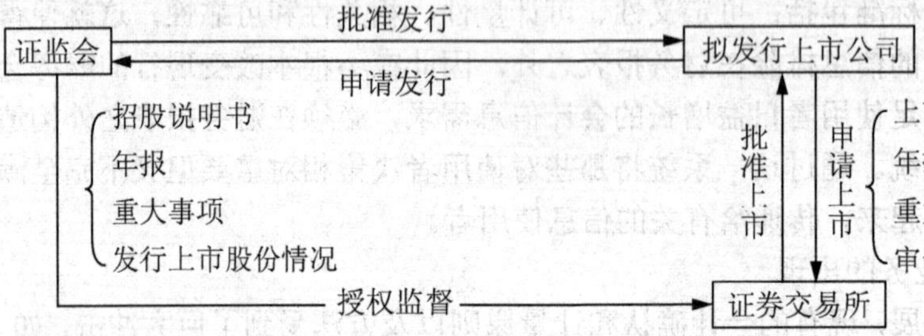

图 8.2 发行上市前公司信息披露

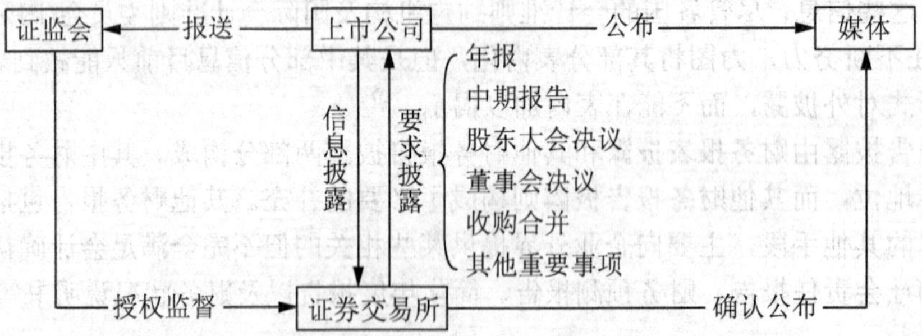

图 8.3 发行上市后公司信息披露

证监会、证券交易所(包括深沪两个证券交易所)和中国注册会计师协会是我国上市公司证券监管部门，它们各自的职责和权限有所不同。证监会是最权威的监管者，享有比较大的权力，上市公司初次信息披露监管主要由其负责；证券交易所一线监管地位，主要负责对上市公司持续性信息披露的监管，其享有的权限相对有限；中国注册会计师协会隶属于财政部，主要通过对会计师事务所的监督和管理来实现对上市公司的间接监管。

8.3 资本市场会计信息披露理论分析②

8.3.1 有效市场假说

1. 有效市场假说概述

20 世纪 60 年代以来，以美国芝加哥大学尤金·法玛(Eugene Fama)为代表的一些经济学家提出了有效市场假说(EMH)理论，它的产生可以追溯到 20 世纪初期的“随机游走”理

① 选自尹晨．探寻阳光下的理性繁荣——中国证券市场信息监管研究[M]．南京：南京大学出版社，2004：5-6.

② 本节及第 4 节大部分内容参考了蒋顺才，刘雪辉，刘迎新．上市公司信息披露[M]．北京：清华大学出版社，2004.

论，它不仅是信息披露的经济理论，也是现代金融经济学的理论基石之一，如资本资产定价模型(CAPM)、套利定价模型(APT)和期权定价模型等都是建立在有效市场假说基础之上的。

专栏 8-3

“随机游走”理论

1905 年“随机游走”理论首先由法国的经济学家和数学家路易斯·贝彻列在其博士论文中提出，后来经过进一步发展成为资本市场的主要理论之一。1900 年路易斯·贝彻列在研究法国商品价格走势时就发现，这些商品的价格是随机波动的，也就是说某种商品的当前价格是其未来价格的无偏估计值。从时间序列来看，第二天商品的预期价格期望值与今天实际价格差额的值等于 0。1953 年，英国学者肯德尔发现 19 种英国工业股票价格指数和纽约、芝加哥商品交易所的棉花、小麦的即期价格周变化呈现随机游走的特征。1959 年，罗伯茨和奥斯本分别发现了股价的随机游走规律。① 经济学家经过不断研究，认为股价的这种变化正是体现了市场的信息有效性，从而建立了有效市场理论。

1) 有效市场的含义

有效市场理论认为，市场有效性就是指价格已经充分反映了所有可获得的信息。凡是证券价格能正确反映各类信息作用的市场就是有效市场。在有效市场上，买卖双方之间的相互行为形成一种特定商品的价格，而这一价格能全面地反映有关该商品的所有公开信息，而且在出现任何新信息时，上述价格均能立即做出反应，因而无人可以因为对信息的占有而获利。有效市场假说理论基于一系列严格的前提：一是市场充分竞争，无垄断和操纵行为；二是资金可以无阻碍地流动，交易成本极小；三是信息成本足够小且参与者能获得同时、同质的完全信息；四是所有参与者均为理性。

2) 有效市场的类型

法玛根据用于决策的信息类型不同，对有效市场进行了 3 种形式的划分，即弱式有效市场、半强式有效市场和强式有效市场。

(1) 弱式有效市场。弱式有效市场的主要特点在于，证券价格充分反映了由历史上一系列交易价格和交易量中所隐含的信息。随机游走理论的早期研究表明，证券价格在其变动之前，相对于有用的信息来说是随机的。也就是说，以极低的代价利用以往的证券价格信息，市场不可能赚取系统性的非正常回报。

(2) 半强式有效市场。半强式有效市场的主要特点在于，证券价格反映了所有公开有用的信息，其中包括与现在和过去证券价格有关的信息。如果市场以半强的形式表现为有效，那么所有公开有用的信息将即刻以一种无偏见的方式反映在证券价格上。这些信息同样能很容易地以较低的成本获得，所以利用它所进行的交易同样使市场不存在系统性的非正常回报。大量研究已经证实了这种有效市场的存在，并且得到了美国等国的广泛支持。

(3) 强式有效市场。强式有效市场的主要特点是，所有有用的相关信息都在证券价格

① 方红星．公众公司财务报告架构研究[M]．北京：中国财政经济出版社，2007：12．

中得到了反映。也就是说，证券价格除了充分反映所有公开有用的信息外，也反映了尚未公开的或者原本属于保密的内幕信息。然而，种种迹象表明，这样的假设在现实生活中很难得到证明，因为只有那些以内幕信息为前提的交易才能赚取非正常回报。如果通过内幕信息便可获取非正常回报，那么证券市场也就没有任何有效性可言了。

强式有效市场给人以一种伊甸园式的感受：证券价格根据所有的信息(公开的、内幕的)自动地做出充分反应，利用内幕信息从事交易将无计可施，证券管理部门可免于为维持一个有关内幕交易的监控系统而耗费巨资，上市公司可以在一种管束较为宽松的环境下披露有关会计信息。事实证明，各国的证券市场至今为止尚未出现这样的理想环境。

3 种不同有效性市场中证券产品价格所包含的信息之间的关系如图 8.4 所示。

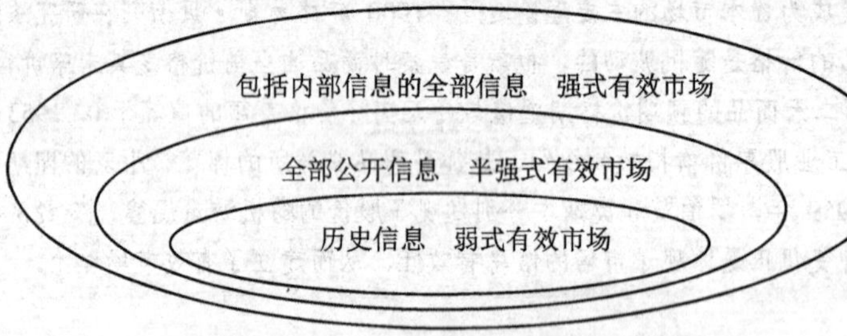

图 8.4　三类市场及其包含的信息

2. 有效市场理论对会计信息披露规范化的启示

会计作为一种信息传导机制，其目标就是将关于公司的信息传递给资本市场，帮助投资者做出理性的决策。有效市场理论认为，证券价格能够同步地迅速反映全部有关和可用的信息，这就蕴涵了会计信息和其他来源信息的相互竞争，如来自于各种媒介、财务分析师、公司管理人员乃至私人提供的信息。投资者在获取会计信息的同时，会最大限度地使用其他渠道的信息。如果会计不能够提供投资者所需的相关、可靠、及时的会计信息，会计的有用性就会令人质疑，甚至可能被其他渠道的信息所代替。就目前来看，会计信息对于投资者还是普遍适用的，因为会计信息的披露有着科学而系统的方法。比较而言，会计信息具有一定的稳定性、连续性和综合性，从而使其成为包含一定信息含量而又具有成本效益的披露工具。

(1) 弱式有效市场可能暗示公司新的信息会瞬间地反映在证券价格中。但它有两种情况：一是拖延反应，新的信息在整个期间缓慢地反映在证券价格上，那么某一价格的变动成为下一次价格变动的幅度、大小和方向的指示器，此时人们只需掌握历史上一系列交易价格所暗示的信息，就可以赚得非正常回报；二是过度及矫正反应，这类市场很大的可能性是存在大批跟风者和投机性极强的人，一批人利用股息上升的信息炒股，另一批人则跟进模仿。结果，先行者在股价高位抛出，而跟风者则高买低卖，赔了老本。

(2) 在半强式有效市场中，投资者利用公开的信息进行证券交易，只能获得经风险调整后的平均投资回报率，唯有那些利用内幕信息者才能获得非正常回报率。因此，只有加强对内幕信息的管束，抑制内幕交易，才能符合“公开、公正、公平”原则的要求。

(3) 在现实生活中，强式有效市场虽然难以成立，但是对上市公司信息披露来说不无重要启示。如果内幕消息只为少数人所利用，并因此而带来非正常回报，那么其他处于信息竞争劣势的投资者将因失去同等机会而蒙受损失，这就有损于证券市场的公平性。此外，由于证券价格未能及时对内幕信息作出反应，那么社会资源的配置远未达到最优状态。

8.3.2　信息不对称理论

1. 信息不对称理论概述

信息不对称理论又称为非对称信息理论、不完全信息理论，用以解释一般商品市场中的信息不对称问题。该理论最早是由经济学家阿克洛夫提出的，阿克洛夫通过对旧车市场的研究，发现当市场的卖方对产品的质量拥有的信息比买方更多时，就会导致出售低质产品的情况。信息经济学认为信息不对称是指相互影响的交易双方(主要是委托人和代理人)之间信息分布不均衡。它有两层含义：一是有关交易的信息在交易双方之间分布是不对称的，即一方比另一方占有较多的相关信息；二是交易双方对于各自在信息占有方面的相对地位是清楚的，由于各方所处的地位不同、立场不同，导致获得信息的难易程度以及获得信息的质量也不相同。归纳起来，信息不对称至少有以下 4 种表现形式。

一是信息源不对称，在证券市场上，信息源的不对称存在两种情形：一种情形是证券市场的筹资者即上市公司总是比投资者更了解本公司的经营情况，拥有更多的信息；另一种情形是证券市场上市公司既是其股票的发行者，又是其股票二级市场的交易者。

二是信息时间不对称，市场上商品或证券交易的同方(同为买方或卖方)在同一市场上需要买进或卖出同一商品或证券时，存在接收该商品或证券信息时间上的差异。由此导致较早获取商品或证券有关信息的交易者，能够较主动或较准确、较早地做出交易决策选择而获取交易优势。而获取信息较迟的交易者则被动地在交易中处于劣势，甚至蒙受损失。

三是信息数量不对称，市场上商品或证券交易的同方(同为买方或卖方)在同一市场上获取交易对象信息内容的数量不同。

四是信息质量不对称，市场上商品或证券交易的同方(同为买方或卖方)由于在同一市场上获取交易对象信息的质量存在差异，即信息的真伪不同。

根据有效市场理论，当会计信息披露的社会边际成本等于社会边际收益时，此时的会计信息披露将是最优的。但由于信息的非对称性，以及由此引起的逆向选择和道德风险，会导致市场失灵。

1) 逆向选择

逆向选择是指掌握信息优势的一方利用其掌握的信息获取超额利润的现象。从会计学角度看，逆向选择存在两类问题：一类是内部交易问题，即对于内部人——公司管理者来说，由于存在利用内部消息获取超额利润的机会，他们极不情愿放弃这种交易机会。但对外部交易者来说，由于领会这种情况而可能撤出其在证券市场的投资。这将使市场变窄而最终导致证券市场失灵。另一种可能的问题是公司管理者隐瞒坏消息，因为这样可以避免损坏其管理形象以及由此可能带来的来自经理人才市场的威胁。这种类型的逆向选择将产生两方面的负效应：一是投资者将难以区分上市公司质量的优劣，因而证券价格只能反映公司的平均质量；二是公司的所有者由于管理者隐瞒了坏消息而不了解公司经营管理的真实情况，从而由经理人才市场逐出低水平的管理者的可能性减少，管理者的平均管理水平下降。

2) 道德风险

道德风险是指由于管理者工作的努力程度不能为外部利益相关者所观察到而导致的公司管理者逃避管理责任的现象。尽管经理人才市场的存在能够减少管理者逃避责任的可能，但它不能完全消除这种可能。一位经理完全有可能会由于运气特别好(比如市场情况非常好)或其他原因而使公司在其并未完全努力工作的情况下显得盈利较多。由于管理者工作的努力程度作为外部人是无法观察到的，因此，外部人将无法区分管理者管理公司的努力程度和运气，因而也就无法合理地判断公司管理者真实的管理才能。所以，经理人才市场并不能逐出所有逃避责任的经理。

由于信息不对称所引起的逆向选择和道德风险问题将最终导致证券市场和经理人才市场的失灵。为了避免市场的失灵，就需要政府的干预。从会计学的角度看，即需要通过制定会计准则等手段，强制要求企业披露其相关会计信息，以尽可能地减少信息的不对称。

2. 信息不对称理论对会计信息披露规范化的启示

中国资本市场存在的各种层次、各个环节的信息不对称，严重阻碍了证券市场从无效市场向有效市场的发展进程，导致证券市场上证券产品价格操纵，投资者之间的投资收益和投资风险不对称，形成证券市场“政策市”、“投机市”的不良特征，严重违背了证券市场公开、公平、公正和诚实信用的基本原则，一方面加大了证券市场风险，另一方面又直接损害了投资者的利益，降低了证券市场效率，干扰了证券市场的持续健康发展。因此，建立动态的信息披露机制，强化和完善证券市场信息公开披露制度，加强信息披露监管，是中国证券市场走向有效证券市场的基础。

1) 建立多层次的信息披露监管体系

中国资本市场应该建立起一套包括国家证券监管部门、市场交易组织部门和行业、中介机构及投资者利益保护组织在内的证券监管组织框架体系，从组织体系上确保信息公开披露制度的严格执行。此外，还应进一步完善上市公司的治理结构，建立起相应的内部控制机制，使上市公司本身能主动及时准确地披露信息。

2) 制定证券市场信息披露监管制度

建立证券市场信息监管可操作性制度，制定股市信息披露细则，具体而严格地规定信息披露的范围、披露的时间和应承担的法律责任，使相关信息第一时间就能披露，最大限度地缩短信息披露的时间差，提高市场透明度和信息披露的效率。制定严格的信息监管处罚措施，并严格执行，对于不及时、不完整披露信息的责任者和披露虚假信息的有关人员，一定要跟踪调查，一旦查实，严惩不贷。

8.3.3 博弈论

1. 博弈论概述

博弈论又译为游戏理论、对策论，是使用严谨的数学模型研究冲突对抗条件下最优决策问题的理论。在某一经济活动中，常有相互影响的两方或各方参加，而各方将采取的行动具有不确定性，各方都期望得到最大的利益。参与博弈的各方在进行决策时，需要了解对方的行动，要得到明确的信息非常困难，因为某一方将采取的行动取决于其他各方将采取的行动。博弈论是深刻理解经济行为和社会问题的基础。现在人们说的博弈论，一般指非合作博弈论。它的特征是：人们行为相互作用时，当事人不能达成一个有约束力的协议。或者说，行为人之间的合约对于签约人没有实质性约束力。博弈论的思想方法被广泛地用于经济生活的各个领域。在金融及会计方面，不同会计信息的使用者之间，同样存在着博弈过程。

在市场经济体制下，企业会计信息对外公开披露是引导社会资源配置的重要信号，人们从事经济管理活动所需经济信息的 70%以上来源于会计。企业披露的会计信息这一信号是否真实、客观，直接关系到会计信息用户经济决策的正确与否和经济活动的成败。会计信息的用户很多，会计信息的揭示者与用户之间及不同用户之间的利益并不十分一致，有时甚至是相互对立的。政府最关心税收征缴；债权人最关心其债权是否能按时地收回本金和利息；所有者关心的是自己投入的资产能否得到保值增值；经营者关心经营业绩的增加是否给自己带来额外的经济收益；证券市场上的投资者关心股票的价值和企业的业绩。由于他们具有不同的行为目标，存在着不同的利益驱动，围绕企业应当怎样披露会计信息这个问题博弈各方出现了利益冲突，由此产生不同的行为选择。

按照经济学的理论假定，我们每个企业和个人都是“理性的经济人”，都会根据“效用最大化”或“利益最大化”原则来选择其行为，信息揭示者为了自身利益，有时也会投机取巧，甚至弄虚作假，欺骗某些或全部用户。由于不同利益相关者对会计信息披露的要求有所不同，因而存在博弈的理由和冲动。目前，我国上市公司会计信息披露中存在的问题充分反映了投资者等与上市公司经营者在公司财务信息方面的博弈。

2. 投资者与上市公司经营者的非合作博弈

根据以上分析，经营者与投资者之间由于信息不对称而有着不可避免的利益冲突。投资者更愿意获得相关可靠的财务信息以有助于他们估计公司预期价值以及投资风险。然而，经营者可能不愿意披露全部信息，可能会省略资产负债表上的某些负债，而这可以使其与贷款人之间较容易地签约以更容易筹集到资金。同样，他们倾向于不披露正使用的会计政策，以通过必要的会计政策变更达到操纵收益的目的。另外，行业之间的激烈竞争也迫使经理人员不能披露太多的信息。从而，经营者通过歪曲或操纵财务报表使公司出现最好的财务状况和经营成果，以达到投机的目的。投资者会意识到这种可能性，并在投资决策时给予充分考虑。当然，经营者在呈报财务报表时，也会知道可能有这种反应。因此，经营者与投资者之间存在着一种非合作博弈的过程。

假设股票市场上存在着上市公司 A 与投资者 B。可供上市公司 A 选择的战略是真实披露或歪曲披露；投资者 B 的战略是购买股票或拒绝购买。他们之间的效用矩阵见表 8-2。

表 8-2　投资者与经营者效用矩阵

项目		经营者效用	
		真实披露(H)	歪曲披露(D)
投资者效用	购买(G)	6，6	2，7
	拒绝(R)	4，2	4，3

下面来分析一下投资者与经营者的非合作博弈过程。

首先可以排除(*R*，*H*)组合和(*G*，*D*)组合。如果经营者选择 *H*，投资者将推断出 *G* 选择是更明智的，因为选择 *G* 产生的效用是 6，而选择 *R* 只能得到 4 个效用，因而(*R*，*H*)组合不会产生。同理，如果经营者选择 *D*，投资者选择 *R* 的效用更高，因此(*G*，*D*)组合也不会发生。

再看(*G*，*H*)这个战略组合，如果投资者选择 *G*，则经营者更倾向于选择 *D*；如果经营者选择 *H*，则投资者最明智的选择是 *G*，两者无法实现战略选择均满意，从而(*G*，*H*)也可以被排除掉。剩下的就是组合(*R*，*D*)。当经营者选择 *D*，投资者更倾向于选择 *R*。同理，当投资者选择 *R*，则经营者会更倾向于选择 *D*。(*R*，*D*)是唯一能使每个参与者对自己的战略选择都较满意的一组战略组合。这样，组合(*R*，*D*)达到了纳什均衡，(*R*，*D*)就是该博弈的最终预测结果。

然而(*R*，*D*)不是一个令人满意的结果。经营者歪曲披露，投资者拒绝购买股票，从而可能导致股市日益委靡，经营者不能筹集到资金，投资者不能有效地进行投资，社会资源不能被有效地利用。而对双方来说，组合(*G*，*H*)比(*R*，*D*)更好，双方都得到更高的效用，减少资金的无效利用。那么如何达到这种组合呢，如果投资者都聚在一起与经营者达成一项具有约束力的协议以选择(*G*，*H*)组合，那么投资者必须确信该项协议对经营者是有约束力的，并能得到有效执行。但是，监督协议的有效执行是不容易的。

首先，就会计信息的披露内容而言，会因投资者所拥有的决策地位、所具备的决策能力、所面临的决策问题等而导致纷繁复杂的内容；就会计信息披露质量而言，对不同上市公司所披露的不同质量层次会计信息的判别，投资者除了主要依赖注册会计师的审计报告外，还取决于投资者自身的知识水平和理解力。因而，经理人员不可能为了一一满足投资者的个性化需求而逐一和其签订披露协议。

其次，即使双方勉强签订了满足需求的协议，从经济的意义上讲，也不属于最优合同。因为这意味着公司在日后实际披露会计信息的过程中，每一位投资者都要亲自或聘用外部审计监督经理人员对协议的遵守程度。信息的不对称同样也会产生歪曲披露的可能性。因此完全市场化不会得到完满的结果。此时，政府权威机构(如证监会)不得不介入其中进行必要的干预，对会计信息披露进行管制。这样，通过对歪曲披露会计信息行为的严厉处罚来改变双方博弈的效用水平，从而降低了经营者歪曲披露信息时的效用。假设管制以后，投资者与经营者的效用矩阵见表 8-3。

表 8-3 政府管制下的投资者与经营者效用矩阵

项 目		经营者效用	
		真实披露(*H*)	歪曲披露(*D*)
投资者效用	购买(*G*)	6，6	2，4
	拒绝(*R*)	4，2	4，-1

可以看出，在政府管制下(*G*，*H*)组合达到了纳什均衡，从而实现了帕累托改进。可见，会计信息披露管制是在有关利益集团之间进行非合作博弈而无法达到高效的情况下，政府介入进行会计管制的结果。如果不存在会计信息披露管制，那么经营者就有极大的自由对会计政策进行选择，即进行歪曲披露。基于以上原因，各国政府有必要在证券市场上对上市公司会计信息的加工处理及其披露做出规范，同时为了确保上市公司切实遵守这些规定，

又强制要求上市公司接受审计鉴证并对违规者做出相应处罚。

就国际范围内证券监管体制近 20 年的发展趋势看，政府监管的地位得到不断增强，专门而系统的证券立法体系和集中统一的证券监管机构被越来越多的国家采纳。21 世纪初美国华尔街系列舞弊案发生以后，美国国会出台了《萨班斯——奥克斯利法案》(《SOX》法案)，使得证券市场会计信息披露的政府监管更加严格。实际上，无论哪种监管体系，其关键环节主要是证券立法体系或证券自律机构规章制度的完备性。有赖于此，才会使注册会计师对上市公司的强制审计效率得到改善。

8.3.4　证券市场会计信息自愿披露理论

该理论认为：①公司向其股东、向资本市场报告有关会计信息，可以归因于某种激励机制，他们用代理人理论来解释公司为什么自愿地向股东呈报可靠的财务报告；②自愿向资本市场披露信息也与市场的竞争有关；③任何非自愿披露的信息可以通过个别契约去获得。自愿披露有其合理的一面，但缺陷也是非常明显的。

1. 几种自愿披露理论

1) 代理理论

代理理论假设代理关系各方均追求自身利益最大化，公司由代理关系连接而成，其中一个主要的就是经理人员和所有者之间的代理关系。而经理人员和所有者的目标并不完全一致，他们存在着一定的冲突，契约是减少这种冲突的一种途径。契约的有效执行将引发监督成本、担保成本和剩余损失等代理成本，一般认为代理成本是由经理人员来承担的，为了使代理监督成本最小化，便会出现一种管理人员向股东可靠地披露会计信息的激励机制。这是代理观点的结论。这种机制因管理人员提供的财务报告必须经受公正鉴证，并可获得相应的酬金而始终存在并发挥作用。管理人员的声誉会因良好的财务报告而提高；又由于，如果股东认为财务报告非常可靠，那么其代理监督成本就会达到最小化，这样就会使得良好的声誉带来高额的酬金。鉴于这样的认识，所以代理观点认为，既然存在着一种管理人员向股东可靠地披露会计信息的激励机制，那么对会计信息披露加以管束就显得多此一举了。

2) 信号理论和资本市场的竞争性

信号理论认为，高质量的公司将通过传递信号将其与那些较次的企业区分开来，股票价格将会上涨，企业将吸引更多的投资。由于资本是稀缺的，而资本市场是竞争的，加上产品市场和经理人市场的竞争，所以企业管理人员有自愿披露可靠、相关信息的动机。

这种观点的主张者往往引证这样一种历史事实：在美国 1933 年《证券法》和 1934 年《证券交易法》出台之前，也就是说在证券交易委员会成立之前，公司披露的会计信息都是自愿性的。有人还认为，证券交易委员会颁布的有关信息披露的要求对招募证券的质量并不产生重要的影响，而证券交易委员会也曾经不得不承认这种结论难以驳回。也有人经研究后指出，早在 1934 年《证券交易法》颁布之前，不少公司就已经自愿以年度报告的形式披露信息，正是在这种背景下，1934 年的《证券交易法》才要求上市公司按照统一格式编制年度报告。因此，这项研究的基本结论是，证券交易委员会公布的有关会计信息披露规则是建立在自愿披露基础之上的，自愿披露确实出现在竞争性的资本市场之中。

3) 个别契约机会观点

支持非管束论的第三种观点以为，只要符合公众要求，即使在非管束市场条件下，任何人都能够取得有关一家公司的信息。任何个人或者组织都可以与某公司的股东，或直接与信息咨询机构、中介机构签订取得有关该公司信息的契约。如果有关信息确实超出了向公众免费提供的条件，那么任何人都能通过购买的方式取得所需的信息。在这种情形下，市场的力量将导致信息产品资源的最佳分配。

证券市场上，人们往往愿意订立有关信息索取的契约，以满足投资决策的特殊需要。事实上证券市场上交换、流通的对象不仅仅限于有价证券，也包括有关信息在内。例如，投资者可以通过订阅报刊获取所需信息，亦可以从经纪人处通过咨询购得非公开的信息。投资咨询成本也可包含在佣金之内，但是它确实是投资者取得信息所付出的代价。

既然可以通过个别契约取得另外的信息，则以强制披露规则的方式干预市场便认为既无必要，也不合适。持这种观点者还认为，当市场力量决定了要披露会计信息，才可能充分满足对信息的需求。在美国，证券交易委员会也曾承认这种观点。该委员会的一位官员曾经指出，强制性的披露制度对资本市场的信息传递，或许并非一条有效途径——因为这种制度把投资者不需要的信息也硬塞给了他们，这是一种不恰当的、违背市场规律的行为。

2. 自愿性会计信息披露的优点

1) 自愿性会计信息披露可以吸引更多的投资，降低企业的资本成本

普华永道的“不透明指数”调查报告表明：一个国家或地区的透明度与其资本成本之间存在直接的关系，透明度越高，其资本成本越低。自愿性会计信息披露增加了企业的透明度，减少了其未来发展前景的不确定性，有利于企业以投资风险相对较低的优势吸引更多资本的流入，从而使企业在资本稀缺的市场中占据竞争优势。同时，当自愿性披露的会计信息帮助了投资者理解和评价企业的发展前景和经济风险时，投资者要求的报酬率也会相应降低，进而也降低了企业的资本成本。

2) 自愿性会计信息披露可以提高企业的社会形象和市场信誉

企业进行自愿性会计信息披露，往往是其优良业绩或美好前景的展示，这会在社会公众中树立一个良好的企业形象，并获得交易相关者对企业的信心和偏好，从而提高企业的商誉，这对企业来说是一项无形资产的增加。在美国，自愿性披露的会计信息还包含社会责任、环境保护等信息，这部分信息无疑也是提高企业社会形象的因素。此外，从经济学的角度来讲，进行自愿性披露的企业比不进行自愿性披露的企业有一种“先动者优势”，它使那些率先进行自愿性披露的企业掌握竞争的主动权和引导权，进而可以做出有利于自己的决策，同时也占据了人们“先入为主”的印象领域。

3) 自愿性会计信息披露的形式较为灵活，有利于信息使用者的理解与使用

自愿性会计信息披露可以采用临时报告、新闻发布会、网上公告等多种形式，且信息表述形式也不拘泥于强制性披露的表格形式。这样一来，不但可以使信息使用者更灵活、有效地获取、理解信息披露的内涵，也提高了会计信息的使用效率。

4) 自愿性会计信息披露可以在一定程度上防止内幕交易的发生

由于公司管理层对公司长期发展及竞争优势的评价、环境保护和社会责任、赢利预测信息、前瞻性信息、公司治理效果等方面的信息并不在强制性披露的范围内，于是它们成

为了一种内幕信息。一些投资者为了获取更多的内幕信息进行投资决策，而与企业管理者或其他“知情人”进行内幕交易，这严重扰乱了正常的市场竞争秩序。自愿性会计信息披露可以在一定程度上将私下信息转为公开信息，使那些可以帮助投资者决策的信息通过正常渠道传递给投资者，既防范了内幕交易的发生，也有利于企业内部管理的规范。

5) 自愿性会计信息披露有利于市场竞争和有效市场的形成

当某些企业率先进行自愿性会计信息披露而在市场中获得竞争优势时，其他企业一般不会坐以待毙，而会挖掘自身的特点和优势披露给公众，形成竞争力量。如此繁衍，就会形成市场有效竞争的状态，加快经济发展的前进步伐。同时，证券市场也会在年报、中报或重大事项的公布时做出市场价格的反应与调整，自愿性会计信息披露可以增强市场的敏感性，有利于有效市场的形成。

3. 自愿性会计信息披露的弊端

1) 自愿性会计信息披露也有失真的可能性

首先，一般来说高质量的企业所传递的会计信息多为利好的信息，而且它们所披露的会计信息具有较高的准确性和可信性。而那些业绩一般或较差的企业由于认识到沉默将被视为隐瞒坏消息，并导致投资者对企业前景的怀疑，因而也将自愿披露某些信息。此时，基于该动机披露出来的会计信息的准确性及可信性也就不那么高了。另外，自愿性会计信息披露没有像强制性会计信息披露那样的准则加以规范，而且管理当局有机会主义倾向，自愿性披露的会计信息失真的可能性就由此产生了。其次，根据《改进财务报告：透视日益增加的自愿披露》所列的 8 项自愿性披露的信息内容，其中两项(赢利预测信息与前瞻性信息)带有预测性质，3 项(价值或现行成本信息；社会责任、人力资源和环境保护信息；未确认的无形资产)带有估算性质，这些都需要会计人员的职业判断，容易引起违规性失真和行为性失真。自愿性披露的会计信息失真的危害性要大过强制性披露的会计信息失真。

2) 自愿性会计信息披露容易引起诉讼风险的增加

自愿性会计信息披露区别于强制性会计信息披露的一个表现在于，它披露了许多企业现有的计划和预计未来可能发生的事项。投资者往往以此作为投资决策的依据，然而这些内容又带有一定的不确定性。如果那些计划或预计事项并未如期实现，而引起投资失败，那么企业很容易成为被诉讼的对象。所以，对于自愿性会计信息披露，一方面企业要把握好计划或预计事项的可实现性，以及披露语言的谨慎表达；另一方面信息使用者也不能盲目跟从，应在客观地分析、评价基础之上进行使用和决策。

3) 自愿性会计信息披露容易导致报喜不报忧的局面

在自愿性会计信息披露下，企业可能只披露有利的信息，而隐瞒不利的信息，这样一来外部信息使用者很可能只看见“好”信息，而不能发现或者注意不到“坏”信息的存在。然而，“坏”信息可能会削弱甚至扭曲信息使用者的使用效果或决策结果。

4) 自愿性会计信息披露增加了注册会计师的审计难度和国家有关部门的监管难度

从披露的内容上看，每个行业的特点不同，这就使披露的信息内容各异，加大了审计和监管的难度。从披露的形式上看，目前尚没有对自愿性会计信息披露的程序、内容、披露时间、表述方式等方面的具体规定，各个企业可采用的披露形式复杂多变，也会加大审计和监管的难度。

8.4 证券市场信息披露规范

8.4.1 我国证券市场现行信息披露规范体系

经过十几年的发展，我国已经初步形成了规范我国上市公司信息披露的制度体系，包括 4 个层次，即基本法律、行政法规、部门规章和自律性规范，见表 8-4。

表 8-4 我国上市公司现行信息披露规范体系

制度体系层次		内 容
基本法律		《刑法》、《证券法》、《公司法》
行政法规		《股票发行与交易管理暂行条例》、《国务院关于股份有限公司境内上市外资股的规定》、《可转换债券管理暂行办法》
部门规章及规范性文件	1.《公开发行证券的公司信息披露内容与格式准则》	第 1 号：招股说明书
		第 2 号：年度报告的内容与格式
		第 3 号：半年度报告的内容与格式
		第 4 号：配股说明书的内容与格式(已被《内容与格式准则》第 11 号取代)
		第 5 号：公司股份变动报告的内容与格式
		第 6 号：法律意见书的内容与格式(已被《编报规则》第 12 号取代)
		第 7 号：股票上市公告书
		第 8 号：验证笔录的内容与格式(已被《编报规则》第 12 号取代)
		第 9 号：首次公开发行股票并上市申请文件
		第 10 号：上市公司新股发行申请文件
		第 11 号：上市公司公开发行证券募集说明书
		第 12 号：上市公司发行可转换公司债券申请文件
		第 13 号：可转换公司债券募集说明书
		第 14 号：可转换公司债券上市公告书
		第 15 号：上市公司股东持股变动报告书
		第 16 号：上市公司收购报告书
		第 17 号：要约收购报告书
		第 18 号：被收购公司董事会报告书
		第 19 号：豁免要约收购申请文件
		第 20 号：证券公司发行债券申请文件
		第 21 号：证券公司公开发行债券募集说明书
		第 22 号：证券公司债券上市公告书
		第 23 号：公开发行公司债券募集说明书
		第 24 号：公开发行公司债券申请文件
		第 25 号：上市公司非公开发行股票预案和发行情况报告书
		第 26 号：上市公司重大资产重组申请文件
		第 27 号：发行保荐书和发行保荐工作报告
		第 28 号：创业板公司招股说明书
		第 29 号：首次公开发行股票并在创业板上市申请文件
		第 30 号：创业板上市公司年度报告的内容与格式
		第 31 号：创业板上市公司半年度报告的内容与格式

续表

制度体系层次		内　容
部门规章及规范性文件	2.《公开发行证券的公司信息披露编报规则》	第 1 号：商业银行招股说明书内容与格式特别规定 第 2 号：商业银行财务报表附注特别规定 第 3 号：保险公司招股说明书内容与格式特别规定 第 4 号：保险公司信息披露特别规定 第 5 号：证券公司招股说明书内容与格式特别规定 第 6 号：证券公司财务报表附注特别规定 第 7 号：商业银行年度报告内容与格式特别规定 第 8 号：证券公司年度报告内容与格式特别规定 第 9 号：净资产收益率和每股收益的计算及披露 第 10 号：从事房地产开发业务的公司招股说明书内容与格式特别规定 第 11 号：从事房地产开发业务的公司财务报表附注特别规定 第 12 号：公开发行证券的法律意见书和律师工作报告 第 13 号：季度报告内容与格式特别规定 第 14 号：非标准无保留审计意见及其涉及事项的处理 第 15 号：财务报告的一般规定 第 16 号：A 股公司实行补充审计的暂行规定 第 17 号：外商投资股份有限公司招股说明书内容与格式特别规定 第 18 号：商业银行信息披露特别规定 第 19 号：财务信息的更正及相关披露 第 20 号：创业板上市公司季度报告的内容与格式
	3.《公开发行证券的公司信息披露规范问答》	第 1 号：非经常性损益 第 2 号：中高层管理人员激励基金的提取 第 3 号：弥补累计亏损的来源、程序及信息披露 第 4 号：金融类公司境内外审计差异及利润分配基准 第 5 号：分别按国内外会计准则编制的财务报告差异及其披露 第 6 号：支付会计师事务所报酬及其披露 第 7 号：新旧会计准则过渡期间比较财务会计信息的编制和披露
	4. 公开发行证券的公司信息披露解释性公告	第 1 号：非经常性损益（2008 年对第 1 号解答修订而成）） 第 2 号：政府补助相关信息的披露 第 3 号：财务报表附注中可供出售金融资产减值的披露 第 4 号：财务报表附注中分步实现企业合并相关信息的披露 第 5 号：财务报表附注中分步处置对子公司投资至丧失控制权相关信息的披露
	5. 其他	《上市公司信息披露管理办法》 《上市公司收购管理办法》 《上市公司重大资产重组管理办法》 《前次募集资金使用情况专项报告指引》
自律性规范		《上海证券交易所股票上市规划》 《深圳证券交易所股票上市规划》

由表 8-4 可以看出，我国已初步形成了以《证券法》为主体，相关的行政法规、部门规章等规范性文件为补充的全方位、多层次的上市公司信息披露制度体系框架。该框架从原则性规范到操作性规范，从信息披露内容、形式到手段，都做出了较为科学合理的规定，基本与国际接轨。

专栏 8-4

注册会计师、会计师事务所违规责任处罚[①]

证监罚字[2000]50 号

经查，湖北会计师事务所(现改制为湖北立华有限责任会计师事务所)在对活力 28 公司进行上市审计过程中，未勤勉尽责，致使活力 28 公司 1996 年披露的招股说明书中包含虚假利润。在活力 28 公司 1996、1997、1998 年度报告审计过程中，湖北会计师事务所也未勤勉尽责，致使活力 28 公司 1996—1998 年度共计虚增利润 21124.3 万元。湖北会计师事务所注册会计师许长顺、周彪、李婧对活力 28 公司上市时披露虚假利润负有直接责任；注册会计师石秀娟对活力 28 公司 1996、1997、1998 年度披露虚假利润负有直接责任；注册会计师许长顺对活力 28 公司 1996 年度披露虚假利润负有直接责任；注册会计师潘国英对活力 28 公司 1997 年度披露虚假利润负有直接责任；注册会计师李建国对活力 28 公司 1998 年度披露虚假利润负有直接责任。

依据《股票发行与交易管理暂行条例》第 73 条第 1 款、第 74 条，《会计师事务所、注册会计师从事证券相关业务许可证管理暂行办法》第 12 条第 1 款第 7 项的规定，对湖北会计师事务所给予警告，没收 1996—1998 年度审计收入 77 万元，并罚款 77 万元；建议财政部暂停注册会计师石秀娟从事证券业务许可证 6 个月，并予以公告；对注册会计师潘国英、李建国处以警告，并各罚款 3 万元。

2000 年 11 月 28 日

8.4.2 证券市场会计信息披露规范[②]

我国现行证券市场信息披露规范体系中，对会计信息披露的规范集中体现在对定期报告披露的要求上，定期报告包括年度报告和中期报告(半年报、季报和月报)，其涉及的规范见表 8-5。临时报告和业绩报告中也涉及少量的会计信息披露要求。

表 8-5 我国上市公司定期报告信息披露规范体系

披露内容	法　律	行政法规	部门规章
年报	《刑法》第一百六十一条 《证券法》第六十六条 《公司法》第一百六十五、一百六十六条	《股票发行与交易管理暂行条例》第五十七、五十九条	《上市公司信息披露管理办法》第十九至二十一条 《公开发行证券的公司信息披露内容与格式准则》第 2 号 《公开发行股票公司信息披露编报规则》第 2、4、6、7、8、13、15 号

① 徐经长．证券市场会计监管研究[M]．北京：中国人民大学出版社，2002：173．

② 鉴于会计准则已经在本书第 4 章专门作了介绍，本节不再专门涉及会计准则问题。

续表

披露内容	法　律	行政法规	部门规章
中报	《证券法》第六十五条 《公司法》第一百四十六条	《股票发行与交易管理暂行条例》第五十七、五十八条	《上市公司信息披露管理办法》第十九、二十、二十二条 《公开发行证券的公司信息披露内容与格式准则》第 3 号
季报	《证券法》第六十五条		《上市公司信息披露管理办法》第十九、二十、二十三条 《公开发行股票公司信息披露编报规则》第 13 号

1. 年度报告规范

年度报告是定期披露信息的最主要形式，它传递的是上市公司全年的情况，是相关利益者进行决策的基础，是其他报告形式所无法比拟的。1991 年我国证券市场第一批年报亮相，由于当时没有规范，报告比较简单，直到 1993 年《暂行条例》才有编报要求。与年报相关的规定见表 8-6。

表 8-6　我国年度报告相关准则制度列表

相关准则、制度	有关规定
《股票发行与交易管理暂行条例》(1993 年 4 月 25 日颁布施行)	第五十七条规定：上市公司应在每个会计年度结束后 120 天内向证监会、证券交易所提交经注册会计师审计的年度报告，年度报告应当符合国家的会计制度和证监会的有关规定，由上市公司授权的董事或者经理签字，并由上市公司盖章 第五十九条规定：上市公司提交的年度报告应当包括下列内容：公司简况；公司的主要产品或者主要服务项目简况；公司所在行业简况；公司所拥有的重要的工厂、矿山、房地产等财产简况；公司发行在外股票的情况，包括持有公司 5%以上发行在外普通股的股东的名单及前 10 名最大的股东的名单……涉及公司的重大诉讼事项；经注册会计师审计的公司最近两个年度的比较财务报告及其附表、注释；该上市公司为控股公司的，还应当包括最近两个年度的比较合并财务报告；证监会要求载明的其他内容
《上市公司信息披露管理办法》(2007 年 1 月 30 日颁布施行)	第十九条规定：上市公司应当披露的定期报告包括年度报告、中期报告和季度报告 第二十条规定：年度报告应当在每个会计年度结束之日起 4 个月内……编制完成并披露 第二十一条规定：年度报告应当记载以下内容：(一)公司基本情况；(二)主要会计数据和财务指标；(三)公司股票、债券发行及变动情况，报告期末股票、债券总额、股东总数，公司前 10 大股东持股情况；(四)持股 5%以上股东、控股股东及实际控制人情况；(五)董事、监事、高级管理人员的任职情况、持股变动情况、年度报酬情况；(六)董事会报告；(七)管理层讨论与分析；(八)报告期内重大事件及对公司的影响；(九)财务会计报告和审计报告全文；(十)中国证监会规定的其他事项

续表

相关准则、制度	有关规定
《公开发行证券的公司信息披露的内容与格式准则第 2 号——年度报告的内容与格式》(2012 年修订)	第九条规定：公司应当在每个会计年度结束之日起 4 个月内将年度报告全文刊登在中国证监会指定网站上；同时将年度报告摘要刊登在至少一种中国证监会指定报纸上，刊登篇幅原则上不超过报纸的 1/4 版面，也可以刊登在中国证监会指定网站上。公司可以将年度报告刊登在其他媒体上，但不得早于在中国证监会指定媒体披露的时间。 准则规定，年度报告正文包括：重要提示、目录和释义；公司简介；会计数据和财务指标摘要；董事会报告；重要事项；股份变动及股东情况；董事、监事、高级管理人员和员工情况；公司治理；内部控制；财务报告和备查文件目录 准则规定年度报告摘要应有 4 个方面内容：重要提示、主要财务数据及股东变化、管理层讨论与分析和涉及财务报告的相关事项
《公开发行证券的公司信息披露编报规则第 15 号——财务报告的一般规定》(2010 年修订)	第六条规定：公司年度财务报告应由具有证券期货相关业务资格的会计师事务所审计，有关审计报告由上述会计师事务所盖章及由两名或两名以上注册会计师签名盖章。编制合并财务报表的公司，纳入合并范围的重要子公司和特殊目的主体的年度财务报告，以及对公司财务报告有重大影响的联营企业、合营企业的年度财务报告，也应由具有证券期货相关业务资格的会计师事务所审计。 第九条规定：本规则要求披露的财务报表包括资产负债表、利润表、现金流量表和所有者权益变动表。 第十三条规定：公司应按照企业会计准则和中国证监会有关规定的要求，编制和披露财务报表附注。公司编制和披露附注时应遵循重要性原则

以上制度中，《公开发行证券的公司信息披露的内容与格式准则第 2 号——年度报告的内容与格式》由证监会于 1994 年 1 月 20 日发布的，先后经过了 1995、1997、1998、1999、2001、2003、2004、2007 年多次修订，这些修订既与当时我国其他相关法规的建设同步，又是在总结实践经验的基础上进行的。如我国 1998 年颁布的《证券法》、财政部 1998 年发布的《具体会计准则——现金流量表》和《股份有限公司会计制度》、2001 年修订发布的会计准则和《企业会计制度》、2006 年发布的新《企业会计准则》体系等，证监会均适时根据其他法律制度环境变化对该准则作了较大的修改。使得年报披露向标准化方向发展，进一步强化了公司管理层对披露的年报的责任，对董事会报告的披露的要求更加具体全面，使投资者能够更好地了解公司整体财务状况和经营成果。最新的第 2 号准则是 2012 年 9 月份修订的，自 2013 年 1 月 1 日起施行。

创业板上市公司年报披露的报告结构与主板上市公司基本相同，但在内容上更加注重自身行业的特点，考虑并尊重投资者的决策需要。年报摘要简化，篇幅大约为一张 A4 纸。

专栏 8-5

上市公司定期披露信息的报告：从三页报告纸起步[①]

作为定期披露信息的报告，上市公司年度报告的重要性是其他定期报告所无法比拟的。从沪深两市诞生首批上市公司之后，上市公司的年报编制和披露工作从 2000 年起步，经历了一个从不完整到逐步完整、从不规范到逐步规范的发展过程。

可以查阅到的资料显示，1991 年度出现的上市公司业绩报告，应该是境内上市公司最早披露的定期报告……这些报告每份在 2000 字左右，只相当于 3 页报告纸的篇幅。当时《上海证券报》的一个版面，可以容纳“老八股”的全部业绩报告，并且字号也比现在要大。从 1992 年起，上市公司把一个会计年度的报告正式称为年度报告。

1994 年 1 月，中国证监会颁布了《公开发行股票公司信息披露的内容和格式准则第二号——年度报告的内容与格式(试行)》，使上市公司年度报告的编制和披露有了一个基本规范。此后，该准则屡经修订，年度报告披露制度渐趋完善。

从年度报告披露的样式来看，过去和现在也有很大的不同。1997 年以前，上市公司在指定媒体披露的一直是年度报告摘要。1998 年以后，上市公司的年度报告按全文和摘要两个“版本”，分别在中国证监会指定网站和中国证监会指定披露上市公司信息报纸上刊出。但 1998—2001 年的年度报告摘要，仅仅是年度报告全文的“删节本”。2002 年年度报告出现了重大变化，摘要主要用表格形式表达，而全文依旧以文字为主。这样，摘要必须另外编制，无法成为全文的“删节本”。这两种表达方式，展现出各自的长处。摘要的醒目和全文的详尽，可以让投资者各取所需。

目前对沪深两市上市公司年度报告披露的要求，已较为成熟。沪深两市上市公司已披露的 2002 年年度报告全文通常在 5 万字以上，部分公司年度报告全文接近 20 万字。仅就文字量而言，这比最早的业绩报告增加了几十倍。据悉，香港上市公司一般先披露业绩报告摘要和业绩报告，稍后再公开披露年度报告，而沪深两市上市公司的年度报告和年度报告摘要是同时披露的。从让股东更早地全面了解公司经营的角度考虑，沪深两市上市公司年度报告披露制度的设计更符合投资者的需求。

上市公司年度报告形式和内容以及披露方式的变化过程，不仅是我国上市公司信息披露制度从无到有渐趋完善的真实写照，也是我国证券市场逐步走向成熟和健康的有力佐证。

（《上海证券报》，2003 年 4 月 2 日）

2. 中期报告规范

我国中期报告的实践最早可以追溯到 1991 年 8 月的深交所的发展银行、宝安公司和安达公司，当时法律并未规定上市公司必须编报，没有统一的内容和格式，披露的内容少，规范性差。也是 1993 年《暂行条例》才有编报要求。与中期报告相关的规定见表 8-7。

① 转引自王立彦，罗正英，吴联生，伍利娜．会计学原理——建立企业会计信息平台[M]．北京：北京大学出版社，2007：38-39．

表 8-7　中国中期报告相关准则制度列表

相关准则、制度	有关规定
《股票发行与交易管理暂行条例》(1993年4月25日颁布施行)	第五十七条规定：在每个会计年度的前6个月结束后60日内提交中期报告；并在第五十八条中规定了中期报告应当包括的内容
《上市公司信息披露管理办法》(2007年1月30日颁布施行)	第十九条规定：上市公司应当披露的定期报告包括年度报告、中期报告和季度报告 第二十条规定：中期报告应当在每个会计年度的上半年结束之日起2个月内，季度报告应当在每个会计年度第3个月、第9个月结束后的1个月内编制完成并披露 第二十二条规定：中期报告应当记载以下内容：(一)公司基本情况；(二)主要会计数据和财务指标；(三)公司股票、债券发行及变动情况、股东总数、公司前10大股东持股情况，控股股东及实际控制人发生变化的情况；(四)管理层讨论与分析；(五)报告期内重大诉讼、仲裁等重大事件及对公司的影响；(六)财务会计报告；(七)中国证监会规定的其他事项 第二十三条规定：季度报告应当记载以下内容：(一)公司基本情况；(二)主要会计数据和财务指标；(三)中国证监会规定的其他事项
《公开发行证券的公司信息披露的内容与格式准则第3号——半年度报告的内容与格式》(2013年4月15日修订发布)	第九条规定：公司应当在每个会计年度上半年度结束之日起2个月内将半年度报告全文刊登在中国证监会指定网站上；同时将半年度报告摘要刊登在至少一种中国证监会指定报纸上，刊登篇幅原则上不超过报纸的1/4版面，也可以刊登在中国证监会指定网站上。 公司可以将半年度报告刊登在其他媒体上，但不得早于在中国证监会指定媒体披露的时间。 第十一条：公司董事会、监事会及董事、监事、高级管理人员应当保证半年度报告内容的真实、准确、完整，不存在虚假记载、误导性陈述或重大遗漏，并承担个别和连带的法律责任。 如有董事、监事、高级管理人员对半年度报告内容存在异议或无法保证其真实、准确、完整的，应当单独陈述理由。 半年度报告正文内容包括：重要提示、目录和释义；公司简介；会计数据和财务指标摘要；董事会报告；重要事项；股份变动及股东情况；董事、监事、高级管理人员情况；财务报告；备查文件目录等。 半年度报告摘要内容包括：重要提示；主要财务数据及股东变化；管理层讨论与分析；涉及财务报告的相关事项。 第四十二条规定：公司应当在半年度报告摘要显著位置刊登如下重要提示： 本半年度报告摘要来自半年度报告全文，投资者欲了解详细内容，应当仔细阅读同时刊载于上海证券交易所网站或深圳证券交易所网站等中国证监会指定网站上的半年度报告全文。 第四十八条规定：如半年度财务报告已经审计，应当披露审计意见类型，若被出具带有强调事项段或其他事项段的无保留意见、保留意见、否定意见或无法表示意见的审计报告，公司董事会和监事会应当就所涉及事项作出说明。

续表

相关准则、制度	有关规定
《公开发行证券的公司信息披露编报规则第 13 号——季度报告内容与格式特别规定》(2013 年 4 月 15 日修订发布)	第三条规定：公司应在会计年度前 3 个月、9 个月结束后的 1 个月内编制季度报告，并将季度报告正文刊登于至少 1 种中国证监会指定的报纸上，将季度报告全文(包括正文及附录)刊登于中国证监会指定的互联网网站上。 第四条规定：公司季度报告中的财务报表可以不经审计，但中国证监会和证券交易所另有规定的除外 季度报告的内容主要包括：重要提示；主要财务数据及股东变化；重要事项和附录 第十三条规定：公司应编制季度报告的附录部分。公司应当在该部分按照《企业会计准则》以及中国证监会颁布的有关信息披露规范要求披露截至报告期末的比较式合并资产负债表以及年初至报告期末的比较式合并利润表和比较式现金流量表，并注明是否已经审计。季度报告中的财务报表已经审计的，公司应当披露审计意见类型；若被注册会计师出具非标准审计报告，公司还应当披露审计报告正文。

3. 临时报告规范

临时报告是指上市公司按照有关法律法规及规则规定，在发生可能对上市公司证券及其衍生品种交易价格产生较大影响的重大事件时，需向投资者和社会公众披露的信息，是上市公司持续性信息披露义务的重要组成部分。临时报告已经成为投资者及时掌握上市公司重大事件，调整投资决策的重要依据。

临时报告需要披露的重大事件内容很多，《证券法》第六十七条列示了 12 款重大事件，证监会 2007 年发布的《上市公司信息披露管理办法》在其基础上细化、补充了一些项目，共有以下 21 条。

(1) 公司的经营方针和经营范围的重大变化。

(2) 公司的重大投资行为和重大的购置财产的决定。

(3) 公司订立重要合同，可能对公司的资产、负债、权益和经营成果产生重要影响。

(4) 公司发生重大债务和未能清偿到期重大债务的违约情况，或者发生大额赔偿责任。

(5) 公司发生重大亏损或者重大损失。

(6) 公司生产经营的外部条件发生的重大变化。

(7) 公司的董事、1/3 以上监事或者经理发生变动，董事长或者经理无法履行职责。

(8) 持有公司 5%以上股份的股东或者实际控制人，其持有股份或者控制公司的情况发生较大变化。

(9) 公司减资、合并、分立、解散及申请破产的决定，或者依法进入破产程序、被责令关闭。

(10) 涉及公司的重大诉讼、仲裁，股东大会、董事会决议被依法撤销或者宣告无效。

(11) 公司涉嫌违法违规被有权机关调查或者受到刑事处罚、重大行政处罚，公司董事、监事、高级管理人员涉嫌违法违纪被有权机关调查或者采取强制措施。

(12) 新公布的法律、法规、规章、行业政策可能对公司产生重大影响。

(13) 董事会就发行新股或者其他再融资方案、股权激励方案形成相关决议。

(14) 法院裁决禁止控股股东转让其所持股份；任一股东所持公司5%以上股份被质押、冻结、司法拍卖、托管、设定信托或者被依法限制表决权。

(15) 主要资产被查封、扣押、冻结或者被抵押、质押。

(16) 主要或者全部业务陷入停顿。

(17) 对外提供重大担保。

(18) 获得大额政府补贴等可能对公司资产、负债、权益或者经营成果产生重大影响的额外收益。

(19) 变更会计政策、会计估计。

(20) 因前期已披露的信息存在差错、未按规定披露或者虚假记载，被有关机关责令改正或者经董事会决定进行更正。

(21) 中国证监会规定的其他情形。

4. 预测性信息披露规范

预测性信息是对未来某种事实的估计和推测，习惯上被称为软信息。由于对软信息的真实性和准确性的判断存在一定的困难，所以在西方资本发达市场曾经经历了由禁止发布到鼓励但非强制性披露的政策演变过程，因为预测性信息对相关利益者了解公司未来的生产经营状况，并进行合理的投资决策、防范和化解投资风险有重要的作用。

《证券法》未对预测性信息披露做出规定，但在国务院《股票发行与交易管理暂行条例》和证监会的一些文件中有相关的规定。从内容上看，预测性信息分前景性预测和营利性预测，其中营利性预测信息是关于公司前瞻性的财务信息，属于自愿性披露范围，有相对固定的格式，并且要经过审计，它是上市公司财务报告的重要组成部分。我国赢利预测信息披露的相关规定见表8-8。

表8-8 我国赢利预测信息披露的相关规定

制　度	有关赢利预测信息披露的规定
《股票发行与交易管理暂行条例》(1993年4月25日颁布施行)	第十五条：招股说明书应当载明经注册会计师审核并出具审核意见的公司下一年的赢利预测文件；第三十四条：上市公告还应当包括公司近3年或成立以来的经营业绩和财务状况以及下一年的赢利预测文件
《关于股票发行工作若干规定的通知》(1996年12月26日颁布施行)	公司上报材料中的赢利预测报告应切合实际，并需由具有证券业从业资格的会计师事务所和注册会计师出具审计报告。若年度报告的利润实现数低于预测数的10%～20%，发行公司及其聘任的注册会计师应在指定报刊上做出公开解释并致歉。若比预测数低20%以上，除要做出公开解释和致歉外，证监会将视情况实行事后审查，对有意出具虚假赢利预测报告，误导投资者的，一经查实，将依据有关法规对发行公司进行处罚；对赢利预测报告出具不当审核意见的会计师事务所和注册会计师，证监会将予以处罚。1996年新股发行定价不再以赢利预测为依据，按过去3年已实现每股税后利润的算术平均值为依据

续表

制　度	有关赢利预测信息披露的规定
《公开发行股票公司信息披露的内容与格式准则第 2 号〈年度报告的内容与格式〉》(2012 年修订)	准则第二十一条中规定，公司应当回顾总结前期披露的发展战略和经营计划在报告期内的进展，并对未达到计划目标的情况进行解释。若公司实际经营业绩较曾公开披露过的本年度赢利预测低于或高于 20%以上的，应当分析造成差异的原因。 准则第三十三条中规定，如公司资产或项目存在赢利预测，且报告期仍处在赢利预测期间内，公司董事会、相关股东和负责持续督导的中介机构应当就资产或项目是否达到原赢利预测及其原因作出说明。同时，公司应当提供原赢利预测的相关披露查询索引

我国近几年来由于受行业、会计政策变更、发行价格和利益驱动等因素的影响，相当一部分上市公司披露的营利性预测信息不实，损害了投资者的利益，一些上市公司因此受到证监会通报批评。为了使营利性预测信息真正对投资者起引导作用，我国必须加强对上市公司营利性预测信息的监管，建立健全规范，加强对中介机构的要求，在上市公司营利性预测制度中引入民事责任机制，加大违规成本，确保信息质量。

专栏 8-6

上市公司信息披露水平有升①

北京师范大学公司治理与企业发展研究中心日前发布的《中国上市公司信息披露指数报告(2012)》显示，就目前法律规定看，沪深两市 2033 家上市公司信息披露水平整体得到提升，信披“不及格”公司仅有 7 家，但上市公司自愿披露信息的积极性仍严重不足。

完整、真实、及时的信息披露有利于投资者的理性决策，有利于减少投资者的机会主义行为，有利于对经营者的监督和激励，有利于降低代理成本，从而提高治理效率。在今年以来坚持以充分信息披露为核心成为监管部门监管原则的背景下，中国上市公司信息披露质量成为资本市场关注焦点之一。

对此，《中国上市公司信息披露指数报告(2012)》利用公开数据，以 4 个一级指标、14 个二级指标和 48 个三级指标为评价体系，计算出了沪深两市 2011 年全部 2033 家上市公司(扣除 2011 年上市没有完整年报和退市的公司)的信息披露指数。这些指标不仅关注证监会强制披露的信息，还关注上市公司自愿披露的信息；不仅关注上市公司的财务信息，还关注上市公司的非财务信息；不仅关注上市公司是否披露信息，还关注信息披露的深度和广度。同时，信息披露评价体系还将“社会责任”“董事会备忘录制度”“年报预披露”等前沿公司治理内容纳入评价体系。

报告发现，就目前的法律规定看，中国上市公司信息披露水平整体较好，超过 99%的上市公司信披质量“及格”，其中信息披露及时性指数总体较高，说明大部分上市公司能够及时披露信息，真实性和强制性指数平均值居中，但自愿性信息披露水平是 4 个分项指数中最低的，说明大部分公司仅满足于监管部门的强制性要求，自愿披露信息的积极性严重不足。

业内人士指出，不少上市公司股票都出现在交易期间被交易所临时停牌的情况，这显示出不少公司对于敏感、重要经营信息主动自愿披露的积极性仍有待提高。

① 国际商报[N]，2012-12-11.

研究发现，2011 年中国上市公司信息披露总体水平有所上升，强制性指数存在下滑现象，自愿性指数、真实性指数和及时性指数都有所上升。

北京师范大学公司治理与企业发展研究中心主任高明华表示，总体看，A＋H 股上市公司信息披露水平显著优于纯 A 股和 A＋B 股上市公司，而 A＋B 股上市公司的信息披露水平与纯 A 股相比差异并不明显，这体现了不同的监管环境对于信息披露的重要影响。

本章小结

资本市场是一个信息市场，信息在资本市场中处于枢纽和核心地位，披露是通过一定的媒介载体向社会公众发表或公布他人尚未得知的信息的过程。信息披露制度是指证券发行公司于发行与流通诸环节中，依法将与其证券有关的一切真实信息予以公开，以供投资者作证券投资判断参考的法律制度。信息披露制度体现证券市场的“三公”原则，是投资决策的前提，是中小投资者的利益保障基础，是证券市场监管的核心。

信息披露起源于复式簿记，在其漫长的发展变迁中大致历经了账簿披露时代、财务报表披露时代和财务报告披露时代以及多层次信息披露时代 4 个阶段。

支持资本市场会计信息披露的理论主要有有效市场假说、信息不对称理论、博弈论等。资本市场会计信息披露按照强制程度分强制披露和自愿披露。

经过十几年的发展，我国已经初步形成了规范我国上市公司信息披露的制度体系，包括 4 个层次，即基本法律、行政法规、部门规章及规范性文件和自律性规范等。基本法律包括《刑法》、《证券法》和《公司法》等；行政法规包括《股票发行与交易管理暂行条例》、《国务院关于股份有限公司境内上市外资股的规定》和《可转换债券管理暂行办法》等；部门规章及规范性文件包括《公开发行证券的公司信息披露内容与格式准则》、《公开发行证券的公司信息披露编报规则》、《公开发行证券的公司信息披露规范问答》及其他规范；自律性规范《上海证券交易所股票上市规划》和《深圳证券交易所股票上市规划》等。

我国现行证券市场信息披露规范体系中，对会计信息披露的规范集中体现在对定期报告披露的要求上，定期报告包括年度报告和中期报告(半年报、季报和月报)，其涉及的规范包括《刑法》、《证券法》、《公司法》等法律的相关规定，《股票发行与交易管理暂行条例》、《上市公司信息披露管理办法》相关条款，以及部分《公开发行证券的公司信息披露内容与格式准则》和《公开发行股票公司信息披露编报规则》等。临时报告和业绩报告中也涉及少量的会计信息披露要求。

习　题

一、思考题

1．什么是信息披露，资本市场为什么需要规范的信息披露？

2．简述资本市场会计信息披露的历史发展过程。

3．什么是有效市场假设，有效市场假设理论对会计信息披露规范化有什么启示？

4．什么是信息不对称，信息不对称理论对会计信息披露规范化有什么启示？

5．什么是证券市场会计信息的自愿披露，其优点和缺点各有哪些？

6．简述我国证券市场会计信息披露规范体系。

7．我国证券市场会计信息披露规范中对年度报告有哪些要求？

8. 我国证券市场会计信息披露规范中对中期报告有哪些要求？

9. 我国证券市场会计信息披露规范中对临时报告有哪些要求？

10. 上市公司为什么要披露预测性信息，如何保证预测性信息的规范性？

二、案例题

1. 小天鹅的会计魔术

小天鹅对于会计技巧的运用，可谓到了炉火纯青的地步。真是想绩优时便绩优，想巨亏时便巨亏，想扭亏时便扭亏。

小天鹅主要从事白色家用电器及零配件的生产与销售，拥有“小天鹅”这一中国驰名商标。据全国统计信息中心披露，2002 年小天鹅洗衣机销量全国第一。公司全年共销售洗衣机 2448985 台，空调 320569 台，冰箱 167446 台，洗碗机 4088 台，干衣机 43508 台，热水器 24932 台。2002 年度公司主营业务收入 275569.90 万元，主营业务利润 42380.14 万元。

鉴于主营业务比较稳定，公司在 2002 年度 3 季度预测 2002 年度的经营业绩将同 2001 年度持平。但是，公司最终通过对会计工具的运用，新账老账一起算，使利润总额亏损达 8.68 亿元，扣除少数股东权益加上未确认投资损失后，净利润亏损 4.18 亿元，每股收益为－1.1461 元。其中，计提坏账准备 41186.70 万元，计提存货跌价准备 11479.88 万元以及本期核销坏账 2630.95 万元，使管理费用 2002 年度发生额较 2001 年度发生额增加 58993.83 万元，增长 3.86 倍。就这样，一个巨亏的小天鹅突然出现在投资者面前。

对于公司会计技巧的运用，担负审计的江苏公证会计师事务所有限公司不予认可，对公司 2002 年度会计报表出具了无法发表意见的审计报告。该审计报告指出，公司 2002 年 12 月 31 日合并资产负债表中应收账款余额为人民币 90861.51 万元，占净资产的 74.57%，上述应收账款已相应计提坏账准备 60208.04 万元。由于公司在 2002 年初实施了营销整合、有关会计记录和会计资料不完备，未提供足够的可以依赖的证据，审计师无法实施必要的替代审计程序，以确认公司 2002 年 12 月 31 日应收账款的准确性、完整性及坏账准备计提的恰当性。

小天鹅这次出具的年报，不仅使 2002 年出现巨额亏损，连带 2001 年也被追溯调整为亏损。2001 年调整前，公司主营业务收入 205422.51 万元；主营业务利润 51606.82 万元；利润总额 7426.20 万元；净利润为 2683.01 万元；每股收益 0.0735 元。经过追溯调整后的净利润为－5750.20 万元，每股收益为－0.1575 元。由于连续两年亏损，一只昔日的绩优股一夜之间就突然遭遇特别处理，被戴上了 ST 帽子。

事实上，只要 2002 年的管理费用与 2001 年持平，小天鹅 2002 年的净利润还应该达到 1.71 亿元。可见，公司 2002 年出现的巨额亏损，完全是运用会计手腕人为地造成的。

对于这样一家突然巨亏的公司，投资者至今记忆犹新，2001 年以前，它可是赫赫有名的绩优股。比如 2000 年，公司主营业务收入 272486.35 万元，与 2002 年基本持平。主营业务利润 70294.83 万元，虽然比 2002 年多 27914.69 万元，由于产品价格及成本因素的影响，这是可以理解的。而利润总额 23511.88 万元，比 2002 年多 11.03 亿元；净利润为 18821.77 万元，比 2002 年多 6.06 亿元；每股收益 0.5155 元，比 2002 年多 1.6616 元。这种财务数据的巨大差异，简直像天方夜谭，也完全是运用财务杠杆的结果，不过用力的方向与 2002 年相反。

应该说，小天鹅经营管理中混乱情况在以“绩优”示人的 2001 年以前就已经存在，但公司以往在会计手法上采用了某些掩饰的手法，直到 2002 年年报中才暴露出来。比如，2002 年度公司发现漏记 2001 年度及 2001 年以前的营业费用 12539.36 万元，在编制 2002 年度的会计报表时，对该项差错进行了更正。由于此项错误的影响，调减了 2001 年度净利润 8524.30 万元和期初留存收益 4015.06 万元。该项调整减少公司 2002 年年初未分配利润 11377.55 万元，占 2002 年年初净资产的 6.04%。对此，审计师也提出了异议，认为公司会计记录和会计资料不完备，无法确定此项调整额的准确性和完整性。还有，公司一些项目的投资损失，如洗碗机公司资不抵债、制冷公司歇业清算，把账算在2002年，但冰冻三尺非一日之寒，它们的问题早已暴露，但为了维护公司的“绩优形象”，当年采取了捂盖子的会计手法，并未及时做出处理。到2002年，以前所有掩盖的问题一起算总账，于是巨亏无法避免。

可是，不用担心，亏损再大也不要紧，想扭亏时便能扭亏。2003年一季度，尽管洗衣机价格与公司出现巨亏的2002年相比进一步下降，洗衣机市场的竞争也更为激烈，原材料价格则继续上升，致使产品总体毛利率又下降了10个百分点。但公司仍然实现了扭亏为盈。当然，产品增加，功不可没。其中，主导产品洗衣机销量64万台，比2002年同期增长了17%，继续保持领先地位；空调销量4万台，比2002年同期增长了22%；冰箱销量4万台，比2002年同期上升88%；销售收入为8.44亿元，比2002年同期增长22%；利润总额792万元。然而，更重要的原因恐怕是，有关各项准备的计提2002年提了个够，2003年已无后顾之忧。甚至，存货跌价准备一类，到年底时还有可能冲回一部分，所以公司底气十足地说，要力争2003年扭亏。

实际上，2003年一季度的主营业务情况比巨亏时的2002年一季度要糟糕许多。2003年一季度，公司主营业务收入与2002年一季度的6.93亿元相比虽然增加1.51亿元，但1.58亿元的主营业务利润与上年同期的2.00亿元相比，还是减少了0.42亿元，减幅21%；2003年一季度，营业利润的减幅更大，由上年同期的2140.83万元减少为740.05万元，减少1400.78万元，减幅65.43%；同样，利润总额的减幅也相当惊人，由2491.51万元减少为792.20万元，减少1699.31万元，减幅68.20%。以上数据表明，小天鹅2003年一季度的经营情况与巨亏时的2002年相比并不乐观，而公司季报却称“通过努力拼搏，实现了扭亏为盈的局面”。那么，公司是如何“努力拼搏”的呢？应该说，这种“努力拼搏”主要体现在会计手法上，公司2003年一季度的营业利润和利润总额在比2002年同期巨幅减少的情况下，而净利润却戏剧性地出现了大幅度增加，由2002年一季度的1449.12万元增加到2003年一季度的2941.10万元，增加1491.98万元，增幅50.73%。那么，公司的净利润又是如何增加的呢？一是所得税由2002年一季度的908.75万元减少为2003年一季度的269.27万元，减少639.48万元；二是2002年一季度，少数股东收益使净利润减少140.66万元，而2003年一季度则恰巧相反，使净利润增加933.26万元；三是未确认的投资损失使2002年一季度减少净利润7.02万元，而2003年一季度却增加1484.91万元。公司想扭亏时便扭亏，通过财务技巧的“努力拼搏”，一季度“扭亏为盈”已如愿以偿，全年也很可能会要如愿以偿。

应该说，多年来，小天鹅的经营业绩出现了下滑，但主营业务的发展还是具有连续性的，而会计报表反映出来的却是从“巨优”到“巨亏”到“扭亏”的“蹦极式”状况。这使投资者无法从公司主营业务的发展来把握公司报表的业绩变化。公司的这种会计魔术在使一般投资者胆战心惊的同时，给市场操纵者带来的却是暴利机会。

问题：

分析小天鹅披露虚假会计信息的原因，指出其危害性。

2. 银广夏神话破灭[①]

2001年，在中国证券市场上一个隐藏多年的“定时炸弹”终于引爆了。广夏(银川)实业股份有限公司(简称银广夏)长达三年之久的利润造假被披露，引发了证券市场不小的震动。

1) 银广夏传奇

1994年6月，广夏(银川)实业股份有限公司获得宁夏回族自治区的上市额度，以“银广夏A”在深圳

① 薛祖云．会计信息市场与市场监管[M]．广州：暨南大学出版社，2002：220-224.

交易所上市。这是中国第一家来自宁夏的上市公司，以生产软磁盘为主。上市后不久，国内软磁盘行业竞争如火如荼，转眼间，每生产一张软磁盘就要亏损 2 美分，迫于市场的压力，公司开始转型，主营项目走马灯式地换了一个又一个，从牙膏、水泥、海洋物产、白酒、牛黄、活性炭、文化产业、房地产，到葡萄酒和麻黄素，大部分项目是打一枪换一个地方，可业绩始终上不去。

银广夏业绩的奇迹性转折，是从 1998 年开始的。这一年，银广夏传出了来自天津的“好消息”。1994 年在天津成立的控股子公司天津保洁制品有限公司(1997 年更名为天津广夏)与德国诚信贸易公司签订了一份合约，1998 年 10 月份的公告称：“……天津广夏将每年向这家德国公司提供二氧化碳超临界萃取技术所生产的蛋黄卵磷脂 50 吨，及桂皮精油、桂皮含油树脂和生姜精油、生姜含油树脂产品 80 吨，金额超过 5000 万马克。”几个月之后，1999 年 6 月 19 日，在郑州召开的全国农业产业化龙头企业研讨会上，当时的银广夏董事局主席陈川这样讲述这份合同的暴利内涵：“……德国诚信公司于 1999 年 6 月 12 日一次订货总价达 5610 万马克。1999 年 6 月 26 日，一艘载着天津广夏第一批农产品萃取产品的货轮将起锚离港，远航德国。这第一批产品出口，竟获利 7000 多万元!”1999 年，银广夏利润总额 1.58 亿元，其中 76%即来自于天津广夏。

随后，银广夏公告，将再从德国进口两条 800 立升萃取生产线，后又将计划升级为两条 1500 立升×3 和一条 3500 立升×3 的生产线。计划中的生产能力是天津广夏现有生产能力的 13 倍之多!一时间，市场为其展现的暴利前景而沸腾。2000 年银广夏公布了 1999 年年报，每股赢利 0.51 元，并实行公司历史上首次 10 转赠 10 的分红方案。

“利好”消息的频出，伴随着银广夏股票价格的狂涨。从 1999 年 12 月 30 日至 2000 年 4 月 19 日不到半年间，银广夏从 13.97 元涨至 35.83 元，于 2000 年 12 月 29 日完全填权并创下 37.99 元新高，折合为除权前的价格 75.98 元，较一年前启动时的价位上涨 440%。

然而神话还没有结束。2001 年 3 月，银广夏公布了 2000 年年报，在股本扩大 1 倍的情况下，每股收益增长超过 60%，达到每股 0.827 元，赢利能力之强，令人咋舌。而利润绝大部分还是来自天津广夏。银广夏全年主营业务收入 9.1 亿元，净利润 4.18 亿元，而天津广夏贡献了 2000 年度实际执行合同金额为 1.8 亿马克(约合 7.2 亿元人民币)，利润高达 4.7 亿元人民币。

更宏伟的“利润”前景还在前头。2001 年 3 月，银广夏再度公告，德国诚信公司已经和银广夏签下了连续 3 年、每年 20 亿元人民币的总协议。以此推算，2001 年银广夏的每股收益将达到 2～3 元，这将使银广夏成为“两市业绩最好市盈率却最低的股票”。

2) 神话的破灭

假的终究是假的，无论多么高超的作假技巧都会留下疑点，更何况银广夏的造假水平并不高超。在专家和许多同行眼里，银广夏短短几年内取得如此骄人的业绩，处处皆是疑点。从 1998 年开始就不断有专家学者对银广夏的业绩提出质疑。

(1) 不可能的产量。根据国内专家的估算，一套 500 立升×3 的二氧化碳超临界设备实际全年产量绝对不超过 20～30 吨——就算设备 24 小时连续运作，以天津广夏萃取设备的产能，也生产不出其所宣称的数量。

(2) 不可能的价格。银广夏提供的售价，与国际市场的伦敦价格，与众多国内厂家、行业专家提供的参考价有着巨大的差距。以姜精油为例，银广夏公布的价格是每千克在 2800～3600 元，而 2000 年 11 月 17 日，伦敦市场 CIF 价是 100 美元/千克(折合人民币约 827 元/千克)，西安嘉德公司了解的国际市场价格只在 600～800 元/千克，北京星龙生物技术有限公司(国内最早采用二氧化碳超临界萃取技术的生产企业)即使以小批量生产的价格算也只有 1000～2000 元/千克，价格悬殊竟达 3～5 倍！一位被告知银广夏萃取产品售价的专家笑称：如此昂贵的姜精油，简直可以与黄金媲美，看来要用滴管小心使用！

(3) 不可能的产品。据专家介绍，二氧化碳超临界萃取技术有一个重大局限，就是只有脂溶性(也称为非极性、弱极性)的物质才能从中提取，而且往往需要与其他技术相结合才能生产精度较高的产品。天津广夏声称其产品蛋黄卵磷脂的精度已经从35%提高到97%。但是，一位专家告诉记者，仅凭天津广夏那一套500立升×3的萃取设备，是不可能提取出精度超过30%的卵磷脂的，必须要配套利用大量乙醇来进行提纯的后期分离设备，但天津广夏并没有这些设备。此外，银广夏称，2000年公司对德国出口了50吨以上的卵磷脂，这至少需要上千吨原料。但知情人透露，蛋黄卵磷脂的原料蛋黄粉在国内只有两个生产基地，分别在沈阳和西安，可事实上两地加起来卖给银广夏的蛋黄粉亦不过30吨。

(4) 德国客户之谜。银广夏的“秘密武器”，如果有的话，除去其利用信息披露“利好”消息以推动股价的“技术诀窍”外，恐怕就是大手笔的德国诚信贸易公司(Fidelity Trading GmbH)了。银广夏在2001年3月股东大会上分发的材料称，“德国的Fidelity Trading GmbH是在德国本地注册的一家著名的贸易公司，系德国西·伊利斯的子公司，成立已160余年历史。该公司是一家专门从事生物制药、食品和医用原料的贸易公司，在欧洲是一家信誉和口碑均很好的公司”。然而，经调查，诚信公司既非如银广夏所说为西·伊利斯公司的子公司，更非成立已160年的老牌公司，而是成立于1990年，注册资本仅10万马克，在互联网上根本查不到的小公司。正是这家小公司与银广夏签下了年度金额达20亿元人民币、总金额达60亿元的合同，并为银广夏1999年和2000年“加工生产”了大量“利润”。

纸是包不住火的，众多的谜团在许多专家的质疑与记者的调查下，最后由天津海关提供的一份证明材料终于彻底揭开了银广夏造假案。天津海关查阅有关资料发现，2000年天津对德国出口总额计6亿多美元，但金额最大的摩托罗拉公司，也不过3800多万美元，怎么可能有一家公司一年对德出口9000万美元(约1.8亿马克)？经过反复调查后，天津海关向《财经》出具了一份书面证明：“天津广夏(集团)有限公司1999年出口额4819272美元，2000年出口33571美元。”天津海关还查得，天津广夏从2001年1月至6月，没有一分钱的出口额。上述数据包括了以天津广夏之名在全国任何口岸出口的所有金额，而不仅仅是天津海关。

此外，既然天津广夏的货物全部出口德国，那么按照现行税法，可以向税务机关办理出口退税，按照2000年天津广夏共出口1.8亿马克的说法，出口退税收入将不下7000万元人民币，而且这肯定会在财务报表里有所体现。然而，检索银广夏2000年年报，财务报表附注上找不到退税收入的字眼，天津市国税局进出口分局的官员证实，天津广夏从未办理过出口退税手续，甚至连出口退税的税务登记都没有。

真相终于大白：天津广夏1999年、2000年获得“暴利”的萃取产品出口，纯属子虚乌有。整个事情——从大宗萃取产品出口到银广夏利润猛增到股价离谱上涨——是一场彻头彻尾的骗局。这个骗局是如此简单又如此残酷。

问题：

(1) 分析企业虚假会计信息披露的危害是什么？

(2) 探讨如何预防和阻止这种行为的发生。

参考文献

[1] [德]柯武刚，史漫飞．制度经济学[M]．韩朝华，译．北京：商务印书馆，2000.
[2] [加]W · R · 司可脱．财务会计理论[M]．陈汉文，等译．北京：机械工业出版社，2000.
[3] [美]A · R · 贝克奥伊．会计理论[M]．钱逢胜，等译．4 版．上海：上海财经大学出版社，2004.
[4] [美]R · 科斯，A · 阿尔钦，等．财产权利与制度变迁[M]．上海：上海三联书店，上海人民出版社，1994.
[5] [美]W · A · 佩顿，A · C · 利特尔顿．公司会计准则导论[M]．厦门大学会计系，译．北京：中国财政经济出版社，2004.
[6] [美]SEC．对美国财务报告采用以原则为基础的会计体系的研究[M]．财政部会计司，译．北京：中国财政经济出版社，2003.
[7] [美]菲利普 · 布朗．资本市场会计研究导论[M]．杨松令，等译．北京：中国人民大学出版社，2004.
[8] [美]康芒斯．制度经济学(上册)[M]．北京：商务印书馆，1962.
[9] [美]迈克尔 · 查特菲尔德．会计思想史[M]．文硕，董晓柏，等译．北京：中国商业出版社，1989.
[10] [美]诺斯．经济史中的结构与变迁[M]．上海：上海三联书店，上海人民出版社，1994.
[11] [美]斯蒂芬 · A. 泽夫．会计准则制定：理论与实践[M]．北京：中国财政经济出版社，2005.
[12] [美]斯蒂芬 ·A. 泽弗，贝拉 ·G. 德兰．现代财务会计理论——问题与争论[M]．夏冬林，等译．5 版．北京：经济科学出版社，2000.
[13] [美]瓦茨，齐默尔曼．实证会计理论[M]．黄世忠，等译．北京：中国商业出版社，1990.
[14] [美]西德尼 · 戴维森．现代会计手册(第一分册)[M]．北京：中国财政经济出版社，1985.
[15] [日]青木昌彦．比较制度分析[M]．周黎安，译．上海：上海远东出版社，2001.
[16] 班固．汉书(九) · 卷 68[M]．北京：中华书局，1962.
[17] 本书编写组．高级会计实务科目应试指南(2011)[M]．北京：经济科学出版社，2011.
[18] 财政部会计司．改革与借鉴[M]．北京：中国财政经济出版社，1992.
[19] 财政部会计司．会计准则讲解 2008[M]．北京：人民出版社，2008.
[20] 财政部会计司．积极开展会计国际协调完善我国会计准则体系[M]．大连：东北财经大学出版社，2004.
[21] 财政部会计司．小企业会计准则释义[M]．北京：中国财政经济出版社，2011.
[22] 陈珉．会计法律规范的经济分析[M]．上海：上海财经大学出版社，2004.
[23] 辞海编辑委员会．辞海(1999 年版缩印本)[M]．上海：上海辞书出版社，2002.
[24] 常勋，常亮．国际会计[M]．7 版．大连：东北财经大学出版社，2012.
[25] 陈汉文．审计理论[M]．北京：机械工业出版社，2009.
[26] 程新生．企业内部控制[M]．北京：高等教育出版社，2008.
[27] 陈亚民．会计规范论[M]．北京：中国财政经济出版社，1991.
[28] 党红．会计准则的另类叙述[M]．上海：复旦大学出版社，2009.
[29] 方红星．公众公司财务报告架构研究[M]．北京：中国财政经济出版社，2007.
[30] 葛家澍，杜兴强．财务会计概念结构与会计准则问题研究[M]．北京：中国财政经济出版社，2003.
[31] 葛家澍，杜兴强．会计理论[M]．上海：复旦大学出版社，2005.
[32] 葛家澍．会计理论(会计大典第一卷)[M]．北京：中国财政经济出版社，1998.
[33] 郭道扬．会计史研究(第二卷)[M]．北京：中国财政经济出版社，2004.
[34] 郭道扬．郭道扬文集[M]．北京：经济科学出版社，2009.
[35] 郭永清．会计国际化——全球范围内的考察与中国的经验[M]．上海：立信会计出版社，2003.
[36] 蒋顺才，刘雪辉，刘迎新．上市公司信息披露[M]．北京：清华大学出版社，2004.

[37] 李端生．会计理论研究[M]．北京：中国财政经济出版社，2007.
[38] 李金华．中国审计史(第三卷下)[M]．北京：中国时代经济出版社，2005.
[39] 李连华．内部控制理论结构[M]．厦门：厦门大学出版社，2007.
[40] 李孝林，等．会计基本理论比较[M]．上海：立信会计出版社，2002.
[41] 李孝林，罗勇，孔庆林．比较会计学史[M]．北京：中国财政经济出版社，2007.
[42] 李心合．企业内部控制基本规范导读[M]．大连：大连出版社，2009.
[43] 林钟高，尤雪英，徐正刚．独立审计理论研究[M]．上海：立信会计出版社，2002.
[44] 刘峰．会计准则变迁[M]．北京：中国财政经济出版社，2000.
[45] 刘慧凤．情境构架下企业会计准则执行研究[M]．北京：经济科学出版社，2007.
[46] 刘明辉．高级审计理论与实务[M]．大连：东北财经大学出版社，2006.
[47] 刘明辉，史德刚．审计[M]．4 版．大连：东北财经大学出版社，2012.
[48] 刘燕．会计法[M]．北京：北京大学出版社，2001.
[49] 刘燕．会计法[M]．2 版．北京：北京大学出版社，2009.
[50] 刘燕．会计师民间责任研究[M]．北京：北京大学出版社，2004.
[51] 娄尔行．论财务会计概念结构[M]．北京：中国财政经济出版社，1992.
[52] 栾甫贵．会计制度论[M]．大连：东北财经大学出版社，2004.
[53] 潘琰．内部控制[M]．北京：高等教育出版社，2008.
[54] 齐斌．证券市场信息披露法律监管[M]．北京：法律出版社，2000.
[55] 汤云为，钱逢胜．会计理论[M]．上海：上海财经大学出版社，1997.
[56] 汪祥耀．会计准则的发展：透视、比较与展望[M]．厦门：厦门大学出版社，2001.
[57] 王辉，程思．会计规范[M]．2 版．大连：东北财经大学出版社，2008.
[58] 王立彦，罗正英，吴联生，伍利娜．会计学原理——建立企业会计信息平台[M]．北京：北京大学出版社，2007.
[59] 王开田．会计规范理论结构[M]．北京：中国财政经济出版社，2001.
[60] 王建忠．会计发展史[M]．2 版．大连：东北财经大学出版社，2007.
[61] 吴谦立．公平披露：公平与否[M]．北京：中国政法大学出版社，2005.
[62] 吴水澎．会计学原理[M]．沈阳：辽宁人民出版社，1994.
[63] 现代汉语词典编写组．现代汉语词典(2002 年增补本)[M]．北京：商务印书馆，2002.
[64] 项怀诚．会计职业道德[M]．北京：人民出版社，2003.
[65] 薛祖云．会计信息市场与市场监管[M]．广州：暨南大学出版社，2002.
[66] 许萍．会计人员能力框架问题研究[M]．厦门：厦门大学出版社，2010.
[67] 许家林，蔡传里．中国会计发展与改革研究[M]．武汉：华中科技大学出版社，2011.
[68] 徐经长．证券市场会计监管研究[M]．北京：中国人民大学出版社，2002.
[69] 阎达五．会计理论专题[M]．北京：中央广播电视大学出版社，1985.
[70] 杨纪琬，娄尔行，葛家澍．会计原理[M]．4 版．北京：中国财政经济出版社，1998.
[71] 杨纪琬，余秉坚．中国现代会计手册[M]．北京：中国财政经济出版社，1988.
[72] 杨世忠．企业会计信息质量及其评鉴模式与方法研究[M]．上海：立信会计出版社，2008.
[73] 杨欣．会计法规[M]．2 版．北京：高等教育出版社，2006.
[74] 杨雄胜，夏俊．内部控制评价[M]．大连：大连出版社，2009.
[75] 尹晨．探寻阳光下的理性繁荣——中国证券市场信息监管研究[M]．南京：南京大学出版社，2004.
[76] 余玉苗，李国运，吴联生．以史为镜——注册会计师职业发展史[M]．北京：中国经济出版社，1997.
[77] 张白玲．会计基本理论[M]．北京：中国财政经济出版社，1988.
[78] 张汉兴．会计风暴——我的亲历与见证[M]．上海：立信会计出版社，2008.

[79] 张海鹏．当代社会科学大辞典[M]．南京：南京大学出版社，1995.
[80] 张俊民．商务伦理与会计职业道德[M]．上海：复旦大学出版社，2008.
[81] 张清华．道经精华——鹖冠子[M]．长春：时代文艺出版社，2003.
[82] 赵西卜．中国会计准则研究[M]．北京：中国人民大学出版社，1999.
[83] 赵锡禹．资本主义会计专题讲座[M]．北京：中国人民大学出版社，1981.
[84] 中国会计学会．中国会计史料选编——中华民国时期 I [M]．南京：江苏古籍出版社，1990.
[85] 财政部会计司．美国会计国际趋同、注册会计师监管和内部控制考察报告[R]．会计研究，2007(8).
[86] 陈宋生．内部控制历史沿革及企业应对策略[J]．审计与理财，2008，(10)：6-8.
[87] 陈毓圭．中国注册会计师执业准则体系的特点[J]．中国注册会计师，2006，(4)：4-7.
[88] 葛家澍，刘峰．从会计准则的性质看会计准则的制订[J]．会计研究，1996，(2)：19-24.
[89] 葛家澍，唐予华．关于会计定义的探讨[J]．会计研究，1983，(5)：51-54.
[90] 葛家澍，张金若．IASB 与 FASB 联合趋同框架(初步意见)的评介[J]．会计研究，2007，(2)：3-10.
[91] 葛家澍．关于会计准则与会计制度的关系等问题[J]．会计研究，1995，(1)：18-27.
[92] 葛家澍．关于我国会计准则和会计制度的制定问题[J]．会计研究，2001，(1)：4-8，64.
[93] 郭道扬．论两大法系的会计法律制度体系[J]．会计研究，2002，(8)：3-9.
[94] 李宝震．论社会主义会计的原则[J]．会计研究，1980，(1)：11-19.
[95] 李若山．我国会计问题的若干法律思考[J]．会计研究，1999，(6)：17-26.
[96] 刘玉廷．中国企业会计准则体系：架构、趋同与等效[J]．会计研究，2007，(3)：2-8.
[97] 刘玉廷．推广运用 XBRL，推进会计信息化建设[J]．财会学习，2010，(12)：14-18.
[98] 罗银胜．中国现代会计之父——潘序伦[J]．财会月刊，1997，(1)：26-29.
[99] 秦荣生．中国注册会计师执业准则的特点及其对实务的影响[J]．当代财经，2006，(11)：108-112.
[100] 曲晓辉，李明辉．论会计准则的法律地位[J]．会计研究，2004，(5)：20-24，97.
[101] 任春艳．上市公司盈余管理与会计准则制定[D]．厦门：厦门大学，2004.
[102] 沈颖玲．财务会计概念框架的国际趋同动态[J]．中国注册会计师，2007，(1)：84-86.
[103] 宋英慧，安亚人．会计准则性质的再思考——博弈均衡制度观的视角[J]．广东商学院学报，2005，(2)：53-57.
[104] 王建新．对《企业内部控制基本规范》关键要素的分析和评价[J]．中国总会计师，2008，(9)：26-29.
[105] 王文彬，林钟高．试论企业具体会计准则的执行[J]．财经理论与实践，1997，(2)：28-33.
[106] 翁健英．财务会计概念框架的发展及作用探讨[J]．上海立信会计学院学报，2007，(3)：26-31.
[107] 吴水澎，陈汉文，邵贤弟．企业内部控制理论的发展与启示[J]．会计研究，2000，(5)：2-8.
[108] 谢获宝，李忠．会计准则制定导向：权变观[J]．财会通讯(学术版)，2006，(11)：3-6.
[109] 井尻雄士．娄尔行，译．评《公司会计准则绪论》[J]．上海会计，1982，(1)：35-41.
[110] 俞安畅．缺乏会计职业道德的几种表现[J]．财务与会计，1987，(12)：17.
[111] 张宜霞．会计制度的框架与有效性评价——基于制度经济学和系统的视角[J]．财经问题研究，2004，(10)：55-60.

北京大学出版社本科财经管理类实用规划教材（已出版）

财务会计类

序号	书 名	标准书号	主 编	定价	序号	书 名	标准书号	主 编	定价
1	基础会计（第2版）	7-301-17478-4	李秀莲	38.00	24	财务管理理论与实务	7-301-20042-1	成 兵	40.00
2	基础会计学	7-301-19403-4	窦亚芹	33.00	25	税法与税务会计实用教程（第2版）	7-301-21422-0	张巧良	45.00
3	会计学	7-81117-533-2	马丽莹	44.00	26	财务管理理论与实务（第2版）	7-301-20407-8	张思强	42.00
4	会计学原理（第2版）	7-301-18515-5	刘爱香	30.00	27	公司理财原理与实务	7-81117-800-5	廖东声	36.00
5	会计学原理习题与实验（第2版）	7-301-19449-2	王保忠	30.00	28	审计学	7-81117-828-9	王翠琳	46.00
6	会计学原理与实务（第2版）	7-301-18653-4	周慧滨	33.00	29	审计学	7-301-20906-6	赵晓波	38.00
7	会计学原理与实务模拟实验教程	7-5038-5013-4	周慧滨	20.00	30	审计理论与实务	7-81117-955-2	宋传联	36.00
8	会计实务	7-81117-677-3	王远利	40.00	31	会计综合实训模拟教程	7-301-20730-7	章洁倩	33.00
9	高级财务会计	7-81117-545-5	程明娥	46.00	32	财务分析学	7-301-20275-3	张献英	30.00
10	高级财务会计	7-5655-0061-9	王奇杰	44.00	33	银行会计	7-301-21155-7	宗国恩	40.00
11	成本会计学	7-301-19400-3	杨尚军	38.00	34	税收筹划	7-301-21238-7	都新英	38.00
12	成本会计学	7-5655-0482-2	张红漫	30.00	35	基础会计学	7-301-16308-5	晋晓琴	39.00
13	成本会计学	7-301-20473-3	刘建中	38.00	36	公司财务管理	7-301-21423-7	胡振兴	48.00
14	管理会计	7-81117-943-9	齐殿伟	27.00	37	财务管理学实用教程（第2版）	7-301-21060-4	骆永菊	42.00
15	管理会计	7-301-21057-4	彤芳珍	36.00	38	政府与非营利组织会计	7-301-21504-3	张 丹	40.00
16	会计规范专题	7-81117-887-6	谢万健	35.00	39	预算会计	7-301-22203-4	王筱萍	32.00
17	企业财务会计模拟实习教程	7-5655-0404-4	董晓平	25.00	40	统计学实验教程	7-301-22450-2	裘雨明	24.00
18	税法与税务会计	7-81117-497-7	吕孝侠	45.00	41	基础会计实验与习题	7-301-22387-1	左 旭	30.00
19	初级财务管理	7-301-20019-3	胡淑姣	42.00	42	基础会计	7-301-23109-8	田凤彩	39.00
20	财务管理学原理与实务	7-81117-544-8	严复海	40.00	43	财务会计学	7-301-23190-6	李柏生	39.00
21	财务管理学	7-5038-4897-1	盛均全	34.00	44	会计电算化	7-301-23565-2	童 伟	49.00
22	财务管理学	7-301-21887-7	陈 玮	44.00	45	中级财务会计	7-301-23772-4	吴海燕	49.00
23	基础会计学学习指导与习题集	7-301-16309-2	裴 玉	28.00	46	会计规范专题(第2版)	7-301-23797-7	谢万健	42.00

工商管理、市场营销、人力资源管理、服务营销类

序号	书 名	标准书号	主 编	定价	序号	书 名	标准书号	主 编	定价
1	管理学基础	7-5038-4872-8	于干千	35.00	29	市场营销学：理论、案例与实训	7-301-21165-6	袁连升	42.00
2	管理学基础学习指南与习题集	7-5038-4891-9	王 珍	26.00	30	市场营销学	7-5655-0064-0	王槐林	33.00
3	管理学	7-81117-494-6	曾 旗	44.00	31	国际市场营销学	7-301-21888-4	董 飞	45.00
4	管理学	7-301-21167-0	陈文汉	35.00	32	市场营销学（第2版）	7-301-19855-1	陈 阳	45.00
5	管理学	7-301-17452-4	王慧娟	42.00	33	市场营销学	7-301-21166-3	杨 楠	40.00
6	管理学原理	7-5655-0078-7	尹少华	42.00	34	国际市场营销学	7-5038-5021-9	范应仁	38.00
7	管理学原理与实务（第2版）	7-301-18536-0	陈嘉莉	42.00	35	现代市场营销学	7-81117-599-8	邓德胜	40.00
8	管理学实用教程	7-5655-0063-3	邵喜武	37.00	36	市场营销学新论	7-5038-4879-7	郑玉香	40.00
9	管理学实用教程	7-301-21059-8	高爱霞	42.00	37	市场营销理论与实务（第2版）	7-301-20628-7	那 薇	40.00
10	管理学实用教程	7-301-22218-8	张润兴	43.00	38	市场营销学实用教程	7-5655-0081-7	李晨耘	40.00
11	通用管理知识概论	7-5038-4997-8	王丽平	36.00	39	市场营销学	7-81117-676-6	戴秀英	32.00
12	管理学原理	7-301-21178-6	雷金荣	39.00	40	消费者行为学	7-81117-824-1	甘瑁琴	35.00
13	管理运筹学（第2版）	7-301-19351-8	关文忠	39.00	41	商务谈判（第2版）	7-301-20048-3	郭秀君	49.00
14	统计学原理	7-301-21061-1	韩 宇	38.00	42	商务谈判实用教程	7-81117-597-4	陈建明	24.00
15	统计学原理	7-5038-4888-9	刘晓利	28.00	43	消费者行为学	7-5655-0057-2	肖 立	37.00
16	统计学	7-5038-4898-8	曲 岩	42.00	44	客户关系管理实务	7-301-09956-8	周贺来	44.00
17	应用统计学（第2版）	7-301-19295-5	王淑芬	48.00	45	公共关系学	7-5038-5022-6	于朝晖	40.00
18	统计学原理与实务	7-5655-0505-8	徐静霞	40.00	46	非营利组织	7-301-20726-0	王智慧	33.00
19	管理定量分析方法	7-301-13552-5	赵光华	28.00	47	公共关系理论与实务	7-5038-4889-6	王 玫	32.00
20	新编市场营销学	7-81117-972-9	刘丽霞	30.00	48	公共关系学实用教程	7-81117-660-5	周 华	35.00
21	公共关系理论与实务	7-5655-0155-5	李泓欣	45.00	49	跨文化管理	7-301-20027-8	晏 雄	35.00
22	质量管理	7-5655-0069-5	陈国华	36.00	50	企业战略管理	7-5655-0370-2	代海涛	36.00
23	企业文化理论与实务	7-81117-663-6	王水嫩	30.00	51	员工招聘	7-301-20089-6	王 挺	30.00
24	企业战略管理	7-81117-801-2	陈英梅	34.00	52	服务营销理论与实务	7-81117-826-5	杨丽华	39.00
25	企业战略管理实用教程	7-81117-853-1	刘松先	35.00	53	服务企业经营管理学	7-5038-4890-2	于干千	36.00
26	产品与品牌管理	7-81117-492-2	胡 梅	35.00	54	服务营销	7-301-15834-0	周 明	40.00
27	东方哲学与企业文化	7-5655-0433-4	刘峰涛	34.00	55	运营管理	7-5038-4878-0	冯根尧	35.00
28	市场营销学	7-301-21056-7	马慧敏	42.00	56	生产运作管理（第2版）	7-301-18934-4	李全喜	48.00

序号	书　名	标准书号	主　编	定价	序号	书　名	标准书号	主　编	定价
57	运作管理	7-5655-0472-3	周建亨	25.00	74	公共关系学实用教程	7-301-17472-2	任焕琴	42.00
58	组织行为学	7-5038-5014-1	安世民	33.00	75	现场管理	7-301-21528-9	陈国华	38.00
59	组织设计与发展	7-301-23385-6	李春波	36.00	76	现代企业管理理论与应用（第2版）	7-301-21603-3	邸彦彪	38.00
60	组织行为学实用教程	7-301-20466-5	冀　鸿	32.00	77	服务营销	7-301-21889-1	熊　凯	45.00
61	现代组织理论	7-5655-0077-0	岳　澎	32.00	78	企业经营ERP沙盘应用教程	7-301-20728-4	董红杰	32.00
62	人力资源管理（第2版）	7-301-19098-2	颜爱民	60.00	79	项目管理	7-301-21448-0	程　敏	39.00
63	人力资源管理经济分析	7-301-16084-8	颜爱民	38.00	80	公司治理学	7-301-22568-4	蔡　锐	35.00
64	人力资源管理原理与实务	7-81117-496-0	邹　华	32.00	81	管理学原理	7-301-22980-4	陈　阳	48.00
65	人力资源管理实用教程（第2版）	7-301-20281-4	吴宝华	45.00	82	管理学	7-301-23023-7	申文青	40.00
66	人力资源管理：理论、实务与艺术	7-5655-0193-7	李长江	48.00	83	人力资源管理实验教程	7-301-23078-7	畅铁民	40.00
67	政府与非营利组织会计	7-301-21504-3	张　丹	40.00	84	社交礼仪	7-301-23418-1	李　霞	29.00
68	会展服务管理	7-301-16661-1	许传宏	36.00	85	营销策划	7-301-23204-0	杨　楠	42.00
69	现代服务业管理原理、方法与案例	7-301-17817-1	马　勇	49.00	86	企业战略管理	7-301-23419-8	顾　桥	46.00
70	服务性企业战略管理	7-301-20043-8	黄其新	28.00	87	兼并与收购	7-301-22567-7	陶启智	32.00
71	服务型政府管理概论	7-301-20099-5	于干千	32.00	88	统计学（第2版）	7-301-23854-7	阮红伟	35.00
72	新编现代企业管理	7-301-21121-2	姚丽娜	48.00	89	广告策划与管理：原理、案例与项目实训	7-301-23827-1	杨佐飞	48.00
73	创业学	7-301-15915-6	刘沁玲	38.00					

经济、国贸、金融类

序号	书　名	标准书号	主　编	定价	序号	书　名	标准书号	主　编	定价
1	宏观经济学原理与实务（第2版）	7-301-18787-6	崔东红	57.00	24	保险学原理与实务	7-5038-4871-1	曹时军	37.00
2	宏观经济学（第2版）	7-301-19038-8	蹇令香	39.00	25	东南亚南亚商务环境概论	7-81117-956-9	韩　越	38.00
3	微观经济学原理与实务	7-81117-818-0	崔东红	48.00	26	证券投资学	7-301-19967-1	陈汉平	45.00
4	微观经济学	7-81117-568-4	梁瑞华	35.00	27	证券投资学	7-301-21236-3	王　毅	45.00
5	西方经济学实用教程	7-5038-4886-5	陈孝胜	40.00	28	货币银行学	7-301-15062-7	杜小伟	38.00
6	西方经济学实用教程	7-5655-0302-3	杨仁发	49.00	29	货币银行学	7-301-21345-2	李　冰	42.00
7	西方经济学	7-81117-851-7	于丽敏	40.00	30	国际结算（第2版）	7-301-17420-3	张晓芬	35.00
8	现代经济学基础	7-81117-549-3	张士军	25.00	31	国际结算	7-301-21092-5	张　慧	42.00
9	国际经济学	7-81117-594-3	吴红梅	39.00	32	金融风险管理	7-301-20090-2	朱淑珍	38.00
10	发展经济学	7-81117-674-2	赵邦宏	48.00	33	金融工程学	7-301-18273-4	李淑锦	30.00
11	管理经济学	7-81117-536-3	姜保雨	34.00	34	国际贸易理论、政策与案例分析	7-301-20978-3	冯　跃	42.00
12	计量经济学	7-5038-3915-3	刘艳春	28.00	35	金融工程学理论与实务（第2版）	7-301-21280-6	谭春枝	42.00
13	外贸函电（第2版）	7-301-18786-9	王　妍	30.00	36	金融学理论与实务	7-5655-0405-1	战玉峰	42.00
14	国际贸易理论与实务（第2版）	7-301-18798-2	缪东玲	54.00	37	国际金融实用教程	7-81117-593-6	周　影	32.00
15	国际贸易（第2版）	7-301-19404-1	朱廷珺	45.00	38	跨国公司经营与管理（第2版）	7-301-21333-9	冯雷鸣	35.00
16	国际贸易实务（第2版）	7-301-20486-3	夏合群	45.00	39	国际金融	7-5038-4893-3	韩博印	30.00
17	国际贸易结算及其单证实务	7-5655-0268-2	卓乃坚	35.00	40	国际商务函电	7-301-22388-8	金泽虎	35.00
18	政治经济学原理与实务（第2版）	7-301-22204-1	沈爱华	31.00	41	国际金融	7-301-23351-6	宋树民	48.00
19	国际商务	7-5655-0093-0	安占然	30.00	42	国际贸易实训教程	7-301-23730-4	王　茜	28.00
20	国际贸易实务	7-301-20919-6	张　肃	28.00	43	财政学	7-301-23814-1	何育静	45.00
21	国际贸易规则与进出口业务操作实务（第2版）	7-301-19384-6	李　平	54.00	44	保险学	7-301-23819-6	李春蓉	41.00
22	金融市场学	7-81117-595-0	黄解宇	24.00	45	中国对外贸易概论	7-301-23884-4	翟士军	42.00
23	财政学	7-5038-4965-7	盖　锐	34.00					

法律类

序号	书　名	标准书号	主　编	定价	序号	书　名	标准书号	主　编	定价
1	经济法原理与实务(第2版)	7-301-21527-2	杨士富	39.00	5	劳动法和社会保障法（第2版）	7-301-21206-6	李　瑞	38.00
2	经济法实用教程	7-81117-547-9	陈亚平	44.00	6	金融法学理论与实务	7-81117-958-3	战玉锋	34.00
3	国际商法理论与实务	7-81117-852-4	杨士富	38.00	7	国际商法	7-301-20071-1	丁孟春	37.00
4	商法总论	7-5038-4887-2	任先行	40.00	8	商法学	7-301-21478-7	周龙杰	43.00

电子商务与信息管理类

序号	书　名	标准书号	主　编	定价	序号	书　名	标准书号	主　编	定价
1	网络营销	7-301-12349-2	谷宝华	30.00	6	电子商务概论	7-301-13633-1	李洪心	30.00
2	数据库技术及应用教程（SQL Server版）	7-301-12351-5	郭建校	34.00	7	管理信息系统实用教程	7-301-12323-2	李　松	35.00
3	网络信息采集与编辑	7-301-16557-7	范生万	24.00	8	电子商务概论（第2版）	7-301-17475-3	庞大莲	42.00
4	电子商务案例分析	7-301-16596-6	曹彩杰	28.00	9	网络营销（第2版）	7-301-23803-5	王宏伟	36.00
5	管理信息系统	7-301-12348-5	张彩虹	36.00	10	电子商务概论	7-301-16717-5	杨雪雁	32.00

序号	书 名	标 准 书 号	主 编	定价	序号	书 名	标 准 书 号	主 编	定价
11	电子商务英语	7-301-05364-5	覃 正	30.00	27	数字图书馆	7-301-22118-1	奉国和	30.00
12	网络支付与结算	7-301-16911-7	徐 勇	34.00	28	电子化国际贸易	7-301-17246-9	李辉作	28.00
13	网上支付与安全	7-301-17044-1	帅青红	32.00	29	商务智能与数据挖掘	7-301-17671-9	张公让	38.00
14	企业信息化实务	7-301-16621-5	张志荣	42.00	30	管理信息系统教程	7-301-19472-0	赵天唯	42.00
15	电子商务法	7-301-14306-3	李 瑞	26.00	31	电子政务	7-301-15163-1	原忠虎	38.00
16	数据仓库与数据挖掘	7-301-14313-1	廖开际	28.00	32	商务智能	7-301-19899-5	汪 楠	40.00
17	电子商务模拟与实验	7-301-12350-8	喻光继	22.00	33	电子商务与现代企业管理	7-301-19978-7	吴菊华	40.00
18	ERP 原理与应用教程	7-301-14455-8	温雅丽	34.00	34	电子商务物流管理	7-301-20098-8	王小宁	42.00
19	电子商务原理及应用	7-301-14080-2	孙 睿	36.00	35	管理信息系统实用教程	7-301-20485-6	周贺来	42.00
20	管理信息系统理论与应用	7-301-15212-6	吴 忠	30.00	36	电子商务概论	7-301-21044-4	苗 森	28.00
21	网络营销实务	7-301-15284-3	李蔚田	42.00	37	管理信息系统实务教程	7-301-21245-5	魏厚清	34.00
22	电子商务实务	7-301-15474-8	仲 岩	28.00	38	电子商务安全	7-301-22350-5	蔡志文	49.00
23	电子商务网站建设	7-301-15480-9	臧良运	32.00	39	电子商务法	7-301-22121-1	郭 鹏	38.00
24	网络金融与电子支付	7-301-15694-0	李蔚田	30.00	40	ERP 沙盘模拟教程	7-301-22393-2	周 菁	26.00
25	网络营销	7-301-22125-9	程 虹	38.00	41	移动商务理论与实践	7-301-22779-4	柯 林	43.00
26	电子证券与投资分析	7-301-22122-8	张德存	38.00	42	电子商务项目教程	7-301-23071-8	芦 阳	45.00

物流类

序号	书 名	书号	编著者	定价	序号	书 名	书号	编著者	定价
1	物流工程	7-301-15045-0	林丽华	30.00	34	逆向物流	7-301-19809-4	甘卫华	33.00
2	现代物流决策技术	7-301-15868-5	王道平	30.00	35	供应链设计理论与方法	7-301-20018-6	王道平	32.00
3	物流管理信息系统	7-301-16564-5	杜彦华	33.00	36	物流管理概论	7-301-20095-7	李传荣	44.00
4	物流信息管理	7-301-16699-4	王汉新	38.00	37	供应链管理	7-301-20094-0	高举红	38.00
5	现代物流学	7-301-16662-8	吴 健	42.00	38	企业物流管理	7-301-20818-2	孔继利	45.00
6	物流英语	7-301-16807-3	阚功俭	28.00	39	物流项目管理	7-301-20851-9	王道平	30.00
7	第三方物流	7-301-16663-5	张旭辉	35.00	40	供应链管理	7-301-20901-1	王道平	35.00
8	物流运作管理	7-301-16913-1	董千里	28.00	41	现代仓储管理与实务	7-301-21043-7	周兴建	45.00
9	采购管理与库存控制	7-301-16921-6	张 浩	30.00	42	物流学概论	7-301-21098-7	李 创	44.00
10	物流管理基础	7-301-16906-3	李蔚田	36.00	43	航空物流管理	7-301-21118-2	刘元洪	32.00
11	供应链管理	7-301-16714-4	曹翠珍	40.00	44	物流管理实验教程	7-301-21094-9	李晓龙	25.00
12	物流技术装备	7-301-16808-0	于 英	38.00	45	物流系统仿真案例	7-301-21072-7	赵 宁	25.00
13	现代物流信息技术	7-301-16049-7	王道平	30.00	46	物流与供应链金融	7-301-21135-9	李向文	30.00
14	现代物流仿真技术	7-301-17571-2	王道平	34.00	47	物流信息系统	7-301-20989-9	王道平	28.00
15	物流信息系统应用实例教程	7-301-17581-1	徐 琪	32.00	48	物料学	7-301-17476-0	肖生苓	44.00
16	物流项目招投标管理	7-301-17615-3	孟祥茹	30.00	49	智能物流	7-301-22036-8	李蔚田	45.00
17	物流运筹学实用教程	7-301-17610-8	赵丽君	33.00	50	物流项目管理	7-301-21676-7	张旭辉	38.00
18	现代物流基础	7-301-17611-5	王 侃	37.00	51	新物流概论	7-301-22114-3	李向文	34.00
19	现代企业物流管理实用教程	7-301-17612-2	乔志强	40.00	52	物流决策技术	7-301-21965-2	王道平	38.00
20	现代物流管理学	7-301-17672-6	丁小龙	42.00	53	物流系统优化建模与求解	7-301-22115-0	李向文	32.00
21	物流运筹学	7-301-17674-0	郝 海	36.00	54	集装箱运输实务	7-301-16644-4	孙家庆	34.00
22	供应链库存管理与控制	7-301-17929-1	王道平	28.00	55	库存管理	7-301-22389-5	张旭凤	25.00
23	物流信息系统	7-301-18500-1	修桂华	32.00	56	运输组织学	7-301-22744-2	王小霞	30.00
24	城市物流	7-301-18523-0	张 潜	24.00	57	物流金融	7-301-22699-5	李蔚田	39.00
25	营销物流管理	7-301-18658-9	李学工	45.00	58	物流系统集成技术	7-301-22800-5	杜彦华	40.00
26	物流信息技术概论	7-301-18670-1	张 磊	28.00	59	商品学	7-301-23067-1	王海刚	30.00
27	物流配送中心运作管理	7-301-18671-8	陈 虎	40.00	60	项目采购管理	7-301-23100-5	杨 丽	38.00
28	物流项目管理	7-301-18801-9	周晓晔	35.00	61	电子商务与现代物流	7-301-23356-6	吴 健	48.00
29	物流工程与管理	7-301-18960-3	高举红	39.00	62	国际海上运输	7-301-23486-0	张良卫	45.00
30	交通运输工程学	7-301-19405-8	于 英	43.00	63	物流配送中心规划与设计	7-301-23847-9	孔继利	49.00
31	国际物流管理	7-301-19431-7	柴庆春	40.00	64	运输组织学	7-301-23885-1	孟祥茹	48.00
32	商品检验与质量认证	7-301-10563-4	陈红丽	32.00	65	物流信息技术（第 2 版）	7-301-23848-6	王道平	35.00
33	供应链管理	7-301-19734-9	刘永胜	49.00					

相关教学资源如电子课件、电子教材、习题答案等可以登录 www.pup6.com 下载或在线阅读。

扑六知识网(www.pup6.com)有海量的相关教学资源和电子教材供阅读及下载(包括北京大学出版社第六事业部的相关资源)，同时欢迎您将教学课件、视频、教案、素材、习题、试卷、辅导材料、课改成果、设计作品、论文等教学资源上传到 pup6.com，与全国高校师生分享您的教学成就与经验，并可自由设定价格，知识也能创造财富。具体情况请登录网站查询。

如您需要免费纸质样书用于教学，欢迎登录第六事业部门户网(www.pup6.com)填表申请，并欢迎在线登记选题以到北京大学出版社来出版您的大作，也可下载相关表格填写后发到我们的邮箱，我们将及时与您取得联系并做好全方位的服务。

扑六知识网将打造成全国最大的教育资源共享平台，欢迎您的加入——让知识有价值，让教学无界限，让学习更轻松。联系方式：010-62750667，wangxc02@163.com，lihu80@163.com，欢迎来电来信。